会计科目
设置与实操大全

KUAIJI KEMU
SHEZHI YU SHICAO DAQUAN
(QUANXIN SHENGJI BAN)

全新升级版

张颖 编著

中国铁道出版社有限公司
CHINA RAILWAY PUBLISHING HOUSE CO., LTD.

图书在版编目(CIP)数据

会计科目设置与实操大全:全新升级版 / 张颖编著－2 版 . —北京：
中国铁道出版社有限公司,2019.12

ISBN 978-7-113-26252-5

Ⅰ.①会… Ⅱ.①张… Ⅲ.①会计科目 Ⅳ.①F231.2

中国版本图书馆 CIP 数据核字(2019)第 207979 号

书　　名：**会计科目设置与实操大全(全新升级版)**

作　　者：张　颖

责任编辑：王淑艳　　　编辑部电话：010-51873457　　　电子信箱：wangsy20008@126.com

封面设计：王　岩

责任印制：赵星辰

出版发行：中国铁道出版社有限公司（100054，北京市西城区右安门西街 8 号）

网　　址：http://www.tdpress.com

印　　刷：三河市宏盛印务有限公司

版　　次：2015 年 10 月第 1 版　　2019 年 12 月第 2 版　　2019 年 12 月第 1 次印刷

开　　本：700 mm×1 000 mm　　1/16　　印张：34.5　　字数：601 千

书　　号：ISBN 978-7-113-26252-5

定　　价：99.00 元

《会计科目设置与实操大全（全图解）》自 2015 年 10 月出版之后，多次重印。因涉及工业、商业、房地产、建筑、保险、银行、行政事业单位等行业，具体介绍会计科目设置方法，以图解及案例的形式解析业务处理，会计分录简洁易记，操作方法详细具体，深获读者喜爱。

为了适应国际国内经济形势的变化，财政部修订《企业会计准则》部分条款，增加会计科目，如合同资产、合同负债等，核算方法也与以往不同；另外，根据《财政部关于贯彻实施政府会计准则制度的通知》（财会〔2018〕21 号）规定，自 2019 年 1 月 1 日起，政府会计准则制度在全国各级各类行政事业单位全面施行。军队、已纳入企业财务管理体系执行《企业会计准则》或《小企业会计准则》的事业单位和执行《民间非营利组织会计制度》的社会团体，不执行政府会计准则制度。本书部分内容已不符合要求，因此修订再版。

目前，会计准则及制度变化如下：

1. 新收入准则

2017 年 7 月 5 日，财政部正式发布了《关于修订印发〈企业会计准则第 14 号——收入〉的通知》（财会〔2017〕22 号）（简称"新收入准则"）。在收入时间的认定、交易价格的确定、包含多重交易安排的会计处理、合同成本的处理、特定交易（或事项）的会计处理、列报和披露均有本质的变化。新收入准则将会影响很多行业的收入确认时点和金额，收入确认的进度可能加快或推迟。其中，影响较大的行业包括房地产、建筑施工、零售、电商、网络游戏、软件、电信、制造业等。

财政部规定，在境内外同时上市的企业以及在境外上市并采用《国际财务报告准则》或《企业会计准则》编制财务报表的企业，自 2018 年 1 月 1 日起施行；其他境内上市企业，自 2020 年 1 月 1 日起施行；执行企业会计准则的非上市企业，自 2021 年 1 月 1 日起施行。

另外还有《企业会计准则第 16 号——政府补助（应用指南 2018）》《企业会计准则第 42 号——持有待售的非流动资产、处置组和终止经营（应用指南 2018）》《企业会计准则第 21 号——租赁》等。

2. 新金融工具准则

2017 年 3 月 31 日，财政部根据《企业会计准则——基本准则》，修订发布了《企业会计准则第 22 号——金融工具确认和计量》《企业会计准则第 23 号——金融资产转移》和《企业会计准则第 24 号——套期会计》等三项金融工具会计准则，主要针对银行业、保险业、证券业，旨在防控金融风险。新修订的金融工具确认和计量准则规定，以企业持有金融资产的"业务模式"和"金融资产合同现金流量特征"作为金融资产分类的判断依据，将金融资产分为三类：即以摊余成本计量的金融资产、以公允价值计量且其变动计入其他综合收益的金融资产、以公允价值计量且其变动计入当期损益的金融资产。同时，将金融资产减值会计处理由"已发生损失法"修改为"预期损失法"，要求考虑金融资产未来预期信用损失情况。

财政部规定，在境内外同时上市的企业以及在境外上市并采用《国际财务报告准则》或《企业会计准则》编制财务报告的企业，自 2018 年 1 月 1 日起施行；其他境内上市企业自 2019 年 1 月 1 日起施行；执行《企业会计准则》的非上市企业自 2021 年 1 月 1 日起施行。

3. 政府会计制度、准则

借鉴《国际公共部门会计准则》相关规定，2015 年以来，财政部相继出台了《政府会计准则——基本准则》（以下简称《基本准则》）和存货、投资、固定资产、无形资产、公共基础设施、政府储备物资 6 项政府会计具体准则。2017 年 10 月 24 日，财政部又印发了《政府会计制度——行政事业单位会计科目和报表》（财会〔2017〕25 号，以下简称《制度》），自 2019 年 1 月 1 日起施行。《制度》构建"财务会计和预算会计适度分离并相互衔接"的会计核算模式。财务会计在资产方面，增加公共基础设施、政府储备物资、文物文化资产、保障性住房和受托代理资产、研发支出等会计科目；在负债方面，增加了预计负债、受托代理负债等会计科目；在净资产方面，增加累计盈余、权益法调整、无偿调拨净资产等会计科目。预算会计通过预算收入、预算支出和预算结余三个要素科目核算。

4. 本书结构

本书分为企业会计科目篇和政府会计科目篇两部分，其中企业会计科目篇根据科目性质分为 6 章：第 1 章会计科目概述；第 2 章资产类科目的设置与具体运用；第 3 章负债类科目的设置与具体运用；第 4 章所有者权益科目的设置与具体运用；第 5 章成本类科目的设置与具体运用；第 6 章损益类科目的设置与具体运用。政府会计科目篇共 5 章：第 7 章政府会计资产类科目的设置与具体运用；第 8 章政府会计负债类科目的设置与具体运用；第 9 章政府会计净资产类科目的设置与具体运用；第 10 章政府会计收入类科目的设置与具体运用；第 11 章政府会计费用类科目的设置与具体运用；第 12 章预算收入类科目的设置与具体运用；第 13 章预算支出类科目的设置与具体运用；第 14 章预算结余类科目的设置与具体运用。

除了以上新增内容，本书对原有内容进行修订，使之与实际业务接轨，企业可以根据自身的生产经营特点，在不影响统一会计核算要求以及对外提供统一的财务报表的前提下，自行增设、减少或合并某些会计科目。

编　者

目 录

CONTENTS

上篇　企业会计科目

I

下篇　政府会计科目

参 考 文 献

上 篇
企业会计科目

　　本篇共6章，收录企业会计科目126个，包括工业、商业、房地产、建筑施工、保险、银行、租赁等行业。按科目的性质分为资产类、负债类、所有者权益类、成本类、损益类等，详解每个会计科目的适用范围、设置、财务处理及应用。

第 **1** 章

会计科目概述

本章讲解企业会计科目设置的原则和方法。

会计科目的设置

　　会计科目就是对会计核算的内容进行再一次划分,也就是对资产、负债、所有者权益、收入、费用、利润六大会计要素的具体内容进行科学分类,每一类确定一个合适的名称,这就是会计科目。

　　由于企业的经营业务错综复杂,即使涉及同一种会计要素,也往往具有不同性质和内容。比如,固定资产和现金虽然都属于资产,但它们在经济活动中的周转方式和所起的作用各不相同。为了实现会计的核算职能,要从数量上反映各项会计要素的增减变化,不但需要取得各项会计要素增减变化及其结果的总括数据,而且要取得一系列更加具体的分类和数量指标。这种对会计要素的具体内容进行分类的项目就是会计科目。

　　会计科目是进行各项会计记录和提供各项会计信息的基础,它在会计核算中具有重要的意义。其重要作用主要表现在图 1-1 所示的几个方面。

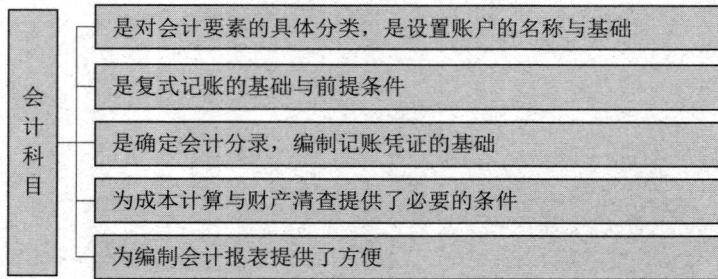

会计科目

- 是对会计要素的具体分类, 是设置账户的名称与基础
- 是复式记账的基础与前提条件
- 是确定会计分录, 编制记账凭证的基础
- 为成本计算与财产清查提供了必要的条件
- 为编制会计报表提供了方便

图 1-1　会计科目的重要作用

会计科目设置的原则

会计科目作为反映会计要素的构成及其变化情况,为投资者、债权人、企业经营管理者等提供会计信息的重要手段,在其设置过程中应努力做到科学、合理、适用,应遵循图 1-2 的 8 项原则。

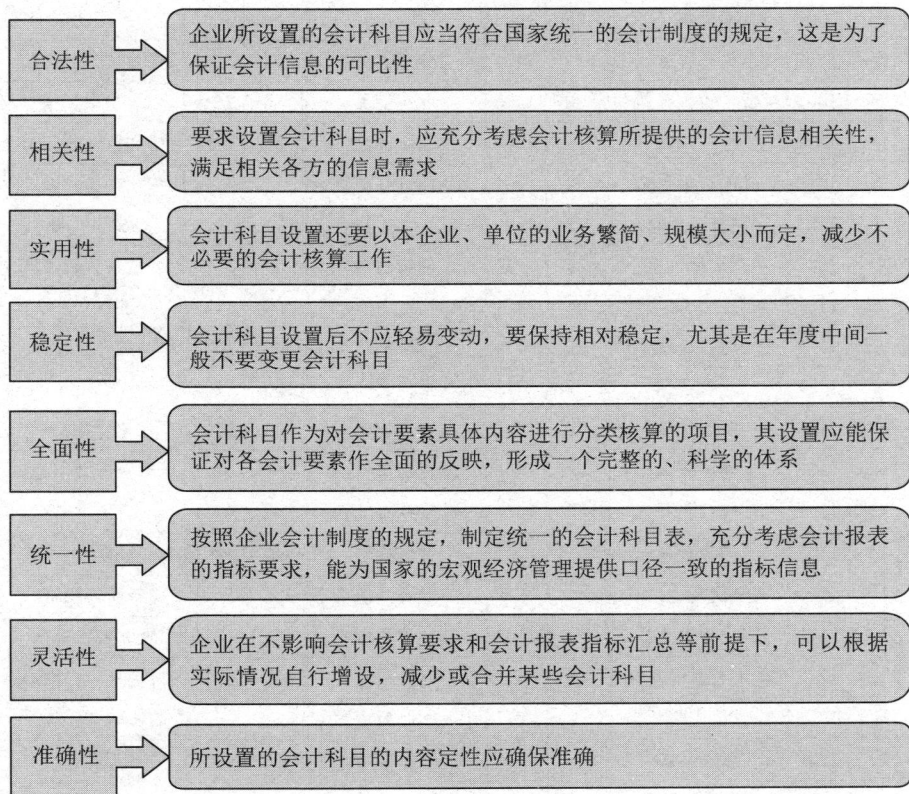

合法性	企业所设置的会计科目应当符合国家统一的会计制度的规定,这是为了保证会计信息的可比性
相关性	要求设置会计科目时,应充分考虑会计核算所提供的会计信息相关性,满足相关各方的信息需求
实用性	会计科目设置还要以本企业、单位的业务繁简、规模大小而定,减少不必要的会计核算工作
稳定性	会计科目设置后不应轻易变动,要保持相对稳定,尤其是在年度中间一般不要变更会计科目
全面性	会计科目作为对会计要素具体内容进行分类核算的项目,其设置应能保证对各会计要素作全面的反映,形成一个完整的、科学的体系
统一性	按照企业会计制度的规定,制定统一的会计科目表,充分考虑会计报表的指标要求,能为国家的宏观经济管理提供口径一致的指标信息
灵活性	企业在不影响会计核算要求和会计报表指标汇总等前提下,可以根据实际情况自行增设,减少或合并某些会计科目
准确性	所设置的会计科目的内容定性应确保准确

图 1-2 会计科目的设置原则详解

会计科目设置的方法

企业具体会计科目的设置一般是从会计要素出发,将会计科目分为资产、负债、共同、所有者权益、成本、损益六大类,涵盖了我国所有企业的交易或事项,企业可在不违反《企业会计准则》中确认、计量、报告规定的前提下根据各单位的实际情况自行设置、分析和合并某些科目。

企业常用会计科目的设置，见表1-1。

表 1-1 　　　　　　　　　　新会计准则使用的会计科目

序号	编号	会计科目名称	序号	编号	会计科目名称	序号	编号	会计科目名称
一、资产类			27	1402	在途物资	53	1604	在建工程
1	1001	库存现金	28	1403	原材料	54	1605	工程物资
2	1002	银行存款	29	1404	材料成本差异	55	1606	固定资产清理
3	1003	存放中央银行款项	30	1405	库存商品	56	1611	未担保余值
4	1011	存放同业	31	1406	发出商品	57	1621	生产性生物资产
5	1012	其他货币资金	32	1407	商品进销差价	58	1622	生产性生物资产累计折旧
6	1021	结算备付金	33	1408	委托加工物资			
7	1031	存出保证金	34	1411	周转材料	59	1623	公益性生物资产
8	1101	交易性金融资产	35	1421	消耗性生物资产	60	1631	油气资产
9	1111	买入返售金融资产	36	1431	贵金属	61	1632	累计折耗
10	1121	应收票据	37	1441	抵债资产	62	1701	无形资产
11	1122	应收账款	38	1451	损余物资	63	1702	累计摊销
12	1123	预付账款	39	1461	融资租赁资产	64	1703	无形资产减值准备
13	1131	应收股利	40	1471	存货跌价准备	65	1711	商誉
14	1132	应收利息	41	1501	债权投资	66	1801	长期待摊费用
15	1201	应收代位追偿款	42	1502	债权投资减值准备	67	1811	递延所得税资产
16	1211	应收分保账款	43	1503	其他债权投资	68	1821	独立账户资产
17	1212	应收分保合同准备金	44	1511	长期股权投资	69	1901	待处理财产损溢
18	1221	其他应收款	45	1512	长期股权投资减值准备	二、负债类		
19	1231	坏账准备				70	2001	短期借款
20	1301	贴现资产	46	1521	投资性房地产	71	2002	存入保证金
21	1302	拆出资金	47	1531	长期应收款	72	2003	拆入资金
22	1303	贷款	48	1532	未实现融资收益	73	2004	向中央银行借款
23	1304	贷款损失准备	49	1541	存出资本保证金	74	2011	吸收存款
24	1311	代理兑付证券	50	1601	固定资产	75	2012	同业存放
25	1321	代理业务资产	51	1602	累计折旧	76	2021	贴现负债
26	1401	材料采购	52	1603	固定资产减值准备	77	2101	交易性金融负债

序号	编号	会计科目名称	序号	编号	会计科目名称	序号	编号	会计科目名称
78	2111	卖出回购金融资产款			三、共同类	132	6111	投资收益
79	2201	应付票据	107	3101	衍生工具	133	6115	资产处置损益
80	2202	应付账款	108	3201	套期工具	134	6201	摊回保险责任准备金
81	2203	预收账款	109	3202	被套期项目	135	6202	摊回赔付支出
82	2211	应付职工薪酬			四、所有者权益类	136	6203	摊回分保费用
83	2221	应交税费	110	4001	实收资本	137	6301	营业外收入
84	2231	应付利息	111	4002	资本公积	138	6401	主营业务成本
85	2232	应付股利	112	4101	盈余公积	139	6402	其他业务成本
86	2241	其他应付款	113	4102	一般风险准备	140	6403	税金及附加
87	2251	应付保单红利	114	4103	本年利润	141	6411	利息支出
88	2261	应付分保账款	115	4104	利润分配	142	6421	手续费及佣金支出
89	2311	代理买卖证券款	116	4201	库存股	143	6501	提取未到期责任准备金
90	2312	代理承销证券款			五、成本类			
91	2313	代理兑付证券款	117	5001	生产成本	144	6502	提取保险责任准备金
92	2314	代理业务负债	118	5101	制造费用			
93	2401	递延收益	119	5201	劳务成本	145	6511	赔付支出
94	2501	长期借款	120	5301	研发支出	146	6531	退保金
95	2502	应付债券	121	5401	合同履约成本	147	6541	分出保费
96	2601	未到期责任准备金	122	5402	合同结算	148	6542	分保费用
97	2602	保险责任准备金	123	5403	机械作业	149	6601	销售费用
98	2611	保户储金			六、损益类	150	6602	管理费用
99	2621	独立账户负债	124	6001	主营业务收入	151	6603	财务费用
100	2701	长期应付款	125	6011	利息收入	152	6604	勘探费用
101	2702	未确认融资费用	126	6021	手续费及佣金收入	153	6701	资产减值损失
102	2711	专项应付款	127	6031	保费收入	154	6711	营业外支出
103	2801	预计负债	128	6041	租赁收入	155	6801	所得税费用
104	2901	递延所得税负债	129	6051	其他业务收入	156	6901	以前年度损益调整
105	3001	清算资金往来	130	6061	汇兑损益			
106	3002	货币兑换	131	6101	公允价值变动损益			

表 1-1 中会计科目的编号供企业在填制会计凭证、登记会计账簿、查阅

会计账目、采用会计软件系统时参考,企业可结合实际情况自行确定会计科目编号。

　　财政部 2017 年以后陆续颁布《关于修订印发〈企业会计准则第 14 号——收入〉的通知》(财会〔2017〕22 号)、《企业会计准则第 22 号——金融工具确认和计量》《企业会计准则第 16 号——政府补贴》《企业会计准则第 21 号——租赁》等,新增会计科目"合同资产""合同负债""合同履约成本""合同取得成本""应收退货成本""债权投资""其他债权投资""其他权益工具投资""使用权资产""融资租赁资产""应收融资租赁款""租赁负债""租赁收入""其他收益"等,本书均在相关章节中介绍。

　　图 1-3 为财务软件设置的会计科目的级数,手工做账的企业可以自行设置。

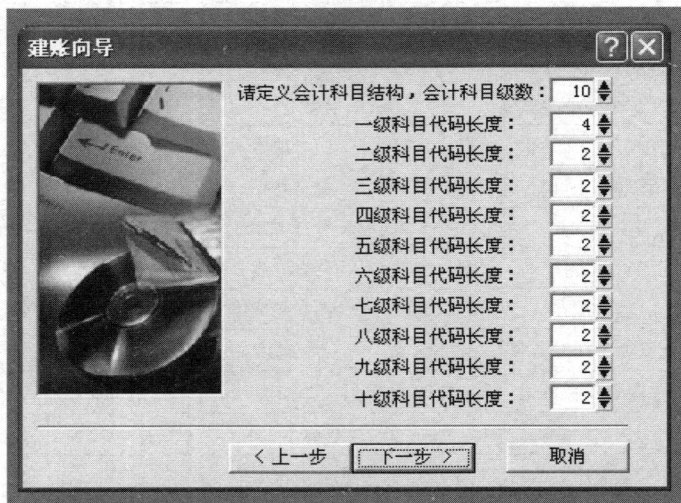

图 1-3　会计科目结构设置

第 2 章
资产类科目的设置与具体运用

资产类科目按照资产的流动性分为流动性资产和非流动性资产,本章讲解 63 个会计科目的设置与具体账务处理。

库存现金

库存现金是指存放在企业会计部门,由出纳员保管,作为日常零星开支用的现款。为了核算企业的库存现金,企业在总账中要设置"库存现金"账户。该账户属于资产类账户,借方登记库存现金的增加额,贷方登记库存现金的减少额,期末余额在借方,反映的是企业库存现金的余额。

库存现金核算范围

根据国务院颁布的《现金管理暂行条例》规定,单位可使用现金支付的款项如下:

(1)职工工资、奖金、津贴和补贴;

(2)个人劳务报酬;

(3)根据国家规定颁发给个人的科学技术、文化艺术、体育等各种奖金;

(4)各种劳保、福利费用以及国家规定的对个人的其他支出;

(5)向个人收购农副产品和其他物资的价款;

(6)出差人员必须随身携带的差旅费;

(7)结算起点(1 000 元人民币)以下的零星支出;

(8)中国人民银行确定需要支付现金的其他支出。除上述情况可以使用现金支付外,其他款项的支付均应通过银行转账结算。

【提示】零星支出受结算起点 1 000 元的限制,其他不受 1 000 元结算起点的限制。比如出差人员随身携带 5 000 元现金。

库存现金科目的设置

本科目核算企业的库存现金,企业有内部周转使用备用金的,可以单独设置"备用金"科目。如果企业有外币业务,可设置二级、三级、四级直到十级,每一级都增设两位数字即可。企业可根据实际需要,设计级数,见表 2-1。

表 2-1　　　　　　　　　库存现金会计科目编码的设置

科目代码	总分类科目（一级科目）	明细分类科目	
		二级明细科目	三级明细科目
1001	库存现金		
100101	库存现金	人民币	
100102	库存现金	外币	
10010201	库存现金	外币	美元
10010201	库存现金	外币	日元

库存现金的日常账务处理

库存现金的账务处理,如图 2-1 所示。

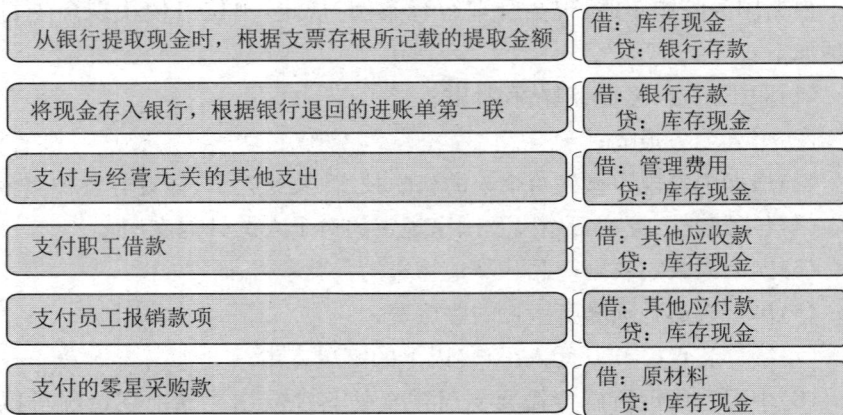

从银行提取现金时,根据支票存根所记载的提取金额	借:库存现金 贷:银行存款
将现金存入银行,根据银行退回的进账单第一联	借:银行存款 贷:库存现金
支付与经营无关的其他支出	借:管理费用 贷:库存现金
支付职工借款	借:其他应收款 贷:库存现金
支付员工报销款项	借:其他应付款 贷:库存现金
支付的零星采购款	借:原材料 贷:库存现金

图 2-1　库存现金的账务处理

1. 企业日常提取现金账务处理实例

【例2-1】 2×19年1月5日,蓝迪有限公司签发支票从银行提取现金40 000元。

企业应做账务处理如下。登记会计凭证,见表2-2

借:库存现金   40 000

   贷:银行存款   40 000

表2-2

记 账 凭 证

2×19年1月5日   字第××号

摘要	会计科目	借方金额										贷方金额										记账
		千	百	十	万	千	百	十	元	角	分	千	百	十	万	千	百	十	元	角	分	
签发支票,从银行提取现金	库存现金				4	0	0	0	0	0	0											
	银行存款														4	0	0	0	0	0	0	
合计				¥	4	0	0	0	0	0	0		¥	4	0	0	0	0	0	0		

会计主管:××   记账:××   审核:××   制单:××

用现金38 000元支付工资。企业应做如下账务处理。登记会计凭证,见表2-3

借:应付职工薪酬   38 000

   贷:库存现金   38 000

表2-3

记 账 凭 证

2×19年1月5日   字第××号

摘要	会计科目	借方金额										贷方金额										记账
		千	百	十	万	千	百	十	元	角	分	千	百	十	万	千	百	十	元	角	分	
用现金支付职工工资	应付职工薪酬				3	8	0	0	0	0	0											
	库存现金														3	8	0	0	0	0	0	
合计				¥	3	8	0	0	0	0	0		¥	3	8	0	0	0	0	0		

会计主管:××   记账:××   审核:××   制单:××

2. 现金收入的账务处理实例

【例2-2】 2×19年1月10日,蓝迪有限公司收到乙公司零售货款现金1 450元,送存银行,企业应做如下账务处理。登记会计凭证,见表2-4和表2-5。

借:库存现金　　　　　　　　　　　　　　　　　　　　　1 450
　　贷:应收账款——乙公司　　　　　　　　　　　　　　　　　1 450

表2-4

记 账 凭 证

2×19年1月10日　　　　　　　　　　　　　　　　　字第××号

摘要	会计科目	借方金额										贷方金额										记账
		千	百	十	万	千	百	十	元	角	分	千	百	十	万	千	百	十	元	角	分	
收到乙公司货款1 450元	库存现金					1	4	5	0	0	0											
	应收账款/乙公司															1	4	5	0	0	0	
合计					¥	1	4	5	0	0	0				¥	1	4	5	0	0	0	

会计主管:××　　　　　记账:××　　　　　审核:××　　　　　　　　制单:××

借:银行存款　　　　　　　　　　　　　　　　　　　　　1 450
　　贷:库存现金　　　　　　　　　　　　　　　　　　　　　　1 450

表2-5

记 账 凭 证

2×19年1月10日　　　　　　　　　　　　　　　　　字第××号

摘要	会计科目	借方金额										贷方金额										记账
		千	百	十	万	千	百	十	元	角	分	千	百	十	万	千	百	十	元	角	分	
存入银行	银行存款					1	4	5	0	0	0											
	库存现金															1	4	5	0	0	0	
合计					¥	1	4	5	0	0	0				¥	1	4	5	0	0	0	

会计主管:××　　　　　记账:××　　　　　审核:××　　　　　　　　制单:××

3. 现金支出账务处理实例

现金支出是指企业在其生产经营和非生产经营业务中向外支付的现金。现金支出的核算以现金支出原始凭证为依据,分为外来原始凭证和自制原始凭证两部分。常见的现金支出原始凭证包括借据、工资结算单、报销单、差旅费报销单、领款收据等。

【例 2-3】 蓝迪有限公司 2×19 年 1 月现金支出情况如下。

(1)2×19 年 1 月 10 日,职工李元出差预借差旅费 2 000 元,以现金支付。登记会计凭证,见表 2-6

借:其他应收款——李元　　　　　　　　　　　　　　　　　　　　　2 000

　　贷:库存现金　　　　　　　　　　　　　　　　　　　　　　　　　　2 000

表 2-6

记 账 凭 证

2×19 年 1 月 10 日　　　　　　　　　　　　　　　　　　　　　字第××号

摘要	会计科目	借方金额										贷方金额										记账
		千	百	十	万	千	百	十	元	角	分	千	百	十	万	千	百	十	元	角	分	
支付职工李元借款费用 2 000 元	其他应收款/李元					2	0	0	0	0	0											
	库存现金															2	0	0	0	0	0	
合计					¥	2	0	0	0	0	0					¥	2	0	0	0	0	0	

会计主管:××　　　　　记账:××　　　　　审核:××　　　　　制单:××

(2)2×19 年 1 月 20 日,以现金支付职工培训费 1 000 元。根据上述经济业务,企业应做如下账务处理,登记会计凭证,见表 2-7

借:管理费用　　　　　　　　　　　　　　　　　　　　　　　　　　　1 000

　　贷:库存现金　　　　　　　　　　　　　　　　　　　　　　　　　　1 000

表 2-7

记 账 凭 证

2×19 年 1 月 20 日　　　　　　　　　　　　　　　　　　　　　字第××号

摘要	会计科目	借方金额										贷方金额										记账
		千	百	十	万	千	百	十	元	角	分	千	百	十	万	千	百	十	元	角	分	
以现金支付培训费 1 000 元	管理费用					1	0	0	0	0	0											
	库存现金															1	0	0	0	0	0	
合计					¥	1	0	0	0	0	0					¥	1	0	0	0	0	0	

会计主管:××　　　　　记账:××　　　　　审核:××　　　　　制单:××

(3)2×19年1月31日,用库存现金1 000元购买办公用品。企业应做如下账务处理,登记会计凭证,见表2-8

借:管理费用　　　　　　　　　　　　　　　　　　　　　1 000

　　贷:库存现金　　　　　　　　　　　　　　　　　　　　　　1 000

表2-8

记 账 凭 证

2×19年1月31日　　　　　　　　　　　　　　　　　字第××号

摘要	会计科目	借方金额										贷方金额										记账
		千	百	十	万	千	百	十	元	角	分	千	百	十	万	千	百	十	元	角	分	
用现金1 000元购买办公用品	管理费用					1	0	0	0	0	0											
	库存现金															1	0	0	0	0	0	
合计					¥	1	0	0	0	0	0					¥	1	0	0	0	0	0	

会计主管:××　　　　　记账:××　　　　　审核:××　　　　　制单:××

(4)2×19年1月31日,收取职工张亮因过失造成的损失赔偿金850元。根据上述经济业务做如下账务处理。登记会计凭证,见表2-9

借:库存现金　　　　　　　　　　　　　　　　　　　　　850

　　贷:其他应收款——张亮　　　　　　　　　　　　　　　　850

表2-9

记 账 凭 证

2×19年1月31日　　　　　　　　　　　　　　　　　字第××号

摘要	会计科目	借方金额										贷方金额										记账
		千	百	十	万	千	百	十	元	角	分	千	百	十	万	千	百	十	元	角	分	
收取张亮因过失造成的赔偿金850元	库存现金						8	5	0	0	0											
	其他应收款/张亮																8	5	0	0	0	
合计						¥	8	5	0	0	0						¥	8	5	0	0	0	

会计主管:××　　　　　记账:××　　　　　审核:××　　　　　制单:××

4. 现金盘点的账务处理实例

企业在对现金进行盘点时,如发现账实不符,应及时进行账务处理。

(1)现金盘点短缺的账务处理,如图2-2所示。

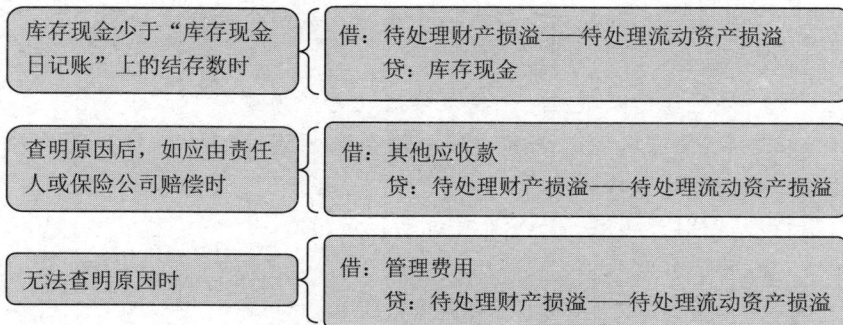

图 2-2　库存现金盘点短缺的账务处理

【例 2-4】 蓝迪有限公司 2×19 年 1 月 31 日对库存现金盘点时，现金日记账账面余额为 2 700 元，实地盘点的库存现金金额为 2 600 元，造成库存现金短缺的原因有待进一步查明。编制会计分录如下。

借：待处理财产损溢——待处理流动资产损溢　　　　　　　100

　　贷：库存现金　　　　　　　　　　　　　　　　　　　　　100

经查明，库存现金短缺的原因是由于出纳员的工作不认真造成的，出纳员当即赔偿了短缺款。编制会计分录如下：

借：其他应收款　　　　　　　　　　　　　　　　　　　　　100

　　贷：待处理财产损溢　　　　　　　　　　　　　　　　　　　100

借：库存现金　　　　　　　　　　　　　　　　　　　　　　100

　　贷：其他应收款　　　　　　　　　　　　　　　　　　　　　100

（2）库存现金盘点溢余的账务处理，如图 2-3 所示。

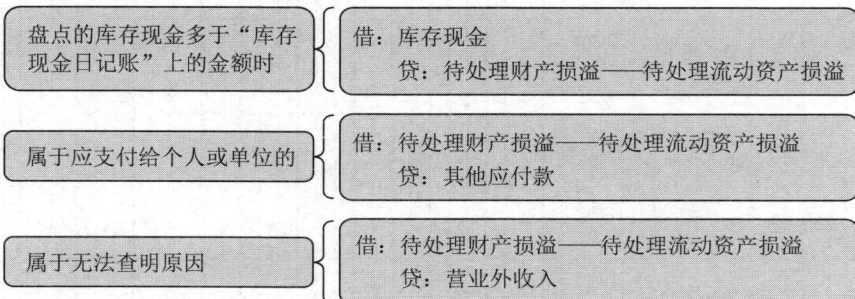

图 2-3　库存现金盘点溢余的账务处理

【例 2-5】 蓝迪有限公司 2×19 年 1 月 31 日对库存现金盘点时，现金日记账账面余额为 2 800 元，实地盘点的库存现金金额为 2 900 元，造成库存现金比账上多出 100 元的原因有待进一步查明。编制会计分录如下。

　　借:库存现金　　　　　　　　　　　　　　　　　　　　100
　　　贷:待处理财产损溢——待处理流动资产损溢　　　　　　　　100

　　经核查后,没有发现造成库存现金溢余的原因,经批准,作为营业外收入处理。编制会计分录如下:

　　借:待处理财产损溢——待处理流动资产损溢　　　　　　　　100
　　　贷:营业外收入　　　　　　　　　　　　　　　　　　　100

期末登记现金日记账

　　期末,根据以上业务,登记现金日记账,见表 2-10。

表 2-10

现 金 日 记 账

月	日	凭证编号	摘要	对方科目	借方 千百十万千百十元角分	贷方 千百十万千百十元角分	借或贷	余额 千百十万千百十元角分
1	1		期初余额					3 0 0 0 0 0
1	5	略	提现支 ♯0348	银行存款	4 0 0 0 0 0 0			4 3 0 0 0 0 0
1	5	略	支付职工工资	应付职工薪酬		3 8 0 0 0 0 0		5 0 0 0 0 0
1	10	略	收到销售货款	应收账款	1 4 5 0 0 0			6 4 5 0 0 0
1	10	略	货款存入银行	银行存款		1 4 5 0 0 0		5 0 0 0 0 0
1	10	略	李元预借差旅费	其他应收款		2 0 0 0 0 0		3 0 0 0 0 0
1	20	略	以现金支付职工培训费	管理费用		1 0 0 0 0 0		2 0 0 0 0 0
1	25	略	购买办公用品	管理费用		1 0 0 0 0 0		1 0 0 0 0 0
1	31	略	收取张亮的赔偿款	其他应收款	8 5 0 0 0 0			1 8 5 0 0 0
			本月合计		4 2 3 0 0 0 0	4 3 4 5 0 0 0		1 8 5 0 0 0

银行存款

银行存款，是指企业存入银行或其他金融机构的货币资金，包括人民币存款和外币存款。企业应根据业务需要，按照规定在其所在地银行开设账户，并利用银行账户进行存款、取款以及各种收支转账业务的结算。

银行存款核算范围

按照国家有关规定，凡是独立核算的单位都必须在当地银行开设账户，在经营过程中所发生的一切货币收支业务，除在规定的范围内可以用现金以外，都必须通过银行存款账户进行转账结算。

按照存款账户的不同，银行存款账户可分为基本存款账户、一般存款账户、临时存款账户、专用存款账户。

1. 基本存款账户

一个企业只能开立一个基本存款账户，其他银行结算账户的开立必须以基本存款账户的开立为前提。基本存款账户是存款人办理日常转账结算和现金收付的账户。另外，企业的工资、奖金等现金的支取，只能通过基本存款账户办理。

2. 一般存款账户

一般存款账户是存款人因借款或其他结算需要，在基本存款账户开户银行以外的银行营业机构开立的银行结算账户。一般存款账户不得办理现金支取。

3. 临时存款账户

临时存款账户是企业因临时经营活动需要开立的账户，该账户按规定可以支取现金，最长不得超过两年。

4. 专用存款账户

专用存款账户是企业对特定用途的资金开设的账户，如基本建设基金、企业的社保基金账户、住房公积金账户都属于该类账户。

银行存款科目的设置

企业可根据实际业务的需要，设置明细科目，见表2-11。

表 2-11　　　　　　　　　　　银行存款会计科目编码的设置

科目代码	总分类科目 （一级科目）	明细分类科目 （二级明细科目）	辅助核算
1002	银行存款		
100201	银行存款	××银行	
100202	银行存款	××银行	日记账、银行账
100203	银行存款	××银行	日记账、银行账
100204	银行存款	××银行	日记账、银行账、外币核算（美元）

　　企业应设置"银行存款"总分类账，用于核算企业存入银行或其他金融机构的各种款项。其借方反映企业银行存款的增加，贷方反映企业银行存款的减少，期末余额一般在借方，反映企业期末银行存款的余额。

银行存款的日常账务处理

1. 银行存款收入的账务处理实例

　　收款企业收到支票时，应填制进账单，连同收到的支票到银行办理收款手续后，以银行签章退回的进账单回单联及其他相关凭证，编制收款凭证，借记"银行存款"账户，贷记有关账户。

　　【例 2-6】　蓝迪有限公司为增值税一般纳税人，2×19 年 1 月 5 日，销售一批产品给卡拉公司，收到转账支票。增值税专用发票上注明的售价为20 000 元，增值税额为 2 600 元。已填制进账单，办妥有关收款手续。（记账凭证：银行存款收款凭证）编制如下会计分录。登记会计凭证，见表 2-12。

表 2-12

记 账 凭 证

2×19 年 1 月 5 日　　　　　　　　　　　　　　　　　　字第××号

摘要	会计科目	借方金额										贷方金额										记账
		千	百	十	万	千	百	十	元	角	分	千	百	十	万	千	百	十	元	角	分	
销售一批产品给卡拉公司	银行存款			2	2	6	0	0	0	0	0											
	主营业务收入													2	0	0	0	0	0	0	0	
	应交税费/应交增值税/销项税额															2	6	0	0	0	0	
合计			¥	2	2	6	0	0	0	0	0		¥	2	2	6	0	0	0	0	0	

会计主管：××　　　　　记账：××　　　　　审核：××　　　　　制单：××

借：银行存款 22 600

 贷：主营业务收入 20 000

  应交税费——应交增值税（销项税额） 2 600

2. 银行存款付出的账务处理实例

付款企业开出支票时，根据支票存根和有关原始凭证（如收款人开出的收据或发票等），及时编制付款凭证，应借记有关账户，贷记"银行存款"账户。

【例2-7】 蓝迪有限公司为增值税一般纳税人，存货采用实际成本计价。2×19年1月30日，该公司从天正公司购入原材料一批，增值税专用发票上注明的售价为50 000元，增值税额为6 500元，款项已用转账支票付讫，材料已验收入库。登记会计凭证，见表2-13。

借：原材料 50 000

 应交税费——应交增值税（进项税额） 6 500

 贷：银行存款 56 500

表2-13

记 账 凭 证

2×19年1月30日   字第××号

摘要	会计科目	借方金额										贷方金额										记账
		千	百	十	万	千	百	十	元	角	分	千	百	十	万	千	百	十	元	角	分	
从天正公司购入原材料	原材料				5	0	0	0	0	0	0											
	应交税费/应交增值税/进项税额					6	5	0	0	0	0											
	银行存款													5	6	5	0	0	0	0	0	
合计		¥	5	6	5	0	0	0	0	0	0	¥	5	6	5	0	0	0	0	0	0	

会计主管：×× 记账：×× 审核：×× 制单：××

3. 银行存款的序时核算

企业应当设置"银行存款日记账"，根据收款凭证、付款凭证，按照业务发生顺序逐笔登记。每日终了，应当计算当日的银行存款收入合计额、支出合计额和结余额。月份终了，"银行存款日记账"的余额必须与"银行存款"总账的余额核对相符。

月份终了,除了"银行存款日记账"的余额必须与"银行存款"总账的余额核对相符外,还必须将单位银行存款日记账与银行对账单核对,确定账实是否相符。

期末登记银行存款日记账

期末,登记银行存款日记账,见表2-14。

表 2-14

银 行 存 款 日 记 账

2×19年 月	2×19年 日	凭证编号	摘 要	对方科目	借 方	贷 方	借或贷	余 额
1	1		期初余额					1200000 0
1	5	银收01	向卡拉公司销售一批产品		2260000 0			1426000 0
1	30	银付204	购入原材料			5650000 0		861000 0
1	31		本月合计		2260000 0	5650000 0		861000 0

其他货币资金

其他货币资金是指除库存现金和银行存款以外的其他各种货币资金,包括企业的外埠存款、银行本票存款、银行汇票存款、信用卡存款、信用证保证金存款、存出投资款等。

其他货币资金的核算范围

其他货币资金应用范围如下。

1. 外埠存款

外埠存款,是指企业到外地进行临时或零星采购时,汇往采购地银行开立采购专户的款项。

2. 银行汇票存款

银行汇票存款是指企业为取得银行汇票按照规定存入银行的款项。

3. 银行本票存款

银行本票存款是指企业为取得银行本票按照规定存入银行的款项。

4. 信用卡存款

企业单位需要办理信用卡结算的,应先向银行提出申请,填写"信用卡申请书",经银行审查符合条件后,企业交存信用卡备用金,银行为申请人开立信用卡存款专户,发给信用卡。企业在持卡消费时,凭信用卡结算并根据信用卡余额的变化适时地向其账户续存资金,以保证其支付能力。信用卡可以透支,在透支期限内,银行对透支金额要计收利息,超过透支额度和期限的恶意透支行为,银行除加倍处以罚息外,还要取消其使用资格。持卡人如不需要继续使用信用卡时,可向发卡银行办理销户,银行应把信用卡专户存款余额转入其基本存款账户。

5. 信用证存款保证金

目前,我国信用证结算方式主要应用于有国外进出口业务的企业,企业向外商开出信用证时,也必须向中国银行提出申请并填写"信用证委托书",还应将信用证保证金交存银行开立专户。

6. 存出投资款

存出投资款是指企业已存入证券公司但尚未进行短期投资的现金。企业对其他货币资金要进行严格管理,经常和银行联系核对,如有长时间未结清或收回款项的应认真追查,以防资金流失。

其他货币资金科目的设置

本科目核算企业的银行汇票存款、银行本票存款、信用卡存款、信用证保证金存款、存出投资款、外埠存款等。企业应按其他货币资金和种类设置明细账户,并按照外埠存款的开户银行,银行汇票或本票的收款单位等设置明细账,进行明细分类核算,见表2-15。

表 2-15 其他货币资金会计科目编码的设置

科目代码	总分类科目（一级科目）	明细分类科目	
		二级明细科目	三级明细科目
1012	其他货币资金		
101201	其他货币资金	外埠存款	××银行
101202	其他货币资金	银行本票	××银行
101203	其他货币资金	银行汇票	××银行
101204	其他货币资金	信用卡存款	××银行
101205	其他货币资金	信用证	××银行
101206	其他货币资金	存出投资款	××银行

其他货币资金的账务处理

其他货币资金的账务处理，如图 2-4 所示。

图 2-4 其他货币资金的账务处理

本科目期末余额在借方，表示企业各项其他货币资金的期末金额。

其他货币资金的账务处理实例

【例 2-8】 蓝迪有限公司 2×19 年 1 月 30 日委托某证券公司从上海证券交易所购入深发展的股票，开立证券资金账户并存入资金 450 000 元。

(1)购入股票时，编制会计分录如下。登记会计凭证，见表 2-16

借：其他货币资金——存出投资款 450 000

　　贷：银行存款 450 000

表 2-16

记 账 凭 证

2×19 年 1 月 30 日 　　　　　　　　　　　　　　字第××号

摘要	会计科目	借方金额										贷方金额										记账
		千	百	十	万	千	百	十	元	角	分	千	百	十	万	千	百	十	元	角	分	
存入投资款	其他货币资金/存出投资款			4	5	0	0	0	0	0	0											
	银行存款													4	5	0	0	0	0	0	0	
合计		￥	4	5	0	0	0	0	0	0		￥	4	5	0	0	0	0	0	0		

会计主管：×× 　　　　记账：×× 　　　　审核：×× 　　　　制单：××

(2)该证券公司从深圳证券交易所购入深发展股票 80 000 股(假设价值为 350 000 元),并将其划分为以公允价值计量且其变动计入当期损益的金融资产。编制会计分录如下。登记会计凭证,见表 2-17

　　借:交易性金融资产　　　　　　　　　　　　　　　　　350 000

　　　　贷:其他货币资金——存出投资款　　　　　　　　　　　350 000

表 2-17

记 账 凭 证

2×19 年 1 月 30 日 　　　　　　　　　　　　　　字第××号

摘要	会计科目	借方金额										贷方金额										记账
		千	百	十	万	千	百	十	元	角	分	千	百	十	万	千	百	十	元	角	分	
购入深发展的股票	交易性金融资产			3	5	0	0	0	0	0	0											
	其他货币资金/存出投资款													3	5	0	0	0	0	0	0	
合计		￥	3	5	0	0	0	0	0	0		￥	3	5	0	0	0	0	0	0		

会计主管：×× 　　　　记账：×× 　　　　审核：×× 　　　　制单：××

(3)该企业将多余的资金 100 000 元转回原开户银行。编制会计分录如下。登记会计凭证,见表 2-18

　　借:银行存款　　　　　　　　　　　　　　　　　　　100 000

　　　　贷:其他货币资金——存出投资款　　　　　　　　　　　100 000

表 2-18

记 账 凭 证

2×19 年 1 月 30 日　　　　　　　　　　　　字第××号

摘要	会计科目	借方金额										贷方金额										记账
		千	百	十	万	千	百	十	元	角	分	千	百	十	万	千	百	十	元	角	分	
存出投资款转入开户银行	银行存款		1	0	0	0	0	0	0	0	0											
	其他货币资金/存出投资款												1	0	0	0	0	0	0	0	0	
合计		￥	1	0	0	0	0	0	0	0	0	￥	1	0	0	0	0	0	0	0	0	

会计主管:××　　　　　　记账:××　　　　　　审核:××　　　　　　制单:××

交易性金融资产

根据《企业会计准则第 22 号——金融工具确认和计量》规定,企业应当根据其管理金融资产的业务模式和金融资产的合同现金流量特征,将金融资产划分为以下三类。

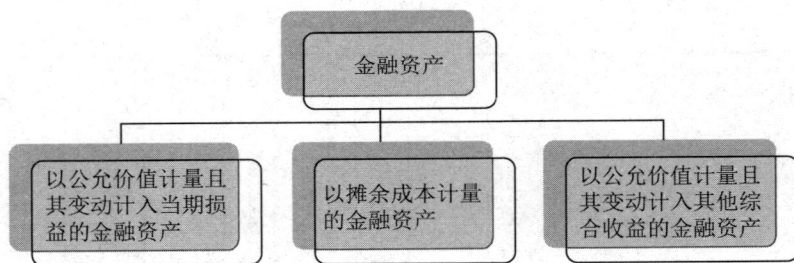

```
              ┌─────────────┐
              │   金融资产   │
              └─────────────┘
     ┌───────────────┼───────────────┐
┌──────────┐  ┌──────────┐  ┌──────────┐
│以公允价值计 │  │以摊余成本计 │  │以公允价值计 │
│量且其变动计 │  │量的金融资产 │  │量且其变动计 │
│入当期损益的 │  │          │  │入其他综合收 │
│金融资产    │  │          │  │益的金融资产 │
└──────────┘  └──────────┘  └──────────┘
```

金融资产或金融负债满足下列条件之一的,表明企业持有该金融资产或承担该金融负债的目的是交易性的:

(1)取得相关金融资产或承担相关金融负债的目的,主要是为了近期出售或回购。

(2)相关金融资产或金融负债在初始确认时属于集中管理的可辨认金融工具组合的一部分,且有客观证据表明近期实际存在短期获利模式。

(3)相关金融资产或金融负债属于衍生工具。但符合财务担保合同定义的衍生工具以及被指定为有效套期工具的衍生工具除外。

交易性金融资产核算范围

交易性金融资产适用范围包括：

(1)取得金融资产的目的是为了近期内出售或回购。

(2)属于进行集中管理的可辨认金融工具组合的一部分,具有客观证据表明企业近期采用短期获利方式对该组合进行管理。

(3)属于金融衍生工具,但是,如果衍生工具被企业指定为有效套期工具,则不应确认为交易性金融资产。

交易性金融资产科目的设置

企业应设置"交易性金融资产"科目,本科目核算企业持有的以公允价值计量且其变动计入当期损益的金融资产,包括为交易目的所持有的债券投资、股票投资、基金投资、权证投资和直接指定为以公允价值计量且其变动直接计入当期损益的金融资产。

本科目应当按照交易性金融资产的类别和品种,分别"成本""公允价值变动"进行明细核算,"公允价值变动损益"科目核算企业交易性金融资产等公允价值变动而形成的应计入当期损益的利得或损失,见表2-19。

表 2-19　　　　　　　　交易性金融资产会计科目编码的设置

科目代码	总分类科目（一级科目）	明细分类科目	
		二级明细科目	三级明细科目
1101	交易性金融资产		
11010101	交易性金融资产	债券投资	成本
11010102	交易性金融资产	债券投资	公允价值变动
11010201	交易性金融资产	股票投资	成本
11010202	交易性金融资产	股票投资	公允价值变动
11010301	交易性金融资产	基金投资	成本
11010302	交易性金融资产	基金投资	公允价值变动
11010401	交易性金融资产	国债投资	成本
11010402	交易性金融资产	国债投资	公允价值变动

交易性金融资产的账务处理

交易性金融资产的账务处理,见表 2-20。

表 2-20　　　　　　　　　　交易性金融资产的账务处理

业务情景		账务处理
取得时		借:交易性金融资产——成本 　　应交税费——应交增值税(进项税额) 　　应收股利或应收利息(已宣告未发放的股利或利息) 　　投资收益(交易费用) 　贷:银行存款/其他货币资金等
持有时	收到股利或利息时	借:银行存款等 　贷:投资收益
	期末计价公允价值>账面价值时	借:交易性金融资产——公允价值变动 　贷:公允价值变动损益
	期末计价公允价值<账面价值时	借:公允价值变动损益 　贷:交易性金融资产——公允价值变动
处置时	盈利	借:银行存款 　贷:交易性金融资产——成本 　　　交易性金融资产——公允价值变动 　　　投资收益
	亏损	借:银行存款 　　投资收益 　　交易性金融资产——公允价值变动 　贷:交易性金融资产——成本
应交增值税	如果产生收益	借:投资收益 　贷:应交税费——转让金融商品应交增值税
	如果产生损失	借:应交税费——转让金融商品应交增值税 　贷:投资收益
	年末,出现借方余额	借:投资收益 　贷:应交税费——转让金融商品应交增值税

(1)计算投资收益:

计算处置时的投资收益=处置价款与资产账面价值之间的差额+公允

价值变动损益结转至投资损益的金额

（2）计算处置时对损益(利润)的影响：

处置时对损益的影响＝处置实际收到的价款－处置时资产的账面价值

交易性金融资产的账务处理实例

【例2-9】 2×18年5月20日，蓝迪公司从上海证券交易所购入敦煌种业股票1 000 000股，占乙公司有表决权股份的5％，支付价款合计5 080 000元，其中，证券交易税等交易费用8 000元，已宣告发放现金股利72 000元。蓝迪公司没有在科达公司董事会中派出代表，将其划分为交易性金融资产。

（1）2×18年5月20日，购入敦煌种业公司股票1 000 000股。编制会计分录如下。登记会计凭证，见表2-21

表2-21

记 账 凭 证

2×18年5月20日   字第××号

摘要	会计科目	借方金额										贷方金额										记账
		千	百	十	万	千	百	十	元	角	分	千	百	十	万	千	百	十	元	角	分	
购入敦煌种业股票1 000 000股	交易性金融资产/敦煌种业公司/成本		5	0	5	0	0	0	0	0	0											
	应收股利				7	2	0	0	0	0	0											
	投资收益					8	0	0	0	0	0											
	银行存款												5	0	8	0	0	0	0	0	0	
合计		¥	5	0	8	0	0	0	0	0	0	¥	5	0	8	0	0	0	0	0	0	

会计主管：××   记账：××   审核：××   制单：××

借：交易性金融资产——敦煌种业公司——成本   5 000 000

　　应收股利——敦煌种业公司   72 000

　　投资收益   8 000

　　贷：银行存款   5 080 000

敦煌种业公司股票的单位成本＝(5 080 000－72 000－8 000)÷1 000 000＝5.00(元/股)

（2）2×18年6月20日，蓝迪公司收到敦煌种业公司发放的2×17年现金股利72 000元。编制会计分录如下。登记会计凭证，见表2-22

借：银行存款   72 000

　　贷：应收股利——敦煌种业公司   72 000

表 2-22

记 账 凭 证

2×18年6月20日　　　　　　　　　　　　　　字第××号

摘要	会计科目	借方金额 千	百	十	万	千	百	十	元	角	分	贷方金额 千	百	十	万	千	百	十	元	角	分	记账
收到2×18年现金股利72 000元	银行存款				7	2	0	0	0	0	0											
	应收股利/敦煌种业公司														7	2	0	0	0	0	0	
合计		¥	7	2	0	0	0	0	0			¥	7	2	0	0	0	0	0			

会计主管：××　　　　　记账：××　　　　　审核：××　　　　　制单：××

(3)2×18年6月30日,敦煌种业公司股票收盘价为每股5.20元。编制会计分录如下。登记会计凭证,见表2-23

敦煌种业公司股票公允价值变动=(5.2-5.00)×1 000 000=200 000(元)

借:交易性金融资产——敦煌种业股票——公允价值变动　200 000

贷:公允价值变动损益——敦煌种业　　　　　　　　　　　　200 000

(4)2×18年12月31日,蓝迪公司仍持有敦煌种业公司股票;当日,敦煌种业公司股票收盘价为每股4.9元。编制会计分录如下。登记会计凭证,见表2-24

敦煌种业公司股票公允价值变动=(4.9-5.20)×1 000 000=-300 000(元)

借:公允价值变动损益——敦煌种业　　　　　　　　　　　　300 000

贷:交易性金融资产——敦煌种业股票——公允价值变动　300 000

表 2-23

记 账 凭 证

2×18年6月30日　　　　　　　　　　　　　　字第××号

摘要	会计科目	借方金额 千	百	十	万	千	百	十	元	角	分	贷方金额 千	百	十	万	千	百	十	元	角	分	记账
计算公允价值变动值	交易性金融资产/敦煌种业股票/公允价值变动			2	0	0	0	0	0	0	0											
	公允价值变动损益/敦煌种业													2	0	0	0	0	0	0	0	
合计		¥	2	0	0	0	0	0	0	0		¥	2	0	0	0	0	0	0	0		

会计主管：××　　　　　记账：××　　　　　审核：××　　　　　制单：××

表 2-24

记 账 凭 证

2×18 年 12 月 31 日   字第××号

摘要	会计科目	借方金额										贷方金额										记账
		千	百	十	万	千	百	十	元	角	分	千	百	十	万	千	百	十	元	角	分	
计算公允价值变动	公允价值变动损益/敦煌种业			3	0	0	0	0	0	0	0											
	交易性金融资产/敦煌种业/公允价值变动													3	0	0	0	0	0	0	0	
合计		¥		3	0	0	0	0	0	0	0	¥		3	0	0	0	0	0	0	0	

会计主管：××   记账：××   审核：××   制单：××

(5)2×19 年 4 月 20 日,敦煌种业公司宣告发放 2×18 年现金股利 2 000 000 元。登记会计凭证,见表 2-25

应收到的现金股利＝2 000 000×5％＝100 000(元)

借:应收股利——敦煌种业   100 000

贷:投资收益   100 000

(6)2×19 年 5 月 10 日,蓝迪公司收到敦煌种业公司发放的 2×18 年现金股利。编制如下会计分录。登记会计凭证,见表 2-26

借:银行存款   100 000

贷:应收股利——敦煌种业   100 000

表 2-25

记 账 凭 证

2×19 年 4 月 20 日   字第××号

摘要	会计科目	借方金额										贷方金额										记账
		千	百	十	万	千	百	十	元	角	分	千	百	十	万	千	百	十	元	角	分	
2×19 敦煌种业宣告发放 2×18 年现金股利	应收股利/敦煌种业				1	0	0	0	0	0	0	0										
	投资收益														1	0	0	0	0	0	0	0	
合计		¥			1	0	0	0	0	0	0	0	¥		1	0	0	0	0	0	0	0	

会计主管：××   记账：××   审核：××   制单：××

表 2-26

记 账 凭 证

2×19 年 5 月 10 日　　　　　　　　　　　　　字第××号

摘要	会计科目	借方金额										贷方金额										记账
		千	百	十	万	千	百	十	元	角	分	千	百	十	万	千	百	十	元	角	分	
收到 2×18 年现金股利 100 000 元	银行存款			1	0	0	0	0	0	0	0											
	应收股利/敦煌种业													1	0	0	0	0	0	0	0	
合计		¥		1	0	0	0	0	0	0	0	¥		1	0	0	0	0	0	0	0	

会计主管：××　　　　　记账：××　　　　　审核：××　　　　　制单：××

(7)2×19 年 5 月 17 日,蓝迪公司以每股 4.50 元的价格将股票全部转让,同时支付证券交易税等 7 200 元。编制如下会计分录。登记会计凭证,见表 2-27 和表 2-28

敦煌种业公司股票出售价格＝4.50×1 000 000＝4 500 000(元)

出售敦煌种业公司股票取得的价款＝4 500 000－7 200＝4 492 800(元)

表 2-27

记 账 凭 证

2×19 年 5 月 17 日　　　　　　　　　　　　　字第××号

摘要	会计科目	借方金额										贷方金额										记账
		千	百	十	万	千	百	十	元	角	分	千	百	十	万	千	百	十	元	角	分	
转让敦煌种业全部股票	银行存款		4	4	9	2	8	0	0	0	0											
	投资收益			4	0	7	2	0	0	0	0											
	交易性金融资产/敦煌种业/公允价值变动			1	0	0	0	0	0	0	0											
	交易性金融资产/敦煌种业/成本												5	0	0	0	0	0	0	0	0	
合计		¥	5	0	0	0	0	0	0	0	0	¥	5	0	0	0	0	0	0	0	0	

会计主管：××　　　　　记账：××　　　　　审核：××　　　　　制单：××

表 2-28

记 账 凭 证

2×19 年 5 月 17 日　　　　　　　　　　　　　字第××号

| 摘要 | 会计科目 | 借方金额 |||||||||| 贷方金额 |||||||||| 记账 |
		千	百	十	万	千	百	十	元	角	分	千	百	十	万	千	百	十	元	角	分	
将公允价值变动损益计入投资收益	投资收益/敦煌种业		1	0	0	0	0	0	0	0	0											
	公允价值变动损益/敦煌种业												1	0	0	0	0	0	0	0	0	
合计		¥	1	0	0	0	0	0	0	0	0	¥	1	0	0	0	0	0	0	0	0	

会计主管：××　　　　　记账：××　　　　　审核：××　　　　　制单：××

　　敦煌种业公司股票持有期间公允价值变动计入当期损益的金额＝200 000－300 000＝－100 000（元）

　　出售敦煌种业公司股票时的账面余额＝5 000 000＋（－100 000）＝4 900 000（元）

　　出售敦煌种业公司股票的损益＝4 492 800－4 900 000＝－407 200（元）

借：银行存款　　　　　　　　　　　　　　　　　　　　4 492 800

　　投资收益　　　　　　　　　　　　　　　　　　　　　407 200

　　交易性金融资产——敦煌种业——公允价值变动　　　100 000

　　贷：交易性金融资产——敦煌种业——成本　　　　　　　5 000 000

假如产生损失，则可结转下月抵扣税额：

　　应纳税所得额＝4.5×1 000 000－5 080 000＝－580 000（元）

　　应纳税额＝－580 000÷（1＋6％）×6％＝－32 830.19（元）

同时，借：应交税费——转让金融商品应交增值税　　　－32 830.19

　　　　　贷：投资收益——敦煌种业　　　　　　　　　－32 830.19

债权投资

　　债权投资，是指到期日固定、回收金额固定或可确定，且企业有明确意图和能力持有至到期的非衍生金融资产。企业从二级市场上购入的固定利率国债、浮动利率公司债券等,都属于债权投资。

债权投资入账价格及摊余成本

1. 债权投资初始确认

债权投资初始确认时,应当按照公允价值计量和相关交易费用之和作为初始入账金额。

2. 债权投资的后续计量

债权投资应采用实际利率法,按摊余成本计量。实际利率法指按实际利率计算摊余成本及各期利息费用的方法,摊余成本为持有至到期投资初始金额扣除已偿还的本金和加上或减去累计摊销额以及扣除减值损失后的金额。

金融资产的摊余成本,是指该金融资产初始确认金额经下列调整后的结果:

(1)扣除已偿还的本金;

(2)加上或减去采用实际利率法将该初始确认金额与到期日金额之间的差额进行摊销形成的累计摊销额;

(3)扣除已发生的减值损失。

如何理解"加上或减去采用实际利率法将该初始确认金额与到期日金额之间的差额进行摊销形成的累计摊销额",如图 2-5 所示。

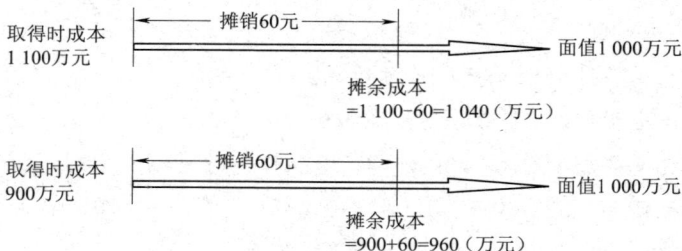

图 2-5 摊余成本图释

3. 债权投资计算

本期计提的利息＝期初摊余成本×实际利率

期末摊余成本＝期初摊余成本＋本期计提的利息－本期收回的利息和本金－本期计提的减值准备

【提示】就债权投资来说,摊余成本即为其账面价值。

债权投资科目的设置

债权投资应当按照投资的类别和品种,分别设置"成本""利息调整""应计利息"等明细科目核算。本科目期末借方余额,反映企业持有至到期投资的摊余成本,见表2-29。

表 2-29   债权投资会计科目编码的设置

科目代码	总分类科目 (一级科目)	明细分类科目	
		二级明细科目	三级明细科目
1501	债权投资		
150101	债权投资	公司债券	
15010101	债权投资	公司债券	成本
15010102	债权投资	公司债券	利息调整
15010103	债权投资	公司债券	应计利息

债权投资的账务处理

债权投资的主要账务处理,见表2-30。

表 2-30   债权投资的主要账务处理

业务情景		账务处理
取得时		借:债权投资——成本(面值) 应收利息 债权投资——利息调整(或贷) 贷:银行存款
持有时	资产负债表日的处理	借:应收利息 债权投资——利息调整(或贷) 贷:利息收入 借:银行存款 贷:应收利息
处置时	盈利	借:银行存款 贷:债权投资——成本 ——利息调整 ——应计利息 投资收益
	亏损	借:银行存款 投资收益 ——利息调整 ——应计利息 贷:债权投资——成本

债权投资账务处理实例

【例 2-10】 2×15 年 1 月 1 日,蓝迪公司支付价款 1 000 000 元(含交易费用)从深圳证券交易所购入上海电力股份公司同日发行的 5 年期公司债券 12 500 份,债券票面价值总额为 1 250 000 元,票面年利率为 4.72%,于年末支付本年度债券利息,本金在债券到期一次性偿还。蓝迪公司有意图也有能力将该债券持有至到期,划分为以摊余成本计量的金融资产。

假设不考虑其他因素,计算该债券的实际利率 r。

$$59\ 000 \times (1+r)^{-1} + 59\ 000 \times (1+r)^{-2} + 59\ 000 \times (1+r)^{-3} + 59\ 000 \times (1+r)^{-4} + (59\ 000 + 125\ 000) \times (1+r)^{-5} = 1\ 000\ 000(元)$$

采用插值法,计算得出 $r = 10\%$,各年摊余成本计算见表 2-31。

表 2-31　　　　　　　　　　计 算 表

日　　　期	现金流入 (a)	实际利息收入(b)= 期初(d)×10%	已收回本金(c)= (a)-(b)	摊余成本余额 (d)=期初(d)-(c)
2×15 年 1 月 1 日	—	—	—	1 000 000
2×15 年 12 月 31 日	59 000	100 000	-41 000	1 041 000
2×16 年 12 月 31 日	59 000	104 100	-45 100	1 086 100
2×17 年 12 月 31 日	59 000	108 610	-49 610	1 135 710
2×18 年 12 月 31 日	59 000	113 571	-54 571	1 190 281
2×19 年 12 月 31 日	59 000	118 719	-59 719	1 250 000
小　　计	295 000	545 000	-2 50 000	1 250 000
2×19 年 12 月 31 日	1 250 000	—	1 250 000	0
合　计	1 545 000	545 000	1 000 000	—

根据表 2-31,账务处理如下。

(1)2×15 年 1 月 1 日,购入上海电力股份公司债券。编制如下会计分录。登记会计凭证,见表 2-32

借:债权投资——上海电力股份公司——成本　　　　　 1 250 000

　贷:银行存款　　　　　　　　　　　　　　　　　　　 1 000 000

　　　债权投资——上海电力股份公司——利息调整　　　　 250 000

(2)2×15 年 12 月 31 日,确认上海电力股份公司债券实际利息收入、收到债券利息。编制如下会计分录。登记会计凭证,见表 2-33

表 2-32

记 账 凭 证

2×15 年 1 月 1 日 　　　　　　　　　　　　　　　字第××号

摘要	会计科目	借方金额										贷方金额										记账
		千	百	十	万	千	百	十	元	角	分	千	百	十	万	千	百	十	元	角	分	
2×15 年 1 月 1 日购入上海电力股份公司债券	债权投资/上海电力股份公司/成本		1	2	5	0	0	0	0	0	0											
	银行存款												1	0	0	0	0	0	0	0	0	
	债权投资/上海电力股份公司/利息调整													2	5	0	0	0	0	0	0	
合计		¥	1	2	5	0	0	0	0	0	0	¥	1	2	5	0	0	0	0	0	0	

会计主管：×× 　　　　记账：×× 　　　　审核：×× 　　　　制单：××

表 2-33

记 账 凭 证

2×15 年 12 月 31 日 　　　　　　　　　　　　　字第××号

摘要	会计科目	借方金额										贷方金额										记账
		千	百	十	万	千	百	十	元	角	分	千	百	十	万	千	百	十	元	角	分	
2×15 年 12 月 31 日,确认上海电力股份公司债券实际利息收入	应收利息/上海电力股份公司				5	9	0	0	0	0	0											
	债权投资/上海电力股份公司/利息调整				4	1	0	0	0	0	0											
	利息收入/上海电力股份公司													1	0	0	0	0	0	0	0	
收到利息时	银行存款				5	9	0	0	0	0	0											
	应收利息/上海电力股份公司														5	9	0	0	0	0	0	
合计		¥		1	5	9	0	0	0	0	0	¥		1	5	9	0	0	0	0	0	

会计主管：×× 　　　　记账：×× 　　　　审核：×× 　　　　制单：××

借：应收利息——上海电力股份公司　　　　　　　　　　　　59 000

　　债权投资——上海电力股份公司——利息调整　　　41 000

　　　贷：利息收入——上海电力股份公司　　　　　　　　　　100 000

借：银行存款　　　　　　　　　　　　　　　　　　　　　59 000

　　　贷：应收利息——上海电力股份公司　　　　　　　　　　59 000

（3）2×16 年 12 月 31 日，确认上海电力股份公司债券实际利息收入、收到债券利息。编制如下会计分录。登记会计凭证，见表 2-34

表 2-34

记 账 凭 证

2×16 年 12 月 31 日　　　　　　　　　　　　　　　　字第××号

摘要	会计科目	借方金额										贷方金额										记账
		千	百	十	万	千	百	十	元	角	分	千	百	十	万	千	百	十	元	角	分	
2×16 年 12 月 31 日，确认上海电力股份公司债券实际利息收入	应收利息/上海电力股份公司				5	9	0	0	0	0	0											
	债权投资/上海电力股份公司/利息调整				4	5	1	0	0	0	0											
	利息收入/上海电力股份公司												1	0	4	1	0	0	0	0	0	
收到利息时	银行存款				5	9	0	0	0	0	0											
	应收利息/上海电力股份公司														5	9	0	0	0	0	0	
合计		¥	1	6	3	1	0	0	0	0	0	¥	1	6	3	1	0	0	0	0	0	

会计主管：××　　　　记账：××　　　　审核：××　　　　　　制单：××

借：应收利息——上海电力股份公司　　　　　　　　　　　　59 000

　　债权投资——上海电力股份公司——利息调整　　　45 100

　　　贷：利息收入——上海电力股份公司　　　　　　　　　　104 100

借：银行存款　　　　　　　　　　　　　　　　　　　　　59 000

　　　贷：应收利息——上海电力股份公司　　　　　　　　　　59 000

（注：采用电子记账软件的公司，可以将两笔或多笔相关的会计分录记载在一张记账凭证上，但手工记账的公司，一张凭证只能记载一笔业务。）

(4)2×17 年 12 月 31 日,确认上海电力股份公司债券实际利息收入、收到债券利息。编制如下会计分录。登记会计凭证,见表 2-35

借:应收利息——上海电力股份公司   59 000

 债权投资——上海电力股份公司——利息调整   49 610

  贷:利息收入——上海电力股份公司   108 610

借:银行存款   59 000

  贷:应收利息——上海电力股份公司   59 000

表 2-35

记 账 凭 证

2×17 年 12 月 31 日   字第××号

摘要	会计科目	借方金额										贷方金额										记账
		千	百	十	万	千	百	十	元	角	分	千	百	十	万	千	百	十	元	角	分	
2×17 年 12 月 31 日,确认上海电力股份公司债券实际利息收入	应收利息/上海电力股份公司				5	9	0	0	0	0	0											
	债权投资/上海电力股份公司/利息调整				4	9	6	1	0	0	0											
	利息收入/上海电力股份公司													1	0	8	6	1	0	0	0	
收到利息时	银行存款				5	9	0	0	0	0	0											
	应收利息/上海电力股份公司														5	9	0	0	0	0	0	
合计		¥	1	6	7	6	1	0	0	0		¥	1	6	7	6	1	0	0	0		

会计主管:××   记账:××   审核:××   制单:××

(5)2×18 年 12 月 31 日,确认上海电力股份公司债券实际利息收入、收到债券利息。编制如下会计分录。登记会计凭证,见表 2-36

借:应收利息——上海电力股份公司   59 000

 债权投资——上海电力股份公司——利息调整   54 571

  贷:利息收入——上海电力股份公司   113 571

借:银行存款   59 000

  贷:应收利息——上海电力股份公司   59 000

表 2-36

记 账 凭 证

2×18 年 12 月 31 日   字第××号

摘要	会计科目	借方金额										贷方金额										记账
		千	百	十	万	千	百	十	元	角	分	千	百	十	万	千	百	十	元	角	分	
2×18 年 12 月 31 日,确认上海电力股份公司债券实际利息收入	应收利息/上海电力股份公司				5	9	0	0	0	0	0											
	债权投资/上海电力股份公司/利息调整				5	4	5	7	1	0	0											
	利息收入/上海电力股份公司													1	1	3	5	7	1	0	0	
收到利息时	银行存款				5	9	0	0	0	0	0											
	应收利息/上海电力股份公司														5	9	0	0	0	0	0	
合计		¥	1	7	2	5	7	1	0	0		¥	1	7	2	5	7	1	0	0		

会计主管:××   记账:××   审核:××   制单:××

(6)2×19 年 12 月 31 日,确认上海电力股份公司债券实际利息收入、收到债券利息。编制如下会计分录。登记会计凭证,见表 2-37

借:应收利息——上海电力股份公司   59 000

     债权投资——上海电力股份公司——利息调整   59 719

     贷:利息收入——上海电力股份公司   118 719

借:银行存款   59 000

     贷:应收利息——上海电力股份公司   59 000

借:银行存款   1 250 000

     贷:债权投资——上海电力股份公司——成本   1 250 000

表 2-37

记 账 凭 证

2×19 年 12 月 31 日　　　　　　　　　　字第××号

摘要	会计科目	借方金额 千	百	十	万	千	百	十	元	角	分	贷方金额 千	百	十	万	千	百	十	元	角	分	记账
2×19 年 12 月 31 日,确认上海电力股份公司债券实际利息收入	应收利息/上海电力股份公司				5	9	0	0	0	0	0											
	债权投资/上海电力股份公司/利息调整				5	9	7	1	9	0	0											
	利息收入/上海电力股份公司													1	1	8	7	1	9	0	0	
收到利息时	银行存款				5	9	0	0	0	0	0											
	应收利息/上海电力股份公司														5	9	0	0	0	0	0	
收到本金时	银行存款		1	2	5	0	0	0	0	0	0											
	债权投资/上海电力股份公司/成本												1	2	5	0	0	0	0	0	0	
合计		¥	1	4	2	7	7	1	9	0	0	¥	1	4	2	7	7	1	9	0	0	

会计主管：××　　　　　记账：××　　　　　审核：××　　　　　制单：××

债权投资减值准备

债权投资减值准备是指企业持有至到期的债权投资发生减值计提的减值准备。

债权投资减值准备科目的适用范围

企业应当按照财政部修订的《企业会计准则第 22 号——金融工具确认和计量》规定,以预期信用损失为基础,对债权投资进行减值会计处理并确认损失准备。

预期信用损失,是指以发生违约的风险为权重的金融工具信用损失的加权平均值。

信用损失,是指企业按照原实际利率折现的、根据合同应收的所有合同现金流量与预期收取的所有现金流量之间的差额,即全部现金短缺的现值。

新《企业会计准则》对金融工具的减值以预期信用损失为基础确认,若自初始确认后风险未显著增加,以未来 12 个月内的预期信用损失确认损失准备,若已显著增加则以整个存续期为基础确认损失准备。但同时规定对于分类为以公允价值计量且其变动计入其他综合收益的金融资产,企业应当在其他综合收益中确认其损失准备,并将减值损失或计入当期损益,且不应减少该金融资产在资产负债表中列示的账面价值。

企业通常能够可靠估计金融工具的预计存续期。在极少数情况下,金融工具预计存续期无法可靠估计的,企业在计算确定预期信用损失时,应当基于该金融工具的剩余合同期间。

企业计量金融工具预期信用损失的方法应当反映下列各项要素:

(1)通过评价一系列可能的结果而确定的无偏概率加权平均金额;

(2)货币时间价值;

(3)在资产负债表日无须付出不必要的额外成本或努力即可获得的有关过去事项、当前状况以及未来经济状况预测的合理且有依据的信息。

债权投资减值准备科目的设置

债权投资减值准备可按债权投资类别和品种进行明细核算。本科目期末贷方余额,反映企业已计提但尚未转销的债权投资减值准备。具体科目设置,见表 2-38。

表 2-38　　　　　　　　债权投资减值准备会计科目编码的设置

科目代码	总分类科目 (一级科目)	明细分类科目	
		二级明细科目	三级明细科目
1502	债权投资减值准备		
150201	债权投资减值准备	公司债券	按类别和品种
150202	债权投资减值准备	委托银行或其他金融机构向其他单位贷出的款项	按类别和品种
150203	债权投资减值准备	其他	按类别和品种

债权投资减值的账务处理

债权投资减值的账务处理,见表 2-39。

表 2-39 　　　　　　　　　债权投资减值的主要账务处理

业务情景	账务处理
对债权投资确认减值损失后,如有客观证据表明该金融资产价值已恢复,应在原确认的减值损失范围内按已恢复的金额予以转回	借:债权投资减值准备 贷:资产减值损失

债权投资减值损失的账务处理实例

【例 2-11】　2×15 年 1 月 1 日,蓝迪公司购入春兰企业债券一批,5 年期,面值 2 000 000 元,实际支付价款为 1 850 000 元(含交易费用 2 000 元),年利率为 10%。蓝迪公司将其划分为债权投资,初始确认时确定的实际利率为 12%。

2×18 年 12 月 31 日,有客观证据表明春兰企业发生严重财务困难,蓝迪公司据此认定春兰企业的债券发生了减值,收到利息 200 000 元,本金 1 800 000 元。

(1)2×15 年 1 月 1 日购入债券时,编制如下会计分录。登记会计凭证,见表 2-40

借:债权投资——春兰企业债券——成本　　　　　　2 000 000
　　贷:债权投资——利息调整　　　　　　　　　　　　150 000
　　　银行存款　　　　　　　　　　　　　　　　　1 850 000

表 2-40

记 账 凭 证

2×15 年 1 月 1 日　　　　　　　　　　　　　　　　　　　　　　字第××号

摘要	会计科目	借方金额										贷方金额										记账
		千	百	十	万	千	百	十	元	角	分	千	百	十	万	千	百	十	元	角	分	
2×15 年 1 月 1 日,购入春兰企业债券	债权投资/春兰企业债券/成本		2	0	0	0	0	0	0	0	0											
	债权投资/利息调整												1	5	0	0	0	0	0	0	0	
	银行存款												1	8	5	0	0	0	0	0	0	
合计		¥	2	0	0	0	0	0	0	0	0	¥	2	0	0	0	0	0	0	0	0	

会计主管:××　　　　记账:××　　　　审核:××　　　　制单:××

（2）2×15 年 12 月 31 日，确认债券实际利息收入、收到债券利息

应收利息＝2 000 000×10％＝200 000（元）

实际利息＝1 850 000×12％＝222 000（元）

利息调整＝222 000－200 000＝22 000（元）

摊余成本＝1 850 000＋22 000＝1 872 000（元）

（3）2×16 年 12 月 31 日，确认债券实际利息收入、收到债券利息。编制如下会计分录。

应收利息＝2 000 000×10％＝200 000（元）

实际利息＝1 872 000×12％＝224 640（元）

利息调整＝224 640－200 000＝24 640（元）

摊余成本＝1 872 000＋24 640＝1 896 640（元）

（4）2×17 年 12 月 31 日，确认债券实际利息收入、收到债券利息。编制如下会计分录

应收利息＝2 000 000×10％＝200 000（元）

实际利息＝1 896 640×12％＝227 596.8（元）

利息调整＝227 596.8－200 000＝27 596.8（元）

摊余成本＝1 896 640＋27 596.8＝1 924 236.8（元）

（5）2×18 年 12 月 31 日，确认减值损失前的摊余成本＝1 924 236.8（元）。

编制如下会计分录。登记会计凭证，见表 2-41

预计从对春兰企业债券将收到现金流量的现值

＝200 000×(1＋12％)$^{-1}$＋1 800 000×(1＋12％)$^{-2}$

＝200 000×0.892 9＋1 800 000×0.797 2

＝178 580＋1 434 960

＝1 613 540（元）

应确认的减值损失＝1 924 236.8－1 613 540＝310 696.8（元）

借：资产减值损失　　　　　　　　　　　　　　　310 696.8

　　贷：债权投资减值准备　　　　　　　　　　　　　　310 696.8

表 2-41

记 账 凭 证

2×18 年 12 月 31 日 　　　　　　　　　字第××号

摘要	会计科目	借方金额										贷方金额										记账
		千	百	十	万	千	百	十	元	角	分	千	百	十	万	千	百	十	元	角	分	
2×18 年 12 月 31 日,确认资产减值损失	资产减值损失			3	1	0	6	9	6	8	0											
	债权投资减值准备													3	1	0	6	9	6	8	0	
合计		¥		3	1	0	6	9	6	8	0	¥		3	1	0	6	9	6	8	0	

会计主管：×× 　　　　记账：×× 　　　　审核：×× 　　　　制单：××

其他债权投资

　　2017 年 4 月 6 日,财政部正式发布了《关于印发修订＜企业会计准则第 22 号——金融工具确认和计量＞的通知》(财会〔2017〕7 号)。在境内外同时上市的企业以及在境外上市并采用《国际财务报告准则》或《企业会计准则》编制财务报告的企业,自 2018 年 1 月 1 日起施行;其他境内上市企业自 2019 年 1 月 1 日起施行;执行《企业会计准则》的非上市企业自 2021 年 1 月 1 日起施行。执行本准则的企业,不再执行财政部于 2006 年 2 月印发的《企业会计准则第 22 号——金融工具确认和计量》。

其他债权投资分类

　　以公允价值计量且其变动计入其他综合收益的金融资产又可细分为:
　　(1)既以收取合同现金流量又以出售为目标而划分至此项,主要指有公开市场价格的债券,对应的会计科目为"其他债权投资";
　　(2)直接指定,主要为非交易性的股权投资,达不到持有至到期投资的确认条件,准则允许直接指定为此项,对应的会计科目为"其他权益工具投资"。

其他债权投资账务处理

"其他债权投资"是双维度记账,首先由于其债权属性,会计处理类同"以摊余成本计量的金融资产",仅是科目为"债权投资"与"其他债权投资"之差。核心是按实际利率法计算的摊余成本过程及会计分录。账务处理见表 2-42。

表 2-42   "其他债权投资"账务处理

业务情形		账务处理
初始确认时		借:其他债权投资——成本 ——利息调整(或贷) 贷:银行存款
后续计量		借:应收利息(按票面利率计算的每年稳定的现金流入) 其他债权投资——利息调整(或贷) 贷:利息收入(账面余额或摊余成本乘以实际利率)
公允价值变动	上升时	借:其他债权投资——公允价值变动 贷:其他综合收益——其他债权投资公允价值变动
	下降时	借:其他综合收益——其他债权投资公允价值变动 贷:其他债权投资——公允价值变动
减值的处理		借:信用减值损失 贷:其他综合收益——信用减值准备

终止确认	按售价和账面成本结转	借:银行存款(售价)
		贷:其他债权投资——成本
		           ——利息调整
		           ——公允价值变动
		投资收益(或借)

	原计入其他综合收益的公允价值变动转入损益	借:其他综合收益——其他债权投资公允价值变动(可借可贷) 贷:投资收益

业务情形		账务处理
	减值的抵减	借:其他综合收益——信用减值损失准备(必须为借方) 贷:投资收益
持有期间的重分类	同类科目对向结转	借:债权投资——成本 　　　　　——利息调整 　　贷:其他债权投资——成本 　　　　　——利息调整
	原公允价值变动确认部分反向结转抹平	借:其他综合收益——其他债权投资公允价值变动 　　贷:其他债权投资——公允价值变动
	减值的处理	借:其他综合收益——损失准备 　　贷:债权投资减值损失准备

其他债权投资账务处理实例

【例2-12】蓝迪公司于2×18年12月15日购入一项公允价值为1 200万元的债务工具,分类为以公允价值计量且其变动计入其他综合收益的金融资产。该工具合同期限为10年,年利率为6%,假定实际利率也为6%。2×18年12月31日,由于市场利率变动,该债务工具的公允价值跌至1 100万元。蓝迪公司认为,该工具的信用风险自初始确认后并无显著增加,应按12个月内预期信用损失计量损失准备,损失准备金额为60万元。为简化起见,本例不考虑利息。

2×19年1月1日,蓝迪公司决定以当日的公允价值1 100万元出售该债务工具。

根据以上业务,账务处理如下。

(1)购入该工具时

借:其他债权投资——成本　　　　　　　　　　　　　　　12 000 000

　　贷:银行存款　　　　　　　　　　　　　　　　　　　　12 000 000

(2)2×17年12月31日

借:信用减值损失　　　　　　　　　　　　　　　　　　　　600 000

其他综合收益——其他债权投资公允价值变动(12 000 000×6%)

720 000

 贷:其他债权投资——公允价值变动   720 000

  其他综合收益——信用减值准备   600 000

(3)2×18年1月1日出售

借:银行存款   11 000 000

 投资收益   400 000

 其他综合收益——信用减值准备   600 000

 其他债权投资——公允价值变动   720 000

 贷:其他综合收益——其他债权投资公允价值变动 720 000

  其他债权投资——成本   12 000 000

其他权益工具投资

对于归类为权益工具的金融工具,无论其名称中是否包含"债",其利息支出或股利分配都应当作为发行企业的利润分配,其回购、注销等作为权益的变动处理;对于归类为金融负债的金融工具,无论其名称中是否包含"股",其利息支出或股利分配原则上按照借款费用进行处理,其回购或赎回产生的利得或损失等计入当期损益。

企业(发行方)发行金融工具,其发生的手续费、佣金等交易费用,如分类为债务工具且以摊余成本计量的,应当计入所发行工具的初始计量金额;如分类为权益工具的,应当从权益(其他权益工具)中扣除。

其他权益工具投资的科目设置

其他权益工具投资按照类别和品种,分别"成本""利息调整""应计利息""公允价值变动"等进行明细核算。其他权益工具投资发生减值的,可以单独设置"其他权益工具投资减值准备"科目。具体设置见表2-43。

科目代码	总分类科目（一级科目）	明细分类科目	
		二级明细科目	三级明细科目
1503	其他权益工具投资	—	—
150301	其他权益工具投资	股票	—
15030101	其他权益工具投资	股票	成本
15030102	其他权益工具投资	股票	公允价值变动
150302	其他权益工具投资	债券	—
15030201	其他权益工具投资	债券	成本
15030202	其他权益工具投资	债券	利息调整
15030203	其他权益工具投资	债券	应计利息
15030204	其他权益工具投资	债券	公允价值变动

发行方的账务处理

发行方其他权益工具投资的主要账务处理,见表 2-44。

表 2-44   其他权益工具投资的主要账务处理

业务情景		账务处理

发行方的账务处理	归类为债务工具并以摊余成本计量的	发行时,
		借:银行存款
		  贷:应付债券——优先股、永续债(面值)
		           ——优先股、永续债(利息调整)

	权益工具	借:银行存款 贷:其他权益工具投资——优先股、永续债等

在存续期间分派股利		借:利润分配——应付优先股股利
		          ——应付永续债利息等
		  贷:应付股利——优先股股利
		         ——永续债利息等

业务情景		账务处理
权益工具与金融负债重分类	权益工具重分类为金融负债	借:其他权益工具投资——优先股、永续债等（账面价值） 贷:应付债券——优先股、永续债等（面值） 　　　——优先股、永续债等（利息调整） （应付债券公允价值与面值的差额）（或借方） 资本公积——资本溢价（或股本溢价） （重分类后公允价值与账面价值的差额）（或借方） 【提示】如果资本公积不够冲减的,依次冲减盈余公积和未分配利润
	金融负债重分类为权益工具	借:应付债券——优先股、永续债等（面值） 　　　——优先股、永续债等（利息调整） （利息调整余额）（或贷方） 贷:其他权益工具投资——优先股、永续债等
发行方按合同条款约定赎回所发行的除普通股以外的分类为权益工具的金融工具	回购	借:库存股——其他权益工具 贷:银行存款
	注销	借:其他权益工具投资 贷:库存股——其他权益工具 资本公积——资本溢价（或股本溢价）（或借方）
发行方按合同条款约定将发行的除普通股以外的金融工具转换为普通股		借:应付债券（账面价值） 其他权益工具投资（账面价值） 贷:实收资本（或股本）（面值） 资本公积——资本溢价（或股本溢价）（差额） 银行存款（支付现金）

投资方的账务处理

如果投资方因持有发行方发行的金融工具而对发行方拥有控制、共同控制或重大影响的,按照《企业会计准则第2号——长期股权投资》和《企业会计准则第20号——企业合并》进行确认和计量;投资方需编制合并财务报表的,按照《企业会计准则第33号——合并财务报表》的规定编制合并财务报表。

投资方会计处理,见表2-45。

表 2-45 其他权益工具投资账务处理

企业取得金融资产	借:其他权益工具投资——成本(公允价值与交易费用之和) 应收股利 贷:银行存款等
资产负债表日公允价值正常变动	公允价值上升。 借:其他权益工具投资——公允价值变动 贷:其他综合收益 公允价值下降。 借:其他综合收益 贷:其他权益工具投资——公允价值变动
持有期间被投资单位发放现金股利	借:应收股利 贷:投资收益
出售时	借:银行存款等 贷:其他权益工具投资(账面价值) 盈余公积(或借) 利润分配——未分配利润(或借) 同时, 借:其他综合收益 贷:盈余公积 利润分配——未分配利润 或作相反分录

其他权益工具投资账务处理实例

【例2-13】 2×18年5月20日,蓝迪公司从深圳证券交易所购入深发展股票250 000股,占深发展公司有表决权股份的2%,支付价款合计4 080 000元,其中,证券交易税等交易费用6 000元,已宣告发放现金股利65 000元。蓝迪公司将其划分为以公允价值计量且其变动计入其他综合收益的金融资产。

(1)2×18年5月20日,蓝迪公司从深圳证券交易所购入深发展股票250 000股。编制如下会计分录。登记会计凭证,见表2-46

借:其他权益工具投资——深发展公司股票——成本　　　4 015 000

　　应收股利——深发展公司　　　　　　　　　　　　　　65 000

　　贷:银行存款　　　　　　　　　　　　　　　　　　4 080 000

表 2-46

记 账 凭 证

2×18年5月20日 字第××号

摘要	会计科目	借方金额										贷方金额										记账
		千	百	十	万	千	百	十	元	角	分	千	百	十	万	千	百	十	元	角	分	
2×18年5月20日购入深发展公司股票250 000股	其他权益工具投资/深发展公司股票/成本		4	0	1	5	0	0	0	0	0											
	应收股利/深发展公司				6	5	0	0	0	0	0											
	银行存款												4	0	8	0	0	0	0	0	0	
合计		¥	4	0	8	0	0	0	0	0	0	¥	4	0	8	0	0	0	0	0	0	

会计主管：×× 记账：×× 审核：×× 制单：××

深发展公司股票的单位成本=(4 080 000－65 000)÷250 000＝16.06(元)

(2)2×18年6月20日,蓝迪公司收到深发展发放的2×17年现金股利65 000元,编制如下会计分录。登记会计凭证,见表2-47

　　借:银行存款　　　　　　　　　　　　　　　　　65 000

　　　贷:应收股利——深发展公司　　　　　　　　　　　　65 000

表 2-47

记 账 凭 证

2×18年6月20日 字第××号

摘要	会计科目	借方金额										贷方金额										记账
		千	百	十	万	千	百	十	元	角	分	千	百	十	万	千	百	十	元	角	分	
2×18年6月20日,收到深发展公司发放的现金股利	银行存款				6	5	0	0	0	0	0											
	应收股利/深发展公司														6	5	0	0	0	0	0	
合计					¥	6	5	0	0	0	0				¥	6	5	0	0	0	0	

会计主管：×× 记账：×× 审核：×× 制单：××

(3)2×18年6月30日,深发展股票收盘价为17.20元。确认深发展公司股票公允价值变动为285 000元[(17.20-16.06)×250 000]。登记会计凭证,见表2-48

表2-48

记 账 凭 证

2×18年6月30日   字第××号

摘要	会计科目	借方金额										贷方金额										记账
		千	百	十	万	千	百	十	元	角	分	千	百	十	万	千	百	十	元	角	分	
2×18年6月30日确认深发展公司股票公允价值变动	其他权益工具投资/深发展公司/公允价值变动			2	8	5	0	0	0	0	0											
	其他综合收益/深发展公司													2	8	5	0	0	0	0	0	
合计		¥		2	8	5	0	0	0	0	0	¥		2	8	5	0	0	0	0	0	

会计主管:××   记账:××   审核:××   制单:××

借:其他权益工具投资——深发展公司股票——公允价值变动

　　　　　　　　　　　　　　　　　　　　　　　285 000

　　　贷:其他综合收益——深发展公司　　　　　　285 000

(4)2×18年12月31日,深发展股票收盘价为15.80元。确认深发展公司股票公允价值变动为-350 000元[(15.80-17.20)×250 000]。登记会计凭证,见表2-49

　　借:其他综合收益——深发展公司　　　　　　　　350 000

　　　贷:其他权益工具投资——深发展公司——公允价值变动　350 000

(5)2×19年4月20日,深发展宣告发放2×18年现金股利2 000 000元。编制如下会计分录。登记会计凭证,见表2-50

蓝迪公司应享有的份额为2 000 000×2%=40 000(元)

　　借:应收股利——深发展公司　　　　　　　　　　40 000

　　　贷:投资收益——深发展公司　　　　　　　　　　40 000

表 2-49

记 账 凭 证

2×18 年 12 月 31 日 　　　　　　　　　　　　　　　　　　字第××号

摘要	会计科目	借方金额										贷方金额										记账
		千	百	十	万	千	百	十	元	角	分	千	百	十	万	千	百	十	元	角	分	
2×18 年 12 月 31 日确认深发展公司股票公允价值变动	其他综合收益/深发展公司		3	5	0	0	0	0	0	0	0											
	其他权益工具投资/深发展公司/公允价值变动												3	5	0	0	0	0	0	0	0	
	合计	¥	3	5	0	0	0	0	0	0	0	¥	3	5	0	0	0	0	0	0	0	

会计主管：×× 　　　　记账：×× 　　　　审核：×× 　　　　制单：××

表 2-50

记 账 凭 证

2×19 年 4 月 20 日 　　　　　　　　　　　　　　　　　　字第××号

摘要	会计科目	借方金额										贷方金额										记账
		千	百	十	万	千	百	十	元	角	分	千	百	十	万	千	百	十	元	角	分	
2×19 年 4 月 20 日，深发展公司宣告发放的现金股利	应收股利/深发展公司				4	0	0	0	0	0	0											
	投资收益/深发展公司														4	0	0	0	0	0	0	
	合计		¥		4	0	0	0	0	0	0		¥		4	0	0	0	0	0	0	

会计主管：×× 　　　　记账：×× 　　　　审核：×× 　　　　制单：××

(6)2×19 年 5 月 10 日，收到深发展公司发放的现金股利，编制如下会计分录。登记会计凭证，见表 2-51

借：银行存款 　　　　　　　　　　　　　　　　　40 000

贷：应收股利——深发展公司 　　　　　　　　　　　　　40 000

表 2-51

记 账 凭 证

摘要	会计科目	借方金额										贷方金额										记账
		千	百	十	万	千	百	十	元	角	分	千	百	十	万	千	百	十	元	角	分	
2×19年5月10日，收到深发展公司发放的现金股利	银行存款			4	0	0	0	0	0	0													
	应收股利/深发展公司													4	0	0	0	0	0	0			
合计			¥	4	0	0	0	0	0	0			¥	4	0	0	0	0	0	0			

会计主管：××   记账：××   审核：××   制单：××

(7)2×19年12月10日，蓝迪公司以每股15.80元的价格将股票全部转让，同时支付交易税等费用4 800元。编制会计分录如下。登记会计凭证，见表2-52

蓝迪公司出售价格＝15.80×250 000＝3 950 000(元)

出售深发展股票取得的价款＝3 950 000－4 800＝3 945 200(元)

蓝迪公司持有深发展股票期间公允价值变动计入所有者权益的金额＝285 000－350 000＝－65 000(元)

出售深发展股票时的账面余额＝4 015 000＋(－65 000)＝3 950 000(元)

借：银行存款   3 945 200

    投资收益——深发展公司   4 800

    其他权益工具投资——深发展公司股票——公允价值变动

                                        65 000

  贷：其他权益工具投资——深发展公司股票——成本   4 015 000

同时，借：投资收益——深发展股票   65 000

      贷：其他综合收益——深发展股票   65 000

表 2-52

记 账 凭 证

2×19 年 12 月 10 日   字第××号

摘要	会计科目	借方金额										贷方金额										记账
		千	百	十	万	千	百	十	元	角	分	千	百	十	万	千	百	十	元	角	分	
2×19 年 12 月 10 日出售深发展公司股票 250 000 股	银行存款		3	9	4	5	2	0	0	0	0											
	投资收益/深发展公司					4	8	0	0	0	0											
	其他权益工具投资/深发展公司股票/公允价值变动				6	5	0	0	0	0	0											
	其他权益工具投资/深发展公司股票/成本												4	0	1	5	0	0	0	0	0	
公允价值变动转出	投资收益/深发展公司				6	5	0	0	0	0	0											
	其他综合收益/深发展公司股票														6	5	0	0	0	0	0	
合计		¥	4	0	8	0	0	0	0	0	0	¥	4	0	8	0	0	0	0	0	0	

会计主管：××   记账：××   审核：××   制单：××

应收票据

应收票据是企业因销售商品、提供劳务等而收到的商业汇票。商业汇票是一种由出票人签发的，委托付款人在指定日期无条件支付确定金额给收款人或者持票人的票据。商业汇票的付款期限，最长不得超过 6 个月。根据承兑人不同，商业汇票分为商业承兑汇票和银行承兑汇票两种。

应收票据科目的设置

本科目核算企业因销售商品、提供劳务等而收到的商业汇票。应收票据科目代码为1121，企业应当按照开出、承兑商业汇票的单位进行明细核算，见表2-53。

表2-53   应收票据会计科目编码的设置

科目代码	总分类科目 （一级科目）	明细分类科目	
		二级明细科目	三级明细科目
1121	应收票据		
112101	应收票据	银行承兑汇票	××公司
112102	应收票据	商业承兑汇票	××公司

应收票据取得的会计处理

为了反映和监督应收票据的取得、票款收回等经济业务，企业应当设置"应收票据"科目。该账户借方登记应收票据收到时的面值；贷方登记到期应收票据的收回金额，或承兑人到期无力支付而被退回的商业承兑汇票金额，或未到期票据的贴现或转让情况；余额在借方，表示已收尚未到期或未贴现的应收票据的面额总数。

应收票据取得的原因不同，其会计处理亦有所区别。其具体处理如图2-6所示。

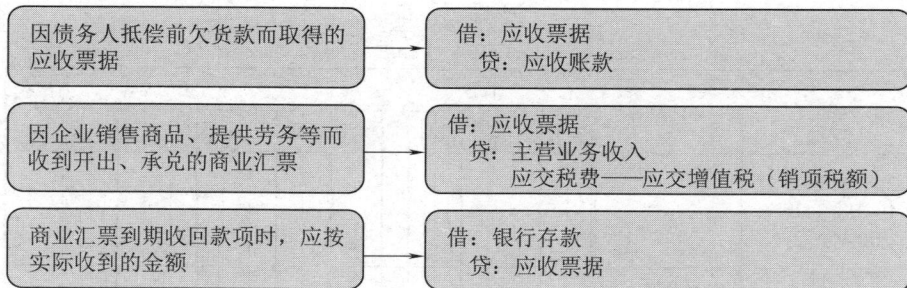

因债务人抵偿前欠货款而取得的应收票据	→	借：应收票据 贷：应收账款

因企业销售商品、提供劳务等而收到开出、承兑的商业汇票	→	借：应收票据
		    贷：主营业务收入
		          应交税费——应交增值税（销项税额）

商业汇票到期收回款项时，应按实际收到的金额	→	借：银行存款 贷：应收票据

图2-6   应收票据的账务处理

应收票据取得的账务处理实例

【例2-14】 蓝迪公司2×19年5月10日销售商品一批，开具的增值税专用发票注明价款为 8 120 元,税款为 1 055.60 元。对方开出为期 3 个月的商业汇票抵付货款。

(1)收到票据时,编制会计分录如下。登记会计凭证,见表 2-54

表 2-54

记 账 凭 证

2×19 年 5 月 10 日

字第××号

摘要	会计科目	借方金额										贷方金额										记账
		千	百	十	万	千	百	十	元	角	分	千	百	十	万	千	百	十	元	角	分	
2×19 年 5 月 10 日,销售商品一批,收到一张商业票据	应收票据					9	1	7	5	6	0											
	主营业务收入															8	1	2	0	0	0	
	应交税费/应交增值税/销项税额															1	0	5	5	6	0	
合计					¥	9	1	7	5	6	0					¥	9	1	7	5	6	0	

会计主管:×× 　　　记账:×× 　　　审核:×× 　　　制单:××

借:应收票据　　　　　　　　　　　　　　　　9 175.60
　　贷:主营业务收入　　　　　　　　　　　　　　　8 120
　　　应交税费——应交增值税(销项税额)　　　1 055.60

(2)票据到期,对方付款时,编制如下会计分录。登记会计凭证,见表 2-55
借:银行存款　　　　　　　　　　　　　　　　9 175.60
　　贷:应收票据　　　　　　　　　　　　　　　　9 175.60

表 2-55

记 账 凭 证

2×19 年 8 月 10 日

字第××号

摘要	会计科目	借方金额										贷方金额										记账
		千	百	十	万	千	百	十	元	角	分	千	百	十	万	千	百	十	元	角	分	
2×19 年 8 月 10 日,兑现银行承兑汇票	银行存款					9	1	7	5	6	0											
	应收票据															9	1	7	5	6	0	
合计					¥	9	1	7	5	6	0					¥	9	1	7	5	6	0	

会计主管:×× 　　　记账:×× 　　　审核:×× 　　　制单:××

【例 2-15】 尚品公司将一张带息的银行承兑汇票于到期日到银行办理收款,票面金额为 50 000 元,年利率为 10%,期限为 90 天,编制如下会计分录。登记会计凭证,见表 2-56。

表 2-56

记 账 凭 证
2×19 年 8 月 10 日

字第××号

摘要	会计科目	借方金额										贷方金额										记账
		千	百	十	万	千	百	十	元	角	分	千	百	十	万	千	百	十	元	角	分	
2×19 年 8 月 10 日,商业票据到期兑现	银行存款			5	1	2	5	0	0	0												
	应收票据													5	0	0	0	0	0	0	0	
	财务费用															1	2	5	0	0	0	
合计				¥	5	1	2	5	0	0	0		¥	5	1	2	5	0	0	0		

会计主管:××   记账:××   审核:××   制单:××

到期值=50 000×(1+10%×90÷360)=51 250(元)

借:银行存款   51 250

    贷:应收票据   50 000

       财务费用   1 250

应收票据贴现的会计处理

在企业持有的应收票据还没有到期的情况下,如果出现资金短缺,可以持未到期的银行承兑汇票向其开户银行申请贴现,以便获得所需要的资金。

所谓"贴现",就是指票据持有人将未到期的票据在背书后送交银行,银行受理后从票据到期值中扣除按银行贴现率计算确定的贴现息,然后将余额付给持票人,作为银行对企业的短期贷款。

对于应收票据贴现的核算,首先要计算贴现息和贴现净额(或称贴现所得额),其计算公式如下:

贴现息=票据到期价值×贴现率×贴现期

贴现净额=票据到期价值-贴现息

贴现期是指从票据贴现日到票据到期前一日的时间间隔。应收票据的银行贴现率由银行统一规定,一般用年利率来表示,如图 2-7 所示。

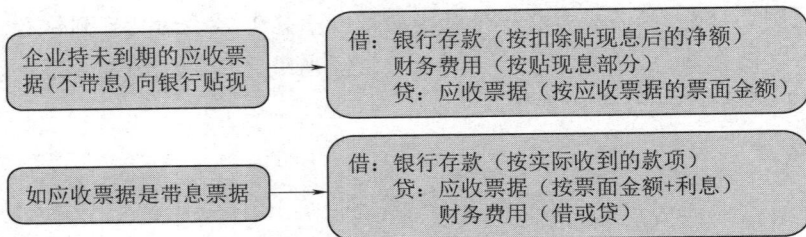

| 企业持未到期的应收票据(不带息)向银行贴现 | → | 借：银行存款（按扣除贴现息后的净额）
财务费用（按贴现息部分）
贷：应收票据（按应收票据的票面金额） |
| 如应收票据是带息票据 | → | 借：银行存款（按实际收到的款项）
贷：应收票据（按票面金额+利息）
财务费用（借或贷） |

图 2-7　应收票据的账务处理

(1)不带息应收票据贴现的账务处理实例

【例 2-16】　尚品公司因急需资金,将一张面值为 50 000 元,3 个月的无息票据提前两个月向银行办理贴现,出票日为 8 月 1 日,到期日为 11 月 1 日,假设银行贴现利率为 8%,该票据的到期值、贴现息和贴现净额计算如下:

票据到期价值＝票据面值＝50 000(元)

贴现息＝50 000×8%×2÷12＝666.67(元)

贴现净额＝50 000－666.67＝49 333.33(元)

根据上述计算结果和收款通知,编制如下会计分录。登记收款凭证,见表 2-57。

借:银行存款　　　　　　　　　　　　　　　　　　　　　49 333.33

　　财务费用——票据贴现　　　　　　　　　　　　　　　　　666.67

　　贷:应收票据　　　　　　　　　　　　　　　　　　　　　50 000

表 2-57

记 账 凭 证

2×19 年 9 月 1 日　　　　　　　　　　　　　　　字第××号

摘要	会计科目	借方金额									贷方金额									记账
		千	百	十	万	千	百	十	元	角	分	千	百	十	万	千	百	十	元	角	分	
2×19 年 9 月 1 日,无息票据提前贴现	银行存款				4	9	3	3	3	3	3											
	财务费用/票据贴现						6	6	6	6	7											
	应收票据													5	0	0	0	0	0	0	
合计			¥	5	0	0	0	0	0	0	0		¥	5	0	0	0	0	0	0	0	

会计主管:××　　　　记账:××　　　　审核:××　　　　制单:××

(2)带息应收票据贴现的账务处理实例

将带息应收票据向银行贴现时,票据到期的本息之和扣除贴现息的余额,就是贴现所得额。

【例2-17】 尚品公司持一张6个月到期,面值为48 000元的带息银行承兑汇票向银行贴现,该汇票年息为5%,出票日为6月1日,到期日为11月31日,公司于8月1日向银行贴现,贴现率为8%。

应收票据到期利息＝48 000×5%×6/12＝1 200(元)

应收票据到期本息＝48 000＋1 200＝49 200(元)

贴现息＝49 200×8%×4/12＝1 312(元)

贴现净额＝49 200－1 312＝47 888(元)

所作会计分录如下。登记会计凭证,见表2-58。

借:银行存款　　　　　　　　　　　　　　　　　　47 888

　　财务费用　　　　　　　　　　　　　　　　　　 1 312

　　　贷:应收票据　　　　　　　　　　　　　　　　49 200

表 2-58

记 账 凭 证

2×19年8月1日　　　　　　　　　　　　　　　　　字第××号

摘要	会计科目	借方金额									贷方金额									记账
		千	百	十	万	千	百	十	元	角	分	千	百	十	万	千	百	十	元	角	分	
2×19年8月1日,提前贴现带息银行承兑	银行存款			4	7	8	8	8	0	0											
	财务费用				1	3	1	2	0	0											
	应收票据												4	9	2	0	0	0	0	
合计			￥	4	9	2	0	0	0	0			￥	4	9	2	0	0	0	0	

会计主管:××　　　　记账:××　　　　审核:××　　　　制单:××

应收账款

应收账款是企业在正常的经营过程中因销售商品或提供劳务而享有的

向顾客收取款项的权利。主要包括应向购货单位收取的购买商品、材料等价款；代垫的包装物、运杂费；已冲减坏账准备而又收回的坏账损失；已贴现的承兑汇票，因承兑企业无力支付的票款；已转销而又收回的坏账损失等。但不包括应收职工欠款、应收债务人利息等其他应收款；购买长期债券等长期债权；投标保证金和租入包装物等各类存出保证金。

应收账款科目的设置

企业发生应收账款，按应收金额，借记本科目，按确认的营业收入，贷记"主营业务收入"；保险公司贷记"手续费及佣金收入""保费收入"等科目。收回应收账款时，借记"银行存款"等科目，贷记本科目。涉及增值税销项税额的，还应进行相应的处理。代购货单位垫付的包装费、运杂费，借记本科目，贷记"银行存款"等科目；收回代垫费用时，借记"银行存款"科目，贷记本科目。应收账款科目期末如为借方余额，反映尚未收回的账款；期末如为贷方余额，反映企业预收的款项。本科目可按债务人进行明细核算，见表 2-59。

表 2-59　　　　　　　　　　　应收账款会计科目编码的设置

科目代码	总分类科目（一级科目）	明细分类科目		是否辅助核算	辅助核算类别
		二级明细科目	三级明细科目		
1122	应收账款				
112201	应收账款	经营类别	××公司	是	客户/债务人
112202	应收账款	经营类别	××公司	是	客户/债务人

应收账款通常按实际发生额计价入账。计价时还要考虑商业折扣、现金折扣及债务重组等因素。

应收账款的账务处理

应收账款是以商业信用为基础，以购销合同、商品出库单、发票和发运单等书面文件为依据而确认的，按照历史成本计价原则，应收账款应当按照实际发生的交易价格入账，主要包括发票销售价格、增值税和代垫运杂费等。

一般销售业务的账务处理实例

【例2-18】 2×19年8月15日,蓝迪公司向乙公司销售商品一批,货款500 000元,增值税税率13%,垫付包装费、运杂费4 500元,已办理了委托银行收款手续。登记会计凭证,见表2-60。

表2-60

记 账 凭 证

2×19年8月15日   字第××号

摘要	会计科目	借方金额										贷方金额										记账
		千	百	十	万	千	百	十	元	角	分	千	百	十	万	千	百	十	元	角	分	
2×19年8月15日,向乙公司销售一批商品	应收账款/乙公司		5	6	9	5	0	0	0	0	0											
	主营业务收入												5	0	0	0	0	0	0	0	0	
	应交税费/应交增值税/销项税额													6	5	0	0	0	0	0	0	
	银行存款															4	5	0	0	0	0	
合计		¥	5	6	9	5	0	0	0	0	0	¥	5	6	9	5	0	0	0	0	0	

会计主管:××   记账:××   审核:××   制单:××

借:应收账款——乙公司		569 500
贷:主营业务收入		500 000
应交税费——应交增值税(销项税额)		65 000
银行存款		4 500

坏账准备

坏账是指企业无法收回或收回可能性极小的应收账款。由于发生坏账而产生的损失,称为坏账损失。

坏账准备的适用范围

一般来讲,公司的应收账款符合下列条件之一的,应确认为坏账损失:

(1)债务人死亡,以其遗产清偿后仍无法收回;

(2)债务人破产,以其破产财产清偿后仍无法收回;

（3）债务人较长时间未履行其偿债义务，并有足够的证据表明无法收回或收回的可能性极小。

企业应在当期期末对应收账款进行全面清查，对于有可能产生呆账或坏账的应收账款，企业应当计提坏账准备。企业应根据以前的经验、债方单位的实际情况和现金流量等相关信息予以合理估计。对已确认为坏账的应收账款，并不意味着企业放弃了追索权，一旦重新收回，应及时入账。

坏账准备科目的设置

坏账准备科目是资产类科目中的备抵科目，核算企业应收款项的坏账准备。坏账准备科目可按应收款项的类别进行明细核算。本科目期末贷方余额，反映企业已计提但尚未转销的坏账准备。设置见表 2-61。

表 2-61　　　　　　　　坏账准备会计科目编码的设置

科目代码	总分类科目（一级科目）	明细分类科目	
		二级明细科目	三级明细科目
1231	坏账准备		
123101	坏账准备	应收账款坏账准备	××公司
123102	坏账准备	其他应收款坏账准备	××公司
123103	坏账准备	应收票据坏账准备	××公司
123104	坏账准备	预付账款坏账准备	××公司
123105	坏账准备	长期应收款坏账准备	××公司
123106	坏账准备	其他坏账准备	××公司

坏账准备的账务处理

坏账准备的账务处理，见表 2-62。

表 2-62　　　　　　　　坏账准备的账务处理

业务情景	账务处理
资产负债表日，应收款项发生减值的	借：信用减值损失 贷：坏账准备

业务情景	账务处理
确实无法收回的应收款项,按管理权限报经批准后作为坏账,转销应收款项	借:坏账准备 　贷:应收票据/应收账款/其他应收款/应收分保账款/长期应收款
已确认并转销的应收款项以后又收回的	借:应收票据/应收账款/其他应收款/应收分保账款/长期应收款 　贷:坏账准备 同时,借:银行存款 　贷:应收票据/应收账款/其他应收款/应收分保账款/长期应收款

　　我国企业会计制度规定,企业要采用备抵法核算坏账损失。备抵法是按期估计坏账损失,形成坏账准备,当某一应收款项全部或部分被确认为坏账时,应根据其金额冲减坏账准备,同时转销相应的应收账款金额。采用这种方法,一方面按期估计坏账损失记入管理费用,另一方面设置"坏账准备"科目,待实际发生坏账时冲销坏账准备和应收账款金额。资产负债表上的应收账款是扣减坏账后的净值。

　　估计坏账损失有四种方法,即余额百分比法、账龄分析法、销货百分比法和个别认定法。

余额百分比法

　　余额百分比法是根据会计期末应收账款的余额乘以估计的坏账准备率,即为当期应估计的坏账损失,据此提取坏账准备。估计坏账率可以按照以往的数据资料加以确定,也可以根据规定的百分比确定。在会计期末,企业应计提的坏账准备大于其账面余额的,按其差额冲回坏账准备。

余额百分比法账务处理实例

【例2-19】蓝迪公司2×16年年末应收账款的余额为1 200 000元,提取坏账准备的比例为5‰;2×17年发生坏账损失7 000元,其中A单位2 000元,B单位5 000元,期末应收账款余额为1 500 000元;2×18年,已冲销的上年B单位应收账款又收回,期末应收账款余额为1 600 000元。

(1)2×16 年提取坏账准备,编制如下会计分录。登记会计凭证,见表2-63。

表 2-63

记 账 凭 证

2×16 年 12 月 31 日   字第××号

摘要	会计科目	借方金额 千	百	十	万	千	百	十	元	角	分	贷方金额 千	百	十	万	千	百	十	元	角	分	记账
2×16 年 12 月 31 日,提取坏账准备	信用减值损失——计提的坏账准备					6	0	0	0	0	0											
	坏账准备															6	0	0	0	0	0	
合计					¥	6	0	0	0	0	0				¥	6	0	0	0	0	0	

会计主管:××   记账:××   审核:××   制单:××

借:信用减值损失——计提的坏账准备(1 200 000×5‰)   6 000
　　贷:坏账准备   6 000

(2)2×17 年发生坏账时,编制如下会计分录

借:坏账准备   7 000
　　贷:应收账款——A 单位   2 000
　　　　　　　　——B 单位   5 000

2×17 年末按应收账款的余额计算提取坏账准备,编制如下会计分录。
登记会计凭证,见表2-64。

"坏账准备"科目余额＝6 000－7 000＝－1 000(元)

当年应提的坏账准备＝1 500 000×5‰－(－1 000)＝8 500(元)

借:信用减值损失——计提的坏账准备   8 500
　　贷:坏账准备   8 500

(3)2×18 年,收回上年已冲销的 B 单位账款 5 000 元,编制如下会计分录

借:应收账款——B 单位   5 000
　　贷:坏账准备   5 000

借:银行存款   5 000
　　贷:应收账款——B 单位   5 000

表 2-64

记 账 凭 证

2×17 年 12 月 31 日 　　　　　　　　　　　字第××号

摘要	会计科目	借方金额										贷方金额										记账
		千	百	十	万	千	百	十	元	角	分	千	百	十	万	千	百	十	元	角	分	
2×17 年 12 月 31 日,提取坏账准备	信用减值损失——计提的坏账准备					8	5	0	0	0	0											
	坏账准备															8	5	0	0	0	0	
合计					¥	8	5	0	0	0	0				¥	8	5	0	0	0	0	

会计主管:×× 　　　记账:×× 　　　审核:×× 　　　制单:××

　　2×18 年年末,计算提取坏账准备,编制如下会计分录。登记会计凭证,见表 2-65。

　　"坏账准备"科目余额＝－1 000＋8 500＋5 000＝12 500(元)

　　当年应提的坏账准备＝1 800 000×5‰－12 500＝－3 500(元)

借:坏账准备 　　　　　　　　　　　　　　　　　　　　3 500

　　贷:信用减值损失——计提的坏账准备 　　　　　　　　　　3 500

表 2-65

记 账 凭 证

2×18 年 12 月 31 日 　　　　　　　　　　　字第××号

摘要	会计科目	借方金额										贷方金额										记账
		千	百	十	万	千	百	十	元	角	分	千	百	十	万	千	百	十	元	角	分	
2×18 年 12 月 31 日,冲回多提的坏账准备	坏账准备					3	5	0	0	0	0											
	信用减值损失——计提的坏账准备															3	5	0	0	0	0	
合计					¥	3	5	0	0	0	0				¥	3	5	0	0	0	0	

会计主管:×× 　　　记账:×× 　　　审核:×× 　　　制单:××

　　注意:一般情况下,坏账准备的提取比例为3‰～5‰。

账龄分析法

账龄分析法是根据应收账款入账时间的长短来估计坏账损失的方法。虽然应收账款能否收回不一定完全取决于时间的长短，但一般来说，账款拖欠时间越长，发生坏账的可能就越大。

账龄分析法账务处理实例

【例 2-20】 科达公司 2×18 年 12 月 31 日应收账款账龄及估计坏账损失，见表 2-66。

表 2-66　　　　　　　　应收账款账龄及估计坏账损失表

应收账款账龄	应收账款金额（元）	估计损失（%）	估计损失金额（元）
未到期	40 000	0.5	200
过期 3 个月以下	20 000	1	200
过期 3~6 个月	35 000	2	700
过期 6~12 个月	45 000	3	1 350
过期 1 年以上	10 000	5	500
合计	150 000	—	2 950

假设调整前"坏账准备"的账面余额为贷方 600 元，则调整金额为 2 950－600＝2 350（元）。

借：信用减值损失——计提的坏账准备　　　　　　　　　2 350
　　贷：坏账准备　　　　　　　　　　　　　　　　　　　2 350

假设调整前"坏账准备"的账面余额为借方 600 元，则调整金额为 2 950＋600＝3 550（元）。

借：信用减值损失——计提的坏账准备　　　　　　　　　3 550
　　贷：坏账准备　　　　　　　　　　　　　　　　　　　3 550

销货百分比法

销货百分比法是根据赊销金额的一定比例估计坏账损失的方法。采用销货百分比法时，可能由于企业的经营状况不断地变化而不相适应，因此应当按照企业的实际情况及时地调节百分比。

销货百分比法账务处理实例

【例2-21】 假设蓝迪公司 2×18 年全年赊销金额为 1 000 000 元,根据以往资料和经验,估计坏账准备损失率为 2%,假设本年坏账准备余额为 0 元。

年末估计坏账损失为:1 000 000×2%＝20 000(元)

借:信用减值损失——计提的坏账准备　　　　　　　　20 000
　　贷:坏账准备　　　　　　　　　　　　　　　　　　　　　20 000

个别认定法

个别认定法是指根据单笔应收款项的可回收性估计坏账准备的方法,如果某项应收款项的可回收性和其他各项应收款项有明显差别(如债务单位所处的特定地区等),导致该项应收账款如果按照其他各项应收账款同样的方法计提坏账准备,将无法准确反映其可回收金额,则可对该项应收款项采用个别认定法计提坏账准备。

合同资产

对于一项收入准则规范的合同,如果企业已将商品转让给客户(即企业已履行履约义务),在客户尚未付款的情况下,企业应当将该有权收取对价的权利列报为一项资产。

如果企业拥有无条件向客户收取对价的权利,应当将该项资产作为应收款项单独列示;如果该权利取决于时间流逝之外的其他因素,企业应当将该收款权利作为合同资产单独列示。

合同资产与应收账款的区别有以下两点:

(1)权利内涵不同。合同资产是应收账款的前置账户,是尚有条件未成就时的收款权利,而该条件与时间无关;而应收账款或长期应收款则是除了时间之外所有条件都已成就的收款权利。

(2)减值准备计提的原因不同。合同资产计提减值时,适用"资产减值损失",而应收账款计提减值时,适用"信用减值损失"。前者由于资产本身减值产生,后者则由于交易对方信用低劣产生。

合同资产科目的设置

合同资产科目设置,见表 2-67。

表 2-67 合同资产会计科目的设置

总分类科目 (一级科目)	明细分类科目		是否辅助核算	辅助核算类别
	二级明细科目	三级明细科目		
合同资产				
合同资产	预付货款	××合同	是	供应商
合同资产	其他	××合同	是	部门

合同资产的账务处理

合同资产的账务处理,如图 2-8 所示。

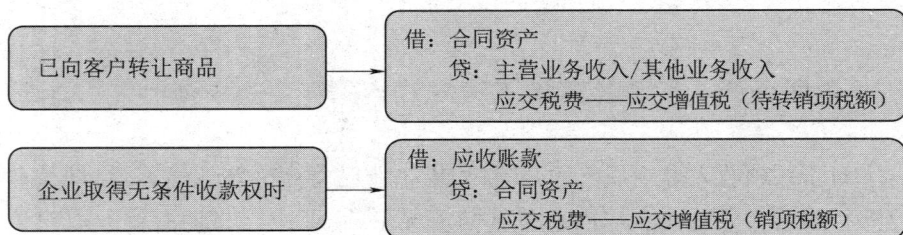

已向客户转让商品	→	借:合同资产 贷:主营业务收入/其他业务收入 应交税费——应交增值税(待转销项税额)
企业取得无条件收款权时	→	借:应收账款 贷:合同资产 应交税费——应交增值税(销项税额)

图 2-8 预付账款的账务处理

合同资产的账务处理实例

【例 2-22】2×19 年 1 月 10 日,甲公司与客户签订合同,向其销售 A、B 两项商品,合同价款为 3 200 元(不含税)。合同约定,A 商品于合同开始日交付,B 商品在一个月之后交付,只有当 A、B 两项商品全部交付之后,甲公司才有权收取 3 200 元的合同对价。假定 A 商品和 B 商品构成两项履约义务,其控制权在交付时转移给客户,分摊至 A 商品和 B 商品的交易价格分别为 1 000 元和 2 200 元。上述价格均不包含增值税。

本例中,甲公司将 A 商品交付给客户之后,与该商品相关的履约义务已经履行,但是需要等到后续交付 B 商品时,企业才具有无条件收取合同对价的权利,因此,甲公司应当将因交付 A 商品而有权收取的对价 1 130 元确认为合同资产,而不是应收账款,相应的账务处理如下。

(1)交付 A 商品时

借:合同资产——甲供货方   1 130

 贷:主营业务收入   1 000

  应交税费——应交增值税(待转销项税额)   130

2×19 年 1 月 10 日,登记会计凭证,见表 2-68。

表 2-68

记 账 凭 证

2×19 年 1 月 10 日   字第××号

摘要	会计科目	借方金额											贷方金额											记账
		千	百	十	万	千	百	十	元	角	分		千	百	十	万	千	百	十	元	角	分		
2×19 年 1 月 10 日,交付 A 商品	合同资产/甲供货方				1	1	3	0	0	0														
	主营业务收入																1	0	0	0	0	0		
	应交税费—应交增值税(待转销项税额)																	1	3	0	0	0		
合计				¥	1	1	3	0	0	0					¥	1	1	3	0	0	0			

会计主管:××   记账:××   审核:××   制单:××

(2)交付 B 商品时

借:应收账款   3 616

 贷:合同资产   1 130

  主营业务收入   2 200

  应交税费——应交增值税(销项税额)   286

登记会计凭证,见表 2-69。

表 2-69

记 账 凭 证

2×19 年 2 月 20 日　　　　　　　　　　　　　　　　字第××号

摘要	会计科目	借方金额										贷方金额										记账
---	---	千	百	十	万	千	百	十	元	角	分	千	百	十	万	千	百	十	元	角	分	
2×19 年 2 月 20 日，交付 B 产品时	应收账款				3	6	1	6	0	0												
	合同资产													1	1	3	0	0	0	0		
	应交税费/应交增值税（销项税额）															2	8	6	0	0		
	主营业务收入														2	2	0	0	0	0		
合计				¥	3	6	1	0	0	0				¥	3	6	1	0	0	0		

会计主管：×× 　　　　记账：×× 　　　　审核：×× 　　　　制单：××

其他应收款

其他应收款是指除应收票据、应收账款和预付账款以外的其他各种应收、暂付款项。主要包括应收的各种赔款、罚款；经营租赁的各种租金；存出的保证金；备用金预付账款转入；其他各种应收、暂付款项。

其他应收款的主要内容如图 2-9 所示。

1 → 应收的各种赔款。如因企业财产等遭受意外损失而应向有关保险公司收取的赔款等

2 → 应收的各种罚款。如因员工失职给企业造成一定损失而应向该员工收取的罚款

3 → 存出保证金，如租入包装物支付的押金，预付账款转入及其他应收、暂付款项

4 → 备用金(向企业各职能科室、车间等拨付的备用金)

5 → 应向职工收取的各种垫付的款项，如为职工垫付的水电费，应由职工负担的医药费、房租等

图 2-9　其他应收款主要内容

其他应收款科目的设置

其他应收款科目用于核算企业除应收票据、应收账款、预付账款等以外的其他各种应收、暂付款项。在"其他应收款"账户下，应按其他应收款的项目分类，并按不同的债务人设置明细账。具体设置见表 2-70。

表 2-70　　　　　　　　　　其他应收款会计科目编码的设置

科目代码	总分类科目（一级科目）	明细分类科目		辅助核算类别
		二级明细科目	三级明细科目	
1221	其他应收款			
122101	其他应收款	备用金	按借款人设置	个人往来核算
122102	其他应收款	应收个人款项	按借款人设置	个人往来核算
122103	其他应收款	应收单位款项	按单位名称设置	客户往来核算
122104	其他应收款	内部往来款项	按单位名称设置	客户往来核算
122105	其他应收款	其他款项	按业务内容设置	项目核算

其他应收款的账务处理

企业发生其他各种应收、暂付款项时，账务处理如图 2-10 所示。

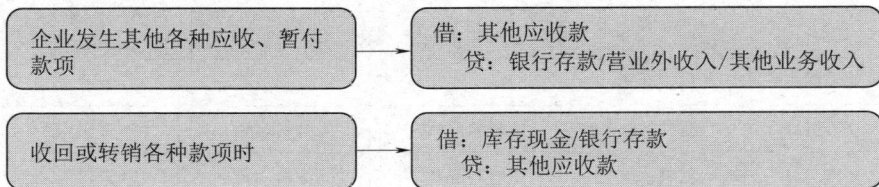

企业发生其他各种应收、暂付款项	→	借：其他应收款 贷：银行存款/营业外收入/其他业务收入
收回或转销各种款项时	→	借：库存现金/银行存款 贷：其他应收款

图 2-10　其他应收款账务处理

其他应收款账务处理实例

【例 2-23】　2×19 年 1 月 5 日，甲公司租入包装物一批，以银行存款向出租方支付押金 10 000 元。2×19 年 3 月 10 日租入包装物如数退回，甲公司收到出租方退还的押金 10 000 元，已存入银行。

(1)2×19 年 1 月 5 日支付押金时，编制会计分录如下

借：其他应收款——押金　　　　　　　　　　　　　　　　10 000

       贷：银行存款   10 000

（2）2×19 年 3 月 10 日收回押金时，编制会计分录如下

借：银行存款   10 000

       贷：其他应收款——押金   10 000

材料采购

材料采购是指企业采用计划成本法进行日常核算而购入的材料成本。

材料采购科目的设置

"材料采购"科目，属资产类科目，核算企业采用计划成本进行材料日常核算而购入材料的采购成本。企业从国内采购或国外进口的各种商品，不论是否进入本企业仓库，凡是通过本企业结算货款的，都在本科目进行核算。

本科目应当按照供应单位和物资品种进行明细核算。按照供货单位、商品类别等设置明细账，企业经营进、出口商品的，可根据需要分别按进口材料采购和出口材料采购进行明细核算，见表 2-71。

表 2-71   材料采购会计科目编码的设置

科目代码	总分类科目（一级科目）	明细分类科目		辅助核算类型
		二级明细科目	三级明细科目	
1401	材料采购			
140101	材料采购	材料品种	材料名称	××供应商
140102	材料采购	材料品种	材料名称	××供应商
140103	材料采购	材料品种	材料名称	××供应商
140104	材料采购	材料品种	材料名称	××供应商

材料采购的账户结构

"材料采购"账户具体账户结构，如图 2-11 所示。

借方	→	登记购入材料付款数
贷方	→	登记转入"库存商品"账户的材料采购成本
期末借方余额	→	企业在途材料的实际采购成本

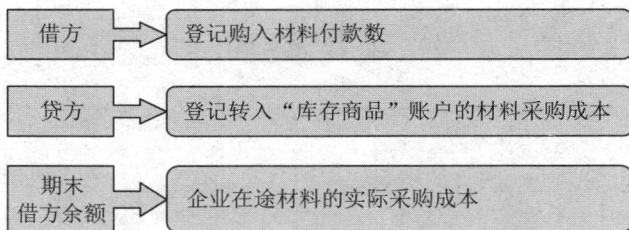

图 2-11 "材料采购"账户的结构

材料采购的账务处理

材料采购的主要账务处理,如图 2-12 所示。

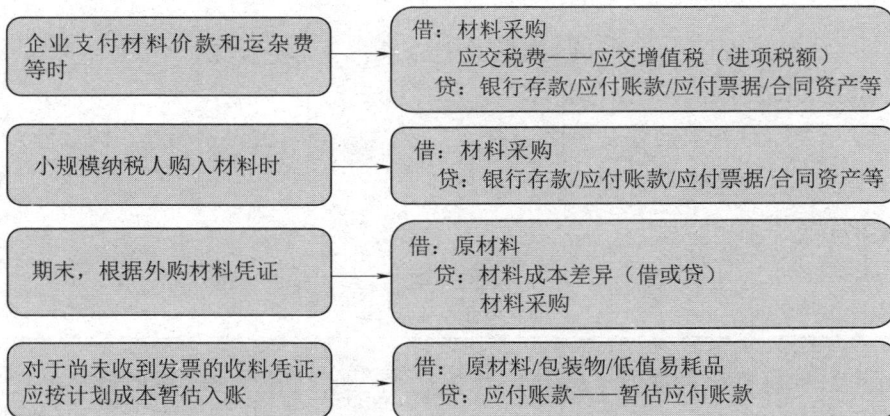

企业支付材料价款和运杂费等时	→	借:材料采购 　　应交税费——应交增值税(进项税额) 贷:银行存款/应付账款/应付票据/合同资产等
小规模纳税人购入材料时	→	借:材料采购 贷:银行存款/应付账款/应付票据/合同资产等
期末,根据外购材料凭证	→	借:原材料 贷:材料成本差异(借或贷) 　　材料采购
对于尚未收到发票的收料凭证,应按计划成本暂估入账	→	借:原材料/包装物/低值易耗品 贷:应付账款——暂估应付账款

图 2-12 材料采购的账务处理

材料采购科目的账务处理实例

【例 2-24】 2×19 年 4 月 20 日,蓝迪公司向丽达公司购进一批化妆品 24 箱,每箱 680 元,货款共计 16 320 元(不含税)。增值税率为 13%,货款以银行存款支付。这批化妆品的售价为 24 800 元,商品已经验收入库。

(1)支付丽达公司货款时,编制如下会计分录。登记会计凭证,见表 2-72。

借:材料采购——丽达公司　　　　　　　　　　　　　16 320

　　应交税费——应交增值税(进项税额)　　　　　　 2 121.60

　　贷:银行存款　　　　　　　　　　　　　　　　　18 441.6

表 2-72

记 账 凭 证

2×19 年 4 月 20 日 　　　　　　　　字第××号

摘要	会计科目	借方金额 千	百	十	万	千	百	十	元	角	分	贷方金额 千	百	十	万	千	百	十	元	角	分	记账
向丽达公司购进一批化妆品，货款共计 18 441.60 元	材料采购/丽达公司				1	6	3	2	0	0	0											
	应交税费/应交增值税/进项税额					2	1	2	1	6	0											
	银行存款				1	8	4	4	1	6	0				1	8	4	4	1	6	0	
合计				¥	1	8	4	4	1	6	0			¥	1	8	4	4	1	6	0	

会计主管：××　　　　记账：××　　　　审核：××　　　　制单：××

（2）商品验收入库时，编制如下会计分录。登记会计凭证，见表 2-73。

借：库存商品——丽达公司　　　　24 800

贷：材料采购——丽达公司　　　　16 320

商品进销差价　　　　8 480

表 2-73

记 账 凭 证

2×19 年 4 月 28 日 　　　　　　　　字第××号

摘要	会计科目	借方金额 千	百	十	万	千	百	十	元	角	分	贷方金额 千	百	十	万	千	百	十	元	角	分	记账
丽达公司化妆品入库时	库存商品/丽达公司				2	4	8	0	0	0	0											
	材料采购/丽达公司														1	6	3	2	0	0	0	
	商品进销差价															8	4	8	0	0	0	
合计				¥	2	4	8	0	0	0	0		¥	2	4	8	0	0	0	0		

会计主管：××　　　　记账：××　　　　审核：××　　　　制单：××

在途物资

在途物资是指企业采用实际成本（进价）法进行日常核算而购入的尚未验收入库物资的采购成本。

在途物资科目的设置

在途物资科目核算企业采用实际成本（或进价）进行材料、商品等物资的日常核算，货款已付尚未验收入库的在途物资的采购成本。

在途物资科目可按照供应单位和物资品种进行明细核算。见表2-74。

表 2-74 在途物资会计科目编码的设置

科目代码	总分类科目（一级科目）	明细分类科目		辅助核算类型
		二级明细科目	三级明细科目	
1402	在途物资			
140201	在途物资	物资品种	项目名称	××供应商
140202	在途物资	物资品种	项目名称	××供应商
140203	在途物资	物资品种	项目名称	××供应商

在途物资的账务处理

在途物资的主要账务处理，如图2-13所示。

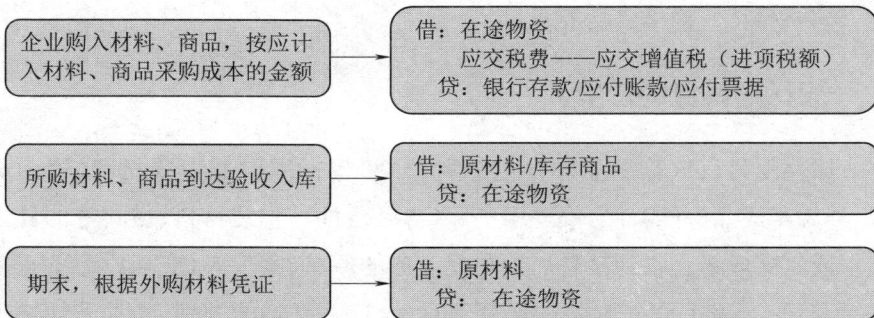

企业购入材料、商品，按应计入材料、商品采购成本的金额	→	借：在途物资 　　应交税费——应交增值税（进项税额） 　贷：银行存款/应付账款/应付票据
所购材料、商品到达验收入库	→	借：原材料/库存商品 　贷：在途物资
期末，根据外购材料凭证	→	借：原材料 　贷：　在途物资

图 2-13 在途物资的主要账务处理

实际成本构成：买价、运输费、保险费、装卸费、相关税费（不包括可抵增值税）、运输过程中材料合理损耗等运杂费用。即购买材料过程所发生费用（不包括出差人员差旅费），都构采购成本。

在途物资的账务处理实例

【例2-25】 2×19年4月20日，蓝迪公司购入A材料，单价120元/千克，企业购入12 000千克，增值税专用发票注明增值税率13%，运输费不含税为 5 500 元, 消费税 20 000 元。款项已付, A 材料尚未验收入库。

计算 A 材料实际成本＝120×12 000＋5 500＋20 000＝1 465 500(元)

运费的增值税＝5 500×9％＝495(元)

(1)企业购进材料, 且尚未验收入库。编制如下会计分录

借:在途物资 1 465 500

应交税费——应交增值税(进项税额)[(120×12 000)×13％＋495]

187 695

贷:银行存款 1 653 195

(2)2×19 年 4 月 23 日, 企业进行材料验收入库, 编制如下会计分录

借:原材料——A 材料 1 465 500

贷:在途物资—— A 材料 1 465 500

原材料

原材料是指原料及材料, 是企业在生产过程中经加工改变其形态或性质并构成产品主要实体的各种原料及主要材料、辅助材料、燃料、修理备用件、包装材料、外购半成品等。

原材料科目的设置

原材料科目核算企业库存的各种材料, 包括原料及主要材料、辅助材料、外购半成品(外购件)、修理用备件(备品备件)、包装材料、燃料等的计划成本或实际成本。收到来料加工装配业务的原料、零件等, 应当设置备查簿进行登记。本科目可按材料的保管地点(仓库)、材料的类别、品种和规格等进行明细核算, 见表 2-75。

表 2-75　　　　　　　　　　　原材料会计科目编码的设置

科目代码	总分类科目(一级科目)	明细分类科目		是否辅助核算	辅助核算类别
		二级明细科目	三级明细科目		
1403	原材料				
140301	原材料	原料及主要材料	品种和规格	是	按存放地点
140302	原材料	辅助材料	品种和规格	是	按存放地点

科目代码	总分类科目（一级科目）	明细分类科目		是否辅助核算	辅助核算类别
		二级明细科目	三级明细科目		
140303	原材料	外购半成品	品种和规格	是	按存放地点
140304	原材料	包装材料	品种和规格	是	按存放地点
140305	原材料	备件	品种和规格	是	按存放地点
140306	原材料	燃料	品种和规格	是	按存放地点

原材料购入的核算

对于原材料的核算，可以选择使用实际成本或计划成本计价，企业应当以收发业务的多少、实物流转方式、企业管理的要求、存货的性质等实际情况，合理地选择存货的核算方法。

原材料按实际成本计价的核算是指每种材料的日常收、发、存核算都采用实际成本计价。核算时，重点要掌握支出材料的成本计价。该方法一般只适用于材料收发业务比较小的中小型企业。

企业购入原材料时，由于采购地点和采用的结算方式等因素的影响，经常会出现原材料入库付款时间不一致的情况，其账务处理方法也不一致。

(1)发票已到，材料验收入库时，应根据发票金额，借方记入"原材料""应交税费"等账户，贷方记入"银行存款""应付账款"等账户。

发票已到，材料验收入库账务处理实例

【例 2-26】 2×19 年 4 月 26 日，蓝迪公司从乙公司购入材料一批，增值税专用发票注明原料价款 20 000 元，增值税 2 600 元，丙公司代垫运费 200 元。企业收到物资并验收入库，由于银行存款不足而暂未支付货款

借：原材料   20 200

    应交税费——应交增值税（进项税额）   2 600

    贷：应付账款   22 800

(2)货到单未到，即发票未到，材料已验收入库。在月份内，一般暂不进行处理，待有关发票到达、支付货款时，再按正常程序进行处理。如果到月

末发票还未到达,为了使账实相符,应按材料的暂估价款入账,下月初红字冲回,以便下个月收到发票时按正常处理。

货到单未到的账务处理实例

【例2-27】 承上例,但因发票未到没有支付货款。月末,暂估该批物资价值23 000元。

①2×19年4月末材料暂估入账时编制会计分录

借:原材料   23 000

    贷:应付账款——暂估应付账款   23 000

②2×19年5月初,编制红字冲回分录

借:原材料   (23 000)

    贷:应付账款——暂估应付账款   (23 000)

原材料的发出计价与核算

企业在确定发出存货的成本时,可以采用先进先出法、移动加权平均法、月末一次加权平均法和个别计价法等方法。企业不得采用后进先出法确定发出存货的成本。

1. 先进先出法

先进先出法是以先购入的存货应先发出(销售或耗用)这样一种存货实物流转假设为前提,对发出存货进行计价。采用这种方法,先购入的存货成本在后购入存货成本之前转出,据此确定发出存货和期末存货的成本。

先进先出法的账务处理实例

【例2-28】 蓝迪公司2×19年4月1日购入X型电路板50个,单价为80元;4月4日购入X型电路板70件,单价75元;4月6日领用X型电路板80件;4月15日购入X型电路板50件,单价78元;4月28日领用X型电路板65件。假设领用X型电路板全部为生产成本,按先进先出法核算,填制存货明细账,见表2-76。

表 2-76　　　　　　　　　　　　存货明细账

存货名称：A 材料　　　　　　　　　　　　　　　　　　　　　　　　计量单位：件

日期		摘要	收入			支出			结存		
月	日		数量	单价	金额	数量	单价	金额	数量	单价	金额
4	1	购入	50	80	4 000				50	80	4 000
4	4	购入							50	80	4 000
			70	75	5 250				70	75	5 250
4	6	领用				50	80	4 000			
						30	75	2 250	40	75	3 000
4	15	购入							40	75	3 000
			50	78	3 900				50	78	3 900
4	28	领用				40	75	3 000			
						25	78	1 950	25	78	1 950

4 月 6 日编制分录如下。

借：生产成本　　　　　　　　　　　　　　　　　　　　　　　　　6 250

　　贷：原材料——A 材料　　　　　　　　　　　　　　　　　　6 250

4 月 28 日领用编制分录如下。

借：生产成本　　　　　　　　　　　　　　　　　　　　　　　　　4 950

　　贷：原材料——A 材料　　　　　　　　　　　　　　　　　　4 950

2. 月末一次加权平均法

月末一次加权平均法，是指以当月全部进货数量加上月初存货数量作为权数，除以当月全部进货成本加上月初存货成本，计算存货的加权平均单位成本，以此为基础计算当月发出存货的成本和期末存货的成本的一种方法。

$$存货加权平均单价 = \frac{期初库存存货的实际成本 + 本期进货的实际成本}{期初库存存货数量 + 本期进货数量}$$

本月发出存货成本 = 本月发货数量 × 存货加权平均单价

期末结存存货成本 = 期末结存存货数量 × 存货加权平均单价 = 期初库存存货的实际成本 + 本期进货的实际成本 - 本月发出存货成本

月末一次加权平均法的账务处理实例

【例 2-29】　蓝迪公司 2×19 年 1 月初库存 A 材料 10 件，单价 68 元；

1月3日购入A材料50件,单价为70元;1月4日购入A材料60件,单价65元;1月6日领用A材料80件;1月15日购入A材料40件,单价68元;1月28日领用A材料60件。假设领用A产品全部为生产成本,按月末一次加权平均法核算,填制存货明细账,见表2-77。

表2-77 存货明细账

存货名称:A材料 计量单位:件

日期		摘要	收入			支出			结存		
月	日		数量	单价	金额	数量	单价	金额	数量	单价	金额
本月月初									10	68	680
1	3	购入	50	70	3 500						
1	4	购入	60	65	3 900						
1	6	领用				80					
1	15	购入	40	68	2 720						
1	28	领用				60					
本月月末						76.83		9 450	20	67.5	1350

1月末编制分录如下:(680+10 120)÷(10+150)=67.5(元)

本月发出成本=140×67.5=9 450(元)

借:生产成本 9 450

贷:原材料——A材料 9 450

3. 移动加权平均法

移动加权平均法,是指以每次进货的成本加上原有库存存货的成本,除以每次进货数量与原有库存存货的数量之和,据以计算加权平均单位成本,作为在下次进货前计算各次发出存货成本的依据。计算公式如下:

$$存货移动平均单价=\frac{原有库存存货的实际成本+本次进货的实际成本}{原有库存存货数量+本次进货数量}$$

本次发出存货成本=本次发货数量×存货移动平均单价

移动加权平均法的账务处理实例

【例2-30】 绿地公司2×19年3月初库存CI型发动机10台,单价2 500元;3月1日购入CI型发动机50台,单价为2 500元;3月4日购入CI型发动机60台,单价2 400元;3月6日领用CI型发动机80台;3月15日购入CI型发动机40台,单价2 480元;3月28日领用CI型发动机60台。假设领用 A 产品全部为生产成本,按移动加权平均法核算,填制存货明细账,见表 2-78。

表 2-78   **存货明细账**

存货名称:CI 型发动机   计量单位:台

日期		摘要	收入			支出			结存		
月	日		数量	单价	金额	数量	单价	金额	数量	单价	金额
本月月初									10	2 500	25 000
3	1	购入	50	2 500	125 000				60	2 500	150 000
3	4	购入	60	2 400	144 000				120	2450	294 000
3	6	领用				80	2 450	196 000	40	2 450	98 000
3	15	购入	40	2 480	99 200				80	2 465	197 200
3	28	领用				60	2 465	147 900	20	2 465	49 300

3 月 6 日编制分录如下。

借:生产成本   196 000

　　贷:原材料——CI 型发动机   196 000

3 月 28 日编制分录如下。

借:生产成本   147 900

　　贷:原材料——CI 型发动机   147 900

4. 个别计价法

个别计价法,亦称个别认定法、具体辨认法、分批实际法,即把每一种存货的实际成本作为计算发出存货成本和期末存货成本的基础。对于不能替代使用的存货、为特定项目专门购入或制造的存货以及提供的劳务,通常采用个别计价法确定发出存货的成本。在实际工作中,越来越多的企业采用计算机信息系统进行会计处理,个别计价法可以广泛应用于发出存货的计价,并且该方法确定的存货成本最为准确。

个别计价法的账务处理实例

【例 2-31】 绿地公司在 9 月 1 日购入 H 型钢材 10 吨,其中有 40 吨单价位 2 200 元,有 60 吨单价为 2 250 元。9 月 9 日领用 H 型钢材 83 吨,其中单价为 2 200 元的 30 吨,单价为 2 250 元的 53 吨。假设甲公司使用个别计价法核算,存货明细账,见表 2-79。

9月9日编制分录如下：

借：生产成本（66 000＋119 250）　　　　　　　　　　　　　　185 250

　　贷：原材料——A材料　　　　　　　　　　　　　　　　　　　　185 250

表2-79　　　　　　　　　　　　　　存货明细账

存货名称：H型钢材　　　　　　　　　　　　　　　　　　　　　　　　计量单位：元

日期		收入			支出			结存		
月	日	数量（吨）	单价	金额	数量（吨）	单价	金额	数量（吨）	单价	金额
9	1	40	2 200	8 800				40	2 200	8 800
		60	2 250	13 500				60	2 250	13 500
9	9				30	2 200	66 000	10	2 200	22 000
					53	2 250	119 250	7	2 250	15 750

原材料发出的汇总核算

企业发出的材料不管其用途如何，均应办理必要的手续和填制领发料凭证，各种领发料凭证是进行原材料发放的核算依据。企业可以直接根据领发料单填制记账凭证，也可以简化日常材料核算工作，在月末根据当月的领发料单按部门或用途进行归类汇总，编制"领发料单汇总表"，填制记账凭证。

根据不同用途，对发出的原材料借记不同的账户，贷记"原材料"账户。

原材料支出的汇总的账务处理实例

【例2-32】　丽达公司2×19年1月末根据领发料凭证，汇总编制"领发料单汇总表"，见表2-80。

表2-80　　　　　　　　　　　　　领发料单汇总表

2×19年1月　　　　　　　　　　　　　　　　　　　　　　　　　　　单位：元

材料类别　　　　用途	原材料		
	原料及主要材料	辅助材料	合　计
生产成本——A产品	120 000	3 000	123 000
生产成本——B产品	80 000	4000	84 000
制造费用		2 000	2 000
管理费用		800	800
合　　计	200 000	9 800	209 800

编制会计分录如下：

借：生产成本——A产品　　　　　　　　　　　　　　123 000

　　　　　——B产品　　　　　　　　　　　　　　　84 000

　　制造费用　　　　　　　　　　　　　　　　　　　　2 000

　　管理费用　　　　　　　　　　　　　　　　　　　　　800

　　贷：原材料——原料及主要材料　　　　　　　　　200 000

　　　　　——辅助材料　　　　　　　　　　　　　　　9 800

计划成本计价的核算

原材料按计划成本核算，在材料入库时应分开记录。按计划成本记入"原材料"账户，将实际成本与计划成本差异部分分离出来记入"材料成本差异"账户，月末通过分配材料成本将发出的材料的计划成本调整为实际成本。

计划成本法下的购入核算，主要包括三个方面：一是反映物资采购成本的发生，二是按计划成本反映材料验收入库，三是结转入库材料成本差异。

原材料采用计划成本的账务处理实例

【例2-33】　丽达公司从乙公司购入材料一批，增值税专用发票注明价款20 000元，增值税2 600元，丙公司代垫运费200元。企业收到物资并验收入库。计划成本18 000元，货款通过银行进行结算。

(1)支付货款时，根据发票、银行结算单据编制分录如下。

借：材料采购　　　　　　　　　　　　　　　　　　　20 200

　　应交税费——应交增值税(进项税额)　　　　　　　2 600

　　　贷：银行存款　　　　　　　　　　　　　　　　22 800

(2)材料入库时，根据收料单编制分录如下。

借：原材料　　　　　　　　　　　　　　　　　　　　18 000

　　材料成本差异　　　　　　　　　　　　　　　　　　2 200

　　　贷：材料采购　　　　　　　　　　　　　　　　20 200

材料成本差异

材料成本差异又称"材料价格差异"，指材料的实际成本与计划价格成本间的差额。实际成本大于计划价格成本为超支;实际成本小于计划价格成本为节约。

材料成本差异科目的设置

材料成本差异的借方登记材料实际成本大于计划价格成本的超支额,贷方登记材料实际成本小于计划价格成本的节约额。发出耗用材料所应负担的成本差异,应从本科目的贷方转入各有关生产费用科目;超支额用蓝字结转,节约额用红字结转。

"材料成本差异"科目的明细分类核算,可按材料类别进行,也可按全部材料合并进行。按材料类别进行明细分类核算,可使成本中材料费的计算比较正确,但要相应多设材料成本差异明细分类账,增加核算工作量。如果将全部材料合并一起核算,虽可简化核算工作,但要影响成本计算的正确性。因此在决定材料成本差异的明细分类核算时,既要考虑到成本计算的正确性,又要考虑核算时人力上的可能性。材料成本差异的分配,根据发出耗用材料的计划价格成本和材料成本差异分配率进行计算。企业也可以在"原材料""周转材料"等科目设置"材料成本差异"明细科目。按照类别或品种进行明细核算。材料成本差异科目设置,见表 2-81。

表 2-81　　　　　　　　　　材料成本差异会计科目编码的设置

科目代码	总分类科目 (一级科目)	明细分类科目	
		二级明细科目	三级明细科目
1404	材料成本差异		
140401	材料成本差异	原材料	材料类别
140402	材料成本差异	周转材料	材料类别
140403	材料成本差异	其他	材料类别

材料成本差异的账务处理

材料成本差异的主要账务处理,如图 2-14 所示。

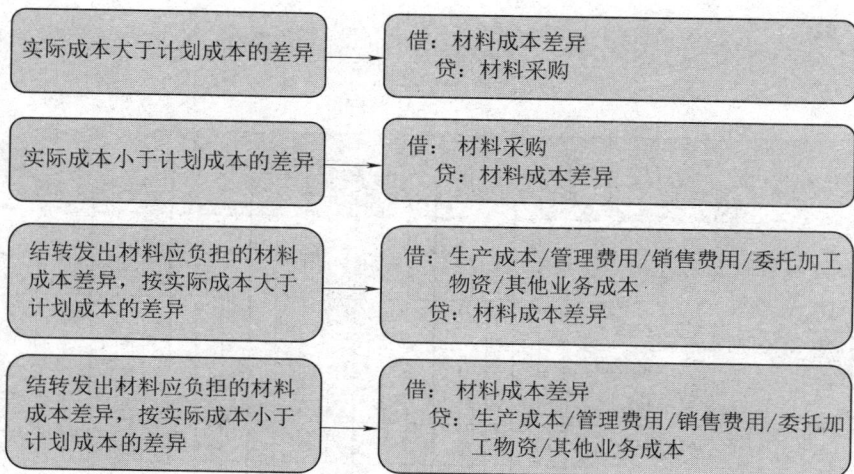

图 2-14 材料成本差异的账务处理

发出材料应负担的成本差异应当按期（月）分摊，不得在季末或年末一次计算。发出材料应负担的成本差异，除委托外部加工发出材料可按期初成本差异率计算外，应使用当期的实际差异率；期初成本差异率与本期成本差异率相差不大的，也可按期初成本差异率计算。计算方法一经确定，不得随意变更。材料成本差异率的计算公式如下：

$$材料成本差异率=\frac{期初结存材料的成本差异+本期购入材料的成本差异}{期初结存材料的计划成本+本期购入材料的计划成本}$$

发出材料应负担的成本差异＝发出材料的计划成本×材料成本差异率

材料成本差异的账务处理实例

【例 2-34】 2×19 年 10 月 26 日，丽达公司从乙公司购入材料一批，增值税专用发票注明原料价款 30 000 元，增值税 3 900 元，丙公司代垫运费 150 元。公司通过银行进行结算，但尚未收到材料。计划成本 32 000 元。

（1）2×19 年 10 月 26 日，购入材料时，编制会计分录如下。登记会计凭证，见表 2-82

借：材料采购——乙公司　　　　　　　　　　　　　　　30 150

　　应交税费——应交增值税（进项税额）　　　　　　　　 3 900

　　贷：银行存款　　　　　　　　　　　　　　　　　　　34 050

表 2-82

记 账 凭 证

2×19 年 10 月 26 日　　　　　　　　　　　　　　　　字第××号

摘要	会计科目	借方金额										贷方金额										记账
		千	百	十	万	千	百	十	元	角	分	千	百	十	万	千	百	十	元	角	分	
2×19 年 10 月 26 日,从乙公司购入一批材料	材料采购/乙公司				3	0	1	5	0	0	0											
	应交税费/应交增值税/进项税额				3	9	0	0	0	0	0											
	银行存款														3	4	0	5	0	0	0	
合计				¥	3	4	0	5	0	0	0		¥	3	4	0	5	0	0	0		

会计主管:××　　　　记账:××　　　　　　审核:××　　　　　　　制单:××

　　(2)11 月 2 日,收到该材料,编制材料入库和结转入库材料成本差异会计分录,登记会计凭证,见表 2-83

　　借:原材料　　　　　　　　　　　　　　　　　　　　　　　　32 000
　　　贷:材料采购　　　　　　　　　　　　　　　　　　　　　　　30 150
　　　　材料成本差异　　　　　　　　　　　　　　　　　　　　　　1 850

表 2-83

记 账 凭 证

2×19 年 11 月 2 日　　　　　　　　　　　　　　　　字第××号

摘要	会计科目	借方金额										贷方金额										记账
		千	百	十	万	千	百	十	元	角	分	千	百	十	万	千	百	十	元	角	分	
2×19 年 11 月 2 日,收到从乙公司购入的材料	原材料				3	2	0	0	0	0	0											
	材料采购/乙公司														3	0	1	5	0	0	0	
	材料成本差异															1	8	5	0	0	0	
合计				¥	3	2	0	0	0	0	0		¥	3	2	0	0	0	0	0		

会计主管:××　　　　记账:××　　　　　　审核:××　　　　　　　制单:××

　　为了简化日常核算工作,企业平时可不进行材料入库和结转材料成本差异的核算,月末,按仓库转来的收料凭证为依据,区分不同材料的类别和付款与否等情况进行汇总,编制"收料单汇总表",据以编制记账凭证。

【例2-35】 丽达公司 2×19 年 10 月初材料库存计划成本 162 000 元,材料成本差异—1 900 元,本月收入材料计划成本 336 500 元,材料成本差异—4 500 元,本期发出材料计划成本 384 520 元。

$$材料成本差异率＝\frac{(-1\,900)+(-4\,500)}{162\,000+336\,500}＝-1.28\%$$

发出材料应负担的成本差异＝384 520×(−1.28%)＝−4 921.86(元)

企业每月月末按计划成本结转发出材料的成本,按材料发出的不同用途,借记有关账户,贷记"原材料"科目。

丽达公司据此编制发料单,汇总编制"发料单汇总表",见表 2-84。

(1)结转发出材料的计划成本时,编制会计分录如下。

借:生产成本	332 000
制造费用	31 520
管理费用	21 000
贷:原材料	384 520

(2)结转发出材料成本差异时,编制会计分录如下。

借:材料成本差异	4 921.86
贷:生产成本	4 249.60
制造费用	403.46
管理费用	268.80

表 2-84　　　　　　　　　　　　　发料单汇总表

2×19 年 10 月 31 日　　　　　　　　　　　　　　单位:元

	生产成本	制造费用	管理费用	合　计
计划成本	332 000	31 520	21 000	384 520
材料成本差异	−4 249.60	−403.46	−268.80	−4 921.86
实际成本	327 750.40	31 116.54	20 731.20	379 598.14

库存商品是指企业已完成全部生产过程并已验收入库，合乎标准规格和技术条件，可以按照合同规定的条件送交订货单位，或可以作为商品对外销售的产品以及外购或委托加工完成验收入库用于销售的各种商品。

库存商品的账户结构

"库存商品"账户具体账户结构，如图 2-15。

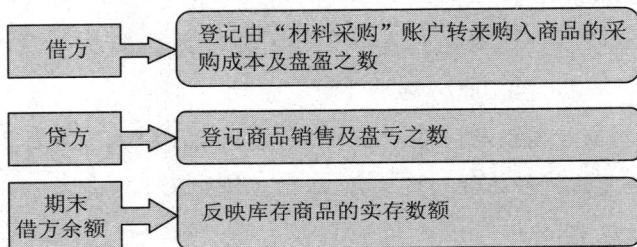

借方	登记由"材料采购"账户转来购入商品的采购成本及盘盈之数
贷方	登记商品销售及盘亏之数
期末借方余额	反映库存商品的实存数额

图 2-15 "库存商品"账户的结构

库存商品科目的设置

"库存商品"属资产类科目，用来核算企业库存的各种商品的实际成本（或进价）或计划成本（或售价），包括库存产成品、外购商品、存放在门市部准备出售的商品、发出展览的商品以及寄存在外的商品等。接受来料加工制造的代制品和为外单位加工修理的代修品，在制造和修理完成验收入库后，视同企业的产成品，也通过本科目核算。

本科目可按库存商品的种类、品种和规格等进行明细核算，见表 2-85。

表 2-85　　　　　库存商品会计科目编码的设置

科目代码	总分类科目（一级科目）	明细分类科目		是否辅助核算	辅助核算类别
		二级明细科目	三级明细科目		
1405	库存商品				
140501	库存商品	产成品	按库存商品的种类、品种和规格	是	按存放地点

科目代码	总分类科目（一级科目）	明细分类科目		是否辅助核算	辅助核算类别
		二级明细科目	三级明细科目		
140502	库存商品	外购商品	按库存商品的种类、品种和规格	是	按存放地点
140503	库存商品	接受来料加工的代制品和为外单位加工修理的代修品	按库存商品的种类、品种和规格	是	按存放地点
140504	库存商品	发出展览的商品以及寄存在外的商品	按库存商品的种类、品种和规格	是	按存放地点
140505	库存商品	备件	按库存商品的种类、品种和规格	是	按存放地点
140506	库存商品	燃料	按库存商品的种类、品种和规格	是	按存放地点

企业生产的产成品一般应按实际成本核算，产成品的入库和出库，平时只记数量不记金额，期（月）末计算入库产成品的实际成本。产成品种类较多的，也可按计划成本进行日常核算，其实际成本与计划成本的差异，可以单独设置"产品成本差异"科目，比照"材料成本差异"科目核算。

采用实际成本进行产成品日常核算的，发出产成品的实际成本，可以采用先进先出法、加权平均法或个别认定法计算确定。

采用计划成本核算的，发出产成品还应结转产品成本差异，将发出产成品的计划成本调整为实际成本。

库存商品的账务处理

库存商品的主要账务处理，如图 2-16 所示。

生产完成验收入库的产成品	借：库存商品 　贷：生产成本
对外销售产成品，结转销售成本时	借：主营业务成本 　贷：库存商品
购入商品采用进价核算的，在商品到达验收入库后	借：库存商品 　贷：银行存款/在途物资/委托加工物资
购入商品采用售价核算的，在商品到达验收入库后	借：库存商品 　贷：商品进销差价/银行存款/在途物资
委托外单位加工收回的商品	借：库存商品 　贷：委托加工物资 　　　商品进销差价

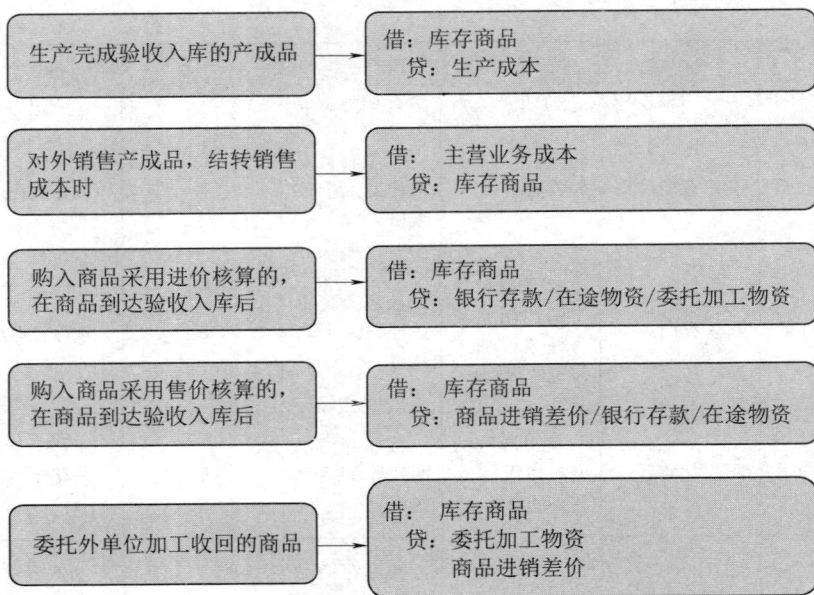

图 2-16　库存商品的账务处理

产成品的账务处理实例

【例 2-36】　2×19 年 5 月 20 日，宜居商贸公司从大地家居购进衣柜 100 个，每个售价 3 100 元，货款以银行存款支付。

(1)2×19 年 5 月 20 日购入衣柜时，编制如下会计分录

借：在途物资——大地家居　　　　　　　　　　　　　　　310 000

　　应交税费——应交增值税(进项税额)　　　　　　　　　 40 300

　　　贷：银行存款　　　　　　　　　　　　　　　　　　350 300

(2)2×19 年 5 月 25 日，衣柜已验收入库，编制如下会计分录

借：库存商品——大地家居　　　　　　　　　　　　　　　310 000

　　　贷：在途物资——大地家居　　　　　　　　　　　　310 000

开发产品

　　房地产企业可将库存商品科目改为开发产品科目。开发产品是指房地产企业已经完成全部开发建设过程，并已验收合格，符合国家建设标准和设计要求，可以按照合同规定的条件移交订购单位，或者作为对外销售、出租

的产品,包括土地(建设场地)、房屋、配套设施和代建工程。

开发产品科目的设置

为了正确核算开发产品的增加、减少、结存情况,开发企业应设置资产类"1285 开发产品"账户。本账户借方登记已竣工验收的开发产品的实际成本,贷方登记月末结转的已销售、转让、结算或出租的开发产品的实际成本。月末借方余额表示尚未销售、转让、结算、或出租的各种开发产品的实际成本。本账户应按开发产品的种类,如土地、房屋、配套设施和代建工程等设置明细账户,并在明细账户下,按成本核算对象设置账页,见表 2-86。

表 2-86　　　　　　　　　　开发产品会计科目编码的设置

科目代码	总分类科目（一级科目）	明细分类科目		是否辅助核算	辅助核算类别
		二级明细科目	三级明细科目		
1285	开发产品				
128501	开发产品	土地	项目	是	单位名称
128502	开发产品	房屋	项目	是	单位名称
128503	开发产品	配套设施	项目	是	单位名称
128504	开发产品	代建工程	项目	是	单位名称

开发产品增加的核算

企业的开发产品,在竣工验收时,应按实际成本借记"开发产品"账户,贷记"开发成本"账户。

开发产品增加账务处理实例

【例 2-37】 绿地房地产开发企业根据竣工验收单,本月已完成开发产品实际成本为 24 050 000 元。其中:土地 700 000 元,房屋 18 600 000 元,代建工程 2 000 000 元,配套设施 2 750 000 元。

　　借:开发产品——土地　　　　　　　　　　　　　　700 000
　　　　　　　　——房屋　　　　　　　　　　　　　18 600 000
　　　　　　　　——代建工程　　　　　　　　　　　 2 000 000
　　　　　　　　——配套设施　　　　　　　　　　　 2 750 000
　　　　贷:开发成本　　　　　　　　　　　　　　　24 050 000

开发产品减少的核算

企业的开发产品会因对外转让、销售等原因而减少。对于减少的开发产品，应区分不同情况及时进行会计处理。

（1）企业对外转让、销售开发产品时，应于月份终了时按开发产品的实际成本，借记"主营业务成本"账户，贷记"开发产品"账户。

（2）企业采用分期收款结算方式销售开发产品的，在将开发产品移交使用单位或办妥分期收款销售合同后，按分期收款的开发产品的实际成本，借记"分期收款开发产品"账户，贷记"开发产品"账户。

（3）企业将开发的土地和房屋用于出租经营，或将开发的房屋安置拆迁居民周转使用，应于移交使用时，按土地和房屋的实际成本，借记"出租开发产品"或"周转房"等账户，贷记"开发产品——土地（或房屋）"账户。

（4）企业将开发的营业性配套设施，用于本企业从事第三产业经营用房，应视同建造固定资产进行处理，即按该配套设施的实际成本借记"固定资产"账户，贷记"开发产品——配套设施"账户。

房地产开发企业对已完成开发过程的商品房、周转房及投资性房地产，应在竣工验收以后将其开发成本结转"开发产品"账户。会计人员应根据房屋开发成本明细分类账记录的完工房屋实际成本，计入"开发产品——房屋"账户的借方和"开发成本——房屋开发"账户的贷方。

开发产品减少账务处理实例

【例 2-38】 新阳地产公司开发的 A 商品房、B 商品房，在 2×15 年度共发生了下列有关开发支出。

①2 月份，用银行存款支付征地拆迁费 28 000 000 元，其中 A 商品房应负担 11 000 000 元，商品房 B 应负担 17 000 000 元。

根据有关部门规划（拆迁）批准文件，凭借双方签订的拆迁补偿合同和收款收据及银行付款凭据，账务处理如下

借：开发成本——房屋开发——土地征用及拆迁补偿费（A 商品房）

11 000 000

——土地征用及拆迁补偿费（B 商品房）

17 000 000

贷：银行存款 28 000 000

②3月份，用银行存款支付承包设计单位设计费1 020 000元，其中A商品房的设计费820 000元，B商品房的设计费200 000元。

依据结算单及设计发票和银行付款凭据，作如下账务处理

借：开发成本——房屋开发——前期工程费（A商品房）　　820 000

　　　　　　　　　　　　——前期工程费（B商品房）　　200 000

　　贷：银行存款　　　　　　　　　　　　　　　　　　1 020 000

③5月20日，用银行存款支付承包施工企业基础设施工程款为640 000元，其中A商品房应负担的工程款为300 000元，B商品房应负担的工程款为340 000元。

依据结算单及建筑发票和银行付款凭据，新阳地产公司应作如下账务处理。

借：开发成本——房屋开发——基础设施费（A商品房）　　300 000

　　　　　　　　　　　　——基础设施费（B商品房）　　340 000

　　贷：银行存款　　　　　　　　　　　　　　　　　　640 000

④7月30日，根据工程结算单，应付甲承包施工企业建筑安装工程款9 000 000元，其中A商品房应负担的工程款为5 000 000元，B商品房应负担的工程款为4 000 000元。

根据结算单及建筑发展等付款凭证，作如下账务处理

借：开发成本——房屋开发——建筑安装工程费（A商品房）

　　　　　　　　　　　　　　　　　　　　　　　　　5 000 000

　　　　　　　　　　　　——建筑安装工程费（B商品房）

　　　　　　　　　　　　　　　　　　　　　　　　　4 000 000

　　贷：应付账款——应付工程款（甲施工单位）　　　　9 000 000

⑤在小区内建设一公共配套水塔，其中应由A商品房负担的水塔配套设施费为350 000元，B商品房负担的水塔配套设施费为80 000元。

根据结算单等付款凭证，作如下账务处理

借：开发成本——房屋开发——公共配套设施费（A商品房）350 000

　　　　　　　　　　　　——公共配套设施费（B商品房）80 000

　　贷：开发成本——配套设施开发——水塔　　　　　　430 000

⑥8月30日，共发生开发间接费用150 000元，其中应由A商品房负担80 000元，应由B商品房负担70 000元。

根据结算单等付款凭证,作如下账务处理

借:开发成本——房屋开发——开发间接费用(A 商品房)　80 000

　　　　　　　　　　——开发间接费用(B 商品房)　70 000

　　贷:开发间接费用　　　　　　　　　　　　　　　150 000

同时应将各项房屋开发支出分别计入 A 商品房、B 商品房开发成本明细分类账。

⑦假设小区内还有一公共配套未完工,经主管部门同意用其预算成本80 000 元。

根据结算单等付款凭证,作如下账务处理

借:开发成本——房屋开发——公共配套设施费(A 商品房)　60 000

　　　　　　　　　　——公共配套设施费(B 商品房)　20 000

　　贷:合同资产——预提配套设施费　　　　　　　　　80 000

将来实际发生的配套设施费,如果大于或小于预提的部分可于发生的当期增加或减少在建工程开发成本,数额不大也可以直接计入管理费用。

汇总以上各项成本,依据开发产品结转明细表,应将完工验收的商品房的开发成本结转“开发产品”账户的借方。新阳地产公司应作如下账务处理。

借:开发产品——A 商品房　　　　　　　　　　　17 610 000

　　贷:开发成本——房屋开发(A 商品房)　　　　　17 610 000

借:开发产品——B 商品房　　　　　　　　　　　21 710 000

　　贷:开发成本——房屋开发(B 商品房)　　　　　21 710 000

商品进销差价

商品进销差价是指从事商品流通的企业采用售价核算的情况下,其商品售价与进价之间的差额即为商品进销差价。

商品进销差价科目的设置

商品进销差价科目核算企业采用售价进行日常核算的商品售价与进价之间的差额。

该账户可按商品类别或实物管理负责人进行明细核算,见表 2-87。

表 2-87 　　　　　　　　　　　商品进销差价会计科目编码的设置

科目代码	总分类科目 （一级科目）	明细分类科目		是否辅助核算	辅助核算类别
		二级明细科目	三级明细科目		
1407	商品进销差价				
140701	商品进销差价	商品类别	商品明细	是	实物管理负责人
140702	商品进销差价	商品类别	商品明细	是	实物管理负责人

　　本地商品购进，一般是购进和货款结算同时办理的，商品的交接方式一般采用提货制或发货制，货款结算方式可以使用支票、本票或委托收款等。财务部门应根据实物负责小组转来的商品入库验收单、专用发票和付款凭证入账。

商品进销差价的账务处理

　　商品进销差价的具体账务处理，见表 2-88。

表 2-88　　　　　　　　　　　　商品进销差价的账务处理

业务情景	账务处理
企业购入、加工收回以及销售退回等增加的库存商品	借：库存商品（按商品售价） 　贷：银行存款、委托加工物资（按商品进价） 　　　商品进销差价（按售价与进价之间的差额）
月度终了，分摊已销商品的进销差价	借：商品进销差价 　贷：主营业务成本

　　销售商品应分摊的商品进销差价，按以下公式计算：

　　商品进销差价率＝期末分摊前本科目余额÷（"库存商品"科目期末余额＋"委托代销商品"科目期末余额＋"发出商品"科目期末余额＋本期"主营业务收入"科目贷方发生额）×100%

　　本期销售商品应分摊的商品进销差价＝本期"主营业务收入"科目贷方发生额×商品进销差价率

　　企业的商品进销差价率各期之间比较均衡的，也可以采用上期商品进销差价率计算分摊本期的商品进销差价。年度终了，应对商品进销差价进行核实调整。

商品进销差价的账务处理实例

【例2-39】 科达公司2×19年1月末"商品进销差价"科目余额为257 800元,"库存商品"科目余额为512 500元,本月商品销售额(不含税)为580 000元。根据上述资料计算已销商品应分摊的进销差价如下。

商品进销差价率＝257 800÷(512 500＋580 000)×100％＝23.60％

销售商品应分摊的进销差价＝580 000×23.60％＝136 880(元)

(1)平时按商品售价结转成本的企业,月终将计算出的本月应分摊已销商品实现的进销差价冲减多转销售成本和已实现差价,登记会计凭证,见表2-89。

借:商品进销差价 136 880

    贷:主营业务成本 136 880

表2-89

记 账 凭 证

2×19年1月31日　　　　　　　　　　　　　　　　字第××号

摘要	会计科目	借方金额										贷方金额										记账
		千	百	十	万	千	百	十	元	角	分	千	百	十	万	千	百	十	元	角	分	
1月31日,结转商品进销差价	商品进销差价			1	3	6	8	8	0	0	0											
	主营业务成本													1	3	6	8	8	0	0	0	
合计		¥	1	3	6	8	8	0	0	0		¥	1	3	6	8	8	0	0	0		

会计主管：×× 　　　　记账：×× 　　　　审核：×× 　　　　制单：××

(2)平时不随商品销售结转成本企业,月终应同时核销已销商品进销差价和结转成本,登记会计凭证,见表2-90。

借:主营业务成本 443 120

    商品进销差价 136 880

    贷:库存商品 580 000

表 2-90

记 账 凭 证

2×19 年 1 月 31 日　　　　　　　　　　　　字第××号

摘要	会计科目	借方金额										贷方金额										记账
		千	百	十	万	千	百	十	元	角	分	千	百	十	万	千	百	十	元	角	分	
2×19 年 1 月 31 日,核销商品进销差价,结转成本	主营业务成本			4	4	3	1	2	0	0	0											
	商品进销差价				1	3	6	8	8	0	0	0										
	库存商品													5	8	0	0	0	0	0	0	0	
合计		¥	5	8	0	0	0	0	0	0	0	¥	5	8	0	0	0	0	0	0	0	

会计主管:××　　　　记账:××　　　　审核:××　　　　制单:××

发出商品

发出商品是指企业采用托收承付结算或分期收款销售方式发出的产品,收到货款时才确认销售收入。

发出商品科目的设置

发出商品科目核算企业未满足收入确认条件但已发出商品的实际成本(或进价)或计划成本(或售价)。采用支付手续费方式委托其他单位代销的商品,也可以单独设置"委托代销商品"科目。本科目可按购货单位、商品类别和品种进行明细核算。本科目期末借方余额,反映企业发出商品的实际成本(或进价)或计划成本(或售价)。见表 2-91。

表 2-91　　　　　　　　发出商品会计科目编码的设置

科目代码	总分类科目（一级科目）	明细分类科目		是否辅助核算	辅助核算类别
		二级明细科目	三级明细科目		
1406	发出商品				
140601	发出商品	产成品	商品类别和品种	是	购货单位
140602	发出商品	库存商品	商品类别和品种	是	购货单位
140603	发出商品	委托代销商品	商品类别和品种	是	购货单位

发出商品的主要账务处理

发出商品的主要账务处理,见表 2-92。

表 2-92 发出商品的账务处理

业务情景	账务处理
未满足收入确认条件的发出商品	借:发出商品 　　贷:库存商品
发出商品发生退回的	借:库存商品 　　贷:发出商品
发出商品满足收入确认条件时,结转成本	借:主营业务成本 　　贷:库存商品 　　　　商品进销差价(借或贷)

发出商品的主要账务处理实例

【例 2-40】 2×19 年 4 月 26 日,蓝迪公司委托绿地公司销售甲商品 400 件,商品已发出,每件成本为 120 元,合同约定绿地公司应按每件 150 元对外销售,蓝迪公司按不含税销售价格的 10% 向绿地公司支付手续费。绿地公司对外实际销售 300 件,开出增值税专用发票上注明的销售价格为 45 000 元,增值税额为 5 850 元。款项已经收到,蓝迪公司收到绿地公司开具的代销清单时,向绿地公司开具一张相同金额的增值税专用发票。

(1)发出商品时,编制如下会计分录

借:发出商品——绿地公司 48 000

　　贷:库存商品——甲商品 48 000

(2)6 月 1 日,收到绿地公司的代销清单,卖出 300 件甲商品,同时发生增值税纳税义务

借:应收账款 47 850

　　销售费用(150×300×10%) 4 500

　　贷:主营业务收入 40 500

　　　　应交税费——应交增值税(销项税额) 5 850

　　　　银行存款 6 000

同时结转成本:

借:主营业务成本(300×120) 36 000

　　贷:发出商品——绿地公司 36 000

委托加工物资

委托加工物资是企业委托外单位加工成新的材料或包装物、低值易耗品等物资。委托加工物资的实际成本包括加工中实际耗用物资的成本、支付的加工费用及应负担的运杂费、支付的税金等。

委托加工物资科目的设置

委托加工物资科目核算企业委托外单位加工的各种物资的实际成本。该科目应按加工合同和委托加工单位设置明细科目，反映加工单位名称、加工合同号数、发出加工物资的名称、数量、发生的加工费用和运杂费，退回剩余物资的数量、实际成本，以及加工完成物资的实际成本等资料，见表 2-93。

表 2-93 委托加工物资会计科目编码的设置

科目代码	总分类科目（一级科目）	明细分类科目		是否辅助核算	辅助核算类别
		二级明细科目	三级明细科目		
1408	委托加工物资	加工物资的品种	物资明细	是	按加工合同、受托加工单位设置

发给外单位加工物资的账务处理

发给外单位加工的物资，账务处理如图 2-17 所示。

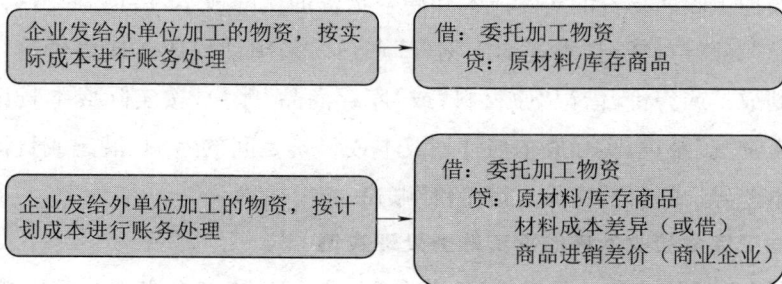

企业发给外单位加工的物资，按实际成本进行账务处理 → 借：委托加工物资
　　贷：原材料/库存商品

企业发给外单位加工的物资，按计划成本进行账务处理 → 借：委托加工物资
　　贷：原材料/库存商品
　　　　材料成本差异（或借）
　　　　商品进销差价（商业企业）

图 2-17 委托加工物资

委托加工物资的账务处理实例

【例 2-41】 2×19 年 10 月 26 日,蓝迪公司委托向阳模具厂加工一批模具,发出 A 材料一批,实际成本 6 500 元,编制如下会计分录。

借:委托加工物资——向阳模具厂 6 500
　　贷:原材料——A 材料 6 500

支付加工费、运杂费账务处理

支付加工费、运杂费时,借记"委托加工物资"账户,贷记"银行存款"等账户;需要缴纳消费税的委托加工物资,由受托方代收代交的消费税,借记"委托加工物资"账户(收回后用于直接销售的)或"应交税费——应交消费税"账户(收回后用于继续加工的),贷记"应付账款""银行存款"等账户。

支付加工费、运杂费等账务处理实例

【例 2-42】 2×19 年 11 月 2 日,向阳模具厂加工完毕,蓝迪公司开出转账支票支付加工费 800 元,支付增值税 104 元,另以银行存款支付模具运费 50 元(假设运费的税费忽略不计),编制如下会计分录。

借:委托加工物资——向阳模具厂(800+50) 850
　　应交税费——应交增值税(进项税额) 104
　　贷:银行存款 954

加工完成验收入库物资账务处理

按加工收回物资的实际成本和剩余物资的实际成本,借记"原材料""库存商品"等账户,贷记"委托加工物资"账户。采用计划成本或售价核算的,按计划成本或售价,借记"原材料"或"库存商品"账户,按实际成本贷记"委托加工物资"账户,实际成本与计划成本或售价之间的差额,借记或贷记"材料成本差异"或贷记"商品进销差价"账户。

加工完成验收入库的物资账务处理实例

【例 2-43】 承[例 2-42],2×19 年 11 月 5 日,委托向阳模具厂加工的模具验收入库,实际总成本 7 350 元。

借：库存商品   7 350

  贷：委托加工物资   7 350

周转材料

周转材料主要包括企业能够多次使用，逐渐转移其价值但仍保持原有形态不确认为固定资产的包装物和低值易耗品等，以及建筑承包企业的钢模板、木模板、脚手架和其他周转使用的材料等。

周转材料科目的设置

企业周转材料采用计划成本或实际成本核算的，包括包装物、低值易耗品等，可按照周转材料的种类，分别"在库""在用"和"摊销"进行明细核算。企业的包装物、低值易耗品，也可以单独设置"包装物""低值易耗品"科目。具体设置，见表 2-94。

表 2-94   周转材料会计科目编码的设置

编号	会计科目名称	二级科目名称	明细科目名称	是否辅助核算	辅助核算类别
1411	周转材料				
141101	周转材料	包装物		是	部门
14110101	周转材料	包装物	在库	是	部门
14110102	周转材料	包装物	在用	是	部门
14110103	周转材料	包装物	摊销	是	部门
141102	周转材料	低值易耗品		是	部门
14110201	周转材料	低值易耗品	在库	是	部门
14110202	周转材料	低值易耗品	在用	是	部门
14110203	周转材料	低值易耗品	摊销	是	部门
141103	周转材料	钢模板、木模板、脚手架等		是	部门
14110301	周转材料	钢模板、木模板、脚手架等	在库	是	部门

编号	会计科目名称	二级科目名称	明细科目名称	是否辅助核算	辅助核算类别
14110302	周转材料	钢模板、木模板、脚手架等	在用	是	部门
14110303	周转材料	钢模板、木模板、脚手架等	摊销	是	部门

一次转销法账务处理

一次转销法是指在领用周转材料时,一次性将其账面价值转入当期的成本费用中。该法核算简单,适用于一次领用不多、价值较低、使用期限较短或容易破损的周转材料的摊销。

(1)购入周转材料时,借记"周转材料——低值易耗品(或包装物等)"账户,贷记"银行存款""应付账款"等账户。

周转材料一次转销法账务处理实例

【例2-44】 2×19年4月26日,蓝迪企业本月从乙公司购进电工钳一批,增值税专用发票注明价款7 200元,增值税936元,开出支票支付。编制如下会计分录。

借:周转材料——低值易耗品——在库——乙公司——电工钳 7 200

应交税费——应交增值税(进项税额) 936

贷:银行存款 8 136

(2)领用时,按周转材料的用途,借记"制造费用""管理费用""销售费用"等账户,贷记"低值易耗品"账户。

领用周转材料账务处理实例

【例2-45】 2×19年4月26日,蓝迪公司生产车间领用工具一套,实际成本2 980元,管理部门领用办公用具1 350元。编制如下会计分录

借:制造费用 2 980

管理费用 1 350

贷:周转材料——低值易耗品——在用——工具 4 330

(3)报废时,根据回收残值作为当月周转材料的摊销额的减少,冲减有关成本费用,借记"原材料"或"周转材料——摊销"账户,贷记"制造费用"

"管理费用""销售费用"等账户。

报废周转材料账务处理实例

【例2-46】　12月26日,蓝迪公司生产车间1月份领用的工具报废,回收残值价值150元,编制如下会计分录

借:周转材料——摊销　　　　　　　　　　　　　　　　　150

贷:制造费用　　　　　　　　　　　　　　　　　　　　　　150

五五摊销法账务处理

五五摊销法就是在周转材料领用时摊销其一半价值,在报废时再摊销其另一半价值的方法。在这种方法下,为了核算在用周转材料和周转材料的摊余价值,应在"周转材料"总账科目下,分设"低值易耗品——在库"、"低值易耗品——在用"和"低值易耗品——摊销"三个二级科目。

(1)购入低值易耗品时,借记"低值易耗品——在库"账户。

购入低值易耗品账务处理实例

【例2-47】　2×19年1月6日,蓝迪公司购进工具一批,增值税发票注明价款5 400元,增值税702元,开出支票支付,编制如下会计分录。

借:周转材料——低值易耗品——在库　　　　　　　　　5 400

应交税费——应交增值税(进项税额)　　　　　　　702

贷:银行存款　　　　　　　　　　　　　　　　　　　6 102

(2)领用低值易耗品时,按其账面价格,借记"周转材料——低值易耗品——在用"账户,贷记"周转材料——低值易耗品——在库"账户;同时摊销一半的账面价值,借记"销售费用(或管理费用、生产成本、其他业务成本、工程施工等)"账户,贷记"低值易耗品——摊销"账户。

领用低值易耗品账务处理实例

【例2-48】　2×19年5月31日,蓝迪公司生产车间领用工具一套,实际成本2 400元,管理部门领用办公用具700元,编制如下会计分录。

借:周转材料——低值易耗品——在用　　　　　　　　　3 100

贷:周转材料——低值易耗品——在库　　　　　　　　3 100

同时,按照五五摊销法摊销工具费用。

借:制造费用(2 400÷2)　　　　　　　　　　　　　　1 200

管理费用(700÷2)　　　　　　　　　　　　350

　　　贷:周转材料——低值易耗品——摊销　　　1 550

　　(3)报废低值易耗品时,摊销报废低值易耗品的一半的账面价值,借记"销售费用(或管理费用、生产成本、其他业务成本、工程施工等)"账户,贷记"周转材料——低值易耗品——摊销"账户;同时按报废回收残值冲减有关成本费用,借记"周转材料——低值易耗品"账户,贷记"制造费用""管理费用""销售费用"等账户;并转销全部已提摊销额,借记"周转材料——低值易耗品——摊销"账户,贷记"周转材料——低值易耗品——在用"账户。

报废低值易耗品的账务处理实例

　　【例2-49】 承上例,生产车间5月份领用的工具报废,回收残值价值280元。编制如下会计分录。

　　借:制造费用　　　　　　　　　　　　　　　1 200

　　　贷:周转材料——低值易耗品——摊销　　　1 200

　　借:原材料　　　　　　　　　　　　　　　　280

　　　贷:制造费用　　　　　　　　　　　　　　280

　　借:周转材料——低值易耗品——摊销　　　　2 400

　　　贷:周转材料——低值易耗品——在用　　　2 400

存货跌价准备

　　《企业会计准则》规定,在资产负债表日,存货应当按照成本与可变现净值孰低计量。存货成本高于其可变现净值的,应当计提存货跌价准备,计入当期损益。

　　(1)可变现净值,是指在日常活动中,存货的估计售价减去至完工时估计将要发生的成本、估计的销售费用以及相关税费后的金额。

　　(2)企业确定存货的可变现净值,应当以取得的确凿证据为基础,并且考虑持有存货的目的、资产负债表日后事项的影响等因素。为生产而持有的材料等,用其生产的产成品的可变现净值高于成本的,该材料仍然应当按照成本计量;材料价格的下降表明产成品的可变现净值低于成本的,该材料应当按照可变现净值计量。

（3）为执行销售合同或者劳务合同而持有的存货，其可变现净值应当以合同价格为基础计算。

（4）企业持有存货的数量多于销售合同订购数量的，超出部分的存货的可变现净值应当以一般销售价格为基础计算。

存货跌价准备科目的设置

企业存货的跌价准备，通过"存货跌价准备"科目进行核算。本科目可按存货项目或类别进行明细核算。本科目期末贷方余额，反映企业已计提但尚未转销的存货跌价准备。存货跌价准备科目的设置，见表2-95。

表 2-95   存货跌价准备会计科目编码的设置

编号	会计科目名称	二级科目名称	明细科目名称	是否辅助核算	辅助核算类别
1471	存货跌价准备				
147101	存货跌价准备	原材料	项目或类别	是	部门
147102	存货跌价准备	库存商品	项目或类别	是	部门
147103	存货跌价准备	发出商品	项目或类别	是	部门
147104	存货跌价准备	委托加工物资	项目或类别	是	部门
147105	存货跌价准备	周转材料	项目或类别	是	部门
147106	存货跌价准备	其他	项目或类别	是	部门

存货跌价准备的账务处理

存货跌价准备的账务处理，如图2-18所示。

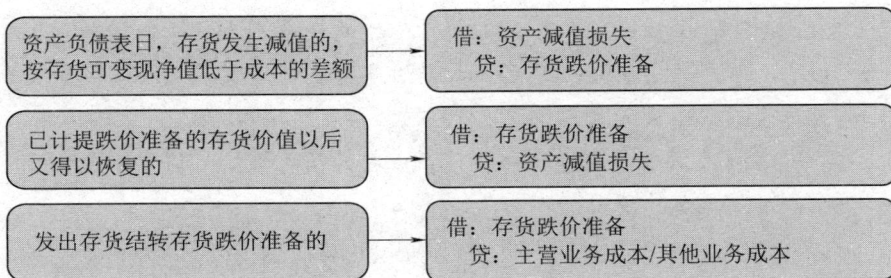

资产负债表日，存货发生减值的，按存货可变现净值低于成本的差额	借：资产减值损失　　贷：存货跌价准备
已计提跌价准备的存货价值以后又得以恢复的	借：存货跌价准备　　贷：资产减值损失
发出存货结转存货跌价准备的	借：存货跌价准备　　贷：主营业务成本/其他业务成本

图 2-18　存货跌价准备的账务处理

不同情况下可变现净值的计算

1. 产成品、商品等直接用于出售的存货,可变现净值的计算

计算公式如下:

$$可变现净值＝估计售价－估计销售费用和相关税费$$

产成品、商品等直接用于出售的存货,其可变现净值计算实例

【例 2-50】 2×18 年 12 月 31 日,丽达公司生产的 A 型机器的市场价格由 1 600 000 元下降为 1 400 000 元,但其生产成本仍为 1 450 000 元,估计销售费用及税金为 6 000 元。

A 型机器可变现净值＝A 型机器估计售价－估计销售费用及税金
$$＝1 400 000－6 000＝1 394 000(元)$$

A 型机器需要计提的跌价准备＝1 450 000－1 394 000＝56 000(元)

2. 需要经过加工的材料存货可变现净值的计算

(1)用其生产的产成品的可变现净值高于成本的,该材料仍然应当按照成本(材料的成本)计量。

(2)材料价格的下降表明产成品的可变现净值低于成本的,该材料应当按照成本与可变现净值孰低(材料的成本与材料的可变现净值孰低)计量。其可变现净值计算公式:

$$可变现净值＝该材料所生产的产成品的估计售价－至完工估计将要发生的成本－估计销售费用和相关税费$$

需要经过加工的存货可变现净值计算实例

【例 2-51】 丽达公司按单项存货计提存货跌价准备。2×18 年 12 月 31 日,丽达公司库存自制半成品成本为 350 000 元,预计加工完成该产品尚需发生加工费用 110 000 元,预计产成品的销售价格(不含增值税)为 500 000元,销售费用为 60 000 元。假定该库存自制半成品未计提存货跌价准备,且不考虑其他因素的影响。

库存自制半成品可变现净值＝预计产成品的销售价格－预计销售费用－预计加工完成尚需发生费用
$$＝500 000－60 000－110 000 ＝ 330 000(元)。$$

所以,该自制半成品应计提存货跌价准备＝自制半成品成本－自制半成品可变现净值＝350 000－330 000＝20 000(元)

存货存在下列情形之一的,通常表明存货的可变现净值为零。

(1)已霉烂变质的存货。

(2)已过期且无转让价值的存货。

(3)生产中已不再需要,并且已无使用价值和转让价值的存货。

3. 可变现净值中估计售价的确定方法

(1)为执行销售合同或者劳务合同而持有的存货,其可变现净值应当以合同价格为基础计算。

(2)企业持有的同一项存货的数量多于销售合同或劳务合同订购数量的,超出合同部分的存货的可变现净值应当以一般销售价格为基础计算。

计提存货跌价准备的方法

资产负债表日,当存货成本低于可变现净值时,存货按成本计量;当存货成本高于可变现净值时,存货按可变现净值计量,同时按照成本高于可变现净值的差额计提存货跌价准备,计入当期损益。

(1)企业通常应当按照单个存货项目计提存货跌价准备

企业通常应当按照单个存货项目计提存货跌价准备。比如,将某一型号和规格的材料作为一个存货项目,将某一品牌和规格的商品作为一个存货项目,等等。

按照单个存货项目计提存货跌价准备的计算

【例2-52】 蓝迪公司按照单项存货计提存货跌价准备。2×18年12月31日,A、B两项存货的成本分别为300 000元、210 000元,可变现净值分别为280 000元、240 000元,假设"存货跌价准备"科目余额为0。

本例中,对于A存货,其成本300 000元高于其可变现净值280 000元,应计提存货跌价准备20 000元(300 000−280 000)。对于B存货,其成本210 000元低于其可变现净值240 000元,不需计提存货跌价准备。因此,乙公司对A、B两项存货计提的存货跌价准备共计为20 000元,在当日资产负债表中列示的存货金额为520 000元(300 000+220 000)。

(2)存货跌价准备的转回

当以前减记存货价值的影响因素已经消失,减记的金额应当予以恢复,并在原已计提的存货跌价准备金额内转回,转回的金额计入当期损益。

在核算存货跌价准备的转回时,转回的存货跌价准备与计提该准备的存货项目或类别应当存在直接对应关系。在原已计提的存货跌价准备金额内转回,意味着转回的金额以将存货跌价准备的余额冲减至零为限。

存货跌价准备的转回的账务处理实例

【例 2-53】 承上例,由于 A 存货市场价格上涨,2×18 年 12 月 31 日,A 存货的可变现净值高于其账面成本(320 000 元),可以判断以前造成减记存货价值的影响因素已经消失。A 存货减记的金额应当在已计提的存货跌价准备金额 20 000 元内予以恢复。编制如下会计分录。登记会计凭证,见表 2-96。

表 2-96

记 账 凭 证

2×18 年 12 月 31 日　　　　　　　　　　　　　　　　字第××号

摘要	会计科目	借方金额										贷方金额										记账
		千	百	十	万	千	百	十	元	角	分	千	百	十	万	千	百	十	元	角	分	
2×18 年 12 月 31 日,冲回 A 存货减值准备	存货跌价准备/A 存货				2	0	0	0	0	0	0												
	资产减值损失/A 存货														2	0	0	0	0	0	0		
合计			¥	2	0	0	0	0	0	0			¥	2	0	0	0	0	0	0			

会计主管:×× 　　　　记账:×× 　　　　审核:×× 　　　　制单:××

借:存货跌价准备——A 存货　　　　　　　　　　20 000

贷:资产减值损失——A 存货　　　　　　　　　　　　20 000

(3)存货跌价准备的结转

企业计提了存货跌价准备,如果其中部分存货已经销售,则企业在结转销售成本时,应同时结转对其已计提的存货跌价准备。对因债务重组、非货币性资产交换转出的存货,也应同时结转已计提的存货跌价准备。如果按存货类别计提存货跌价准备的,应当按照发生销售、债务重组、非货币性资产交换等而转出存货的成本占该存货未转出前该类别存货成本的比例结转相应的存货跌价准备。

存货跌价准备的结转账务处理实例

【例 2-54】 2×18 年年末,丽达公司库存 H 型货车 5 台,每台成本为 80 000 元,已计提存货跌价准备 20 000 元。2×19 年,丽达公司库存的 5 台货车全部以每台 60 000 元的价格售出。适用的增值税税率为 13%，货款未收到。编制如下会计分录。登记会计凭证,见表 2-97。

表 2-97

记 账 凭 证

2×18 年 12 月 31 日   字第××号

摘要	会计科目	借方金额										贷方金额										记账
		千	百	十	万	千	百	十	元	角	分	千	百	十	万	千	百	十	元	角	分	
销售 5 台已提存货跌价准备的货车	应收账款			3	3	9	0	0	0	0	0											
	主营业务收入/货车													3	0	0	0	0	0	0	0	0	
	应交税费/应交增值税/销项税额														3	9	0	0	0	0	0	
2×18 年 12 月 31 日,结转 5 辆货车的成本	主营业务成本/货车			3	8	0	0	0	0	0	0											
	存货跌价准备/货车				2	0	0	0	0	0	0											
	库存商品/A 存货													4	0	0	0	0	0	0	0	
合计		¥	7	3	9	0	0	0	0	0	0	¥	7	3	9	0	0	0	0	0	0	

会计主管:××   记账:××   审核:××   制单:××

借:应收账款		339 000
贷:主营业务收入——货车		300 000
应交税费——应交增值税(销项税额)		39 000
借:主营业务成本——货车		380 000
存货跌价准备——货车		20 000
贷:库存商品——货车		400 000

长期股权投资

长期股权投资,是指企业持有时间准备超过 1 年(不含 1 年)的各种股权性质的投资,包括购入的股票和其他股权投资。企业对其他单位的股权投资,目的是通过股权投资达到控制被投资单位,或对被投资单位施加重大影响,以及对其合营企业的权益性投资。

长期股权投资科目的设置

企业进行长期股权投资核算通常应设置"长期股权投资""长期股权投资减值准备""投资收益"三个总账科目。长期股权投资科目核算企业持有的采用成本法和权益法核算的长期股权投资。

企业采用权益法对长期股权投资进行核算的,应当设置"成本""损益调整""其他权益变动"三个二级明细科目。

企业采用成本法对长期股权投资进行核算的,可按被投资单位进行明细核算。

长期股权投资科目具体设置,见表 2-98。

表 2-98 长期股权投资会计科目编码的设置

科目代码	总分类科目 (一级科目)	明细分类科目		是否辅助核算	辅助核算类别
		二级明细科目	三级明细科目		
1511	长期股权投资				
151101	长期股权投资	股票投资		是	按投资单位
15110101	长期股权投资	股票投资	投资成本	是	按投资单位
15110102	长期股权投资	股票投资	损益调整	是	按投资单位
15110103	长期股权投资	股票投资	其他权益变动	是	按投资单位
15110104	长期股权投资	股票投资	其他综合收益	是	按投资单位
151102	长期股权投资	其他股权投资		是	按投资单位
15110201	长期股权投资	其他股权投资	成本	是	按投资单位
15110202	长期股权投资	其他股权投资	损益调整	是	按投资单位
15110203	长期股权投资	其他股权投资	其他权益变动	是	按投资单位
15110204	长期股权投资	其他股权投资	其他综合收益	是	按投资单位

长期股权投资成本法的核算

长期股权投资应当分不同情况采用成本法或权益法确定期末账面余额。

企业持有的对子公司投资以及对被投资单位不具控制、共同控制或重大影响,且在活跃市中没有报价、公允价值不能可靠计量的长期股权投资应当采用成本法核算。账务处理见表 2-99。

表 2-99 长期股权投资成本核算法的账务处理

财务情况	账务处理
初始投资成本＞投资时应享有被投资单位可辨认净资产公允价值份额的,不调整已确认的初始投资成本	借:长期股权投资——成本 　　贷:其他货币资金——存出投资款
初始投资成本＜投资时应享有被投资单位可辨认净资产公允价值份额的	借:长期股权投资——成本 　　贷:其他货币资金——存出投资款 　　　营业外收入(按其差额)
被投资单位宣告发放股利时	借:应收股利 　　贷:投资收益
收到股利时	借:其他货币资金——存出投资款 　　贷:应收股利

长期股权投资成本法账务处理实例

【例 2-55】 蓝迪公司 2×19 年 5 月 15 日以银行存款购买宏大股份有限公司的股票 200 000 股作为长期投资,每股买入价为 12 元,每股价格中包含有 0.1 元的已宣告分派的现金股利,另支付相关税费 8 000 元。蓝迪公司应做会计处理如下。

计算初始投资成本:

股票成交金额(200 000×12)2 400 000

加:相关税费 8 000 元

减:已宣告分派的现金股利(200 000×0.1)20 000

编制购入股票的会计分录如下。

借:长期股权投资　　　　　　　　　　　　　　　2 388 000

　　应收股利　　　　　　　　　　　　　　　　　　 20 000

　　贷:其他货币资金——存出投资款　　　　　　　　　2 408 000

假定甲公司 2×19 年 6 月 30 日收到宏大股份有限公司分来的购买该股票时已宣告分派的股利 20 000 元。此时,应做会计处理如下。

借:其他货币资金——存出投资款　　　　　　　　　20 000

　　贷:应收股利　　　　　　　　　　　　　　　　　20 000

在这种情况下,取得长期股权投资时,如果实际支付的价款中包含有已宣告但尚未发放的现金股利或利润,应借记“应收股利”科目,不记入“长期股权投资"科目。

长期股权投资权益法的核算

权益法,是指投资以初始投资成本计量后,在投资持有期间根据投资企业享有被投资单位所有者权益份额的变动对投资的账面价值进行调整的方法。投资企业对被投资单位具有共同控制或重大影响的长期股权投资,应当采用权益法核算。其具体账务处理如下。

(1)取得长期股权投资

取得长期股权投资时,具体账务处理见表 2-100。

表 2-100　　　　　　　　　　取得长期股权投资时的账务处理

业务情景		账务处理
取得时		借:长期股权投资——成本(公允价值+交易费用) 　　应收股利/应收利息(已宣告未发放的股利、利息) 　贷:其他货币资金——存出投资款
持有时	已宣告未发放的股利、利息时	借:应收股利/应收利息 　贷:长期股权投资——成本
	收到股利、利息时	借:银行存款 　贷:应收股利/应收利息
处置时	盈利	借:其他货币资金——存出投资款 　贷:长期股权投资——成本 　　　　　　　　　　——损益调整 　　　　　　　　　　——其他权益变动 　　　投资收益
	亏损	借:其他货币资金——存出投资款 　　投资收益 　贷:长期股权投资——成本 　　　　　　　　　　——损益调整 　　　　　　　　　　——其他权益变动

长期股权投资权益法务账务处理实例

【例 2-56】 蓝迪公司 2×19 年 1 月 20 日购买东方股份有限公司发行的股票 4 000 000 股准备长期持有,占东方股份有限公司股份的 30%。每股买入价为 8 元,另外,购买该股票时发生相关税费 800 000 元,款项已由银行存款支付。

2×18 年 12 月 31 日，东方股份有限公司的所有者权益的账面价值（与其公允价值不存在差异）100 000 000 元。甲公司应编制如下会计分录。

①计算初始投资成本。

股票成交金额(4 000 000×8)	32 000 000
加：相关税费	800 000
	32 800 000

②编制购入股票的会计分录。

借：长期股权投资——成本　　　　　　　　　　32 800 000

　　贷：其他货币资金——存出投资款　　　　　　　　32 800 000

在本例中，长期股权投资的初始投资成本 32 800 000 元大于投资时应享有被投资单位可辨认净资产公允价值份额 30 000 000（100 000 000×30%）元，其差额 2 800 000 元不调整已确认的初始投资成本。但是，如果长期股权投资的初始投资成本小于投资时应享有被投资单位可辨认净资产公允价值份额，应借记"长期股权投资——成本"科目，贷记"其他货币资金——存出投资款"等科目，按其差额，贷记"营业外收入"科目。

（2）被投资单位实现净利润或发生净亏损

持有长期股权投资期间，根据被投资单位实现的净利润计算应享有的份额，借记"长期股权投资——损益调整"科目，贷记"投资收益"科目。被投资单位发生净亏损作相反的会计分录，但以本科目的账面价值减记至零为限，借记"投资收益"科目，贷记"长期股权投资——损益调整"科目。上述"以本科目的账面价值减记至零为限"中的"本科目"是指"长期股权投资——对××单位投资"科目，该科目由"成本""损益调整""其他权益变动"三个明细科目组成，账面价值减至零即意味着"对××单位投资"的这三个明细科目合计为零。

被投资单位以后宣告发放现金股利或利润时，企业计算应分得的部分，借记"应收股利"科目，贷记"长期股权投资——损益调整"科目。收到被投资单位宣告发放的股票股利，不进行账务处理，但应在备查簿中登记。

被投资单位实现净利润或发生净亏损账务处理实例

【例 2-57】 2×18 年绿深原股份有限公司实现净利润 20 000 000 元。蓝迪公司按照持股比例确认投资收益 3 500 000 元。2×19 年 1 月 15 日，绿深原股份有限公司已宣告发放现金股利，每 10 股派 3 元，蓝迪公司可分派到 1 000 000 元。2×19 年 3 月 15 日，蓝迪公司收到绿深原股份有限公司分派的现金股利。

①确认实现的投资收益时

借:长期股权投资——损益调整   3 500 000

 贷:投资收益   3 500 000

②宣告发放现金股利时

借:应收股利   1 000 000

 贷:长期股权投资——损益调整   1 000 000

③收到现金股利时

借:其他货币资金——存出投资款   1 000 000

 贷:应收股利   1 000 000

(3)被投资单位所有者权益的其他变动

在持股比例不变的情况下,长期股权投资持有的被投资单位除净损益外所有者权益的其他变动,企业按持股比例计算应享有的份额,借记或贷记"长期股权投资——其他综合收益"科目,贷记或借记"其他综合收益"科目。

被投资单位所有者权益的其他变动账务处理实例

【例2-58】 承上例,2×19年,绿深原股份有限公司以公允价值计量且其变动计入其他综合收益的金融资产的公允价值增加了2 000 000元。蓝迪公司按照持股比例确认相应的资本公积800 000元。蓝迪公司应编制会计分录如下:

借:长期股权投资——其他综合收益   800 000

 贷:其他综合收益——绿深原股份有限公司   800 000

长期股权投资的处置

处置长期股权投资时,按实际取得的价款与长期股权投资账面价值的差额确认为投资损益,并应同时结转已计提的长期股权投资减值准备。其会计处理是:企业处置长期股权投资时,应按实际收到的金额,借记"银行存款"等科目,按原已计提的减值准备,借记"长期股权投资减值准备"科目,按该长期股权投资的账面余额,贷记"长期股权投资"科目,按尚未领取的现金股利或利润,贷记"应收股利"科目,按其差额,贷记或借记"投资收益"科目。

同时,还应结转原计入其他综合收益的相关金额,借记或贷记"其他综合收益"科目,贷记或借记"投资收益"科目。

长期股权投资的处置账务处理实例

【例2-59】 蓝迪公司原持有XB公司40％的股权,2×19年3月15日,蓝迪公司出售所持有的XB公司股权中的25％,出售时蓝迪公司账面上对XB公司长期股权投资的构成为:投资成本12 000 000元,损益调整为4 000 000元,其他权益变动为2 400 000元,出售取得的价款为5 100 000元。

(1)确认处置损益的账务处理

借:银行存款   5 100 000
    贷:长期股权投资——XB公司——成本   3 000 000
                          ——损益调整   1 000 000
                          ——其他综合收益   600 000
        投资收益   500 000

(2)除了应将实际取得的价款与出售长期股权投资的账面价值进行结转,确认为处置当期损益外,还应将原计入资本公积的部分按比例转入当期损益

借:其他综合收益——XB公司   600 000
    贷:投资收益   600 000

长期股权投资减值准备

长期股权投资减值准备是针对长期股权投资账面价值而言的,在期末时按账面价值与可收回金额孰低的原则来计量,对可收回金额低于账面价值的差额计提长期股权投资减值准备。而可收回金额是依据核算日前后的相关信息确定的。相对而言,长期股权投资减值这种估算是事后的,客观一些,不同时间计提的减值准备金额具有不确定性。

长期股权投资减值准备科目的设置

长期股权投资减值准备科目核算企业长期股权投资的减值准备。可按被投资单位进行明细核算。期末贷方余额,反映企业已计提但尚未转销的长期股权投资减值准备。长期股权投资减值准备一经计提在以后期间不得转回。长期股权投资减值准备科目的具体设置,见表2-101。

表 2-101 长期股权资产减值准备会计科目编码的设置

编号	会计科目名称	二级科目名称	明细科目名称	是否辅助核算	辅助核算类别
1512	长期股权投资减值准备				
151201	长期股权投资减值准备	股票投资	投资单位名称	是	按存放地点
151202	长期股权投资减值准备	其他投资	投资单位名称	是	按存放地点

长期股权投资减值准备账务处理

长期股权投资减值准备的主要账务处理,见表 2-102。

表 2-102 长期股权投资减值准备账务处理

业务情景	账务处理
资产负债表日	借:资产减值损失 　贷:长期股权投资减值准备
处置时(权益法)	借:银行存款 　其他综合收益 　长期股权投资减值准备 　贷:长期股权投资——成本 　　　　　　　——损益调整 　　　　　　　——其他权益变动 　投资收益(借或贷)
处置时(成本法)	借:银行存款 　长期股权投资减值准备 　贷:长期股权投资 　投资收益(或借)

长期股权投资减值准备的账务处理实例

【例 2-60】 2×18 年年底,蓝迪公司确认的长期股权投资减值准备金额为 50 000 元,编制如下会计分录。登记会计凭证,见表 2-103。

借:资产减值损失   50 000

  贷:长期股权投资减值准备   50 000

表 2-103

记 账 凭 证

2×18 年 12 月 31 日   字第××号

摘要	会计科目	借方金额										贷方金额										记账
		千	百	十	万	千	百	十	元	角	分	千	百	十	万	千	百	十	元	角	分	
2×18 年 12 月 31 日,计提长期股权投资减值准备	资产减值损失				5	0	0	0	0	0	0											
	长期股权投资减值准备														5	0	0	0	0	0	0	
合计			¥	5	0	0	0	0	0	0			¥	5	0	0	0	0	0	0		

会计主管:××   记账:××   审核:××   制单:××

投资性房地产

  投资性房地产,是指为赚取租金或资本增值,或两者兼有而持有的房地产。投资性房地产应当能够单独计量和出售。投资性房地产主要包括:已出租的土地使用权、持有并准备增值后转让的土地使用权和已出租的建筑物。需要注意的是,下列项目不属于投资性房地产:

  (1)自用房地产。自用房地产是指为生产商品、提供劳务或者经营管理而持有的房地产。

  (2)作为存货的房地产。作为存货的房地产通常是指房地产开发企业在正常经营过程中销售的或为销售而正在开发的商品房和土地。这部分房地产属于房地产开发企业的存货,其生产、销售构成企业的主营业务活动。产生的现金流量也与企业的其他资产密切相关。因此,具有存货性质的房地产不属于投资性房地产。

  从事房地产经营开发的企业依法取得的、用于开发后出售的土地使用权,确认为房地产开发企业的存货,而不能将其确认为投资性房地产。

投资性房地产科目的设置

投资性房地产科目核算投资性房地产的价值,包括采用成本模式计量的投资性房地产和采用公允价值模式计量的投资性房地产。企业应当按照投资性房地产类别和项目并分别"成本"和"公允价值变动"进行明细核算。见表 2-104。

表 2-104 投资性房地产会计科目编码的设置

科目代码	总分类科目 (一级科目)	明细分类科目		是否辅助核算	辅助核算类别
		二级明细科目	三级明细科目		
1521	投资性房地产				
152101	投资性房地产	(公允价值模式计量)		是	项目
15210101	投资性房地产	已出租的土地 使用权	成本	是	项目
15210102	投资性房地产	已出租的土地 使用权	公允价值变动	是	项目
152102	投资性房地产	持有并准备增值 后转让的土地 使用权		是	项目
15210201	投资性房地产	持有并准备增值 后转让的土地 使用权	成本	是	项目
15210202	投资性房地产	持有并准备增值 后转让的土地 使用权	公允价值变动	是	项目
152103	投资性房地产	已出租的房屋		是	项目
15210301	投资性房地产	已出租的房屋	成本	是	项目
15210302	投资性房地产	已出租的房屋	公允价值变动	是	项目
152102	投资性房地产	(成本模式计量)		是	项目
15210201	投资性房地产	已出租的土地 使用权		是	项目
15210202	投资性房地产	持有并准备增值 后转让的土地 使用权		是	项目
15210203	投资性房地产	已出租的房屋		是	项目

投资性房地产的初始计量

企业取得的投资性房地产应当按照其取得时的成本进行计量。以下分三种情况说明。

(1)外购的投资性房地产

外购投资性房地产的成本,包括购买价款、相关税费和可直接归属于该资产的其他支出。当企业购入房地产时,自用一段时间之后再改为出租或资本增值的,应当首先将外购的房地产确认为固定资产或无形资产,自租赁开始日或用于资本增值日起,再从固定资产或无形资产转换为投资性房地产。账务处理如图2-19所示。

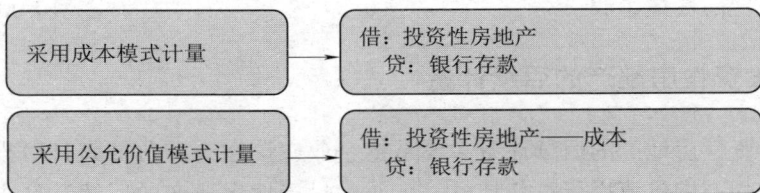

图2-19 外购投资性房地产账务处理

外购的投资性房地产账务处理实例

【例2-61】 顺远房地产开发企业2×19年4月3日支付40 000 000元价款和500 000元相关税费购入了600平方米商业用房,当日出租给华谊公司。在采用成本模式下,顺远公司购入投资性房地产的账务处理如下。

借:投资性房地产　　　　　　　　　　　　　　　　40 500 000

　　贷:银行存款(40 000 000＋500 000)　　　　　　40 500 000

(2)自行建造的投资性房地产

企业自行建造(或开发,下同)的房地产,只有在自行建造或开发活动完成(即达到预定可使用状态)的同时开始对外出租或用于资本增值,才能将自行建造的房地产确认为投资性房地产。账务处理如图2-20所示。

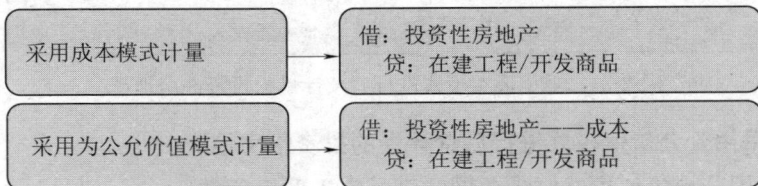

图2-20 自行建造的投资性房地产账务处理

自行建造的投资性房地产账务处理实例

【例 2-62】 顺远房地产开发企业采用出包方式建造商用楼，用于出租，总投资 45 000 000 元。

①2×19 年 2 月 1 日支付工程款 35 000 000 元，则在采用成本模式下，甲公司账务处理如下。

借：在建工程——商用楼 35 000 000

　　贷：银行存款 35 000 000

②2×19 年 12 月 20 日，工程达到预定可使用状态，已办理经营租赁手续，在建工程余额为 10 000 000 元。

借：投资性房地产 10 000 000

　　贷：在建工程 10 000 000

投资性房地产的后续计量

投资性房地产的后续计量主要是指企业应该在资产负债表日对投资性房地产的期末价值进行重新计量。企业对投资性房地产的后续计量主要采用成本模式和公允价值模式。但是同一企业只能采用一种模式对所有的投资性房地产进行后续计量，不得同时采用两种计量模式。

1. 采用成本模式进行后续计量的投资性房地产

要设置"投资性房地产"、"投资性房地产累计折旧（摊销）"、"投资性房地产减值准备"等科目核算。

账务处理如图 2-21 所示。

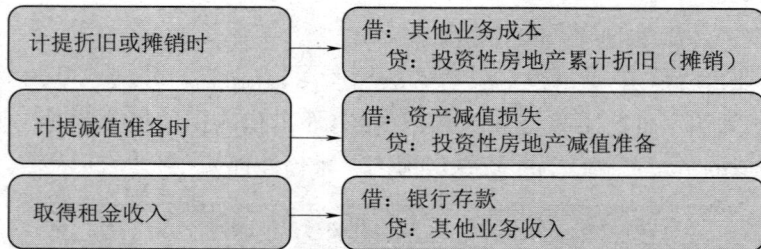

计提折旧或摊销时	→	借：其他业务成本 　　贷：投资性房地产累计折旧（摊销）
计提减值准备时	→	借：资产减值损失 　　贷：投资性房地产减值准备
取得租金收入	→	借：银行存款 　　贷：其他业务收入

图 2-21　采用成本模式进行后续计量的投资性房地产

2. 采用公允价值模式进行后续计量的投资性房地产

采用公允价值模式时需要同时满足以下两个条件：

①投资性房地产所在地有活跃的房地产交易市场；

②企业能够从活跃的房地产交易市场上取得同类或类似房地产的市场价格及其他相关信息，从而对投资性房地产的公允价值作出合理的估计。

采用公允价值模式进行后续计量的会计处理如下。

同样要设置"投资性房地产"科目核算，明细科目为"成本""公允价值变动"；另外还要设置"公允价值变动损益"科目。

与采用成本模式计量的区别是：采用公允价值模式计量的投资性房地产不再计提折旧，不再进行摊销，也不需要计提减值准备，如图 2-22 所示。

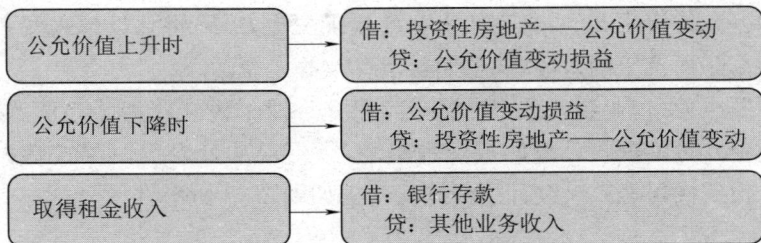

公允价值上升时	→	借：投资性房地产——公允价值变动 　贷：公允价值变动损益
公允价值下降时	→	借：公允价值变动损益 　贷：投资性房地产——公允价值变动
取得租金收入	→	借：银行存款 　贷：其他业务收入

图 2-22　采用公允价值模式进行后续计量的投资性房地产

采用成本模式进行后续计量的投资性房地产账务处理实例

【例 2-63】　2×18 年 7 月 15 日，华谊房地产开发企业与丰华公司签订租赁协议，约定华谊房地产开发企业将开发的一栋精装修的写字楼于开发完成的同时开始租赁给丰华公司使用，租赁期为 10 年。当年 8 月 1 日，该写字楼开发完成并开始起租，写字楼的造价为 45 000 000 元。由于该栋写字楼地处商业繁华区，所在城区有活跃的房地产交易市场，而且能够从房地产交易市场上取得同类房地产的市场报价，华谊房地产开发企业决定采用公允价值模式对该项出租的房地产进行后续计量。2×18 年 12 月 31 日，该写字楼的公允价值为 50 000 000 元。2×19 年 12 月 31 日，该写字楼的公允价值为 51 000 000 元。

华谊房地产开发企业的账务处理如下。

(1)2×18 年 8 月 1 日，华谊房地产开发企业开发完成写字楼并出租

借：投资性房地产——××写字楼(成本)　　　　　　　　　45 000 000

　　贷：开发产品　　　　　　　　　　　　　　　　　　　　　45 000 000

(2)2×18 年 12 月 31 日，以资产负债表日投资性房地产的公允价值为基础调整其账面价值，公允价值与原账面价值之间的差额计入当期损益

借:投资性房地产——××写字楼——公允价值变动   5 000 000

  贷:公允价值变动损益   5 000 000

（3）2×19 年 12 月 31 日,公允价值又发生变动

借:投资性房地产——××写字楼——公允价值变动   1 000 000

  贷:公允价值变动损益   1 000 000

投资性房地产后续计量模式的变更

  企业对投资性房地产的计量模式一经确定,不得随意变更。以成本模式转为公允价值模式的,应当作为会计政策变更处理,将计量模式变更时公允价值与账面价值的差额,调整期初留存收益。

  按照当前《企业会计准则》的规定,只允许成本模式转为公允价值模式,已采用公允价值模式计量的投资性房地产,不得从公允价值模式转为成本模式。投资性房地产后续计量模式的变更如图 2-23 所示。

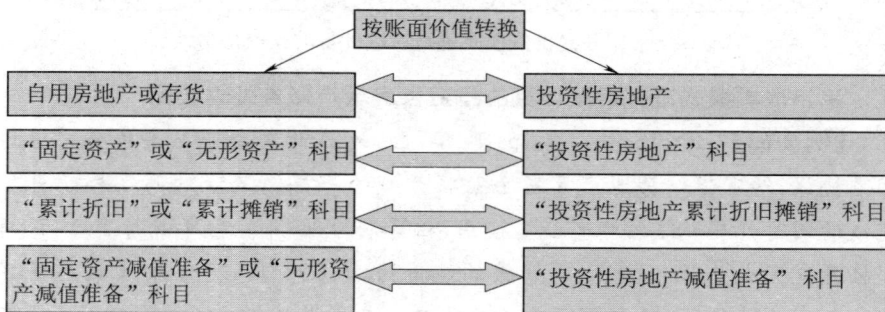

图 2-23　投资性房地产后续计量模式的变更

投资性房地产后续计量模式账务处理实例

  【例 2-64】　华谊房地产开发企业将其一栋写字楼租赁给丽印公司使用,并一直采用成本模式进行后续计量。2×19 年 8 月 1 日,华谊房地产开发企业认为,出租给丽印公司使用的写字楼,其所在地的房地产交易市场比较成熟,具备了采用公允价值模式计量的条件,决定对该项投资性房地产从成本模式转换为公允价值模式计量。

  （1）该写字楼的原造价为 80 000 000 元,已计提折旧 3 500 000 元,账面价值为 96 300 000 元。2×19 年 8 月 1 日,该写字楼的公允价值为 95 000 000 元。

  （2）假设华谊房地产开发企业按净利润的 10% 计提盈余公积。

华谊房地产开发企业的账务处理如下。

借：投资性房地产——××写字楼——成本   95 000 000

  投资性房地产累计折旧   3 500 000

  贷：投资性房地产——××写字楼   80 000 000

   利润分配——未分配利润   17 350 000

   盈余公积   1 150 000

投资性房地产转换的会计处理

房地产的转换，是因房地产用途发生改变而对房地产进行的重新分类。在会计处理上，主要为投资性房地产转换为其他资产，或由其他资产转换为投资性房地产。

1. 投资性房地产转换为自用房地产

企业将投资性房地产转换为自用房地产，应当按该项投资性房地产在转换日的账面余额、累计折旧或摊销、减值准备等，分别转入"固定资产""累计折旧""固定资产减值准备"等科目，如图 2-24 所示。

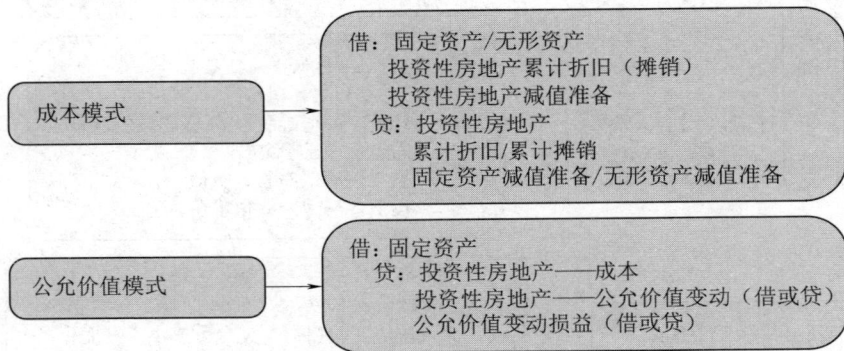

图 2-24　投资性房地产转换为自用房地产账务处理

投资性房地产转换为自用房地产账务处理实例

【例 2-65】　2×19 年 6 月 4 日，华谊房地产开发企业将出租在外的厂房收回，开始自用。该项房地产账面价值为 50 864 000 元，其中，原价 36 000 000元，累计已提折旧 12 450 000 元。假设该房地产企业采用成本计量模式。账务处理如下：

借：固定资产   36 000 000

  投资性房地产累计折旧   12 450 000

贷:投资性房地产	36 000 000
累计折旧	12 450 000

【例 2-66】 2×19 年 8 月 1 日,华谊房地产开发企业将其出租的写字楼一幢收回,作为办公用房。写字楼按公允价值计量模式计量,收回日写字楼的公允价值为 54 000 000 元,预计尚可使用年限 5 年,无残值。写字楼原账面价值为 48 000 000 元,其中,成本为 44 000 000 元,公允价值变动为增值 4 000 000 元。假设不考虑税费。其账务处理如下。

借:固定资产	54000 000
贷:投资性房地产——成本	44 000 000
投资性房地产——公允价值变动	4 000 000
公允价值变动损益	6 000 000

2. 非投资性房地产转换为投资性房地产

非投资性房地产转换为投资性房地产的会计处理如图 2-25 所示。

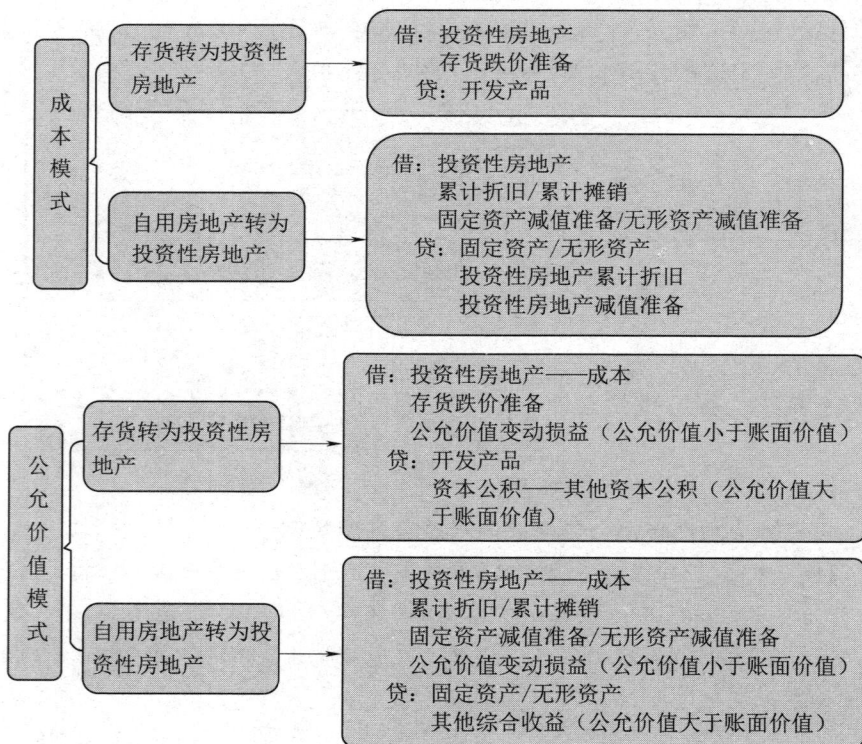

成本模式	存货转为投资性房地产	借:投资性房地产 存货跌价准备 贷:开发产品
	自用房地产转为投资性房地产	借:投资性房地产 累计折旧/累计摊销 固定资产减值准备/无形资产减值准备 贷:固定资产/无形资产 投资性房地产累计折旧 投资性房地产减值准备
公允价值模式	存货转为投资性房地产	借:投资性房地产——成本 存货跌价准备 公允价值变动损益(公允价值小于账面价值) 贷:开发产品 资本公积——其他资本公积(公允价值大于账面价值)
	自用房地产转为投资性房地产	借:投资性房地产——成本 累计折旧/累计摊销 固定资产减值准备/无形资产减值准备 公允价值变动损益(公允价值小于账面价值) 贷:固定资产/无形资产 其他综合收益(公允价值大于账面价值)

图 2-25 非投资性房地产转换为投资性房地产账务处理

122

【例 2-67】 2×19 年 7 月 1 日,华谊房地产开发企业签订协议,将其拥有的写字楼一幢,出租给某证券交易所用作营业用房。租赁开始日为 8 月 1 日,租期 5 年。写字楼原价 50 000 000 元,已计提折旧 25 000 000 元。假如开发公司将出租的写字楼改按公允价值计量模式计量,租赁开始日评估写字楼的公允价值为 40 000 000 元。其账务处理如下。

借:投资性房地产——写字楼——成本   40 000 000

    累计折旧   25 000 000

  贷:固定资产——写字楼   50 000 000

    其他综合收益(公允价值大于账面价值)   15 000 000

投资性房地产的处置

1. 采用成本模式计量的投资性房地产的处置

出售、转让按成本模式进行后续计量的投资性房地产时,账务处理如图 2-26所示。

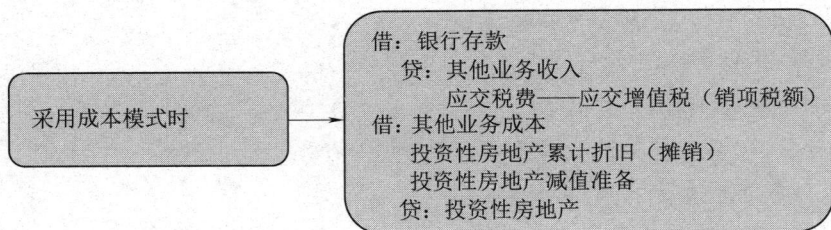

图 2-26　采用成本模式计量的投资性房地产的处置

【例 2-68】 东方房地产开发企业对投资性房地产采用成本模式计量,于 2×19 年 5 月 31 日将出租的办公楼出售。该办公楼的账面原值为 21 000 000 元,已提折旧 9 000 000 元。取得含税收入 19 620 000 元收存银行,按 9%缴纳增值税,则出售时的账务处理如下。

借:银行存款   19 620 000

  贷:其他业务收入   18 000 000

    应交税费——应交增值税(销项税额)   1 620 000

借:其他业务成本   12 000 000

| 投资性房地产累计折旧 | 9 000 000 |
| 贷:投资性房地产 | 21 000 000 |

2. 采用公允价值模式计量的投资性房地产的处置

出售、转让按公允价值模式进行后继计量的投资性房地产时,账务处理如图 2-27 所示。

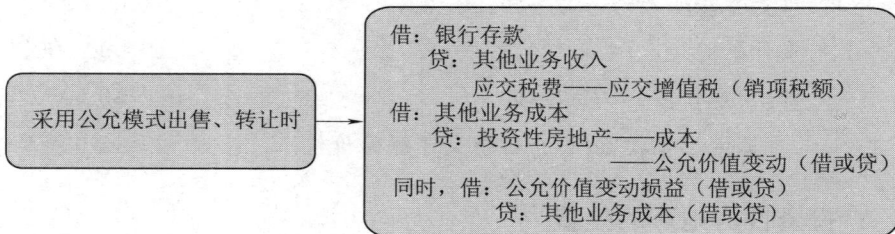

图 2-27　采用公允价值模式计量的投资性房地产的处置

【例 2-69】 华谊房地产开发企业有一项房地产,2×18 年 2 月购买时买价 11 000 000 元。2×18 年 12 月 31 日涨到 15 000 000 元,增加投资性房地产公允价值变动 4 000 000 元。2×19 年 12 月 1 日将此房地产出售,收到价款 17 440 000 元。账务处理如下。

借:银行存款	17 440 000
贷:其他业务收入	16 000 000
应交税费——应交增值税(销项税额)	1 440 000

结转其他业务成本:

借:其他业务成本	15 000 000
贷:投资性房地产——××房地产——成本	11 000 000
——××房地产——公允价值变动	4 000 000
借:公允价值变动损益	4 000 000
贷:其他业务成本	4 000 000

长期应收款

长期应收款指的是企业售后租回产生的应收款项和采用递延方式分期收款、实质上具有融资性质的销售商品和提供劳务等经营活动产生的应收款项。

长期应收款科目的设置

企业应设置"长期应收款"科目,本科目核算企业售后租回产生的应收款项和采用递延方式分期收款、实质上具有融资性质的销售商品和提供劳务等经营活动产生的应收款项。本科目可按债务人进行明细核算。本科目的期末借方余额,反映企业尚未收回的长期应收款,见表 2-105。

表 2-105 长期应收款会计科目编码的设置

科目代码	总分类科目 (一级科目)	明细分类科目	
		二级明细科目	三级明细科目
1531	长期应收款		
153101	长期应收款	售回租回产生的应收款项	按债务人
153102	长期应收款	采用递延方式具有融资性质的销售商品	按债务人
153103	长期应收款	采用递延方式具有融资性质的提供劳务	按债务人
153104	长期应收款	经营租赁产生的应收款项等	按债务人
153105	长期应收款	实质上构成对被投资单位净投资的长期权益	按债务人

长期应收款的账务处理

长期应收款的主要账务处理,如图 2-28 所示。

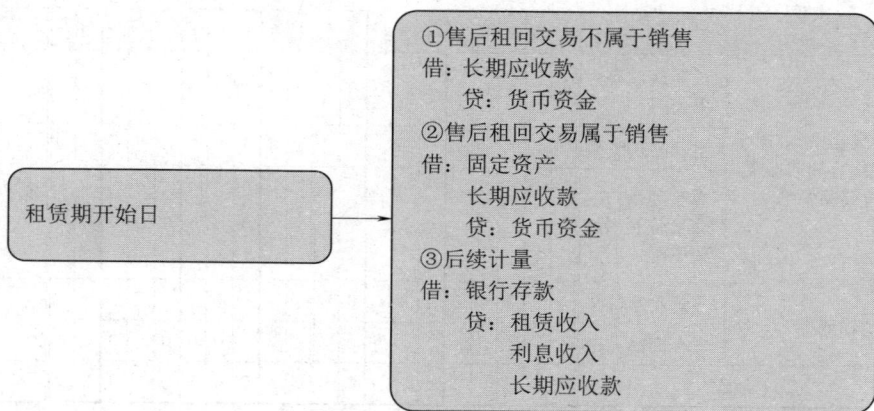

图 2-28 长期应收款的主要账务处理

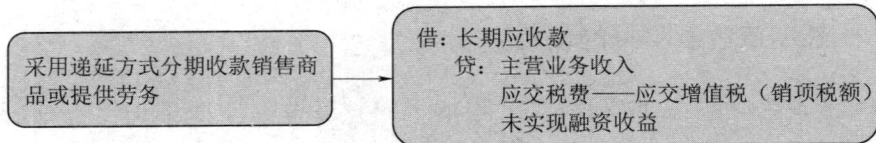

图 2-28　长期应收款的账务处理(续)

长期应收款的账务处理实例

【例 2-70】　2×19 年 4 月 3 日,蓝迪公司向甲公司分期收款方式销售一批产品,该批产品成本为 3 000 000 元,公允价值为 3 400 000 元。销售合同中规定价税合计为 39 780 000 元,已缴增值税 578 000 元,剩余的 3 000 000 元在以后的两年内每年年底收取 1 500 000 元,账务处理如下。

(1)当期应该确认收入 3 400 000 元,登记会计凭证,见表 2-106。

借:长期应收款　　　　　　　　　　　　　　　　　　　3 706 000

　　贷:主营业务收入　　　　　　　　　　　　　　　　3 400 000

　　　　应交税费——应交增值税(销项税额)　　　　　　306 000

同时,结转成本。借:主营业务成本　　　　　　　　　　3 000 000

　　　　　　　　　　贷:库存商品　　　　　　　　　　3 000 000

表 2-106

记 账 凭 证

2×19 年 4 月 3 日　　　　　　　　　　　　　　　　　　　第××号

摘要	会计科目	借方金额										贷方金额										记账
		千	百	十	万	千	百	十	元	角	分	千	百	十	万	千	百	十	元	角	分	
2×19 年 4 月 3 日,分期收款销售商品	长期应收款/甲公司		3	7	0	6	0	0	0	0	0											
	主营业务收入												3	4	0	0	0	0	0	0	0	
	应交税费/应交增值税/销项税额													3	0	6	0	0	0	0	0	
结转成本	主营业务成本		3	0	0	0	0	0	0	0	0											
	库存商品												3	0	0	0	0	0	0	0	0	
合计		¥	6	7	0	6	0	0	0	0	0	¥	6	7	0	6	0	0	0	0	0	

会计主管:××　　　　记账:××　　　　审核:××　　　　制单:××

（2）上缴增值税时，登记会计凭证，见表2-107

借：应交税费——应交增值税（销项税额）   306 000

    贷：银行存款   306 000

借：应交税费——应交增值税（销项税额）   306 000

    贷：银行存款   306 000

表 2-107

记 账 凭 证

2×19 年 4 月 3 日   字第××号

摘要	会计科目	借方金额										贷方金额										记账
		千	百	十	万	千	百	十	元	角	分	千	百	十	万	千	百	十	元	角	分	
2×19 年 4 月 3 日，上缴增值税	应交税费/应交增值税/销项税额			3	0	6	0	0	0	0	0												
	银行存款													3	0	6	0	0	0	0	0	
合计		¥	3	0	6	0	0	0	0	0		¥	3	0	6	0	0	0	0	0		

会计主管：××   记账：××   审核：××   制单：××

（3）确认递延所得税负债，登记会计凭证，见表2-108

借：所得税费用   375 000

    贷：递延所得税负债（1 500 000×25%）   375 000

表 2-108

记 账 凭 证

2×19 年 4 月 3 日   字第××号

摘要	会计科目	借方金额										贷方金额										记账
		千	百	十	万	千	百	十	元	角	分	千	百	十	万	千	百	十	元	角	分	
确认递延所得税负债	所得税费用			3	7	5	0	0	0	0	0												
	递延所得税负债													3	7	5	0	0	0	0	0	
合计		¥	3	7	5	0	0	0	0	0		¥	3	7	5	0	0	0	0	0		

会计主管：××   记账：××   审核：××   制单：××

（4）2×19 年 12 月 31 日，收到款项 1 500 000 元，登记会计凭证，见

表 2-109

借:银行存款 1 500 000

贷:长期应收款 1 500 000

表 2-109

记 账 凭 证

2×19 年 12 月 31 日   字第××号

摘要	会计科目	借方金额										贷方金额										记账
		千	百	十	万	千	百	十	元	角	分	千	百	十	万	千	百	十	元	角	分	
2×19 年 12 月 31 日,收到分期销售商品款	银行存款		1	5	0	0	0	0	0	0	0											
	长期应收款/甲公司												1	5	0	0	0	0	0	0	0	
合计		¥	1	5	0	0	0	0	0	0	0	¥	1	5	0	0	0	0	0	0	0	

会计主管:××   记账:××   审核:××   制单:××

未实现融资收益

未实现融资收益,用来核算应用融资租赁款,未担保余值和租赁资产账面价值的差额,是将来融资收入确认的基础,在新会计准则中属于资产类科目。

未实现融资收益科目的设置

企业分期计入租赁收入或利息收入的未实现融资收益,应通过"未实现融资收益"科目核算。本科目可按未实现融资收益项目进行明细核算,期末贷方余额为企业尚未转入当期收益的未实现融资收益。

未实现融资收益科目的具体设置,见表 2-110。

表 2-110   **未确认融资收益会计科目编码的设置**

科目代码	总分类科目（一级科目）	明细分类科目	
		二级科目名称	三级科目名称
1532	未确认融资收益		
153201	未确认融资收益	租赁	××项目

未实现融资收益的账务处理

未实现融资收益的主要账务处理,如图 2-29 所示。

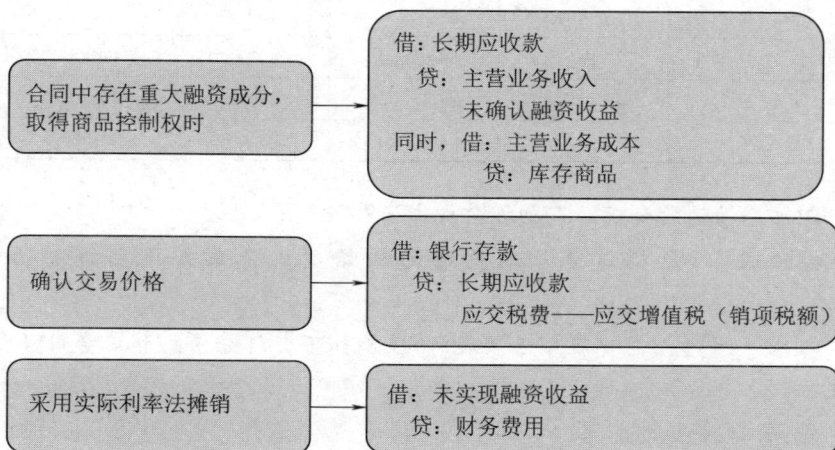

```
┌─────────────────────┐      ┌─────────────────────────────┐
│ 合同中存在重大融资成分, │─────▶│ 借:长期应收款                  │
│ 取得商品控制权时        │      │   贷:主营业务收入              │
└─────────────────────┘      │      未确认融资收益            │
                             │ 同时,借:主营业务成本           │
                             │      贷:库存商品              │
                             └─────────────────────────────┘

┌─────────────────────┐      ┌─────────────────────────────┐
│ 确认交易价格          │─────▶│ 借:银行存款                   │
│                      │      │   贷:长期应收款               │
└─────────────────────┘      │      应交税费——应交增值税(销项税额) │
                             └─────────────────────────────┘

┌─────────────────────┐      ┌─────────────────────────────┐
│ 采用实际利率法摊销     │─────▶│ 借:未实现融资收益              │
│                      │      │   贷:财务费用                 │
└─────────────────────┘      └─────────────────────────────┘
```

图 2-29　未实现融资收益账务处理

未实现融资收益账务处理实例

【例 2-71】　2×15 年 1 月 1 日,蓝迪公司采用分期收款方式向乙公司销售一套大型设备,合同约定的销售价格为 2 000 000 元,分 5 次于每年 12 月 31 日等额收取。该大型设备成本为 1 560 000 元。在现销方式下,该大型设备的销售价格为 1 600 000 元。假定甲公司发出商品时,其有关的增值税纳税义务尚未发生,在合同约定的收款日期,发生有关的增值税纳税义务。列示各年的销售收入情况见表 2-111。

$$折现率\ r=7.93\%$$

(注意:"未实现融资收益"属于资产类科目的备抵科目,作为"长期应收款"科目的抵减在资产负债表中列报。)

表 2-111　　　　　　　　　　　　　计 算 表　　　　　　　　　　　单位:元

年　份(t)	未收本金 $A_t=A_{t-1}-D$	财务费用 $B=A\times7.93\%$	收现总额 C	已收本金 $D=C-B$
2×15 年 1 月 1 日	1 600 000			
2×15 年 12 月 31 日	1 600 000	126 880	400 000	273 120
2×16 年 12 月 31 日	1 326 880	105 221.58	400 000	294 778.42

年　份(t)	未收本金 $A_t = A_{t-1} - D$	财务费用 $B = A \times 7.93\%$	收现总额 C	已收本金 $D = C - B$
2×17 年 12 月 31 日	1 032 101.58	81 845.66	400 000	318 154.34
2×18 年 12 月 31 日	713 947.24	56 616.02	400 000	343 383.98
2×19 年 12 月 31 日	370 563.26	29 436.74	400 000	370 563.26
总　额		400 000	2 000 000	1 600 000

即每期摊销的金额＝期初摊余成本×7.93%

摊余成本,是指该资产或负债的初始确认金额经下列调整后的结果:

(1)2×15 年 1 月 1 日销售实现时,编制如下会计分录。登记会计凭证,见表2-112

借:长期应收款　　　　　　　　　　　　　　　　2 000 000

　　贷:主营业务收入　　　　　　　　　　　　　　1 600 000

　　　　未实现融资收益　　　　　　　　　　　　　　400 000

借:主营业务成本　　　　　　　　　　　　　　　1 560 000

　　贷:库存商品　　　　　　　　　　　　　　　　1 560 000

表 2-112

记 账 凭 证

2×15 年 1 月 1 日　　　　　　　　　　　　　　第××号

摘要	会计科目	借方金额										贷方金额										记账
		千	百	十	万	千	百	十	元	角	分	千	百	十	万	千	百	十	元	角	分	
20×5 年 1 月 1 日,分期收款方式向乙公司销售大型设备	长期应收款		2	0	0	0	0	0	0	0	0											
	主营业务收入												1	6	0	0	0	0	0	0	0	
	未实现融资收益													4	0	0	0	0	0	0	0	
结转成本	主营业务成本		1	5	6	0	0	0	0	0	0											
	库存商品												1	5	6	0	0	0	0	0	0	
合计		¥	3	5	6	0	0	0	0	0	0	¥	3	5	6	0	0	0	0	0	0	

会计主管:××　　　　记账:××　　　　审核:××　　　　制单:××

130

(2)2×15年12月31日收取货款时,编制如下会计分录。登记会计凭证,见表2-113

表 2-113

记 账 凭 证

2×15 年 12 月 31 日　　　　　　　字第××号

摘要	会计科目	千	百	十	万	千	百	十	元	角	分	千	百	十	万	千	百	十	元	角	分	记账
		借方金额										贷方金额										
2×15年12月31日,收到分期收款销售商品款	银行存款			4	6	8	0	0	0	0	0											
	长期应收款													4	0	0	0	0	0	0	0	
	应交税费/应交增值税/销项税额														6	8	0	0	0	0	0	
冲减财务费用	未实现融资收益			1	2	6	8	8	0	0	0											
	财务费用													1	2	6	8	8	0	0	0	
合计		¥	5	9	4	8	8	0	0	0		¥	5	9	4	8	8	0	0	0		

会计主管:××　　　　记账:××　　　　审核:××　　　　　　　制单:××

借:银行存款　　　　　　　　　　　　　　　　468 000

　贷:长期应收款　　　　　　　　　　　　　　　　400 000

　　应交税费——应交增值税(销项税额)　　　　　68 000

(因为签订了分期收款合同可以分期确认纳税义务)

借:未实现融资收益　　　　(16 000 000×7.93%)126 880

　贷:财务费用　　　　　　　　　　　　　　　　1 268 80

(3)2×16年12月31日,收取货款时:编制如下会计分录。登记会计凭证,见表2-114

借:银行存款　　　　　　　　　　　　　　　　4 6 8000

　贷:长期应收款　　　　　　　　　　　　　　　　400 000

　　应交税费——应交增值税(销项税额)　　　　　68 000

借:未实现融资收益

　　[(1 600 000—400 000＋126 880)×7.93%]　105 221.58

　贷:财务费用　　　　　　　　　　　　　　　105 221.58

表 2-114

记 账 凭 证

2×16 年 12 月 31 日　　　　　　　　　　　　　　字第××号

摘要	会计科目	借方金额										贷方金额										记账
		千	百	十	万	千	百	十	元	角	分	千	百	十	万	千	百	十	元	角	分	
2×16 年 12 月 31 日,收到分期收款销售商品款	银行存款			4	6	8	0	0	0	0	0											
	长期应收款													4	0	0	0	0	0	0	0	
	应交税费/应交增值税/销项税额														6	8	0	0	0	0	0	
冲减财务费用	未实现融资收益			1	0	5	2	2	1	5	8											
	财务费用													1	0	5	2	2	1	5	8	
合计			¥	5	7	3	2	2	1	5	8		¥	5	7	3	2	2	1	5	8	

会计主管:××　　　　记账:××　　　　　　审核:××　　　　　　　　制单:××

(4)2×17 年 12 月 31 日收取货款时,编制如下会计分录。登记会计凭证,见表 2-115

表 2-115

记 账 凭 证

2×17 年 12 月 31 日　　　　　　　　　　　　　　字第××号

摘要	会计科目	借方金额										贷方金额										记账
		千	百	十	万	千	百	十	元	角	分	千	百	十	万	千	百	十	元	角	分	
2×17 年 12 月 31 日,收到分期收款销售商品款	银行存款			4	6	8	0	0	0	0	0											
	长期应收款													4	0	0	0	0	0	0	0	
	应交税费/应交增值税/销项税额														6	8	0	0	0	0	0	
冲减财务费用	未实现融资收益				8	1	8	4	5	6	6											
	财务费用														8	1	8	4	5	6	6	
合计			¥	5	4	9	8	4	5	6	6		¥	5	4	9	8	4	5	6	6	

会计主管:××　　　　记账:××　　　　　　审核:××　　　　　　　　制单:××

借:银行存款   468 000
　　贷:长期应收款   400 000
　　　应交税费——应交增值税(销项税额)   68 000
借:未实现融资收益[(1 600 000-400 000-400 000+
　　126 880+105 221.58)×7.93%]   81 845.66
　　贷:财务费用   818 45.66

(5)2×18年12月31日,收取货款时,编制会计分录。登记会计凭证,见表2-116

借:银行存款   468 000
　　贷:长期应收款   400 000
　　　应交税费——应交增值税(销项税额)   68 000
借:未实现融资收益
　　(1 600 000-400 000-400 000-400 000+126 880+
　　105 221.58+81 845.66)×7.93%   56 616.02
　　贷:财务费用   56 616.02

表 2-116

记 账 凭 证

2×18年12月31日　　　　　　　　　　　　字第××号

摘要	会计科目	借方金额										贷方金额										记账
		千	百	十	万	千	百	十	元	角	分	千	百	十	万	千	百	十	元	角	分	
2×18年12月31日,收到分期收款销售商品款	银行存款			4	6	8	0	0	0	0	0												
	长期应收款													4	0	0	0	0	0	0	0		
	应交税费/应交增值税/销项税额															6	8	0	0	0	0		
冲减财务费用	未实现融资收益				5	6	6	1	6	0	2												
	财务费用															5	6	6	1	6	0	2	
合计		¥	5	2	4	6	1	6	0	2		¥	5	2	4	6	1	6	0	2		

会计主管:××　　　记账:××　　　审核:××　　　制单:××

(6)2×19年12月31日收取货款和增值税额时,编制会计分录。登记会计凭证,见表2-117

表 2-117

记 账 凭 证

2×19 年 12 月 31 日　　　　　　　　　　　　　　　　　字第××号

摘要	会计科目	借方金额										贷方金额										记账
		千	百	十	万	千	百	十	元	角	分	千	百	十	万	千	百	十	元	角	分	
2×19 年 12 月 31 日,收到分期收款销售商品款	银行存款			4	6	8	0	0	0	0	0											
	长期应收款													4	0	0	0	0	0	0	0	
	应交税费/应交增值税/销项税额														6	8	0	0	0	0	0	
冲减财务费用	未实现融资收益				2	9	4	3	6	7	4											
	财务费用														2	9	4	3	6	7	4	
合　计		¥	4	9	7	4	3	6	7	4		¥	4	9	7	4	3	6	7	4		

会计主管：××　　　　记账：××　　　　审核：××　　　　　　制单：××

借:银行存款　　　　　　　　　　　　　　　　　　　4 68 000

　　贷:长期应收款　　　　　　　　　　　　　　　　4 00 000

　　　　应交税费——应交增值税(销项税额)　　　　68 000

借:未实现融资收益

　　(400 000－126 880－105 221.58－81 845.66－56 616.02)

　　　　　　　　　　　　　　　　　　　　　　　29 436.74

　　贷:财务费用　　　　　　　　　　　　　　　　29 436.74

固定资产

　　固定资产是指企业为生产商品、提供劳务、出租或经营管理而持有的、使用寿命超过一个会计期间的有形资产。固定资产是企业进行生产经营活动必备的劳动资料的主要部分,一般包括房屋、建筑物、机器设备、运输设备及工具器具等。

固定资产确认与分类

1. 固定资产的确认条件

对于符合固定资产定义的资产，要确认为企业的固定资产在资产负债表中列示，还必须同时满足两个条件：

（1）该资产包含的经济利益很可能流入企业；

（2）该资产的成本能够可靠的计量。

（注意：当一项固定资产的各组成部分具有不同使用寿命或者不同方式为企业提供经济利益时，因各组成部分在使用效能上与该资产相对独立，因此应将各组成部分单独确认为固定资产。）

2. 固定资产的分类

固定资产的分类，见表 2-118。

表 2-118   固定资产的分类

依 据	分 类	
按照经济用途分类	经营用固定资产	
	非生产经营用固定资产	
按照使用情况分类	使用的固定资产	
	未使用的固定资产	
	不需用的固定资产	
按照所有权分类	自有固定资产	
	租入固定资产	经营性固定资产
		融资租入固定资产

固定资产科目的设置

为了对固定资产进行会计核算，企业一般需要设置"固定资产""累计折旧""工程物资""在建工程""固定资产清理"等科目，核算固定资产取得、计提折旧、处置等情况。

该科目借方登记企业增加的固定资产原价，贷方登记企业减少的固定资产原价，期末借方余额，反映企业期末固定资产的账面原价。"固定资产"科目一般分为三级，企业除了应设置"固定资产"总账科目，还应设置"固定资产登记簿"和"固定资产卡片",按固定资产类别、使用部门和每项固定资产进行明细核算。见表 2-119。

表 2-119 固定资产会计科目编码的设置

科目代码	总分类科目（一级科目）	明细分类科目		是否辅助核算	辅助核算类别
		二级明细科目	三级明细科目		
1601	固定资产				
160101	固定资产	房屋及建筑物	项目	是	部门
160102	固定资产	机器设备	项目	是	部门
160103	固定资产	运输设备	项目	是	部门
160104	固定资产	办公设备	项目	是	部门
160105	固定资产	电子设备	项目	是	部门
160106	固定资产	融资租入固定资产	项目	是	部门

外购固定资产初始计量

企业以不同来源取得的固定资产,应当按会计准则的相关规定进行初始计量,即确定固定资产的入账价值,并在此基础上进行有关取得固定资产业务的核算。

外购的固定资产,其成本包括购买价款、相关税费,以及为使固定资产达到预定可使用状态前发生的可归属于该资产的运输费、装卸费、安装费和专业人员服务费等。如果以一笔款项购入多项没有单独标价的固定资产,则应当按照各项固定资产公允价值比例对总成本进行分配,分别确定各项固定资产的入账成本。

(1)购入不需要安装的固定资产的核算

不需要安装的固定资产,是指购入后即可直接交付使用的固定资产。购入不需要安装的固定资产,应按照购置过程中实际发生的各项支出,包括购买价款、增值税、进口关税等相关税费,以及为使用固定资产达到预定可使用状态前所发生的直接归属于该资产的其他支出,记入"固定资产"账户。

购入不需要安装的固定资产的账务处理实例

【例 2-72】 2×19 年 4 月 1 日,蓝迪公司购入一台不需要安装的设备,增值税专用发票上注明:设备买价 500 000 元,增值税税额 65 000 元,购入该设备发生的运杂费共计 1 000 元,上述款项均以银行存款支付。编制如下会计分录。登记会计凭证,见表2-120。

借:固定资产 501 000

应交税费——应交增值税(进项税额) 65 000

贷:银行存款 566 000

表2-120

记 账 凭 证

2×19年4月1日　　　　　　　　　　　　　　　　字第××号

摘要	会计科目	借方金额										贷方金额										记账
		千	百	十	万	千	百	十	元	角	分	千	百	十	万	千	百	十	元	角	分	
2×19年4月1日,购入不需要安装的设备	固定资产			5	0	1	0	0	0	0	0											
	应交税费/应交增值税/进项税额				6	5	0	0	0	0	0											
	银行存款													5	6	6	0	0	0	0	0	
合计		¥	5	6	6	0	0	0	0	0	0	¥	5	6	6	0	0	0	0	0	0	

会计主管:××　　　　记账:××　　　　审核:××　　　　制单:××

(2)购入需要安装的固定资产的核算

需要安装的固定资产,是指必须在完成安装后才能交付使用的固定资产。购入需要安装的固定资产,应通过"在建工程"账户归集购置和安装过程中发生的全部支出,以确定其总成本。安装完毕交付使用时,再将其总成本由"在建工程"账户转入"固定资产"账户。

购入需要安装的固定资产账务处理实例

【例2-73】 2×19年4月1日,蓝迪公司购入一台需要安装的设备,设备买价30 000元,增值税3 900元,运杂费981元(运输公司增值税率为9%)。按合同约定,设备由供货方安装,安装费3 000元。全部款项中买价和增值税尚未支付,其余以用银行存款付讫,设备安装并交付使用。

(1)购入设备时,编制如下会计分录登记会计凭证,见表2-121

采购成本=30 000+981÷(1+9%)=30 900(元)

运费的进项增值税额=900×9%=81(元)

借:在建工程 30 900

应交税费——应交增值税(进项税额)(3 900+81) 3 981

137

贷：应付账款　　　　　　　　　　　　　　　　　　33 900
　　银行存款　　　　　　　　　　　　　　　　　　　　981

表 2-121

记 账 凭 证

2×19年4月1日　　　　　　　　　　　　　字第××号

摘要	会计科目	借方金额										贷方金额										记账
		千	百	十	万	千	百	十	元	角	分	千	百	十	万	千	百	十	元	角	分	
2×19年4月1日,购入需要安装的设备	在建工程		3	0	9	0	0	0	0													
	应交税费/应交增值税/进项税额					3	9	8	1	0	0											
	应付账款														3	3	9	0	0	0	0	
	银行存款																9	8	1	0	0	
合计			¥3	4	8	8	1	0	0				¥3	4	8	8	1	0	0			

会计主管：××　　　　　记账：××　　　　　审核：××　　　　　制单：××

（2）支付安装费用时,编制如下会计分录。登记会计凭证,见表 2-122

借：在建工程　　　　　　　　　　　　　　　　　　3 000
　　贷：银行存款　　　　　　　　　　　　　　　　　3 000

表 2-122

记 账 凭 证

2×19年4月1日　　　　　　　　　　　　　字第××号

摘要	会计科目	借方金额										贷方金额										记账
		千	百	十	万	千	百	十	元	角	分	千	百	十	万	千	百	十	元	角	分	
2×19年4月1日,支付安装费	在建工程					3	0	0	0	0	0											
	银行存款															3	0	0	0	0	0	
合计						¥3	0	0	0	0	0					¥3	0	0	0	0	0	

会计主管：××　　　　　记账：××　　　　　审核：××　　　　　制单：××

（3）2×19年4月26日,设备安装完毕并交付使用时,编制如下会计分

录。登记会计凭证,见表 2-123

借:固定资产(30 900＋3 000)   33 900
　贷:在建工程   33 900

表 2-123

记 账 凭 证

2×19 年 4 月 26 日   字第××号

摘要	会计科目	借方金额										贷方金额										记账
		千	百	十	万	千	百	十	元	角	分	千	百	十	万	千	百	十	元	角	分	
2×19 年 4 月 26 日,设备安装完成交付使用时	固定资产			3	3	9	0	0	0	0													
	在建工程														3	3	9	0	0	0	0		
合计			¥	3	3	9	0	0	0	0			¥	3	3	9	0	0	0	0			

会计主管:××   记账:××   审核:××   制单:××

自行建造固定资产初始计量

　　自行建造的固定资产,其成本由建造该项资产达到预定可使用状态前所发生的必要支出构成。企业自行建造固定资产,其工程项目的实施可以采用"自营"或"出包"方式。

1. 自营方式建造固定资产的核算

　　以自营方式建造固定资产,其核算内容主要包括以下三个方面:

　　①采购工程所需物资。购入为工程准备的各种物资,应以实际发生的买价、运输费、保险费等相关支出作为购入物资的实际成本,记入"工程物资"账户。

　　②工程实际发生的各项支出。自营工程自开始建造直至达到预定可使用状态止所发生的、应计入工程成本的各项支出,均应通过"在建工程"账户核算,包括工程消耗的材料、人工和其他应由工程成本负担的各项费用等。工程施工领用各种工程物资时,应按物资的实际成本,借记"在建工程"账户,贷记"工程物资"账户。工程发生的其他各项费用,如工程人员的职工薪酬、工程管理费、应计入工程成本的借款费用,以及企业辅助生产部门为工

程提供有关劳务所发生的费用等,均按实际发生额,借记"在建工程"账户,贷记"应付职工薪酬""银行存款""应付利息"和"生产成本"等账户。

③工程完工交付使用。自营工程完工,固定资产达到预定可使用状态交付使用时,应将计算确定的工程实际成本从"在建工程"账户转入"固定资产"账户。

(注意:如果建造的固定资产已经达到预定可使用状态,但未办理竣工决算,则应根据工程预算、造价或工程成本等,按暂估价值转入"固定资产"账户,待办理了竣工决算手续后,再按照决算实际成本调整原来的暂估价值。)

自营方式建造固定资产账务处理实例

【例2-74】 甲公司采用自营方式建造厂房一座,发生如下有关业务:以银行存款361 600元购入一批工程专用物资,增值税专用发票上注明的买价为320 000元,增值税税额为41 600元。所购入物资全部投入工程建设,分配工程建设人员的职工薪酬50 000元,以银行存款支付工程管理费用8 000元,应由工程成本负担的分期制长期借款利息12 000元(假定按合同利率计算利息)。工程完工,经验收交付使用。

(1)购入工程物资时编制会计分录

借:工程物资　　　　　　　　　　　　　　　　361 600
　　贷:银行存款　　　　　　　　　　　　　　　　　361 600

(2)领用工程物资时编制会计分录

借:在建工程——厂房　　　　　　　　　　　　　361 600
　　贷:工程物资　　　　　　　　　　　　　　　　　361 600

(3)分配工程建设人员的职工薪酬时编制会计分录

借:在建工程——厂房　　　　　　　　　　　　　50 000
　　贷:应付职工薪酬　　　　　　　　　　　　　　　50 000

(4)支付工程管理费时编制会计分录

借:在建工程——厂房　　　　　　　　　　　　　8 000
　　贷:银行存款　　　　　　　　　　　　　　　　　8 000

(5)计算应由工程成本负担的借款利息时编制会计分录

借:在建工程——厂房　　　　　　　　　　　　　12 000
　　贷:应付利息　　　　　　　　　　　　　　　　　12 000

(6)工程完工使用时编制会计分录

借:固定资产　　　　　　　　　　　　　　　　　431 600

贷：在建工程——厂房　　　　　　　　　　　　　　　　431 600

　　根据《关于深化增值税改革有关政策的公告》规定，国内旅客运输服务纳入抵扣范围，同时将纳税人取得不动产支付的进项税由目前分两年抵扣（第一年抵扣 60％，第二年抵扣 40％），改为一次性全额抵扣。

2. 出包方式建造固定资产的核算

　　在出包方式下，工程项目在建造中所发生的具体支出由承包单位核算，企业（发包单位）只需按照工程价款对工程项目进行计价，作为固定资产的入账价值。

　　企业按合同规定向承包单位预付工程款时，借记"预付账款"账户，贷记"银行存款"账户；根据工程进度按合同规定结算的工程款与承包单位办理工程价款结算时，借记"在建工程"账户，贷记"预付账款""银行存款"等账户；工程完工交付使用时，按工程实际发生的全部价款，借记"固定资产"账户，贷记"在建工程"账户。

出包方式建造固定资产账务处理实例

【例 2-75】　甲公司采用出包方式建造厂房一座。按合同规定，工程造价 700 000 元，工程开始时，预付工程款的 40％，其余 60％在工程完工时根据工程决算予以补付。工程完工，经验收交付使用。

（1）预付工程价款时编制会计分录

借：合同资产　　　　　　　　　　　　　　　　　　　280 000

　　贷：银行存款　　　　　　　　　　　　　　　　　　280 000

（2）按合同规定结算工程价款时编制会计分录

借：在建工程——厂房　　　　　　　　　　　　　　　700 000

　　贷：合同资产　　　　　　　　　　　　　　　　　　280 000

　　　　银行存款　　　　　　　　　　　　　　　　　　420 000

（3）工程完工交付使用时编制会计分录

借：固定资产　　　　　　　　　　　　　　　　　　　700 000

　　贷：在建工程——厂房　　　　　　　　　　　　　　700 000

3. 投资者投入固定资产的核算

　　投资者投入的固定资产应在办理有关移交手续后，按投资合同或协议约定的价值入账，借记"固定资产"或"在建工程"账户，贷记"实收资本"等账户。

投资者投入固定资产账务处理实例

【例 2-76】 甲公司接受 A 方投资转入不需要安装的设备一台,该设备投资合同确认价值为 300 000 元,该价值与公允价值相符,假定不考虑其他因素。

借:固定资产   300 000
  贷:实收资本——A 方   300 000

企业固定资产除上述来源外,还可能通过融资租赁、非货币性资产交换、债务重组,以及企业合并等方式取得,这些固定资产的成本应按相关会计准则确定。

固定资产后续计量

固定资产的后续计量主要包括固定资产折旧的计提、减值损失的确定,以及后续支出的计量。其中,固定资产的减值应当按照《企业会计准则——资产减值》处理。

固定资产的后续支出是指固定资产使用过程中发生的更新改造支出、修理费用等。后续支出的处理原则为:与固定资产有关的更新改造等后续支出,符合固定资产确认条件的,应记入固定资产成本,同时将被替换部分的账面价值扣除;与固定资产有关的修理费用等后续支出,不符合固定资产确认条件的,应当记入当期损益。

1. 资本化的后续支出

固定资产发生的可资本化的后续支出,通过"在建工程"账户核算。企业对固定资产实施更新改造时,应将该项固定资产的原值、已提折旧额和已提减值准备予以转销,将其账面价值转入"在建工程"账户,暂停计提折旧,并在此基础上核算固定资产所发生的后续支出和扣除的被替换部分的价值,以形成更新改造后固定资产的价值。固定资产更新改造完工交付使用时,应将其新价值转入"固定资产"账户,之后按重新确定的使用寿命、预计净残值及折旧方法计提折旧。

固定资产资本化的后续支出账务处理实例

【例 2-77】 蓝迪公司对某项固定资产进行改扩建,会计资料如下。

①2×19 年 1 月 3 日,该公司决定对一条生产线进行改造,成本 540 000 元,预计使用 5 年,预计净残值率为 4%,累计折旧已提取 102 000 元,未发生减值。

②2×19 年 4 月完成了改扩建工程,共发生支出 124 000 元,全部以银行

存款支付。改建中废弃的原有部件变卖收入 85 000 元已存入银行。

③该生产线达到预定使用状态后,预计使用年限延长 4 年,残值率仍为 4%,折旧方法仍使用年限平均法。

(1)2×19 年 1 月 3 日,结转生产线原账面价值,编制会计分录

借:在建工程——生产线改造　　　　　　　　　　　438 000

　　累计折旧　　　　　　　　　　　　　　　　　　102 000

　　　贷:固定资产　　　　　　　　　　　　　　　　　　540 000

(2)2×19 年 4 月 5 日,支付工程款,编制会计分录

借:在建工程——生产线改造　　　　　　　　　　　124 000

　　　贷:银行存款　　　　　　　　　　　　　　　　　　124 000

(3)2×19 年 4 月 5 日,改建中被废弃部件的变价收入,编制会计分录

借:银行存款　　　　　　　　　　　　　　　　　　85 000

　　　贷:在建工程——生产线改造　　　　　　　　　　　85 000

(4)2×19 年 4 月 6 日,工程完工交付使用,编制会计分录

借:固定资产　　　　　　　　　　　　　　　　　　477 000

　　　贷:在建工程——生产线改造　　　　　　　　　　　477 000

2. 费用化的后续支出

为了保证固定资产的正常运转和使用,充分发挥其使用效能,企业需要对固定资产进行必要的维护修理。固定资产维护修理所发生的支出,通常不能满足固定资产的确认条件,应在发生时确认为费用,直接记入当期损益。其中,企业生产车间(部门)和行政管理部门等发生的,记入"管理费用"账户,企业专设销售机构发生的,记入"销售费用"账户。

固定资产的期末计量

固定资产的期末计量包括两个方面,一是通过实地盘点清查反映资产的实有数量,进行账实核对;二是按一定的方法对企业的固定资产进行计价,以反映其期末价值。

企业对固定资产清查过程中盘盈、盘亏的固定资产,应填制固定资产盘盈、盘亏报告表,并及时查明原因,分清责任,按规定程序报批处理。

(1)固定资产盘盈

企业在清查中盘盈的固定资产,作为前期差错处理。盘盈的固定资产通过"以前年度损益调整"科目核算。

固定资产盘盈账务处理实例

【例 2-78】 2×19 年年底,蓝迪公司在财产清查中发现 2×13 年未入账的不需要安装的甲设备一台,估计该设备八成新,同类设备的市场价格为 72 000 元(假定其价值与计税基础不存在差异)。编制会计分录如下。

借:固定资产　　　　　　　　　　　　　　　　　　　72 000

　　贷:以前年度损益调整　　　　　　　　　　　　　　　　72 000

(2)固定资产盘亏

企业在清查中盘亏的固定资产,通过"待处理财产损溢——待处理固定资产损溢"科目核算,盘亏造成损失的,通过"营业外支出——盘亏损失"科目核算,计入当期损益。

固定资产盘亏账务处理实例

【例 2-79】 2×19 年年底,蓝迪公司在财产清查中盘亏乙设备一台,该设备账面原价 35 000 元,已提折旧 18 800 元,未计提减值准备。登记"固定资产盘盈、盘亏报告表",见表 2-124。

表 2-124　　　　　　　　　　固定资产盘盈、盘亏报告表

单位名称:蓝迪公司　　　　　　　2×19 年 12 月 31 日　　　　第 001 号　　　　单位:元

固定资产编号	固定资产名称	计量单位	盘　盈			盘亏或毁损					理由书编号	附注
			数量	市场价	成新率	入账价值	数量	固定资产入账价值	已提折旧	已提减值	账面价值		
001	甲设备	台	1	72 000	80%	72 000							
002	乙设备	台					1	35 000	18 800	0	16 200		

单位领导:　　　　技术(设备)主管:　　　　会计机构负责人:　　　　制表人:

①盘亏固定资产时

借:待处理财产损溢——待处理固定资产损溢　　　　　　16 200

　　累计折旧　　　　　　　　　　　　　　　　　　　　18 800

　　贷:固定资产　　　　　　　　　　　　　　　　　　　35 000

②报经批准转销盘亏损失时,编制会计分录

借:营业外支出——固定资产盘亏损失　　　　　　　　　16 200

　　贷:待处理财产损溢——待处理固定资产损溢　　　　　16 200

固定资产减值的核算

固定资产减值是指固定资产的可回收金额低于其账面价值。根据会计准则,固定资产可回收金额应当按以下两项金额中的较高者确定:

(1)资产的公允价值减去处置费用后的净额,一般即指根据公平交易中有法律约束力的销售协议价格减去直接归属于该资产处置费用的金额;

(2)资产预计未来现金流量的现值,即指预计从该资产的持续使用和最终处置中所产生的未来现金流量的现值。

只要有一项超过了资产的账面价值,就表明资产没有发生减值,不需要再估计另一项金额。

资产负债表日,根据固定资产可回收金额低于其账面价值的差,确认为减值损失,借记"资产减值损失"账户,贷记"固定资产减值准备"账户。固定资产减值损失一经确定,在以后的会计期间不得转回。对已经确认减值损失的固定资产,按账面价值(扣除预计净残值)以及尚可使用寿命重新计算确定折旧率和折旧额。已全部计提减值准备的固定资产不再计提折旧。在处置已计提减值准备的固定资产时,应当同时结转与该资产相对应的减值准备。

固定资产的处置

(1)固定资产的处置及其终止确认

所谓固定资产处置,通常就是指企业固定资产的出售和对报废、毁损固定资产的处理。此外,企业因对外投资、非货币性资产交换、债务重组等原因转出固定资产,也属于固定资产处置。

(2)固定资产出售、报废或毁损的核算

企业对出售、报废或毁损的固定资产,应设置"固定资产清理"账户进行核算。出售、报废和毁损固定资产所得净收益,应计入营业外收入("非流动资产处置利得"项目),如为净损失应计入营业外支出(属于正常的处理损失,计入"非流动资产处置损失"项目)。如果企业在筹建期间发生出售、报废和毁损固定资产处置业务,其净损益应计入或冲减管理费用。

(3)企业因对外投资、非货币性资产交换、债务重组等原因转出的固定资产,一般也通过"固定资产清理"账户进行核算,具体处理应按有关会计准则的规定进行处理。

固定资产出售、报废或毁损的账务处理实例

【例 2-80】 蓝迪公司报废一台生产设备,原价 2 000 000 元,已提折旧 1 450 000 元,未计提减值准备,报废资产的残料变价收入 20 000 元已存入银行,支付清理费用 8 000 元,设备清理完毕。

①结转固定资产账面价值,编制如下会计分录

借:固定资产清理 550 000

累计折旧 1 450 000

贷:固定资产 2 000 000

②支付清理费用,编制会计分录

借:固定资产清理 8 000

贷:银行存款 8 000

③残料变价收入存入银行,编制会计分录

借:银行存款 20 000

贷:固定资产清理 20 000

④结转固定资产清理,编制会计分录

借:营业外支出——非流动资产处置损失 538 000

贷:固定资产清理 538 000

假如该设备不是报废,而是出售给甲B公司,其他条件不变,由于是出售处置,所以仅仅是为了换取对价,对于资产处置后还尚有使用价值,因此相关净损益需要结转至资产处置损益科目,年终并入资产处置收益报表项目。

借:资产处置损益——非流动资产损失 538 000

贷:固定资产清理 538 000

累计折旧

累计折旧是资产类的备抵调整账户,其结构与一般资产账户的结构正好相反,累计折旧是贷方登记增加,借方登记减少,余额在贷方。

累计折旧科目的设置

固定资产折旧费用根据固定资产的原值和规定的折旧率计算确定,按照一定的标准分摊记入各期的间接费用和期间费用。生产车间用房屋建筑

物、机器设备的折旧,作为间接费用,计入制造费用账户,厂部行政用办公房屋的,计入管理费用账户,折旧合计数计入"累计折旧"账户的贷方。累计折旧科目的具体设置,见表 2-125。

表 2-125 累计折旧会计科目编码的设置

科目代码	总分类科目(一级科目)	明细分类科目		是否辅助核算	辅助核算类别
		二级明细科目	三级明细科目		
1602	累计折旧				
160201	累计折旧	房屋及建筑物	项目	是	部门
160202	累计折旧	机器设备	项目	是	部门
160203	累计折旧	运输设备	项目	是	部门
160204	累计折旧	办公设备	项目	是	部门
160205	累计折旧	电子设备	项目	是	部门
160206	累计折旧	其他	项目	是	部门

累计折旧的适用范围

企业应对所有固定资产计提折旧,但是已提足折旧仍继续使用的固定资产、单独计价入账的土地、处于更新改造过程而停止使用的固定资产及已全额计提减值准备的固定资产除外。在确定固定资产计提折旧范围时还需要注意以下几点,见表 2-126。

表 2-126 固定资产折旧原则

不同时期	折旧原则
当月增加的固定资产	当月不计提折旧,从下个月起计提折旧
当月减少的固定资产	当月仍计提折旧,从下月起不计提折旧
固定资产提足折旧或报废	不论是否继续使用,均不再计提折旧,提前报废的固定资产也不再补提折旧
已达到预定可使用状态但未办理竣工决算的固定资产	应当按照估计价值确定成本,并计提折旧;待办理竣工决算后再按实际成本调整原来的暂估价值,但不需要调整原已计提的折旧额

影响固定资产折旧的因素,见表 2-127。

各项因素	含　义
固定资产原价	指固定资产账面上的历史成本,是计算固定资产折旧的基础
预计净残值	指假定固定资产寿命已满并处于使用寿命终了时的预期状态,企业目前从该资产处置中获得的扣除预计处置费用后的金额
固定资产的减值准备	指固定资产已计提的固定资产减值准备累计金额
固定资产的使用寿命	企业使用固定资产的预计期间,或者该固定资产能生产产品或提供劳务的数量

表 2-127　　　　　　　　　　　　影响固定资产折旧的因素

上述四项影响因素中,固定资产的预计净残值和使用寿命都应根据固定资产的性质和使用情况合理地予以确定。一经确定,不得随意更改,以避免随意调节折旧额情况的发生。

累计折旧方法

在我国,企业可以选用的折旧方法有:年限平均法、工作量法、双倍余额递减法和年数总和法。固定资产折旧方法一经确定,不得随意变更。

(1)年限平均法。年限平均法又称直线法,是将固定资产的应计折旧额在固定资产使用寿命内平均分摊到各期的一种方法。采用这种方法各期计算的折旧额相等。年限平均法的计算公式如下:

年折旧率＝(1－预计净残值率)÷预计使用年限×100%

月折旧率＝年折旧率÷12

月折旧额＝固定资产原价×月折旧率

(2)工作量法。工作量法是将固定资产的应计提折旧额,在固定资产的使用寿命内按各期完成的工作量进行分摊的一种方法。工作量法的计算公式如下:

单位工作量折旧额＝固定资产原价×(1－预计净残值率)÷预计总工作量

某项固定资产月折旧额＝该项固定资产当月工作量×单位工作量折旧率

工作量法账务处理实例

【例 2-81】 蓝迪公司购入一辆汽车,原值 240 000 元,预计总行驶 250 000千米,预计净残值率为 5%。该汽车本月实际行驶 5 000 千米,本月折旧计算如下:

每公里折旧率＝240 000×(1－5%)÷250 000＝0.91(元/千米)

本月折旧额＝5 000×0.91＝4 550(元)

(3)双倍余额递减法。双倍余额递减法是指在不考虑固定资产预计净残值的情况下,根据每期期初固定资产原价减去累计折旧后的金额和双倍的直线法折旧率计算固定资产折旧的一种方法。计算公式如下:

年折旧率＝2÷预计使用年限×100％

月折旧率＝年折旧率÷12

月折旧额＝每月月初固定资产账面净值×月折旧率

双倍余额递减法账务处理实例

【例2-82】 蓝迪公司的生产设备固定资产原值为200 000元,预计使用年限为5年,预计净残值6 000元,采用双倍余额递减法计提折旧。

年折旧率＝2÷5×100％＝40％

第一年折旧额＝200 000×40％＝80 000(元)

第二年折旧额＝(200 000－80 000)×40％＝48 000(元)

第三年折旧额＝(200 000－80 000－48 000)×40％＝28 800(元)

第四、第五年折旧额＝(200 000－80 000－48 000－28 800－6 000)÷2＝18 600(元)

(注意:为简化计算,每年各月折旧额可根据年折旧额除以12个月计算。)

(4)年数总和法。年数总和法又称年限合计法,是指将固定资产的原值减去预计净残值后的余额,乘以一个以固定资产尚可使用寿命为分子、以预计使用寿命逐年数字之和为分母的逐年递减的分数计算每年的折旧额。计算公式如下:

年折旧率＝尚可使用年限÷预计使用寿命的年数总和×100％

月折旧率＝年折旧率÷12

月折旧额＝(固定资产原价－预计净残值)×月折旧率

年数总和法账务处理实例

【例2-83】 蓝迪公司的一项机器设备原值为120 000元,预计使用年限为4年,预计净残值5 000元,采用年数总和法计提折旧。

第一年折旧额＝(120 000－5 000)×4÷10＝46 000(元)

第二年折旧额＝(120 000－5 000)×3÷10＝34 500(元)

第三年折旧额＝(120 000－5 000)×2÷10＝23 000(元)

第四年折旧额＝(120 000－5 000)×1÷10＝11 500 (元)

(5)固定资产折旧的核算。固定资产按月计提折旧,企业通过编制"固定资产折旧计算表"作为固定资产折旧账务处理的依据,每月计提折旧时,可以在上月计提的折旧额的基础上,根据上月固定资产的增减变动情况调整计算出当月应计提的折旧额,计算方法如下:

当月应计提折旧额＝上月计提的折旧额＋上月增加固定资产应计提的折旧额－上月减少固定资产应计提的折旧额

每月计提的折旧额应按固定资产用途计入相关资产的成本或者当期损益费用。

固定资产当月折旧的账务处理实例

【例 2-84】 蓝迪公司 2×19 年 2 月 28 日编制的固定资产折旧计算表,见表 2-128。据此编制会计分录如下。

表 2-128　　　　　　　　　　　固定资产折旧计算表　　　　　　　　　单位:元

使用部门	上月折旧额	上月增加固定资产应提折旧额	上月减少固定资产应提折旧额	本月折旧额
第一生产车间	150 000	5 000	8 000	147 000
第二生产车间	135 000	3 400	56 000	82 400
行政管理部门	24 000	3 000	4 500	22 500
经营性租出	18 000	—	—	18 000
合计	327 000	11 400	68 500	269 900

借:制造费用——第一生产车间　　　　　　　　　　147 000
　　制造费用——第二生产车间　　　　　　　　　　82 400
　　管理费用　　　　　　　　　　　　　　　　　　22 500
　　其他业务成本　　　　　　　　　　　　　　　　18 000
　　贷:累计折旧　　　　　　　　　　　　　　　　　269 900

固定资产减值准备

《企业会计制度》规定:"企业应当在期末对固定资产逐项进行检查,如果由于市价持续下跌,或技术陈旧、损坏、长期闲置等原因,导致其可收回金额低于账面价值的,应当计提固定资产减值准备。"

固定资产减值是指固定资产的可回收金额低于其账面价值。根据会计准则,固定资产可回收金额应当按以下两项金额中的较高者确定。

（1）资产的公允价值减去处置费用后的净额，一般即指根据公平交易中有法律约束力的销售协议价格减去直接归属于该资产处置费用的金额；

（2）资产预计未来现金流量的现值，即指预计从该资产的持续使用和最终处置中所产生的未来现金流量的现值。

只要有一项超过了资产的账面价值，就表明资产没有发生减值，不需要再估计另一项金额。

固定资产减值准备科目的设置

本科目核算企业固定资产的减值准备。本科目期末贷方余额，反映企业已计提但尚未转销的固定资产减值准备，见表2-129。

表 2-129　　　　　　　　固定资产减值准备会计科目编码的设置

科目代码	总分类科目（一级科目）	明细分类科目		是否辅助核算	辅助核算类别
		二级明细科目	三级明细科目		
1603	固定资产减值准备				
160301	固定资产减值准备	房屋及建筑物	项目	是	部门
160302	固定资产减值准备	机器设备	项目	是	部门
160303	固定资产减值准备	运输设备	项目	是	部门
160304	固定资产减值准备	办公设备	项目	是	部门
160305	固定资产减值准备	电子设备	项目	是	部门
160306	固定资产减值准备	其他	项目	是	部门

固定资产减值准备的减值测试

企业应当于期末对固定资产进行检查，如发现存在下列情况，应当计算固定资产的可收回金额，以确定资产是否已经发生减值：

（1）固定资产市价大幅度下跌，其跌幅大大高于因时间推移或正常使用而预计的下跌，并且预计在近期内不可能恢复；

（2）企业所处经营环境，如技术、市场、经济或法律环境，或者产品营销市场在当期发生或在近期发生重大变化，并对企业产生负面影响；

（3）同期市场利率等大幅度提高，进而很可能影响企业计算固定资产可收回金额的折现率，并导致固定资产可收回金额大幅度降低；

（4）固定资产陈旧过时或发生实体损坏等；

（5）固定资产预计使用方式发生重大不利变化，如企业计划终止或重组该资产所属的经营业务、提前处置资产等情形，从而对企业产生负面影响；

（6）其他有可能表明资产已发生减值的情况。

固定资产减值准备的账务处理

资产负债表日，根据固定资产可回收金额低于其账面价值的差，确认为减值损失，借记"资产减值损失"账户，贷记"固定资产减值准备"账户。固定资产减值损失一经确定，在以后的会计期间不得转回。对已经确认减值损失的固定资产，按账面价值（扣除预计净残值）以及尚可使用寿命重新计算确定折旧率和折旧额。已全部计提减值准备的固定资产不再计提折旧。在处置已计提减值准备的固定资产时，应当同时结转与该资产相对应的减值准备。

当存在下列情况之一时，应当按照该项固定资产的账面价值全额计提固定资产减值准备：

（1）长期闲置不用，在可预见的未来不会再使用，且已无转让价值的固定资产；

（2）由于技术进步等原因，已不可使用的固定资产；

（3）虽然固定资产尚可使用，但使用后产生大量不合格品的固定资产；

（4）已遭毁损，以至于不再具有使用价值和转让价值的固定资产；

（5）其他实质上已经不能再给企业带来经济利益的固定资产。

固定资产减值准备核算实例

【例 2-85】 甲公司 2×15 年 12 月购入设备价值 500 000 元，预计使用 6 年，预计净残值 20 000 元，采用年限平均法计提折旧。2×17 年末清查时发现，该设备市价大幅度下跌且近期内无望恢复。经计算该设备可回收金额为 280 000 元，此前未计提过减值准备。编制如下会计分录。

2×17 年累计折旧＝（500 000－20 000）÷6×2＝160 000（元）

2×17年末应计提固定资产减值准备＝(500 000－160 000)－280 000＝60 000
(元)

自2×18年起,每年计提折旧额应调整为(280 000－20 000)÷4＝65 000(元)

借:资产减值损失——固定资产减值损失   65 000

  贷:固定资产减值准备   65 000

固定资产清理

固定资产的清理,是指对固定资产的报废和出售,以及因各种不可抗力的自然灾害而遭到损坏和损失的固定资产所进行的清理工作。

固定资产清理科目的设置

"固定资产清理"账户是资产类账户,用来核算公司因出售、报废和毁损等原因转入清理的固定资产净值以及在清理过程中所发生的清理费用和清理收入。其借方反映转入清理的固定资产净值以及在清理过程中所发生的清理费用和清理收入,贷方反映清理固定资产的变价收入和应由保险公司或过失人承担的损失等。该账户余额一般在借方,表示清理过程中固定资产的损失,清理完毕后应将其贷方或借方余额转入"营业外收入"或"营业外支出"账户。固定资产清理科目具体设置,见表2-130。

表2-130   固定资产清理会计科目编码的设置

科目代码	总分类科目（一级科目）	明细分类科目		是否辅助核算	辅助核算类别
		二级明细科目	三级明细科目		
1606	固定资产清理				
160601	固定资产清理	房屋及建筑物	项目	是	部门
160602	固定资产清理	机器设备	项目	是	部门
160603	固定资产清理	运输设备	项目	是	部门
160604	固定资产清理	办公设备	项目	是	部门
160605	固定资产清理	电子设备	项目	是	部门
160606	固定资产清理	其他	项目	是	部门

固定资产清理的账务处理

固定资产清理的账务处理，见表2-131。

表2-131　　　　　　　　　　固定资产清理的账务处理

业务情景		账务处理
企业因出售、转让、报废和毁损等原因处置固定资产		借:固定资产清理 　　累计折旧 　　固定资产减值准备 　贷:固定资产
固定资产在清理过程中发生的其他费用以及应支付的相关税费		借:固定资产清理 　贷:银行存款、应交税费——应交增值税(销项税额)
收回出售固定资产的价款、残料价值和变价收入等		借:银行存款、原材料等科目 　贷:固定资产清理
应由保险公司或过失人赔偿的损失		借:其他应收款等科目 　贷:固定资产清理
固定资产清理完成后,本科目的借方余额	属于筹建期间的	借:管理费用 　贷:固定资产清理
固定资产清理完成后,本科目的贷方余额	属于筹建期间的	借:固定资产清理 　贷:管理费用
	属于生产经营期间的	借:固定资产清理 　贷:营业外收入——处置非流动资产利得
固定资产清理完成后,本科目的借方余额	属于生产经营期间由于自然灾害等非正常原因造成的损失	借:营业外支出——非常损失 　贷:固定资产清理
	属于生产经营期间正常的处理损失	借:营业外支出——处置非流动资产损失 　贷:固定资产清理
处置后尚有使用价值	净损失	借:资产处置损益 　贷:固定资产清理
	净收益	借:固定资产清理 　贷:资产处置损益

固定资产清理的账务处理实例

【例2-86】　2×19年1月1日,蓝迪公司有一辆汽车报废,原值为340 000元,已计提折旧200 000元,转入清理。登记会计凭证,见表2-132。

表 2-132

记 账 凭 证

2×19 年 1 月 1 日   字第××号

摘要	会计科目	借方金额										贷方金额										记账
		千	百	十	万	千	百	十	元	角	分	千	百	十	万	千	百	十	元	角	分	
2×19 年 1 月 1 日,结转固定资产清理费用	固定资产清理			1	4	0	0	0	0	0	0											
	累计折旧			2	0	0	0	0	0	0	0											
	固定资产													3	4	0	0	0	0	0	0	
合计		¥	3	4	0	0	0	0	0	0	0	¥	3	4	0	0	0	0	0	0	0	

会计主管:××   记账:××   审核:××   制单:××

(1)经批准报废清理时,编制会计分录

借:固定资产清理   140 000

累计折旧   200 000

贷:固定资产   340 000

(2)以银行存款支付清理费 1 000 元,编制会计分录。登记会计凭证,见表 2-133

借:固定资产清理   1 000

贷:银行存款   1 000

表 2-133

记 账 凭 证

2×19 年 1 月 1 日   字第××号

摘要	会计科目	借方金额										贷方金额										记账
		千	百	十	万	千	百	十	元	角	分	千	百	十	万	千	百	十	元	角	分	
2×19 年 1 月 1 日,以银行存款支付清理费用	固定资产清理					1	0	0	0	0	0											
	银行存款															1	0	0	0	0	0	
合计					¥	1	0	0	0	0	0					¥	1	0	0	0	0	0	

会计主管:××   记账:××   审核:××   制单:××

（3）收回残料价值 1 200 元，残料变价收入 52 000 元。编制如下会计分录。登记会计凭证，见表 2-134

表 2-134

记 账 凭 证

2×19 年 1 月 1 日　　　　　　　　　　　　　　　字第××号

摘要	会计科目	借方金额										贷方金额										记账
		千	百	十	万	千	百	十	元	角	分	千	百	十	万	千	百	十	元	角	分	
2×19 年 1 月 1 日，收回残料及变卖残料的价款	银行存款				5	2	0	0	0	0	0											
	原材料					1	2	0	0	0	0											
	固定资产清理														5	3	2	0	0	0	0	
合计			¥	5	3	2	0	0	0	0	0		¥	5	3	2	0	0	0	0	0	

会计主管：××　　　　　记账：××　　　　　审核：××　　　　　制单：××

　　借：银行存款　　　　　　　　　　　　　　　　　52 000
　　　　原材料　　　　　　　　　　　　　　　　　　1 200
　　　　　贷：固定资产清理　　　　　　　　　　　　53 200

（4）结转清理净损失，编制会计分录。登记会计凭证，见表 2-135
　　借：营业外支出　　　　　　　　　　　　　　　　87 800
　　　　　贷：固定资产清理　　　　　　　　　　　　87 800

表 2-135

记 账 凭 证

2×19 年 1 月 1 日　　　　　　　　　　　　　　　字第××号

摘要	会计科目	借方金额										贷方金额										记账
		千	百	十	万	千	百	十	元	角	分	千	百	十	万	千	百	十	元	角	分	
2×19 年 1 月 1 日，固定清理费用转入营业外支出	营业外支出/非流动资产处置损失				8	7	8	0	0	0	0											
	固定资产清理														8	7	8	0	0	0	0	
合计			¥	8	7	8	0	0	0	0		¥	8	7	8	0	0	0	0			

会计主管：××　　　　　记账：××　　　　　审核：××　　　　　制单：××

在建工程是指企业固定资产的新建、改建、扩建，或技术改造、设备更新和大修理工程等尚未完工的工程支出。

在建工程通常有"自营"和"出包"两种方式。自营在建工程指企业自行购买工程用料、自行施工并进行管理的工程；出包在建工程是指企业通过签订合同，由其他工程队或单位承包建造的工程。

在建工程科目的设置

企业应设置"在建工程"总账科目。在"在建工程"总账科目下按照"建筑工程（自营）"、"建筑工程（出包）"、"安装工程（自营）"、"安装工程（出包）"、"装修工程（自营）"、"装修工程（出包）"等二级科目，见表 2-136。

表 2-136　　在建工程会计科目编码的设置

科目代码	总分类科目（一级科目）	明细分类科目		是否辅助核算	辅助核算类别
		二级明细科目	三级明细科目		
1604	在建工程				
160401	在建工程	自营工程	建筑工程	是	项目
160402	在建工程	自营工程	安装工程	是	项目
160403	在建工程	自营工程	装修工程	是	项目
160404	在建工程	自营工程	其他	是	项目
160405	在建工程	发包工程	建筑工程	是	项目
160406	在建工程	发包工程	安装工程	是	项目
160407	在建工程	发包工程	装修工程	是	项目
160408	在建工程	发包工程	其他	是	项目

在建工程的账务处理

（1）在建工程自营的账务处理，见表 2-137。

表 2-137　　在建工程自营的账务处理

业务情景	账务处理
购入物资	借：工程物资——专用材料 贷：银行存款/应付账款/应付票据

业务情景	账务处理
工程领用材料时	借:在建工程 　贷:工程物资/原材料/库存商品
支付在建工程人员工资时	借:在建工程 　贷:应付职工薪酬
辅助生产部门为工程提供的水、电、设备安装、修理、运输等劳务	借:在建工程 　贷:生产成本——辅助生产成本
管理费、征地费、可行性研究费、临时设施费、公证费、监理费及应负担的税费	借:在建工程 　贷:银行存款
在建工程发生的借款费用并满足借款费用资本化条件的	借:在建工程 　贷:长期借款/应付利息
在建工程进行负荷联合试车发生的费用	借:在建工程——待摊支出 　贷:银行存款/原材料
建设期间发生的工程物资盘亏、报废及毁损净损失	借:工程物资 　贷:在建工程
由于自然灾害等原因造成的在建工程报废或毁损	借:营业外支出 　贷:在建工程
试车形成的产品或副产品对外销售或转为库存商品的	借:银行存款/库存商品 　贷:在建工程
工程结束时,结转工程成本	借:固定资产/开发产品 　贷:在建工程

(2)在建工程发包的账务处理,见表 2-138。

表 2-138　　　　　　　　　　在建工程发包的账务处理

业务情景	账务处理
发包工程时,支付预付款	借:合同资产 　贷:银行存款/应付票据
发包的在建工程,应按合理估计的发包工程进度和合同规定结算的进度款	借:在建工程 　贷:银行存款 　　合同资产

业务情景	账务处理
管理费、征地费、可行性研究费、临时设施费、公证费、监理费及应负担的税费	借：在建工程 　贷：银行存款
将设备交付建造承包商建造安装时	借：在建工程 　贷：工程物资
工程结束时，按合同规定补付的工程款	借：在建工程 　贷：银行存款
结转工程成本	借：固定资产/开发产品 　贷：在建工程

（注：在建工程发生减值的，可以单独设置"在建工程减值准备"科目，比照"固定资产减值准备"科目进行处理。）

在建工程账务处理实例

【例 2-87】 2×19 年 1 月 1 日，蓝迪公司建造厂房 1 000 平方米，与乙建筑公司签订承包合同。根据双方签订的合同，建造新厂房的价款为 5 000 000元，需预付 10% 的材料款。

(1)2×19 年 1 月 5 日，预付材料款 500 000 元，编制会计分录。登记会计凭证，见表 2-139

借：合同资产——乙公司　　　　　　　　　　　　　　　　　500 000
　　贷：银行存款　　　　　　　　　　　　　　　　　　　　　500 000

表 2-139

记 账 凭 证

2×19 年 1 月 5 日　　　　　　　　　　　　　　　　字第××号

摘要	会计科目	借方金额										贷方金额										记账
		千	百	十	万	千	百	十	元	角	分	千	百	十	万	千	百	十	元	角	分	
2×19 年 1 月 5 日，预付乙建筑公司材料款	合同资产/乙公司			5	0	0	0	0	0	0	0											
	银行存款													5	0	0	0	0	0	0	0	
合计		￥		5	0	0	0	0	0	0	0	￥		5	0	0	0	0	0	0	0	

会计主管：××　　　　记账：××　　　　　审核：××　　　　　　制单：××

(2)2×19 年 5 月 10 日,厂房的工程进度达到 50%,蓝迪公司与乙公司办理工程价款结算 2 500 000 元,编制会计分录。登记会计凭证,见表 2-140

表 2-140

记 账 凭 证

2×19 年 5 月 10 日　　　　　　　　　　　　　字第××号

摘要	会计科目	借方金额										贷方金额										记账
		千	百	十	万	千	百	十	元	角	分	千	百	十	万	千	百	十	元	角	分	
2×19 年 5 月 10 日,与乙公司办理工程结算	在建工程/乙公司/建筑工程/厂房		2	5	0	0	0	0	0	0	0											
	银行存款												2	0	0	0	0	0	0	0	0	
	合同资产													5	0	0	0	0	0	0	0	
合计		¥	2	5	0	0	0	0	0	0	0	¥	2	5	0	0	0	0	0	0	0	

会计主管:××　　　　记账:××　　　　审核:××　　　　制单:××

借:在建工程——乙公司——建筑工程——厂房　　　　2 500 000
　　贷:银行存款　　　　　　　　　　　　　　　　2 000 000
　　　　合同资产　　　　　　　　　　　　　　　　　500 000

(3)2×19 年 9 月 10 日,建筑主体已经完工,蓝迪公司与乙公司办理工程结算 2 500 000 元,编制会计分录。登记会计凭证,见表 2-141
借:在建工程——乙公司——建筑工程——厂房　　　　2 500 000
　　贷:银行存款　　　　　　　　　　　　　　　　2 500 000

(4)支付厂房发生的管理费、可行性研究费、监理费共计 200 000 元。编制分录。登记会计凭证,见表 2-142
借:在建工程——乙公司——建筑工程——厂房　　　　200 000
　　贷:银行存款　　　　　　　　　　　　　　　　200 000

表 2-141

记 账 凭 证

2×19年9月10日 　　　　　　　　　　　　　　　字第××号

摘要	会计科目	借方金额										贷方金额										记账
		千	百	十	万	千	百	十	元	角	分	千	百	十	万	千	百	十	元	角	分	
2×19年9月10日，与乙公司办理工程结算	在建工程/乙公司/建筑工程/厂房		2	5	0	0	0	0	0	0	0											
	银行存款												2	5	0	0	0	0	0	0	0	
合计		¥	2	5	0	0	0	0	0	0	0	¥	2	5	0	0	0	0	0	0	0	

会计主管：×× 　　　　　记账：×× 　　　　　审核：×× 　　　　　制单：××

表 2-142

记 账 凭 证

2×19年9月10日 　　　　　　　　　　　　　　　字第××号

摘要	会计科目	借方金额										贷方金额										记账
		千	百	十	万	千	百	十	元	角	分	千	百	十	万	千	百	十	元	角	分	
2×19年9月10日，以银行存款支付管理费用、可行性研究费、监理费	在建工程/乙公司/建筑工程/厂房			2	0	0	0	0	0	0	0											
	银行存款													2	0	0	0	0	0	0	0	
合计			¥	2	0	0	0	0	0	0	0		¥	2	0	0	0	0	0	0	0	

会计主管：×× 　　　　　记账：×× 　　　　　审核：×× 　　　　　制单：××

（5）2×19年9月30日，结转固定资产＝5 000 000＋200 000＝5 200 000（元），编制会计分录。登记会计凭证，见表2-143

借：固定资产——厂房 　　　　　　　　　　　　　5 200 000

贷：在建工程——乙公司——建筑工程——厂房 　　5 200 000

表 2-143

记 账 凭 证

2×19 年 9 月 30 日   字第××号

摘要	会计科目	借方金额										贷方金额										记账
		千	百	十	万	千	百	十	元	角	分	千	百	十	万	千	百	十	元	角	分	
2×19 年 9 月 30 日，结转厂房成本	固定资产/厂房		5	2	0	0	0	0	0	0	0											
	在建工程/乙公司/建筑工程/厂房												5	2	0	0	0	0	0	0	0	
合计		¥	5	2	0	0	0	0	0	0	0	¥	5	2	0	0	0	0	0	0	0	

会计主管：××   记账：××   审核：××   制单：××

工程物资

工程物资是指用于固定资产建造的建筑材料，如钢材、水泥、玻璃等。

工程物资科目的设置

工程物资科目核算企业为基建工程、更改工程和大修理工程准备的各种物资，包括为工程准备的材料、尚未交付安装的设备的实际成本，以及预付大型设备款和基本建设期间根据项目概算购入为生产准备的工具及器具等的实际成本。企业购入不需要安装的设备，应当在"固定资产"科目核算，不在本科目核算。工程物资科目应当设置以下明细科目：专用材料、专用设备、预付大型设备款、为生产准备的工具及器具。

在进行工程物资采购时，原则上一律要求出售方开具增值税发票，无论采购的是设备还是专用材料或者工具、器具。其必要性在于：根据新的增值税条例，2009 年 1 月 1 日起，新购建固定资产（机器、设备）的增值税可以抵扣，因此，2009 年 1 月 1 日起采购的工程物资只要是用于机器设备的安装和调试其增值税都可以抵扣；未用完的工程物资将来也可以转为原材料等，同样可以抵扣。工程物资具体科目的设置，见表 2-144。

表 2-144　　　　　　　　　　工程物资会计科目编码的设置

科目代码	总分类科目 （一级科目）	明细分类科目		是否辅助核算	辅助核算类别
		二级明细科目	三级明细科目		
1605	工程物资				
160501	工程物资	专用材料	项目	是	存放地点
160502	工程物资	专用设备	项目	是	存放地点
160503	工程物资	工具	项目	是	存放地点
160504	工程物资	其他	项目	是	存放地点
160505	工程物资	减值准备	项目	是	存放地点
160506	工程物资	燃料	项目	是	存放地点

工程物资的账务处理

仓管员应该对工程物资分类造册登记进行明细管理，对入库和出库的工程物资按笔进行登记，期末汇总。相关会计人员要定期与仓管员进行盘点，做到账实相符。工程物资的账务处理，见表 2-145。

表 2-145　　　　　　　　　　工程物资的账务处理

业务情景	账务处理
购入物资	借：工程物资——专用材料 　　贷：银行存款/应付账款/应付票据
领用工程物资时	借：在建工程 　　贷：工程物资
发生的工程物资的运费、保险费和装卸费	借：工程物资 　　贷：银行存款/应付账款
工程竣工后将多余的工程用材料转入原材料	借：原材料 　　贷：工程物资 　　　　应交税费——应交增值税（销项税额）

工程物资账务处理实例

【例 2-88】　2×19 年 5 月 20 日，蓝迪公司从乙公司购入一台需要安装的甲设备，取得增值税专用发票上注明的价款为 8 450 000 元，增值税税额为 1 098 500 元，货款暂未支付。安装过程中发生费用 50 000 元，2×19 年 5 月 31 日，设备安装完毕。

（1）2×19 年 5 月 20 日购进设备时，编制会计分录。登记会计凭证，见表 2-146

表 2-146

记 账 凭 证

2×19 年 5 月 20 日　　　　　　　　　　　　　　　　字第××号

摘要	会计科目	借方金额										贷方金额										记账
		千	百	十	万	千	百	十	元	角	分	千	百	十	万	千	百	十	元	角	分	
2×19 年 5 月 20 日,购入甲设备	工程物资/甲设备		8	4	5	0	0	0	0	0	0											
	应交税费/应交增值税/进项税额		1	0	9	8	5	0	0	0	0											
	应付账款/乙公司												9	5	4	8	5	0	0	0	0	
合计		¥	9	5	4	8	5	0	0	0	0	¥	9	5	4	8	5	0	0	0	0	

会计主管：××　　　　记账：××　　　　　审核：××　　　　　　　　　制单：××

　　借:工程物资——甲设备　　　　　　　　　　　　　　　　　8 450 000
　　　　应交税费——应交增值税(进项税额)　　　　　　　　　1 098 500
　　　　贷:应付账款——乙公司　　　　　　　　　　　　　　　　9 548 500
　(2)2×19 年 5 月 25 日安装时,编制会计分录。登记会计凭证,见表 2-147
　　借:在建工程　　　　　　　　　　　　　　　　　　　　　　8 450 000
　　　　贷:工程物资——甲设备　　　　　　　　　　　　　　　　8 450 000

表 2-147

记 账 凭 证

2×19 年 5 月 25 日　　　　　　　　　　　　　　　　字第××号

摘要	会计科目	借方金额										贷方金额										记账
		千	百	十	万	千	百	十	元	角	分	千	百	十	万	千	百	十	元	角	分	
2×19 年 1 月 25 日,安装设备	在建工程		8	4	5	0	0	0	0	0	0											
	工程物资/甲设备												8	4	5	0	0	0	0	0	0	
合计		¥	8	4	5	0	0	0	0	0	0	¥	8	4	5	0	0	0	0	0	0	

会计主管：××　　　　记账：××　　　　　审核：××　　　　　　　　　制单：××

（3）发生安装费用时,编制会计分录

借:工程物资　　　　　　　　　　　　　　　　　　　　　　50 000

　　贷:银行存款　　　　　　　　　　　　　　　　　　　　　　50 000

无形资产

无形资产,是指企业为生产商品或者提供劳务、出租给他人,或为管理目的而持有的、没有实物形态的非货币性长期资产。无形资产的分类,如图2-30所示。

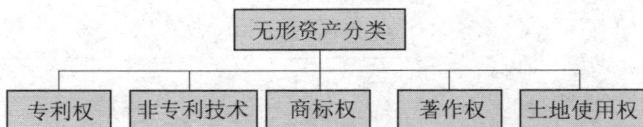

图 2-30　无形资产分类

无形资产同时满足下列条件的,才能予以确认:

（1）与该无形资产有关的经济利益很可能流入企业;

（2）该无形资产的成本能够可靠地计量。

无形资产科目的设置

企业设置无形资产科目以核算企业持有的无形资产成本,包括专利权、非专利技术、商标权、著作权、土地使用权等。本科目可按照无形资产项目进行明细核算,期末借方余额,反映企业无形资产的成本。

无形资产科目的设置,见表2-148。

表 2-148　　　　　　　　　　无形资产会计科目编码的设置

科目代码	总分类科目（一级科目）	明细分类科目	
		二级明细科目	三级明细科目
1701	无形资产		
170101	无形资产	土地使用权	项目
170102	无形资产	著作权	项目
170103	无形资产	商标权	项目
170104	无形资产	非专利技术	项目

科目代码	总分类科目	明细分类科目	
	（一级科目）	二级明细科目	三级明细科目
170105	无形资产	特许使用权	项目
170106	无形资产	其他	项目

无形资产的主要账务处理，见表 2-149。

表 2-149 无形资产的账务处理

业务情景	账务处理
外购的无形资产	借：无形资产 　　贷：银行存款
自行开发的无形资产	借：无形资产 　　贷：银行存款
摊销时	借：管理费用/制造费用/其他业务成本 　　贷：累计摊销
处置无形资产时（无价值）	借：银行存款 　　累计摊销 　　无形资产减值准备 　　营业外支出（小于处置支出时） 　　贷：无形资产 　　　营业外收入（大于处置支出时）
	借：累计摊销 　　贷：无形资产 　　　营业外支出

处置无形资产（有价值）	净损失	借：资产处置损益 　　贷：固定资产清理
	净收益	借：固定资产清理 　　贷：资产处置损益

无形资产的初始计量

无形资产应当按照成本进行初始计量。自行开发的无形资产，其成本包括自满足无形资产确认条件后至达到预定用途前所发生的支出总额,但是对于以前期间已经费用化的支出不再调整。

1. 外购的无形资产

外购的无形资产,其成本包括购买价款、相关税费以及直接归属于使该项资产达到预定用途所发生的其他支出。其中,"直接归属于使该项资产达到预定用途所发生的其他支出",包括使无形资产达到预定用途所发生的专业服务费用、测试无形资产是否能够正常发挥作用的费用等。

下列各项不包括在无形资产的初始成本中:

(1)为引入新产品进行宣传发生的广告费、管理费用及其他间接费用;

(2)无形资产已经达到预定用途以后发生的费用。

外购的无形资产的账务处理实例

【例 2-89】 2×19 年 1 月 26 日,蓝迪公司从其他公司购入一项商标权,以银行存款支付买价和有关费用合计 120 000 元,编制会计分录。登记会计凭证,见表 2-150。

    借:无形资产——商标权   120 000
        贷:银行存款   120 000

表 2-150

记 账 凭 证

2×19 年 1 月 26 日   字第××号

摘要	会计科目	借方金额										贷方金额										记账
		千	百	十	万	千	百	十	元	角	分	千	百	十	万	千	百	十	元	角	分	
2×19 年 1 月 26 日,购入一项商标权	无形资产/商标权			1	2	0	0	0	0	0	0											
	银行存款													1	2	0	0	0	0	0	0	
合计			¥	1	2	0	0	0	0	0	0		¥	1	2	0	0	0	0	0	0	

会计主管:××   记账:××   审核:××   制单:××

2. 自行研究开发的无形资产

企业自行研究开发无形资产的过程,一般需要经过研究和开发两个阶段。企业对研究开发无形资产的核算,应区分两个阶段的支出,按有关规定对发生的支出作资本化或费用化处理。满足资本化条件之前已记入损益的支出,不得再调整记入无形资产成本。

(1)研究阶段,支出计入当期损益;

(2)开发阶段,满足资本化条件,支出计入无形资产成本;

(3)开发阶段,不满足资本化条件,支出计入当期损益。

自行研究开发的无形资产的账务处理实例

【例 2-90】 蓝迪公司 2×18 年 1 月 1 日,开始自行研究开发一项新技术,截至当年年末该项目研究各项工作已经完成,共发生 250 000 元(假定均以银行存款支付)。2×19 年 1 月进入开发阶段,共发生 520 000 元,并符合开发支出予以资本化的条件,其中材料费用 200 000 元、研发人员薪酬 120 000 元、以银行存款支付相关费用 200 000 元。2×19 年 3 月末,研发的新技术达到预定使用用途,形成一项非专利技术,确认为企业的无形资产。

(1)2×18 年,项目研发阶段发生的支出,编制会计分录。登记会计凭证,见表 2-151

借:研发支出——费用化支出　　　　　　　　　　　　　　250 000

　　贷:银行存款　　　　　　　　　　　　　　　　　　　250 000

表 2-151

记 账 凭 证

2×18 年 12 月 31 日　　　　　　　　　　　　　　　字第××号

摘要	会计科目	借方金额										贷方金额										记账
		千	百	十	万	千	百	十	元	角	分	千	百	十	万	千	百	十	元	角	分	
2×18 年 12 月 31 日,项目研发阶段的支出	研发支出/费用化支出		2	5	0	0	0	0	0	0												
	银行存款													2	5	0	0	0	0	0	0	
合计		¥	2	5	0	0	0	0	0	0		¥	2	5	0	0	0	0	0	0		

会计主管:××　　　　记账:××　　　　审核:××　　　　制单:××

(2)2×18 年,结转项目费用化支出,编制会计分录。登记会计凭证,见表 2-152

借:管理费用　　　　　　　　　　　　　　　　　　　　　250 000

　　贷:研发支出——费用化支出　　　　　　　　　　　　250 000

表 2-152

记 账 凭 证

2×18 年 12 月 31 日 　　　　　　　　　字第××号

摘要	会计科目	借方金额										贷方金额										记账
		千	百	十	万	千	百	十	元	角	分	千	百	十	万	千	百	十	元	角	分	
2×18年12月31日,结转费用化支出	管理费用			2	5	0	0	0	0	0	0											
	研发支出/费用化支出													2	5	0	0	0	0	0	0	
合计		¥		2	5	0	0	0	0	0	0	¥		2	5	0	0	0	0	0	0	

会计主管：×× 　　　记账：×× 　　　审核：×× 　　　制单：××

(3)2×19 年,项目开发阶段发生的、予以资本化条件的支出,编制会计分录。登记会计凭证,见表 2-153

借:研发支出——资本化支出 　　　　　　　　　520 000
　贷:原材料 　　　　　　　　　　　　　　　200 000
　　　应付职工薪酬 　　　　　　　　　　　120 000
　　　银行存款 　　　　　　　　　　　　　200 000

表 2-153

记 账 凭 证

2×19 年 12 月 31 日 　　　　　　　　　字第××号

摘要	会计科目	借方金额										贷方金额										记账
		千	百	十	万	千	百	十	元	角	分	千	百	十	万	千	百	十	元	角	分	
2×19年12月31日,项应予资本化的支出	研发支出/资本化支出			5	2	0	0	0	0	0	0											
	原材料													2	0	0	0	0	0	0	0	
	应付职工薪酬													1	2	0	0	0	0	0	0	
	银行存款													2	0	0	0	0	0	0	0	
合计		¥		5	2	0	0	0	0	0	0	¥		5	2	0	0	0	0	0	0	

会计主管：×× 　　　记账：×× 　　　审核：×× 　　　制单：××

（4）2×20年3月末，研究开发的新技术达到预定用途。编制会计分录，登记会计凭证，见表2-154

借：无形资产——非专利技术　　　　　　　　　　　　　52 0000

　　贷：研发支出——资本化支出　　　　　　　　　　　　　52 0000

表2-154

记 账 凭 证

2×20年3月31日　　　　　　　　　　　　　　　　　字第××号

摘要	会计科目	借方金额										贷方金额										记账
		千	百	十	万	千	百	十	元	角	分	千	百	十	万	千	百	十	元	角	分	
2×20年3月26日，结转资本化支出	无形资产/非专利技术			5	2	0	0	0	0	0	0											
	研发支出/资本化支出																					
														5	2	0	0	0	0	0	0	
合计		¥	5	2	0	0	0	0	0	0	0	¥	5	2	0	0	0	0	0	0	0	

会计主管：××　　　　　记账：××　　　　　审核：××　　　　　制单：××

3. 投资者投入的无形资产

　　企业在接受投入的无形资产时，其成本，应当按照投资合同或协议约定的价值确定，但合同或协议约定价值不公允的除外。

投资者投入的无形资产的账务处理实例

【例2-91】2×19年2月26日，蓝迪公司收到乙公司以专利权进行的投资，双方合同确认该专利权价值为150 000元，该专利权公允价值为120 000元。编制会计分录，登记会计凭证，见表2-155。

借：无形资产　　　　　　　　　　　　　　　　　　120 000

　　资本公积　　　　　　　　　　　　　　　　　　 30 000

　　贷：实收资本　　　　　　　　　　　　　　　　　150 000

表 2-155

记 账 凭 证

2×19 年 2 月 26 日 　　　　　　　　　　　　字第××号

摘要	会计科目	借方金额										贷方金额										记账
		千	百	十	万	千	百	十	元	角	分	千	百	十	万	千	百	十	元	角	分	
2×19 年 2 月 26 日，收到乙公司以专利权的投资	无形资产			1	2	0	0	0	0	0	0											
	资本公积				3	0	0	0	0	0	0											
	实收资本												1	5	0	0	0	0	0	0	0	
合计		¥	1	5	0	0	0	0	0	0	0	¥	1	5	0	0	0	0	0	0	0	

会计主管：×× 　　　　记账：×× 　　　　审核：×× 　　　　制单：××

无形资产的处置

无形资产的处置，主要是指无形资产出售、对外出租、对外捐赠，或者是无法为企业带来未来经济利益时，应予以终止确认并转销。

1. 无形资产的出售

企业出售某项无形资产，表明企业放弃无形资产的所有权，应将所取得的价款与该无形资产账面价值的差额作为资产处置利得或损失（营业外收入或营业外支出），与固定资产处置性质相同，计入当期损益。但是，值得注意的是，企业出售无形资产确认其利得的时点，应按照收入确认中的有关原则进行确定。

无形资产出售的账务处理实例

【例 2-92】 2×19 年 1 月 1 日，蓝迪公司拥有某项专利技术的成本为 2 500 000 元。已摊销金额为 2 185 000 元，已计提的减值准备为 32 000 元。该公司决定将该项专利技术出售给乙企业，取得出售收入 950 000 元，应缴纳的增值税为 57 000 元，编制会计分录。登记会计凭证，见表 2-156。

借：银行存款　　　　　　　　　　　　　　　　　　　950 000

　　累计摊销　　　　　　　　　　　　　　　　　　2 185 000

　　无形资产减值准备　　　　　　　　　　　　　　　 32 000

　贷：无形资产　　　　　　　　　　　　　　　　　2 500 000

　　　应交税费——应交增值税（销项税额）　　　　　 57 000

营业外收入——处置非流动资产利得　　　　　　　　　610 000

表 2-156

记 账 凭 证

2×19 年 1 月 1 日　　　　　　　　　　　　　　　　字第××号

摘要	会计科目	借方金额											贷方金额											记账
		千	百	十	万	千	百	十	元	角	分		千	百	十	万	千	百	十	元	角	分		
2×19 年 1 月 1 日,转让专利权给乙公司	银行存款			9	5	0	0	0	0	0	0													
	累计摊销			2	1	8	5	0	0	0	0													
	无形资产减值准备				3	2	0	0	0	0	0													
	无形资产													2	5	0	0	0	0	0	0	0		
	应交税费/应交增值税(销项税额)														5	7	0	0	0	0	0		
	营业外收入/处置非流动资产利得														6	1	0	0	0	0	0	0		
合计		¥	3	1	6	7	0	0	0	0	0	¥	3	1	6	7	0	0	0	0	0		

会计主管:××　　　　　记账:××　　　　　审核:××　　　　　制单:××

2. 无形资产的出租

　　企业将所拥有的无形资产的使用权让渡给他人,并收取租金,属于与企业日常活动相关的其他经营活动取得的收入,在满足收入确认条件的情况下,应确认相关的收入及成本,并通过其他业务收支科目进行核算。让渡无形资产使用权而取得的租金收入,借记“银行存款”等科目,贷记“其他业务收入”等科目;摊销出租无形资产的成本并发生与转让有关的各种费用支出时,借记“其他业务成本”科目,贷记“累计摊销”科目。

　　无形资产的出租的账务处理实例

　　【例 2-93】 2×19 年 5 月 1 日,蓝迪公司将一项专利技术出租给乙企业使用,该专利技术账面余额为 6 450 000 元,摊销期限为 10 年,出租合同规定,承租方每销售 100 000 件用于该专利生产的产品,必须付给出租方 1 272 000 元专利技术使用费。假定承租方当年销售该产品 100 000 件,应交的增值税为 65 000 元。

（1）取得该项专利技术使用费时，编制会计分录。登记会计凭证，见表2-157

借：银行存款   1 272 000

　　贷：其他业务收入   1 200 000

　　　　应交税费——应交增值税（销项税额）   72 000

表 2-157

记 账 凭 证

2×19 年 5 月 1 日   字第××号

摘要	会计科目	借方金额										贷方金额										记账
		千	百	十	万	千	百	十	元	角	分	千	百	十	万	千	百	十	元	角	分	
2×19 年 5 月 1 日，向乙公司出租专利权	银行存款		1	2	7	2	0	0	0	0	0											
	其他业务收入												1	2	0	0	0	0	0	0	0	
	应交税费——应交增值税（销项税额）															7	2	0	0	0	0	
合计		￥	1	2	7	2	0	0	0	0	0	￥	1	2	7	2	0	0	0	0	0	

会计主管：××　　　　记账：××　　　　审核：××　　　　　　　　制单：××

（2）按年对该项专利技术进行摊销，编制会计分录。登记会计凭证，见表2-158

借：其他业务成本   645 000

　　贷：累计摊销   645 000

表 2-158

记 账 凭 证

2×19 年 12 月 31 日   字第××号

摘要	会计科目	借方金额										贷方金额										记账
		千	百	十	万	千	百	十	元	角	分	千	百	十	万	千	百	十	元	角	分	
2×19 年 12 月 31 日，计提摊销	其他业务成本			6	4	5	0	0	0	0	0											
	累计摊销													6	4	5	0	0	0	0	0	
合计		￥		6	4	5	0	0	0	0	0	￥		6	4	5	0	0	0	0	0	

会计主管：××　　　　记账：××　　　　审核：××　　　　　　　　制单：××

3. 无形资产的报废

如果无形资产预期不能为企业带来未来经济利益,则不再符合无形资产的定义,应将其报废并予以转销,其账面价值转作当期损益。

无形资产报废的账务处理实例

【例 2-94】 蓝迪企业拥有 A 专利技术,根据市场调查,用其生产的产品已没有市场,决定应予转销。转销时,该项专利技术的账面余额为 6 400 000 元,摊销期限为 10 年,采用直线法进行摊销,已累计摊销 4 800 000 元。假定该项专利权的残值为零,已累计计提的减值准备为 1 850 000 元,不考虑其他相关因素。登记会计凭证,见表 2-159。

表 2-159

记 账 凭 证

2×19 年 1 月 26 日   字第××号

摘要	会计科目	借方金额										贷方金额										记账
		千	百	十	万	千	百	十	元	角	分	千	百	十	万	千	百	十	元	角	分	
2×19 年 1 月 26 日,转销专利权成本	累计摊销		4	8	0	0	0	0	0	0	0											
	无形资产减值准备		1	8	5	0	0	0	0	0	0											
	无形资产/专利权												6	4	0	0	0	0	0	0	0	
	营业外收入/处置非流动资产利得													2	5	0	0	0	0	0	0	
合计		¥	6	6	5	0	0	0	0	0	0	¥	6	6	5	0	0	0	0	0	0	

会计主管:××   记账:××   审核:××   制单:××

借:累计摊销   4 800 000

　　无形资产减值准备   1 850 000

　　贷:无形资产——专利权   6 400 000

　　　营业外收入——处置非流动资产利得   250 000

累计摊销

现行会计制度规定,无形资产应自取得当月起在预计使用年限内分期平均摊销。无形资产初始确认和计量后,在其后使用该项无形资产期间内应以成本减去累计摊销额和累计减值损失后的余额计量。要确定无形资产在使用过程中的累计摊销额,基础是估计其使用寿命,而使用寿命有限的无形资产才需要在估计使用寿命内采用系统合理的方法进行摊销,对于使用寿命不确定的无形资产则不需要摊销。

累计摊销科目的设置

累计摊销科目核算企业对使用寿命有限的无形资产计提的累计摊销。本科目应按无形资产项目进行明细核算,本科目期末贷方余额,反映企业无形资产累计摊销额。具体科目设置,见表 2-160。

表 2-160　　　　　　　　累计摊销会计科目编码的设置

科目代码	总分类科目 (一级科目)	明细分类科目	
		二级明细科目	三级明细科目
1702	累计摊销		
170201	累计摊销	专利权	项目
170202	累计摊销	非专利技术	项目
170203	累计摊销	著作权	项目
170204	累计摊销	商标权	项目
170205	累计摊销	土地使用权	项目
170206	累计摊销	其他	项目

无形资产计提累计摊销时,借记"管理费用""其他业务支出"等科目,贷记本科目。并不是所有的无形资产都能计提摊销,无形资产分为使用寿命有限的无形资产和使用寿命不确定的无形资产,两种形式的无形资产计提方式也不一样。

使用寿命有限的无形资产摊销

使用寿命有限的无形资产,应在其预计的使用寿命内采用系统合理的方法对应摊销金额进行摊销。无形资产的摊销期自其可供使用(即其达到预定用途)时起至终止确认时止,即无形资产摊销的起始和停止日期为:当月增加的无形资产,当月开始摊销;当月减少的无形资产,当月不再摊销。

无形资产的摊销一般应计入当期损益,但如果某项无形资产是专门用于生产某种产品或者其他资产,其所包含的经济利益是通过转入到所生产的产品或其他资产中实现的,则无形资产的摊销费用应当计入相关资产的成本。例如,某项专门用于生产过程中的专利技术,其摊销费用应构成所生产产品成本的一部分,计入制造该产品的制造费用。

使用寿命有限的无形资产账务处理实例

【例 2-95】 2×12 年 1 月 26 日,蓝迪公司从其他公司购入一项商标权,以银行存款支付买价和有关费用合计 64 000 元。估计该项商标权的使用寿命为 10 年。假定该项无形资产的净残值为零,并按直线法摊销。

按年进行摊销时编制会计分录如下。

借:管理费用(64 000÷10)   6 400
　　贷:累计摊销   6 400

如果蓝迪公司 2×13 年 12 月 31 日根据科学技术发展的趋势判断,该项商标权在 4 年后将被淘汰,不能再为企业带来经济利益,决定对其再使用 4 年后不再使用。为此,A 公司应当在 2×13 年 12 月 31 日据此变更该项非专利技术的估计使用寿命,并按会计估计变更进行处理。

2×13 年 12 月 31 日,无形资产账面价值＝64 000−6 400×2＝51 200(元)

2×14 年至 2×18 年每年应摊销金额＝51 200÷4＝12 800(元)

蓝迪公司 2×14 年至 2×18 对该项非专利技术按年摊销的账务处理如下。

借:管理费用   12 800
　　贷:累计摊销   12 800

使用寿命不确定的无形资产摊销

对于使用寿命不确定的无形资产,在持有期间内不需要摊销,但应当在每个会计期间进行减值测试。

无形资产减值准备

无形资产减值准备是指,企业应当在期末因技术陈旧、损坏、长期闲置等原因、导致其可收回金额低于其账面价值的无形资产,计提无形资产减值准备。

无形资产减值准备科目的设置

资产负债表日,企业根据《资产减值准则》确定无形资产发生减值的,按应减记的金额,借记"资产减值损失"科目,贷记本科目。

处置无形资产时,应同时结转已计提的无形资产减值准备。

本科目期末贷方余额,反映企业已计提但尚未转销的无形资产减值准备。资产减值损失一经确认,在以后会计期间不得转回。

无形资产减值准备科目的设置,见表2-161。

表 2-161　　　　　　　　无形资产减值准备会计科目编码的设置

科目代码	总分类科目 (一级科目)	明细分类科目	
		二级明细科目	三级明细科目
1703	无形资产减值准备		
170301	无形资产减值准备	专利权	项目
170302	无形资产减值准备	非专利技术	项目
170303	无形资产减值准备	著作权	项目
170304	无形资产减值准备	商标权	项目
170305	无形资产减值准备	土地使用权	项目
170306	无形资产减值准备	其他	项目

无形资产减值准备的账务处理

无形资产减值准备的账务处理实例

【例2-96】 2×18年1月1日,蓝迪公司购入一项市场领先的畅销产品的商标成本为350 000元,该商标按照法律规定还有5年的使用寿命,但是在保护期届满时,甲企业可每10年以较低的手续费申请延期,同时,A公司有充分的证据表明其有能力申请延期。此外,有关的调查表明,根据产品生命周期、市场竞争等方面情况综合判断,该商标将在不确定的期间内为企业带来现金流量。2×18年年底,甲企业对该商标按照资产减值的原则进行减值测试,经测试表明该商标已发生减值。2×18年年底,该商标的公允价值为260 000元。

该商标属于使用寿命不确定的无形资产,在持有期间内不需要摊销,但需要每年年末进行减值测试。2×18年末发生减值时:260 000 −

$$\left(350\,000 - \frac{350\,000}{5}\right) = 20\,000(元)$$

借:资产减值损失   20 000
  贷:无形资产减值准备——商标权   20 000

长期待摊费用

长期待摊费用是指企业已经支出,但摊销期限在1年以上的各项费用。长期待摊费用不能全部计入当年损益,应当在以后年度内分期摊销,具体包括租入固定资产的改良支出及摊销期限在1年以上的其他待摊费用。

企业在筹建期间内属于本期发生不需由以后各期摊销的开办费,包括人员工资、办公费、培训费、差旅费、印刷费、注册登记费以及不计入固定资产成本的借款费用等在实际发生时,借记"管理费用(开办费)"科目,贷记"银行存款"等科目。

长期待摊费用特征与原则

1. 长期待摊费用的主要特征

(1)长期待摊费用属于长期资产;

(2)长期待摊费用是企业已经支出的各项费用;

(3)长期待摊费用应能在以后会计期间内受益。

2. 长期待摊费用的核算原则

租入固定资产改良支出应当在租赁期限与预计可使用年限两者孰短的期限内平均摊销。

按照《中华人民共和国企业所得税法》第十三条规定,在计算应纳税所得额时,企业发生的下列支出作为长期待摊费用,按照规定摊销的,准予扣除:

(1)已足额提取折旧的固定资产的改建支出;

(2)租入固定资产的改建支出;

(3)固定资产的大修理支出;

(4)其他应当作为长期待摊费用的支出。

长期待摊费用科目的设置

"长期待摊费用"科目用于核算企业已经支出,但摊销期限在 1 年以上(不含 1 年)的各项费用账户,包括固定资产修理支出、租入固定资产的改良支出以及摊销期限在 1 年以上的其他待摊费用。在"长期待摊费用"下,企业应按照费用的种类设置明细账,进行明细核算,并在会计报表附注中按照费用项目披露其摊余价值、摊销期限、摊销方式等。

2006 年实行新的《企业会计准则》规定,企业在筹建期间属于本期发生的开办费,在发生时直接计入当期管理费用。

长期待摊费用科目的设置,见表 2-162。

表 2-162　　　　　　　　长期待摊费用会计科目编码的设置

科目代码	总分类科目(一级科目)	明细分类科目	
		二级明细科目	三级明细科目
1801	长期待摊费用		
180101	长期待摊费用	租入固定资产改良支出	项目
180102	长期待摊费用	1 年以上的大修理支出	项目
180103	长期待摊费用	股票发行费用	项目
180104	长期待摊费用	其他	项目

长期待摊费用的账务处理

长期待摊费用的账务处理,见表 2-163。

表 2-163　　　　　　　　长期待摊费用的账务处理

业务情景	账务处理
企业发生的长期待摊费用	借:长期待摊费用 　贷:银行存款/原材料
摊销长期待摊费用时	借:管理费用/销售费用 　贷:长期待摊费用

长期待摊费用的账务处理实例

【例 2-97】　2×18 年 4 月 1 日,蓝迪公司以经营租赁方式租入一项固定资产,租赁期限为 5 年,该项固定资产尚可使用年限为 10 年。为了提高该项固定资产的生产效率,该企业于购进时对租赁资产进行了改良,并支出了96 000元的改良费用。

(1)发生改良支出时

借:长期待摊费用   96 000

    贷:银行存款   96 000

(2)每月摊销时

年摊销额＝96 000÷5

         ＝19 200(元/年)

月摊销额＝19 200÷12

         ＝1 600(元/月)

借:管理费用   1 600

    贷:长期待摊费用   1 600

递延所得税资产

递延所得税资产是指对于可抵扣暂时性差异,以未来期间很可能取得用来抵扣可抵扣暂时性差异的应纳税所得额为限确认的一项资产。而对于所有应纳税暂时性差异均应确认为一项递延所得税负债,但某些特殊情况除外。

递延所得税资产科目的设置

递延所得税资产科目核算企业根据所得税准则确认的可抵扣暂时性差异产生的所得税资产。根据税法规定可用以后年度税前利润弥补的亏损及税款抵减产生的所得税资产,也在本科目核算。本科目应当按照可抵扣暂时性差异等项目进行明细核算。期末,本科目借方余额,反映企业已确认的递延所得税资产的余额。设置见表2-164。

表2-164   递延所得税资产会计科目编码的设置

编　　号	会计科目名称	二级科目名称	明细科目名称
1811	递延所得税资产		
181101	递延所得税资产	资产减值准备	项目

编　　号	会计科目名称	二级科目名称	明细科目名称
181102	递延所得税资产	以前年度亏损	项目
181103	递延所得税资产	商誉	项目
181104	递延所得税资产	预计负债	项目
181105	递延所得税资产	备件	项目
181106	递延所得税资产	公允价值变动	项目
181107	递延所得税资产	其他	项目

企业递延所得税资产的图解，如图 2-31 所示。

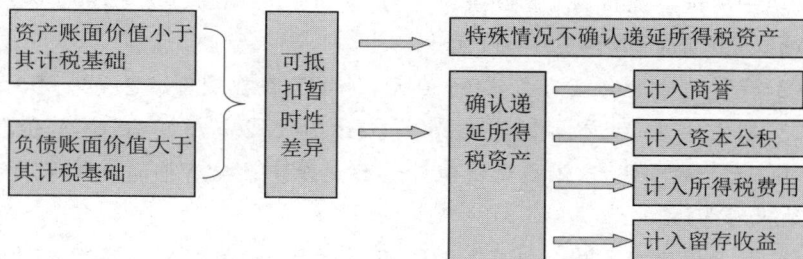

图 2-31　递延所得税资产的确认和计量

递延所得税资产的账务处理

递延所得税资产的主要账务处理，见表 2-165。

表 2-165　　　　　　　　　　递延所得税资产的账务处理

业务情景	账务处理
资产负债表日	借：递延所得税资产 　　贷：所得税费用——递延所得税费用

1. 确认递延所得税资产的一般原则

可抵扣暂时性差异，应当以很可能取得用来抵扣可抵扣暂时性差异的应纳税所得额为限，确认相关的递延所得税资产。

（1）递延所得税资产的确认应以未来期间可能取得的应纳税所得额为限。

（2）亏损年度发生的亏损应视同可抵扣暂时性差异来处理，确认递延所得税资产。

2. 不确认递延所得税资产的特殊情况

如果某项交易或事项不是企业合并，且交易发生时既不影响会计利润也不影响应纳税所得额，则其产生可抵扣暂时性差异在交易发生时不确认递延所得税资产。

递延所得税账务处理实例

【例2-98】 蓝迪公司2×18年度利润总额12 400 000元，该公司适用所得税税率为25%，递延所得税资产及递延所得税负债不存在期初余额。与所得税有关的情况如下。

（1）一项设备原价为1 800 000元，累计折旧为400 000元，按照税法规定已确认的计税折旧为600 000元。

（2）存货的账面余额为2 400 000元，计提了存货跌价准备720 000元。

（3）期末持有的交易性金融资产成本为6 200 000元，公允价值为7 500 000元。税法规定，以公允价值计量的金融资产持有期间市价变动不计入应纳税所得额。

（4）预计诉讼准备为3 200 000元，税法规定，相关损失在实际支付时抵减当期的应纳税所得额。

（5）蓝迪公司收到的与资产相关的政府补助4 600 000元，该项政府补助免税，资产的折旧在以后期间不能于税前抵扣，蓝迪公司按《企业会计准则第16号——政府补助》将该项政府补助确认为递延收益。

解析：第一步，确定2×18年当期所得税。

应纳税所得额＝12 400 000－（600 000－400 000）＋720 000－（7 500 000－
$$6\ 200\ 000）＋3\ 200\ 000－4\ 600\ 000$$
$$＝12\ 400\ 000－200\ 000＋720\ 000－1\ 300\ 000＋3\ 200\ 000－$$
$$4\ 600\ 000$$
$$＝10\ 220\ 000（元）$$

应交所得税＝10 220 000×25%＝2 555 000（元）

第二步，确定2×18年递延所得税。资产负债表中各项资产及负债暂时性差异的计算，见表2-166

表 2-166

递延所得税差异　　　　　　　　　单位:元

项　目	账面价值	计税基础	差异	
			应纳税暂时性差异	可抵扣暂时性差异
存货	1 680 000	2 400 000		720 000
固定资产原价	1 800 000	1 800 000		
减:累计折旧	400 000	600 000		
固定资产账面价值	1 400 000	1 200 000	200 000	
交易性金融资产	7 500 000	6 200 000	1 300 000	
预计负债	3 200 000	0		3 200 000
总计			1 500 000	3 920 000

递延所得税资产＝3 920 000×25％＝980 000(元)

递延所得税负债＝1 500 000×25％＝375 000(元)

递延所得税费用＝375 000－980 000＝－605 000(元)

第三步,确定2×18年所得税费用。

所得税费用＝2 555 000－605 000＝1 950 000(元)

账务处理如下。登记会计凭证,见表2-167

表 2-167

记 账 凭 证

2×18 年 12 月 31 日　　　　　　　　　　　　　　字第××号

摘要	会计科目	借方金额										贷方金额										记账
		千	百	十	万	千	百	十	元	角	分	千	百	十	万	千	百	十	元	角	分	
2×18 年 12 月 31 日,蓝迪公司计算所得税费用	所得税费用		1	9	5	0	0	0	0	0	0											
	递延所得税资产			9	8	0	0	0	0	0	0											
	应交税费/应交所得税												2	5	5	5	0	0	0	0	0	
	递延所得税负债													3	7	5	0	0	0	0	0	
合计		¥	2	9	3	0	0	0	0	0	0	¥	2	9	3	0	0	0	0	0	0	

会计主管:××　　　记账:××　　　审核:××　　　　　制单:××

借:所得税费用　　　　　　　　　　　　　　　　1 950 000

　递延所得税资产　　　　　　　　　　　　　　　980 000

贷:应交税费——应交所得税　　　　　　　　　　2 555 000

　　　递延所得税负债　　　　　　　　　　　　　375 000

待处理财产损溢

待处理财产损溢是指企业在财产清查的过程中查明的各种财产盘盈、盘亏和毁损。

待处理财产损溢科目的设置

待处理财产损溢科目核算企业在清查财产过程中查明的各种财产盘盈、盘亏和毁损的价值。物资在运输途中发生的非正常短缺与损耗,也通过本科目核算。企业如有盘盈的固定资产,应作为前期差错记入"以前年度损益调整"科目。

待处理财产损溢科目可按盘盈、盘亏的资产种类和项目进行明细核算。具体科目设置,见表 2-168。

表 2-168　　　　　　　　待处理财产损溢会计科目编码的设置

科目代码	总分类科目（一级科目）	明细分类科目		是否辅助核算	辅助核算类别
		二级明细科目	三级明细科目		
1901	待处理财产损溢				
190101	待处理财产损溢	盘盈	待处理流动资产损溢	是	资产类别
190102	待处理财产损溢	盘盈	待处理固定资产损溢	是	资产类别
190103	待处理财产损溢	盘盈	其他	是	资产类别
190104	待处理财产损溢	盘亏	待处理流动资产损溢	是	资产类别
190105	待处理财产损溢	盘亏	待处理固定资产损溢	是	资产类别
190106	待处理财产损溢	盘亏	其他	是	资产类别

待处理财产损溢的账务处理

待处理财产损溢主要账务处理,见表 2-169。

表 2-169

业务情景	账务处理
盘盈的各种材料、产成品、商品、生物资产	借:原材料/库存商品/消耗性生物资产 　　贷:待处理财产损溢
盘亏、毁损的各种材料、产成品、商品、生物资产等	借:待处理财产损溢 　　贷:原材料/库存商品/固定资产/消耗性生物资产 注:按计划成本核算的,还要结转成本差异(或商品进销差价)
盘亏、毁损的各项资产,按管理权限报经批准后处理时	借:营业外支出 　　管理费用 　　贷:待处理财产损溢
盘盈的除固定资产以外的其他财产	借:待处理财产损溢 　　贷:管理费用 　　　营业外收入
预估残料价值时	借:原材料 　　其他应收款 　　贷:待处理财产损溢

待处理财产损溢账务处理实例

【例 2-99】 2×19 年 3 月 4 日,蓝迪公司在进行现金清查时,发现库存现金较账面余额多出 820 元。经查,其中 410 元为应付给乙企业的货款,其余 410 元无法查明原因,经批准转入"营业外收入"。根据上述经济业务,企业应作如下账务处理。

(1)发现现金溢余时

借:库存现金　　　　　　　　　　　　　　　　　　　　　820

　　贷:待处理财产损溢　　　　　　　　　　　　　　　　820

(2)查明原因时

借:待处理财产损溢　　　　　　　　　　　　　　　　　　820

　　贷:其他应付款——乙企业　　　　　　　　　　　　　410

　　　营业外收入　　　　　　　　　　　　　　　　　　410

【例 2-100】 2×18 年 12 月末,蓝迪在年终的财产盘点过程中,发现少了一台钻床,账面原始价值 550 000 元,已提折旧 350 000 元,该设备已提取减值准备 8 000 元。

(1)发现盘亏,上报待批准时

借:待处理财产损溢　　　　　　　　　　　　　　　　192 000

		累计折旧	350 000
		固定资产减值准备	8 000
	贷：固定资产		550 000

（2）报经上级批准后

借：营业外支出　　　　　　　　　　　　　192 000

　　贷：待处理财产损溢　　　　　　　　　192 000

应收利息

应收利息是指债券投资及银行定期存款等在会计期末计算的利息。按照权责发生制原则，拆出资金、保户质押贷款、存款、贷款、保户储金等期末都应计算应收利息，确认利息收入。但这些方式产生的利息，其占整个保险资金比重较小或期限较短，根据重要性原则，不要求按期确认利息收入。

应收利息科目的设置

应收利息科目核算企业交易性金融资产、债权投资、其他债权投资、发放贷款、存放中央银行款项、拆出资金等应收取的利息。

企业购入的一次还本付息的债权投资持有期间取得的利息，在"债权投资"科目核算。本科目期末借方余额，反映企业尚未收回的利息。

应收利息科目可按借款人或被投资单位进行明细核算，见表 2-170。

表 2-170　　　　　　　　　　应收利息会计科目编码的设置

科目代码	总分类科目（一级科目）	明细分类科目		是否辅助核算	辅助核算类别
		二级明细科目	三级明细科目		
1132	应收利息				投资类别
113201	应收利息	交易性金融资产	借款人或被投资单位	是	借款人或被投资单位
113202	应收利息	债权	借款人或被投资单位	是	借款人或被投资单位
113203	应收利息	其他债权（权益工具）投资	借款人或被投资单位	是	借款人或被投资单位

科目代码	总分类科目 （一级科目）	明细分类科目		是否辅助核算	辅助核算类别
		二级明细科目	三级明细科目		
113204	应收利息	贷款	借款人或被投资单位	是	借款人或被投资单位
113205	应收利息	存放中央银行款项	借款人或被投资单位	是	借款人或被投资单位
113206	应收利息	拆出资金	借款人或被投资单位	是	借款人或被投资单位

应收利息的账务处理

应收利息的主要账务处理，见表 2-171。

表 2-171　　　　　　　　　　应收利息的主要账务处理

财务情况	账务处理
企业取得的交易性金融资产	借：应收利息——成本 　　交易性金融资产——成本 　　投资收益 贷：银行存款/存放中央银行款项/ 　　结算备付金
取得的债权投资（分期付息）	借：债权投资——成本 　　应收利息 贷：银行存款/存放中央银行款项/结算备 　　付金 　　债权投资——利息调整（借或贷）
企业发放的贷款	借：应收利息 贷：利息收入 　　贷款——利息调整（借或贷）
企业发放贷款时	借：银行存款/存放中央银行款项 贷：应收利息

企业应在资产负债表日，按照他人使用本企业货币资金的时间和实际利率计算确定利息收入金额。按计算确定的利息收入金额，借记"应收利息""银行存款"等科目，贷记"利息收入""其他业务收入"等科目。

应收利息账务处理实例

【例2-101】 蓝迪公司于2×18年10月1日委托银行向乙企业贷款1 500 000元,期限为1年,年利率为5%,利息到期于本金一同支付,该贷款合同利率与实际利率相同。

(1)2×18年10月1日对外贷款时,编制会计分录

借:贷款——本金	1 500 000
贷:银行存款	1 500 000

(2)各季度末确认利息收入时,编制会计分录

借:应收利息——贷款(1 500 000×5%÷12)×3	18 750
贷:利息收入	18 750

(3)2019年10月1日收回贷款时,编制会计分录

借:银行存款	1 575 000
贷:贷款——本金	1 500 000
应收利息——贷款(1 500 000×5%÷12)×9	56 250
利息收入	18 750

应收股利

应收股利是指企业因股权投资而应收取的现金股利以及应收其他单位的利润,包括企业股票实际支付的款项中所包括的已宣告发放但尚未领取的现金股利和企业对外投资应分得的现金股利或利润等,但不包括应收的股票股利。

应收股利科目的设置

应收股利核算企业应收取的现金股利和应收取其他单位分配的利润。其借方登记应收的股利数,贷方登记收回的股利数,余额在借方,反映企业尚未收回的现金股利或利润。本科目应当按照被投资单位进行明细核算。具体科目设置见表2-172。

表 2-172　　　　　　　　　　　应收股利会计科目编码的设置

科目代码	总分类科目(一级科目)	二级明细科目	是否辅助核算	辅助核算类别
1131	应收股利			投资类别
113101	应收股利	子公司	是	借款人或被投资单位
113102	应收股利	投资单位	是	借款人或被投资单位

应收股利的账务处理

应收股利的账务处理,见表 2-173。

表 2-173　　　　　　　　　　　应收股利的会计处理

业务情景	账务处理
已宣告但未发放的现金股利	借:应收股利 　贷:投资收益
交易性金融资产和其他权益工具投资收到的现金股利或利润	借:银行存款 　贷:应收股利
宣告发放现金股利或分派利润时	借:应收股利 　贷:投资收益
收到现金股利或分派利润时	借:银行存款 　贷:应收股利

商誉

商誉是核算非同一控制下企业合并中取得的商誉价值。这种情况下形成的商誉,在个别报表上是不确认的,只是在编制合并报表时,在长期股权投资和子公司所有者权益项目的抵消分录中,借记"商誉"即可。

商誉科目的设置

企业应按企业合并准则确定的商誉价值,借记"商誉",贷记有关科目。

资产负债表日,企业根据资产减值准则确定商誉发生减值的,按应减记的金额,借记"资产减值损失"科目,贷记"商誉减值准备"。具体设置见表2-174。

表2-174　　　　　　　　　　商誉会计科目编码的设置

科目代码	总分类科目（一级科目）	明细分类科目		是否辅助核算	辅助核算类别
		二级明细科目	三级明细科目		
1711	商誉				投资类别
113101	商誉	投资单位		是	被投资单位
113102	商誉	投资单位	商誉减值准备	是	被投资单位

商誉的账务处理

商誉科目期末借方余额,反映企业外购商誉的价值。

商誉账务处理实例

【例2-102】　2×18年1月1日,蓝迪公司以2 400万元的价格购入乙公司80%的股权,购买日时乙公司可辨认资产公允价值为2 200万元,该项交易属于非同一控制下的企业合并。假定乙公司所有资产被认定为一个资产组,且该资产组包含商誉,需要至少每年年末进行减值测试。乙公司2×18年末可辨认净资产账面价值为2 000万元。假定乙公司资产组的可收回金额为1 800万元。假定乙公司资产组可辨认资产包括一项固定资产和一项无形资产,固定资产账面价值为1 580万元,无形资产账面价值为420万元。

要求:确定乙公司资产组2×18年年末的减值损失,并将减值损失分摊至商誉以及相关的资产中。

(1)确定资产组的减值损失总额

蓝迪公司以2 400万元购入80%的股权,产生的商誉＝2 400－2 200×80%＝640(万元)

归属于少数股东权益的商誉价值＝(2 400÷80%－2 200)×20%＝160(万元)

所以,乙公司资产组在2×18年年末账面价值(含完全商誉)＝2 000＋640＋160＝2 800(万元),与资产组可收回金额1 800万元相比较,应确认资

产减值损失 2 800－1 800＝1 000(万元)

(2)将资产减值损失 1 000 万元分摊至商誉、乙公司资产组所包含的资产中。

因为应归属于少数股东权益的商誉价值是为了测试减值而计算出来的,并没有真正的产生,所以资产减值损失 1 000 万元应先冲减归属于少数股东权益部分的商誉 160 万元,剩余的 840 万元再在应归属于母公司的商誉和乙公司资产组中所包含的资产中分摊。因为 840 万元大于商誉 640 万元,所以应全额冲减商誉 640 万元。

然后剩余的 200 万元再在资产组的资产中分摊,乙公司资产组可辨认资产包括一项固定资产和一项无形资产,固定资产账面价值为 1 580 万元,无形资产账面价值为 420 万元,则:

固定资产应分摊的减值损失＝200×(1 580÷2 000)＝158(万元)

无形资产应分摊的减值损失＝200×(420÷2 000)＝42(万元)

假定抵减后的各资产的账面价值不低于以下相应资产的公允价值减去处置费用后的净额和相应资产预计未来现金流量的现值中的较高者。编制会计分录。

借:资产减值损失——计提的商誉减值准备 640
　　　　　　　　——计提的固定资产减值准备 158
　　　　　　　　——计提的无形资产减值准备 42
　贷:商誉——商誉减值准备 640
　　　固定资产减值准备 158
　　　无形资产减值准备 42

存放中央银行款项

存放中央银行款项是指各金融企业在中央银行开户而存入的用于支付清算、调拨款项、提取及缴存现金、往来资金结算以及按吸收存款的一定比例缴存于中央银行的款项和其他需要缴存的款项。

存放中央银行款项科目的设置

存放中央银行的各种款项应分别按性质进行明细核算。企业(银行)按规定缴存的法定准备金和超额准备金存款,也通过本科目核算。本科目可按存放款项的性质进行明细核算。存放中央银行款项科目的期末借方余额,反映企业(银行)存放在中央银行的各种款项。

存放中央银行款项科目代码为1003,具体科目设置见表2-175。

表 2-175　　　　　　　　存放中央银行款项会计科目编码的设置

科目代码	总分类科目 (一级科目)	二级明细科目
1003	存放中央银行款项	
100301	存放中央银行款项	资金的调拨
100302	存放中央银行款项	同城票据交换
100303	存放中央银行款项	异地跨系统资金汇划
100304	存放中央银行款项	提取现金
100305	存放中央银行款项	缴存现金
100306	存放中央银行款项	法定准备金
100307	存放中央银行款项	超额准备金存款

企业增加在中央银行的存款,借记"存放中央银行款项"科目,贷记"吸收存款""清算资金往来"等科目;减少在中央银行的存款做相反的会计分录。

存放中央银行款项的账务处理

存放中央银行款项的账务处理实例

【例 2-103】2×19 年 1 月 10 日,丰瑞银行与乙资产管理公司签订协议,丰瑞银行将100笔贷款打包出售给乙资产管理公司。该组贷款总金额8 000万元人民币,原已计提减值准备1 200万元,转让后丰瑞银行不再保留任何权利和义务。2×19 年 2 月 10 日,丰瑞银行收到该批贷款出售款项。丰瑞银行账务处理如下。

借:存放中央银行款项　　　　　　　　　　　　　　60 000 000
　　贷款损失准备　　　　　　　　　　　　　　　　12 000 000
　　贷款处理损益　　　　　　　　　　　　　　　　　8 000 000
　　贷:贷款　　　　　　　　　　　　　　　　　　　　80 000 000

存放同业

存放同业是资产类科目,是指银行存放在除中国人民银行以外的其他金融机构的各种款项。

存放同业科目的设置

存放同业科目核算企业(银行)存放于国内外银行和非银行金融机构的款项。企业(银行)存放中央银行的款项,在"存放中央银行款项"科目核算。

存放同业科目可按存放款项的性质和存放的金融机构进行明细核算。本科目期末借方余额,反映企业(银行)存放在同业的各种款项。存放同业科目代码为1011,具体设置见表2-176。

表 2-176　　　　　　　　　　存放同业会计科目编码的设置

科目代码	总分类科目 (一级科目)	明细分类科目	
		二级明细科目	三级明细科目
1011	存放同业		
101101	存放同业	××金融机构	业务资金调拨
101102	存放同业	××金融机构	办理同城票据交换
101103	存放同业	××金融机构	异地跨系统资金汇划
101104	存放同业	××金融机构	提取现金
101105	存放同业	××金融机构	缴存现金

存放同业的账务处理

企业增加在同业的存放款时,借记本科目,贷记"存放中央银行款项"科目或相关科目;减少在同业的存放款时,做相反会计分录。

【例 2-104】　农业银行石门路支行在北渠街工商银行分行存 1 240 000 元。存出银行为农业银行,会计分录如下。

借:存放同业——北渠街工商银行分行　　　　　　　　　1 240 000

　贷:存放中央银行款项——备付金　　　　　　　　　　　1 240 000

存入行工商银行,接到收账通知后,办理转账。会计分录如下。

借:存放中央银行款项——备付金   1 240 000

贷:同业存放——农业银行石门路支行   1 240 000

结算备付金

结算备付金是指从事证券业务的金融企业为证券交易的资金清算与交收而存入指定结算代理机构的款项。

结算备付金科目的设置

结算备付金应按实际交存的金额入账。结算备付金核算企业(证券)为证券交易的资金清算与交收而存入指定清算代理机构的款项。

企业(证券)向客户收取的结算手续费、向证券交易所支付的结算手续费,也通过本科目核算。

企业(证券)因证券交易与清算代理机构办理资金清算的款项等,可以单独设置"证券清算款"科目。

结算备付金科目可按清算代理机构,分别"自有""客户"等进行明细核算。本科目期末借方余额,反映企业存在指定清算代理机构的款项。

结算备付金科目代码为1021,具体设置见表2-177。

表 2-177   结算备付金会计科目编码的设置

科目代码	总分类科目(一级科目)	明细分类科目	
		二级明细科目	三级明细科目
1021	结算备付金		
102101	结算备付金	自有	××机构
102102	结算备付金	客户	××机构

结算备付金的账务处理

结算备付金主要账务处理,见表2-178。

表 2-178　　　　　　　　　　　　　结算备付金的主要账务处理

业务情景	账务处理
企业将款项存入清算代理机构	借:结算备付金 　贷:银行存款
买入证券成交总额大于卖出证券成交总额的	借:代理买卖证券款等 　贷:结算备付金/银行存款等 借:手续费及佣金支出(按企业应负担的交易费用) 　　结算备付金(自有)/银行存款 　贷:手续费及佣金收入(向客户收取的手续费及佣金)
卖出证券成交总额大于买入证券成交总额的	借:结算备用金(客户)/银行存款 　贷:代理买卖证券款 同时,按企业应负担的交易费用 借:手续费及佣金支出 　　结算备用金(自有)/银行存款 　贷:手续费及佣金收入

需要注意的是,在证券交易所进行自营证券交易的,应在取得时根据持有证券的意图等对其进行分类,比照"交易性金融资产""持有至到期投资""可供出售金融资产"等科目的相关规定进行处理。

结算备付金的账务处理实例

【例 2-105】　民生金融机构接受客户委托,通过证券交易所代理买卖证券,根据"上海证券交易所汇总清算表",2×19 年 3 月与客户清算时,买入证券成交总额大于卖出证券的成交总额 5 000 000 元;代扣代缴的印花税费和过户费为 115 000 元,向客户收取的交易佣金为 110 000 元;该企业应向交易所支付的其他交易费用等为 5 000 元。

应扣收客户汇总资金额＝5 000 000＋115 000＋110 000＝5 225 000(元)

证券公司收支差额＝110 000－5 000＝105 000(元)

借:代买卖证券款　　　　　　　　　　　　　　　　　5 225 000

　　贷:结算备付金　　　　　　　　　　　　　　　　5 225 000

借:手续费及佣金支出——代买卖证券手续费支出户　　　　5 000

　　结算备付金　　　　　　　　　　　　　　　　105 000

　　贷:手续费及佣金收入——代买卖证券手续费收入户　　110 000

买入返售金融资产

买入返售金融资产是指公司按返售协议约定先买入再按固定价格返售的证券等金融资产所融出的资金。

买入返售金融资产科目的设置

"买入返售金融资产"科目核算企业（金融）按照返售协议约定先买入再按固定价格返售的票据、证券、贷款等金融资产所融出的资金。是指按规定进行证券、票据、贷款回购业务而融出的资金。包括买入返售票据、买入返售证券、买入返售信贷资产等。可按买入返售金融资产的类别和融资方进行明细核算。本科目期末借方余额，反映企业买入的尚未到期返售金融资产摊余成本。

买入返售金融资产科目代码为1111，具体设置见表2-179。

表2-179   买入返售金融资产会计科目编码的设置

科目代码	总分类科目(一级科目)	明细分类科目	
		二级明细科目	三级明细科目
1111	买入返售金融资产		
111101	买入返售金融资产	票据	融资方
111102	买入返售金融资产	证券	融资方
111103	买入返售金融资产	贷款	融资方

买入返售金融资产的账务处理

买入返售金融资产的主要账务处理，见表2-180。

表2-180   买入返售金融资产的主要账务处理

业务情景	账务处理
返售协议买入金融资产	借：买入返售金融资产 　　贷：银行存款/存放中央银行款项/结算备付金

业务情景	账务处理
资产负债表日，按照计算确定的买入返售金融资产的利息收入	借：应收利息 　　贷：利息收入/投资收益
返售日，应按实际收到的金额	借：结算备用金/银行存款/存放中央银行款项 　　贷：买入返售金融资产/应收利息/利息收入

应收分保账款

应收分保账款是指公司开展分保业务而发生的各种应收款项。

应收分保账款科目的设置

"应收分保账款"科目核算企业（保险）从事再保险业务应收取的款项。应收分保账款科目可按再保险分出人或再保险接受人和再保险合同进行明细核算。本科目期末借方余额，反映企业从事再保险业务应收取的款项。应收分保账款科目代码为1211。具体科目设置，见表2-181。

表2-181　　　　　　　　　　应收分保账款会计科目编码的设置

科目代码	总分类科目 （一级科目）	明细分类科目	
		二级明细科目	三级明细科目
1211	应收分保账款		
121101	应收分保账款	债务人	再保险分出人
121102	应收分保账款	债务人	再保险接受人
121103	应收分保账款	债务人	再保险合同

应收分保账款的账务处理

应收分保账款的账务处理分为再保险分出人、再保险接受人。

（1）再保险分出人应收分保账款的主要账务处理，见表2-182。

表 2-182　　　　　　　　　　　再保险分出人应收分保账款的主要账务处理

业务情景	账务处理
确认原保险合同保费收入的当期,按相关再保险合同约定计算确定的应向再保险接受人摊回的分保费用	借:应收分保账款 　　贷:摊回分保费用
在确定支付赔付款项金额或实际发生理赔费用而冲减原保险合同相应未决赔款准备金、寿险责任准备金、长期健康险责任准备金余额的当期	借:应收分保账款 　　贷:摊回赔付支出
在因取得和处置损余物资、确认和收到应收代位追偿款等而调整原保险合同赔付成本的当期	借:摊回赔付支出(借或贷) 　　贷:应收分保账款(借或贷)
计算确定应向再保险接受人收取纯收益手续费的	借:应收分保账款 　　贷:摊回分保费用
在原保险合同提前解除的当期	借:摊回分保费用 　　贷:应收分保账款
对于超额赔款再保险等非比例再保险合同,在能够计算确定应向再保险接受人摊回的赔付成本时	借:应收分保账款 　　贷:摊回赔付支出

（2）再保险接受人应收分保账款的主要账务处理,见表 2-183。

表 2-183　　　　　　　　　　　再保险接受人应收分保账款的主要账务处理

业务情景	账务处理
企业确认再保险合同保费收入时	借:应收分保账款 　　贷:保费收入
收到分保业务账单时	1. 调整增加额 借:应收分保账款 　　贷:保费收入 2. 整减少额 借:保费收入 　　贷:应收分保账款
按照账单标明的再保险分出人扣存本期分保保证金	借:存出保证金 　　贷:应收分保账款
按账单标明的再保险分出人返还上期扣存分保保证金	借:应收分保账款 　　贷:存出保证金

业务情景	账务处理
计算存出分保保证金利息	借：应收分保账款 　　贷：利息收入
再保险分出人、再保险接受人结算分保账款时	借：应付分保账款 　　银行存款（借或贷） 　　贷：应收分保账款

贷款

贷款是银行或其他金融机构按一定利率和必须归还等条件出借货币资金的一种信用活动形式。

贷款的分类

贷款分类见表 2-184。

表 2-184 　　　　　　　　　　贷款的分类

		说　　明
按贷款期限分类	短期贷款	期限在 1 年以内（含 1 年）
	中期贷款	期限在 1 年以上 5 年以下（含 5 年）
	长期贷款	期限在 5 年以上
按贷款风险程度分类	信用贷款	又称无担保贷款，是单凭借款人信誉而发放的贷款
	保证贷款	以借款人和担保人的双重信用为基础而发放的贷款
	抵押（含质押）贷款	借款人以向银行提供抵押品为担保形式的贷款，借款人若到期不能归还贷款本息，银行有权处理抵押品作为补偿
	贴现贷款	贷款人以购买借款人未到期商业票据的方式发放的贷款
	进出口押汇贷款	

		说　明
按贷款账户管理分类	正常贷款	指预计贷款正常周转,在贷款期限内能够按时足额偿还的贷款
	呆滞贷款	指按财政部有关规定,逾期(含展期后到期)并超过规定年限以上仍未归还的贷款,或虽未逾期或逾期不满规定年限但生产经营已终止、项目已停建的贷款(不含呆账贷款)
	逾期贷款	指借款合同约定到期(含展期后到期)未归还的贷款(不含呆滞贷款和呆账贷款)
	呆账贷款	指按财政部有关规定列为呆账的贷款
	自营贷款	指贷款人以合法方式筹集的资金自主发放的贷款,其风险由贷款人承担,并由贷款人收回本金和利息
	委托贷款	指由政府部门、企事业单位及个人等委托人提供资金,由贷款人(即受托人)根据委托人确定的贷款对象、用途、金额、期限、利率等代为发放、监督使用并协助收回的贷款。贷款人(受托人)只收取手续费,不承担贷款风险
按贷款核算方法分类	非应计贷款	贷款本金或利息逾期90天未收回的贷款。一般应列入表外科目核算
	应计贷款	非应计贷款以外的贷款,一般都在表内核算

贷款科目的设置

贷款科目核算企业(银行)按规定发放的各种客户贷款,包括质押贷款、抵押贷款、保证贷款、信用贷款等。企业(银行)按规定发放的具有贷款性质的银团贷款、贸易融资、协议透支、信用卡透支、转贷款以及垫款等,在本科目核算;贷款科目代码为1303,贷款一般设:"本金""利息调整"和"已减值"三个明细科目。具体设置见表2-185。

表 2-185　　　　　　　　　　　　　　　贷款会计科目编码的设置

科目代码	总分类科目(一级科目)	明细分类科目	
		二级明细科目	三级明细科目
1303	贷款		
130301	贷款	质押贷款	债务人
130302	贷款	抵押贷款	债务人
130303	贷款	保证贷款	债务人
130304	贷款	短期贷款	债务人
130305	贷款	中期贷款	
130306	贷款	长期贷款	

贷款的账务处理

企业(保险)的保户质押贷款,可将本科目改为"1303 保户质押贷款"科目。企业(典当)的质押贷款、抵押贷款,可将本科目改为"1303 质押贷款"。

贷款的账务处理,见表 2-186。

表 2-186　　　　　　　　　　　　　　　贷款的会计处理

财务情景		账务处理
信用贷款业务核算	发放贷款	借:贷款(短期、中长期贷款) 贷:活期存款
	收回贷款	借:活期存款 贷:利息收入 　　贷款——短期或中长期贷款
	逾期贷款	借:贷款——逾期贷款 贷:贷款——短期或中长期贷款 　　贷款——利息调整(借或贷)
抵押贷款业务	抵押贷款的发放	借:贷款——抵押贷款 贷:活期存款
	抵押贷款的收回	借:活期存款 贷:贷款——抵押贷款 　　应收利息 　　利息收入

财务情景		账务处理
抵押贷款业务	抵押贷款逾期	借:抵债资产 　贷:贷款——逾期贷款 　　应收利息 　　营业外收入
	出售抵押物	借:存放中央银行存款 　贷:抵债资产 　　应交税费——应交增值税(销项税额) 　　营业外收入
票据业务核算	贴现贷款的发放	借:贴现资产——面值 　贷:活期存款 　　贴现资产——利息调整
	每期期末计算确认 的贴现利息收入	借:贴现资产——利息调整 　贷:利息收入
	票据收回贴现款	借:联行来账 　贷:贴现资产

信用贷款发放业务的核算案例

【例2-106】 农业银行收到信贷部门转来龙江公司一份贷款凭证,准予贷款,金额为2 000 000元,期限1个月,年利率5.45%。审查无误后,转入龙江公司存款账。会计分录如下。

借:贷款——短期贷款——龙江公司 　　　　　　　　　　2 000 000

　贷:活期存款——龙江公司存款账户 　　　　　　　　　　　　　2 000 000

【例2-107】 农业银行收到龙江公司交来的还款凭证和转账支票,金额为2 109 000元。其中:本金2 000 000元,利息109 000元。银行审查无误后,予以转账。

借:活期存款——龙江公司存款户 　　　　　　　　　　　2 109 000

　贷:贷款——短期——龙江公司贷款户 　　　　　　　　　　　　2 000 000

　　利息收入 　　　　　　　　　　　　　　　　　　　　　　　　　109 000

贷款损失准备

《贷款损失准备计提指引》规定企业（银行）应及时足额提取各类损失准备。

贷款损失准备科目的设置

贷款损失准备科目核算企业（银行）贷款的减值准备。计提贷款损失准备的资产包括贴现资产、拆出资金、客户贷款、银团贷款、贸易融资、协议透支、信用卡透支、转贷款和垫款等。保险企业的保户质押贷款计提的减值准备，在本科目核算。典当企业的质押贷款、抵押贷款计提的减值准备，也一并在本科目核算。

企业委托银行或其他金融机构向其他单位贷出的款项计提的减值准备，可将本科目改为"1304 委托贷款损失准备"科目。

贷款损失准备科目可按计提贷款损失准备的资产类别进行明细核算。本科目期末贷方余额，反映企业已计提但尚未转销的贷款损失准备。贷款损失准备科目代码为1304，具体设置见表2-187。

表 2-187   贷款损失准备会计科目编码的设置

科目代码	总分类科目（一级科目）	明细分类科目	
		二级明细科目	三级明细科目
1304	贷款损失准备		
130401	贷款损失准备	贴现资产	债务人
130402	贷款损失准备	拆出资金	债务人
130403	贷款损失准备	客户贷款	债务人
130404	贷款损失准备	银团贷款	债务人
130405	贷款损失准备	贸易融资	债务人
130406	贷款损失准备	信用卡透支	债务人
130407	贷款损失准备	转贷款	债务人
130408	贷款损失准备	垫款	债务人

计提范围和比例

1. 计提范围

根据《企业会计准则》的规定，金融企业应当在期末分析各项应收款项（含拆出资金、应收保费等，但不包括贷款的应收利息）的可收回性，并预计可能产生的坏账损失。对预计可能发生的坏账损失，计提坏账准备。计提坏账准备的方法由金融企业自行确定。坏账准备提取方法一经确定，不得随意变更。如需变更，应当在会计报表附注中予以说明。

在确定坏账准备的计提比例时，应当根据以往的经验、债务单位的实际财务状况和现金流量等相关信息予以合理估计。除有确凿证据表明该项应收款项不能够收回或收回的可能性不大外（如债务单位已撤销、破产、资不抵债、现金流量严重不足、发生严重的自然灾害等导致停产而在短时间内无法偿付债务等，以及3年以上的应收款项），下列各种情况不能全额提取坏账准备：

贷款损失准备包括专项准备和特种准备两种。专项准备按照贷款五级分类结果及时、足额计提；具体比例由金融企业根据贷款资产的风险程度和回收的可能性合理确定。特种准备是指金融企业对特定国家发放贷款计提的准备，具体比例由金融企业根据贷款资产的风险程度和回收的可能性合理确定。

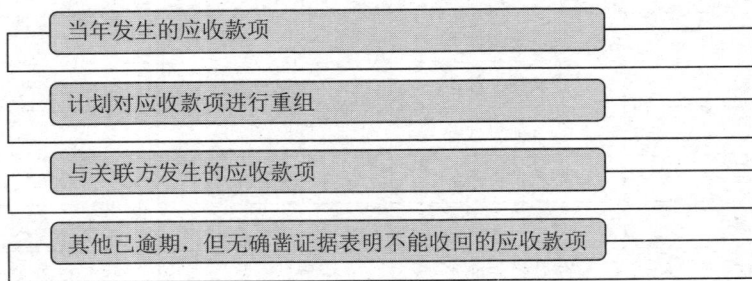

> 当年发生的应收款项
>
> 计划对应收款项进行重组
>
> 与关联方发生的应收款项
>
> 其他已逾期，但无确凿证据表明不能收回的应收款项

2. 计提比例

（1）一般准备金

一般准备金是按照贷款组合余额的一定比例提取的贷款损失准备金。目前，根据《金融企业会计制度》规定，商业银行的一般准备按年末贷款余额

的 1%从净利润中提取。

（2）专项准备金

根据我国《银行贷款损失准备计提指引》规定，银行应按季计提一般准备，一般准备年末余额不得低于年末贷款余额的 1%；银行可以参照以下比例按季计提专项准备：对于关注类贷款，计提比例为 2%；对于次级类贷款，计提比例为 25%；对于可疑类贷款，计提比例为 50%；对于损失类贷款，计提比例为 100%。其中，次级和可疑类贷款的损失准备，计提比例可以上下浮动 20%。特种准备由银行根据不同类别（如国别、行业）贷款的特种风险情况、风险损失概率及历史经验，自行确定按季计提比例。

（3）特种准备金

特种准备金是针对贷款组合中的特定风险，按照一定比例提取的贷款损失准备金。特种准备金与普通和专项准备金不同，不是商业银行经常提取的准备金。只有遇到特殊情况才计提特别准备金。

金融企业准予当年税前扣除的贷款损失准备计算公式为：

准予当年税前扣除的贷款损失准备＝本年末准予提取贷款损失准备的贷款资产余额×1%－截至上年末已在税前扣除的贷款损失准备余额

金融企业按上述公式计算的数额如为负数，应当相应调增当年应纳税所得额。

贷款损失准备的账务处理

贷款损失准备的账务处理，见表 2-188。

表 2-188

业务情景	账务处理
贷款减值时	借：资产减值损失 　贷：贷款损失准备 同时，借：贷款（扣除减值后的余额） 　　　贷：贷款——本金/利息调整
资产负债表日确认利息	借：贷款损失准备 　贷：利息收入
收回贷款减值后的余额	借：银行存款/存放中央银行款项 　贷：贷款——已减值（账面余额） 　　资产减值损失

业务情景	账务处理
无法收回贷款时	借:贷款损失准备 　　贷:贷款
经批准后转销(减少)表外"应收未收利息"科目	借:贷款——已减值/贴现资产/拆出资金 　　贷:贷款损失准备
转销后若又收回贷款时	借:贷款——已减值(按原转销的已减值贷款余额) 　　贷:贷款损失准备 借:银行存款/存放中央银行款项等(实际收到的金额) 　　贷款损失准备(按实际余额) 　　贷:贷款——已减值(按原转销的已减值贷款余额) 　　　　贷款减值损失(按其差额)

【例 2-108】 2018 年末,广发银行短期贷款账户余额为 5 000 000 元,长期贷款账户余额为 15 000 000 元,抵押贷款账户余额 5 000 000 元,贷款损失准备账户余额为 110 000 元。贷款损失准备率 1%。

2018 年年末贷款损失准备账户余额=(5 000 000+15 000 000+5 000 000)×

$$1\%$$

$$=250\ 000(元)$$

应计提贷款损失准备金额=250 000-110 000=140 000(元)

借:资产减值损失　　　　　　　　　　　　　　　　140 000

　　贷:贷款损失准备　　　　　　　　　　　　　　　　　140 000

贴现资产

贴现资产是指企业(银行)办理的商业单据贴现、转贴现融出资金业务的款项。

贴现资产科目的设置

贴现资产科目核算银行办理商业票据的贴现、转贴现等业务所融出的资金。银行买入的即期外币票据,也通过本科目核算。贴现资产科目可按贴现类别和贴现申请人进行明细核算。本科目期末借方余额,反映银行办理的贴现、转贴现等业务融出的资金。贴现资产科目代码为1301,具体设置见表2-189。

表 2-189　　　　　　　　　　　贴现资产科目会计编码的设置

编号	会计科目名称	二级科目名称	明细科目名称
1301	贴现资产		
130101	贴现资产	银行承兑汇票	贴现人
130102	贴现资产	商业承兑汇票	贴现人
130103	贴现资产	外币票据	贴现人

贴现资产的账务处理

贴现资产科目的主要账务处理,见表 2-190。

表 2-190　　　　　　　　　　　贴现资产的主要账务处理

业务情景	账务处理
企业办理贴现时	借:贴现资产——面值 　贷:贴现资产——利息调整 　　吸收存款
资产负债表日,按计算确定的贴现利息收入	借:贴现资产——利息调整 　贷:利息收入
贴现票据到期时	借:联行来账 　贷:贴现资产

【例 2-109】　工商银行于 6 月 1 日收到龙华公司交来的贴现凭证和商业承兑汇票各一份,该票据由在建设银行开户的尚品公司签发并承兑,汇票金额 800 000 元,签发承兑日期为 3 月 1 日,付款期为 6 个月,到期日为 8 月 31 日。银行月贴现率为 5‰,贴现天数为 90 天。

贴现利息＝800 000×90×5‰÷30＝12 000(元)

实付贴现金额＝800 000－12 000＝788 000(元)

借:贴现资产——面值　　　　　　　　　　　　　　　　　800 000

　贷:活期存款——龙华公司存款户　　　　　　　　　　　788 000

　　贴现资产——利息调整　　　　　　　　　　　　　　　 12 000

每期期末计算确认贴现利息收入。

借:贴现资产——利息调整　　　　　　　　　　　　　　　4 000

　贷:利息收入　　　　　　　　　　　　　　　　　　　　 4 000

拆出资金

拆出资金是指企业（金融）拆借给国内外其他金融机构的款项。

什么是拆出资金

拆出资金科目核算企业（金融）拆借给境内、境外其他金融机构的款项。本科目可按拆放的金融机构进行明细核算。本科目期末借方余额，反映企业按规定拆放给其他金融机构的款项。拆出资金科目代码为1302，具体设置见表2-191。

表2-191　　　　　　　　　拆出资金科目会计编码的设置

编号	会计科目名称	二级科目名称	明细科目名称
1302	拆出资金		
130201	拆出资金	境内	金融机构名称
130202	拆出资金	境外	金融机构名称

拆出资金科目的设置

企业拆出的资金，借记本科目，贷记"存放中央银行款项""银行存款"等科目；收回资金时做相反的会计分录。

拆出资金利息收入的账务处理，应当比照"存放中央银行款项"科目的相关规定进行处理。

按照拆出资金的本金、期限和利率计算出应收的利息，填制"计算利息清单"一式二联，一联加盖业务公章送拆借单位，另一联留存，并根据有关凭证编制借、贷方记账凭证。会计分录如下。

借：存放中央银行款项——存款户

　　贷：清算资金往来——拆放同业利息收入户

　　　　　　　　　　——拆放金融性公司利息收入户

抵债资产

抵债资产是指银行等金融机构依法行使债权或担保物权而受偿于债务人、担保人或第三人的实物资产或财产权利。

抵债资产科目的设置

抵债资产科目核算企业(金融)依法取得并准备按有关规定进行处置的实物抵债资产的成本。

企业(金融)依法取得并准备按有关规定进行处置的非实物抵债资产(不含股权投资),也通过本科目核算。本科目可按抵债资产类别及借款人进行明细核算。

抵债资产发生减值的,可以单独设置"抵债资产跌价准备"科目,比照"存货跌价准备"科目进行处理。

本科目期末借方余额,反映企业取得的尚未处置的实物抵债资产的成本。抵债资产科目编码为1441。具体设置见表 2-192。

表 2-192　　　　　　　　　抵债资产科目会计编码的设置

科目代码	总分类科目(一级科目)	二级明细科目
1441	抵债资产	
144101	抵债资产	资产类别或借款人
144102	抵债资产	资产类别或借款人
144103	抵债资产	资产类别或借款人
144104	抵债资产	资产类别或借款人

抵债资产的账务处理

抵债资产科目的账务处理,见表 2-193。

表 2-193　　　　　　　　　抵债资产的主要账务处理

业务情景	账务处理
取得的抵债资产,按抵债资产的公允价值	借:贷款损失准备/坏账准备 　　营业外支出 　贷:贷款/应收手续费及佣金 　　应交税费 　　资产减值损失
抵债资产保管期间取得的收入	借:库存现金/银行存款/存放中央银行款项 　贷:其他业务收入

业务情景	账务处理
保管期间发生的直接费用	借:其他业务成本 　　贷:库存现金/银行存款/存放中央银行款项
处置抵债资产时	借:库存现金/银行存款/存放中央银行款项 　　营业外支出 　　贷:应交税费 　　　　抵债资产 　　　　营业外收入
取得抵债资产后转为自用的,按转换日抵债资产的账面余额	借:固定资产等 　　贷:抵债资产

独立账户资产

　　独立账户资产对应于股票市场敏感性的产品,这类产品也称为独立账户产品,包括投资联结和变额万能寿险、变额人寿和年金、保险联结的储蓄存款业务。由于风险和收益均由保单持有人承担,所以独立账户采取相对进取的投资策略,主要投资股票。

独立账户资产科目的设置

　　独立账户资产核算企业(保险)对分拆核算的投资联结产品不属于风险保障部分确认的独立账户资产价值。本科目可按资产类别进行明细核算。本科目期末借方余额,反映企业确认的独立账户资产价值。独立账户资产科目代码为1821。

独立账户资产的账务处理

　　独立账户资产科目的主要账务处理,见表2-194。

表2-194　　　　　　　　　　独立账户资产的主要账务处理

业务情景	账务处理
向独立账户划入资金	借:独立账户资产/银行存款/库存现金 　　贷:独立账户负债

业务情景	账务处理
独立账户进行投资	借:独立账户资产(股票或债券) 　贷:独立账户资产/银行存款或现金
对独立账户投资进行估值	借:独立账户资产(估值) 　贷:独立账户负债 　　(若减值,做相反的会计分录)
按照独立账户计提的保险费	借:银行存款 　贷:保费收入 同时,借:独立账户负债 　　贷:独立账户资产/银行存款或现金
对独立账户计提账户管理费	借:银行存款 　贷:手续费及佣金收入 同时,借:独立账户负债 　　贷:独立账户资产/银行存款或现金
支付独立账户资产	借:独立账户负债 　贷:独立账户资产/银行存款或现金

临时设施

临时设施是施工企业为保证施工和管理的正常进行而购建的各种临时设施的实际成本,包括现场的临时作业棚、办公室、休息室、材料库、机具棚、贮水池等设施;临时道路、围墙;临时给排水、供电、供热等管线;临时性简易周转房,以及现场临时搭建的职工宿舍、食堂、浴室、医务室、理发室等临时福利设施。

临时设施科目的设置

临时设施一般由施工企业自行搭建,"临时设施"属于资产类的科目,其借方登记企业购置或搭建各种临时设施的实际成本;贷方登记企业出售、拆除、报废不需要或不能继续使用的临时设施的实际成本;期末借方余额反映企业在用临时设施的账面实际成本。本科目应按临时设施的种类和使用部门设置明细账,进行明细分类核算。需要通过建筑安装才能完成的临时设施,发生的各有关费用,先通过"在建工程"科目核算,工程达到预定可使用状态时,再从"在建工程"科目转入本科目。临时设施科目代码为1506。

本科目期末借方余额,反映施工企业期末临时设施的账面原价。

施工企业购置临时设施发生的各项支出,借记本科目,贷记"银行存款"等科目。需要通过建筑安装才能完成的临时设施,发生的各有关费用,先通过"在建工程"科目核算,工程达到预定可使用状态时,再从"在建工程"科目转入本科目。临时设施会计科目编码的设置见表2-195。

表2-195　　　　　　　　临时设施会计科目编码的设置

科目代码	总分类科目（一级科目）	明细分类科目		是否辅助核算	辅助核算类别
		二级明细科目	三级明细科目		
1616	临时设施				
161601	临时设施	简易房	种类	是	部门
161602	临时设施	作业房	种类	是	部门
161603	临时设施	材料库	种类	是	部门
161604	临时设施	机具棚	种类	是	部门
161605	临时设施	贮水池	种类	是	部门

临时设施的账务处理

临时设施账务处理如下。

出售、拆除、报废和毁损的临时设施
借：临时设施清理
　　临时设施摊销
　贷：临时设施

发生的清理费用
借：临时设施清理
　贷：银行存款

清理净收益
借：临时设施清理
　贷：营业外收入

清理净损失
借：营业外支出
　贷：临时设施清理

【例 2-110】绿都建筑工程公司承建一项工程,临时搭建办公室及库房,共支出 38 450 元。

编制会计分录如下。

借:临时设施——办公室及库房　　　　　　　　　　38 450
　贷:银行存款　　　　　　　　　　　　　　　　　　　38 450

临时设施摊销

临时设施摊销是指企业出售、报废、盘亏临时设施时摊销到成本中的数据。

临时设施摊销方法

临时设施摊销科目核算施工企业各种临时设施的累计摊销额。

施工企业的各种临时设施应当在工程建设期间内按月进行摊销,摊销方法可以采用工作量法,也可以采用工期法。

1. 工期法

工期法就是将临时设施的成本按照工期平均分摊到各期的一种方法,其原理与固定资产折旧的平均年限法相同。计算公式如下:

临时设施月摊销额＝临时设施成本×(1－预计净残值率)÷预计使用月数

2. 工作量法

工作量法是根据实际工作量计算每期摊销额的一种方法,它主要考虑了临时设施的使用强度,计算公式如下:

每一工作量摊销额＝临时设施成本×(1－预计净残值率)÷预计总工作量

临时设施月摊销额＝临时设施当月实际工作量×每一工作量摊销额

3. 一次摊销法

在实际工作中,对于价值相对较低的临时设施,也可以采用一次摊销法,就是直接将临时设施的成本一次性全部计入受益的工程成本。如果临时设施为两个以上的工程成本核算对象服务,就按一定的分配标准,将其价值在受益的各个工程成本核算对象之间进行分配。

本科目只进行总分类核算,不进行明细分类核算。需要查明某项临时设施的累计摊销额,可以根据临时设施卡片上所记载的该项临时设施的原价、摊销率和实际使用年限等资料进行计算。

临时设施摊销科目的设置

本科目期末贷方余额,反映施工企业临时设施累计摊销额。临时设施摊销会计科目设置见表2-196。

临时设施摊销会计科目编码的设置

科目代码	总分类科目（一级科目）	明细分类科目		是否辅助核算	辅助核算类别
		二级明细科目	三级明细科目		
1617	临时设施摊销				
161701	临时设施摊销	简易房		是	部门
161702	临时设施摊销	作业房		是	部门
161703	临时设施摊销	材料库		是	部门
161704	临时设施摊销	机具棚		是	部门
161705	临时设施摊销	贮水池		是	部门

临时设施摊销的账务处理

当月增加的临时设施,当月不摊销,从下月起开始摊销;当月减少的临时设施,当月继续摊销,从下月起停止摊销。摊销时,按摊销额,借记"工程施工"等科目,贷记本科目。

临时设施摊销的账务处理

【例 2-111】 大华建筑公司临时设施总成本为 95 720 元,预计净残值率为 5%,预计工程受益期为 20 个月。

(1)计算临时设施月摊销额

临时设施月摊销额=95 720×(1-5%)÷20=4 546.7(元)

(2)按月计提摊销额时

借:合同履约成本(临时设施摊销)　　　　　　　　　　　　　4 546.7

　　贷:临时设施摊销　　　　　　　　　　　　　　　　　　　　4 546.7

临时设施清理是指企业由于出售、拆除、报废等原因转入清理的临时设施价值，及其清理过程中发生的费用。

临时设施清理科目的设置

本科目核算施工企业因出售、拆除、报废和毁损等原因转入清理的临时设施价值及其在清理过程中所发生的清理费用和清理收入等。临时设施清理科目代码为1617，见表2-197。

表 2-197 　　　　　　　　临时设施清理会计科目编码的设置

科目代码	总分类科目（一级科目）	明细分类科目		是否辅助核算	辅助核算类别
		二级明细科目	三级明细科目		
1618	临时设施清理				
161801	临时设施清理	简易房	种类	是	部门
161802	临时设施清理	作业房	种类	是	部门
161803	临时设施清理	材料库	种类	是	部门
161804	临时设施清理	机具棚	种类	是	部门
161805	临时设施清理	贮水池	种类	是	部门

出售、拆除、报废和毁损不需用或者不能继续使用的临时设施，按临时设施账面价值，借记本科目，按已提摊销额，借记"临时设施摊销"科目，按其账面原价，贷记"临时设施"科目。取得的变价收入和收回的残料价值，借记"银行存款""原材料"等科目，贷记本科目。发生的清理费用，借记本科目，贷记"银行存款"等科目。临时设施清理后，如为清理净损失，借记"营业外支出"科目，贷记本科目；如为清理净收益，借记本科目，贷记"营业外收入"科目。

临时设施清理的账务处理

"临时设施清理"科目应按被清理的临时设施名称设置明细账，进行明细核算。

本科目期末余额，反映尚未清理完毕临时设施的价值以及清理净收入（清理收入减去清理费用）。

临时设施清理账务处理

【**例 2-112**】 大华建筑公司临时设施总成本 95 720 元,使用 12 个月,累计摊销 54 560.4 元。拆除时发生人工费用 2 500 元,残料出售收到现金 1 100元。

(1)临时设施转入清理

借:临时设施清理   41 159.6

  临时设置摊销   54 560.4

  贷:临时设施   95 720

(2)拆除临时设施的人工费

借:临时设施清理   2 500

  贷:应付职工薪酬——工资   2 500

(3)残料变价收入

借:库存现金   1 100

  贷:临时设施清理   1 100

(4)结转清理净损失

借:营业外支出(41 159.6+2 500-1 100) 42 559.6

  贷:临时设施清理   42 559.6

使用权资产

使用权资产是《企业会计准则第 21 号——租赁(修订版)》的产物。在境内外同时上市的企业以及在境外上市的企业自 2019 年 1 月 1 日起实施,境内未上市企业于 2021 年 1 月 1 日施行。

新准则下,无论是融资租赁还是经营租赁,对于承租人而言都不再进行区分,都要通过统一设置的"使用权资产"科目进行处理。除了"使用权资产"科目,还有"使用权资产累计折旧"科目、"使用权资产减值准备"科目、"租赁负债"科目等。

使用权资产科目的设置

使用权资产核算的是承租人取得并持有的使用权资产的原价。使用权资产是指承租人可在租赁期内使用租赁资产的权利。过去,对于经营租赁,这个使用权是不量化为表内资产进行核算的；对于融资租赁资产我们则是基于实质重于形式原则，将租赁资产直接作为固定资产进行表内核算。新准则下，使用权资产虽然纳入表内，但是使用权资产并不等同于租赁资产本身。承租人通过经营租赁方式租赁一架飞机（不属于短期租赁和低价值租赁），使用权资产不是指这架飞机本身，而是指承租人在租赁期内使用这架飞机的权利。

由于承租人可能通过租赁合同取得多项使用权资产，因此实际核算时需要进一步根据租赁资产的类别和项目进行明细核算。使用权资产科目设置见表 2-198。

表 2-198　　　　　　　　　使用权资产会计科目的设置

总分类科目（一级科目）	明细分类科目		是否辅助核算	辅助核算类别
	二级明细科目	三级明细科目		
使用权资产				
使用权资产	类别	××	是	部门
使用权资产	类别	××	是	部门

使用权资产的账务处理

在租赁期开始日，承租人应当按照取得使用权资产的成本（原价）确认使用权资产。在承租人编制的资产负债表中，使用权资产需要单独列示。

使用权资产初始计量账务处理如下。

✓ 租赁开始日

借：使用权资产（原价或成本）
　　租赁负债——未确认融资费用
　　贷：租赁负债——租赁付款额
　　　　银行存款

✓ 初始直接费用计入使用权资产初始成本

借：使用权资产
　　贷：银行存款

✓ 将已收的租赁激励相关金额扣除

借：银行存款
　　贷：使用权资产

考虑到一些租赁在结束时需要拆卸、搬运、移除租赁资产,需要在确认使用权资产时预估这些未来成本,同样计入使用权资产的价值之中。

借:使用权资产

　　贷:预计负债(现值)

需要注意的是,这部分成本是预计未来可能发生的支付额,比如拆卸及移除标的物的成本、复原租赁资产所在场所的成本、将标的物恢复到租赁条款约定状态的成本,这些成本都需要折现计入使用权资产成本。

综上所述,使用权成本计算公式如下:

使用权资产=租赁负债+预付租赁付款额—已享受的租赁激励+初始直接费用+预计将发生的拆卸及移除、复原或恢复成本

【例 2-113】 承租人融创公司向春阳公司租入一层楼,双方签订为期10年的租赁协议。有关资料如下:①初始租赁期内不含税租金为每年 40 000元,所有款项于每年年初支付;②为获得该项租赁,融创公司发生的初始费用为 10 000 元,其中 8 000 元为向该楼层前任租户支付的款项,2 000 元为向促成此租赁交易的中介佣金;③作为对融创公司的激励,向阳公司同意补偿融创公司 3 000 元佣金;④在租赁期开始日,融创公司无法确定租赁内含利率,其增量借款利率为 6%。假设不考虑相关税费的影响。

在租赁开始日,融创公司支付第 1 年租金 40 000 元,剩余 9 年按 5% 年利率折现后的现值计量租赁负债。计算租赁付款额现值如下:

剩余 9 期租赁付款额=40 000×9=360 000(元)

租赁负债=40 000×(P/A,6%,9)=40 000×6.802=272 080(元)

未确认融资费用=剩余 9 期租赁付款额—剩余 9 期租赁付款额的现值

$$=360\ 000-272\ 080$$

$$=87\ 920(元)$$

借:使用权资产	312 080
租赁负债——未确认融资费用	87 920
贷:租赁负债——租赁付款额	360 000
银行存款	40 000

将初始费用计入使用权资产的初始成本。

借:使用权资产   10 000

  贷:银行存款   10 000

将已收的租赁激励相关金额从使用权资产入账价值中扣除。

借:银行存款   3 000

  贷:使用权资产   3 000

使用权资产初始成本＝312 080＋10 000－3 000＝319 080(元)

使用权资产累计折旧

承租人通常应当自租赁期开始日起按月计提使用权资产的折旧,当月计提有困难的,也可从下月起计提折旧,并在附注中予以披露。

使用权资产累计折旧科目的设置

"使用权资产累计折旧"科目可按租赁资产的类别和项目进行明细核算,本科目期末贷方余额,反映使用权资产的累计折旧额。

使用权资产累计折旧科目设置见表2-199。

表2-199   使用权资产累计折旧会计科目的设置

总分类科目 (一级科目)	明细分类科目		是否辅助核算	辅助核算类别
	二级明细科目	三级明细科目		
使用权资产累计折旧				
使用权资产累计折旧	类别	××	是	部门
使用权资产累计折旧	类别	××	是	部门

使用权资产累计折旧的账务处理

使用权资产累计折旧主要账务处理如下:

借:营业成本/制造费用/销售费用/管理费用/研发支出等

  贷:使用权资产累计折旧

【例2-114】 承【例2-113】,承租人融创公司租赁当月即计提累计折旧。

每月折旧额＝319 080÷10÷12＝2 659(元)

| 借:营业成本 | 2 659 |
| 贷:使用权资产累计折旧 | 2 659 |

使用权资产减值准备

"使用权资产减值准备"科目可按租赁资产的类别和项目进行明细核算,期末贷方余额,反映使用权资产的累计减值准备金额。

使用权资产发生减值的,按应减记的金额,借记"资产减值损失"科目,贷记"使用权资产减值准备"科目。使用权资产减值准备一旦计提,不得转回。

【例 2-115】 承【例 2-114】,2019 年 12 月 31 日,经测算,使用权资产可收回金额为 270 000 元,计提减值准备金额＝319 080－31 908－270 000＝17 172(元)

| 借:资产减值损失 | 17 172 |
| 贷:使用权资产减值准备 | 17 172 |

融资租赁资产

融资租赁资产是出租人使用的会计科目,租赁业务不多的企业,也可以通过"固定资产"等科目核算。租赁企业和其他企业对于融资租赁资产在未融资租赁期间的会计处理遵循固定资产准则或其他适用的会计准则。

融资租赁资产科目的设置

"融资租赁资产"科目核算企业(租赁)为开展融资租赁业务取得资产的成本。本科目可按承租人、租赁资产类别和项目进行明细核算。期末借方余额,反映企业融资租赁资产的成本。具体科目设置见表 2-200。

表 2-200　　　　　　　　　融资租赁资产会计科目编码设置

科目代码	总分类科目 (一级科目)	明细分类科目		是否辅助核算	辅助核算类别
		二级明细科目	三级明细科目		
1461	融资租赁资产				
1461	融资租赁资产	租赁收款额	类别	是	部门

科目代码	总分类科目 （一级科目）	明细分类科目		是否辅助核算	辅助核算类别
		二级明细科目	三级明细科目		
146101	融资租赁资产	未实现融资收益		是	部门
146102	融资租赁资产	未担保余值		是	部门
146103	融资租赁资产	其他		是	部门

融资租赁资产的账务处理

融资租赁资产的主要账务处理如下。

✓ 购入和以其他方式取得的融资租赁资产

借：融资租赁资产
　　贷：银行存款

✓ 租赁开始日

借：应收融资租赁款——租赁收款额
　　　　　　　　　　——未担保余值（预计租赁期结束时的未担保余值）
　　银行存款
　　贷：融资租赁资产

✓ 租出资产公允价值与账面价值的差额

借：资产处置损益（或贷）
　　贷：银行存款（发生的初始费用）
　　　　应收融资租赁款——未实现融资收益

【例 2-116】 2×18 年 12 月 1 日，甲公司与乙公司签订了一份租赁合同，从乙公司租入一台设备，该设备使用寿命为 6 年。租赁期为 2×19 年 1 月 1 日至 2×23 年 12 月 31 日，共 72 个月。每年年末支付租金 150 000 元。该设备在 2×19 年 1 月 1 日公允价值为 650 000 元，账面价值 600 000 元。甲公司有优先购买权，购买价为 30 000 元，估计公允价值为 80 000 元。

（1）判断租赁类型：5÷6＝83.33%，租赁期占使用年限高于 75%，此项租赁为融资租赁。

（2）确认租赁收款额。

租赁收款额＝150 000×5＝750 000（元）

（3）甲公司购买选择权的行权价格。

租赁期届满时，甲公司享有优惠购买权，价格 30 000 元。

租赁投资总额＝750 000＋30 000＝780 000（元）

（4）租赁投资净额在金额上等于租赁资产在租赁开始日公允价值＋出租人发生的租赁初始直接费用＝650 000＋0＝650 000（元）

未实现融资收益＝租赁投资总额－租赁投资净额＝780 000－650 000＝130 000（元）

（5）计算租赁内含利率。

租赁内含利率是使租赁投资总额的现值等于租赁资产在租赁开始日的公允价值与出租人的初始直接费用之和利率。

2×19 年 1 月 1 日，账务处理如下。

借：应收融资租赁款——租赁收款额   780 000

    贷：融资租赁资产   600 000

         资产处置损益   50 000

         应收融资租赁款——未实现融资收益   130 000

应收融资租赁款

"应收融资租赁款"科目是出租人核算租赁的主要科目。本科目余额在"长期应收款"项目中填列，其中，自资产负债表日起一年内（含一年）到期的，在"一年内到期的非流动资产"中填列。出租业务较多的出租人，也可以"长期应收款"项目下单独列示为"其中：应收融资租赁款"。

应收融资租赁款科目的设置

"应收融资租赁款"科目核算出租人融资租赁产生的租赁投资净额，期末借方余额，反映未担保余值和尚未收到的租赁收款额的现值之和。具体科目设置见表 2-201。

表 2-201 **应收融资租赁款会计科目的设置**

总分类科目 （一级科目）	明细分类科目		是否辅助核算	辅助核算类别
	二级明细科目	三级明细科目		
应收融资租赁款				
应收融资租赁款	未实现融资收益		是	部门
应收融资租赁款	未担保余值		是	部门
应收融资租赁款	其他		是	部门

应收融资租赁款的账务处理

应收融资租赁款主要账务处理如下。

✓ 租赁开始日

借：应收融资租赁款——租赁收款额
　　　　　　　　——未担保余值
　　银行存款
　　资产处置损益（公允价值与账面价值差额）
　贷：融资租赁资产

✓ 发生的初始费用

借：应收融资租赁款——初始直接费用
　贷：银行存款
借：应收融资租赁款——未实现融资收益
　贷：应收融资租赁款——初始直接费用

✓ 确认收入时

借：应收融资租赁款——未实现融资收益
　贷：租赁收入——利息收入
　　　其他业务收入

✓ 收到租赁款时

借：银行存款
　贷：应收融资租赁款——租赁收款额

【例 2-117】　甲公司 2×19 年 1 月 10 日采用融资租赁方式出租一台大型设备。租赁合同规定：①该设备租赁期为 6 年，每年支付租金 8 万元；②或有租金为 4 万元；③履约成本为 5 万元；④承租人提供的租赁资产担保余值为 7 万元；⑤与承租人和甲公司均无关联关系的第三方提供的租赁资产担保余值为 3 万元。

甲公司 2×19 年 1 月 10 日对该租出大型设备确认的应收融资租赁款计算如下：

应收融资租赁款＝8×6＋7＋3＝58（万元）；或有租金与履约成本不能计算在内。

第3章

负债类科目的设置与具体应用

负债类科目按照负债的流动性分为流动性负债和非流动性负债。本章详细讲解 28 个科目的设置与具体账务处理。

应付票据

应付票据是指企业因购买材料、商品或接受劳务供应等而开出、承兑商业汇票所形成的负债。按承兑人不同分为商业承兑汇票和银行承兑汇票两种,按是否带息分为带息票据和不带息票据两种。一般而言,商业汇票的付款期限最长不超过 6 个月,因此在会计上作为流动负债管理和核算。同时由于应付票据的偿付时间较短,一般按照开出、承兑的应付票据面值入账。

应付票据科目的设置

本科目核算企业购买材料、商品和接受劳务等开出承兑商业汇票。企业应设置"应付票据备查簿",详细登记每一笔应付票据的种类、号码、出票日期、到期日、票面金额、交易合同号、收款单位名称等详细资料。应付票据到期付清时,应在备查簿内逐笔注销。企业支付的银行承兑汇票手续费应计入当期财务费用。本科目可按债权人进行明细核算具体科目设置,见表3-1。

表 3-1

应收票据会计科目编码的设置

科目代码	总分类科目 (一级科目)	明细分类科目		是否辅助核算	辅助核算类别
		二级明细科目	三级明细科目		
2201	应付票据				
220101	应付票据	银行承兑汇票	种类	是	客户往来
220102	应付票据	商业承兑汇票	种类	是	客户往来

不带息票据的账务处理

应付票据的主要账务处理如图 3-1 所示。

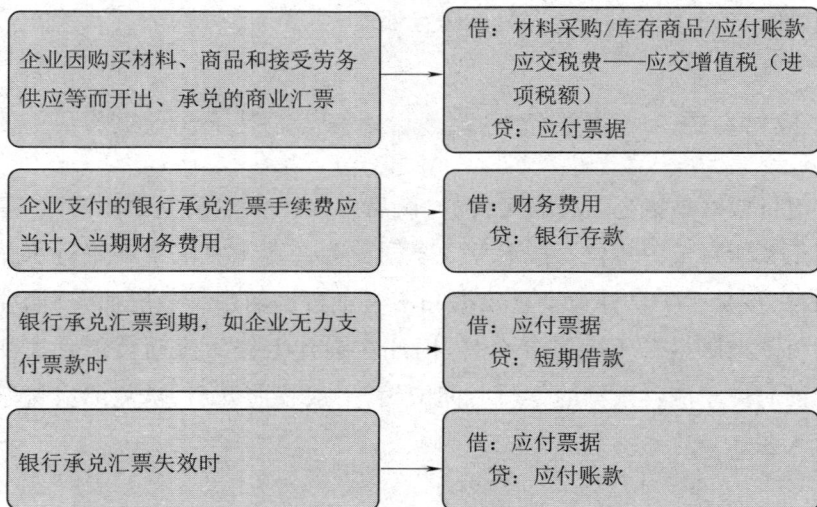

图 3-1 应付票据的账务处理

不带息票据是指债务人到期还款时,只偿还面值金额,即票据到期值等于面值,应按面值记账,借记"材料采购""库存商品""应交税费"等账户,贷记"应付票据"账户。

不带息票据账务处理实例

【例 3-1】 蓝迪公司 2×19 年 4 月 16 日开出期限为 3 个月、票面金额为 56 500 元的不带息商业承兑汇票支付绿地公司货款,增值税专用发票上列明价款 50 000 元,增值税额 6 500 元,商品验收入库。

(1)2×19 年 4 月 16 日开出不带息商业汇票时,编制会计分录。登记会计凭证,见表 3-2

借：库存商品　　　　　　　　　　　　　　　　　　　　　　　　50 000
　　应交税费——应交增值税（进项税额）　　　　　　　　　　　6 500
　　贷：应付票据——商业承兑汇票——绿地公司　　　　　　　　56 500

表 3-2

记 账 凭 证

2×19 年 4 月 16 日　　　　　　　　　　　　　　　　　　字第××号

摘要	会计科目	借方金额										贷方金额										记账
		千	百	十	万	千	百	十	元	角	分	千	百	十	万	千	百	十	元	角	分	
2×19 年 4 月 16 日，开出商业承兑汇票支付绿地货款	库存商品				5	0	0	0	0	0	0											
	应交税费/应交增值税/进项税额					6	5	0	0	0	0											
	应付票据/商业承兑汇票/绿地公司														5	6	5	0	0	0	0	
合计				¥	5	6	5	0	0	0	0		¥	5	6	5	0	0	0	0		

会计主管：××　　　　记账：××　　　　审核：××　　　　制单：××

　　(2)2×19 年 7 月 15 日，支付票款时，编制会计分录。登记会计凭证，见表 3-3

　　借：应付票据——商业承兑汇票——绿地公司　　　　　　　　56 500
　　　　贷：银行存款　　　　　　　　　　　　　　　　　　　　56 500

表 3-3

记 账 凭 证

2×19 年 7 月 15 日　　　　　　　　　　　　　　　　　　字第××号

摘要	会计科目	借方金额										贷方金额										记账
		千	百	十	万	千	百	十	元	角	分	千	百	十	万	千	百	十	元	角	分	
2×19 年 7 月 15 日，应付票据到期，以银行存款支付货款	应付票据/商业承兑汇票/绿地公司					5	6	5	0	0	0											
	银行存款															5	6	5	0	0	0	0	
合计					¥	5	6	5	0	0	0	0		¥	5	6	5	0	0	0	0	

会计主管：××　　　　记账：××　　　　审核：××　　　　制单：××

带息票据的账务处理

带息票据是指债务人到期还款时,除了偿还面值金额外,同时要偿还票据利息,即票据到期值等于面值加利息。利息为债务人由于延期支付款项所付出的代价,记入"财务费用"账户。

带息票据账务处理实例

【例3-2】 蓝迪公司2×19年5月1日从乙公司购进一批原材料,不含税价格700 000元,增值税率13%,开出一张期限4个月等值的带息商业汇票,年利率为8%。

(1)2×19年5月1日,开出商业汇票时,编制会计分录。登记会计凭证,见表3-4

借:原材料	700 000
应交税费——应交增值税(进项税额)	91 000
贷:应付票据——商业承兑汇票——乙公司	791 000

表3-4

记 账 凭 证

2×19年5月1日 　　　　　　　　　　　　　字第××号

摘要	会计科目	借方金额										贷方金额										记账
		千	百	十	万	千	百	十	元	角	分	千	百	十	万	千	百	十	元	角	分	
2×19年5月1日,购进一批原材料	原材料			7	0	0	0	0	0	0	0											
	应交税费/应交增值税/进项税额			9	1	0	0	0	0	0	0											
	银行存款													7	9	1	0	0	0	0	0	0	
合计		¥	7	9	1	0	0	0	0	0	0	¥	7	9	1	0	0	0	0	0	0	

会计主管:×× 　　　　记账:×× 　　　　审核:×× 　　　　制单:××

(2)2×19年6月30日,计提2个月应计利息,编制会计分录。登记会计凭证,见表3-5

应计利息＝791 000×8%×2÷12＝10 546.67(元)

| 借:财务费用 | 10 546.67 |
| 贷:应付票据——商业承兑汇票——乙公司 | 10 546.67 |

表 3-5

记 账 凭 证

2×19 年 6 月 30 日 　　　　　　　　　　　　　字第××号

摘要	会计科目	借方金额										贷方金额										记账
		千	百	十	万	千	百	十	元	角	分	千	百	十	万	千	百	十	元	角	分	
2×19 年 6 月 30 日，计提利息	财务费用				1	0	5	4	6	6	7											
	应付票据/商业承兑汇票/乙公司														1	0	5	4	6	6	7	
合　计			¥	1	0	5	4	6	6	7			¥	1	0	5	4	6	6	7		

会计主管：××　　　　记账：××　　　　审核：××　　　　制单：××

(3)2×19 年 8 月 31 日票据到期付款时，编制会计分录。登记会计凭证，见表 3-6

借：应付票据——商业承兑汇票——乙公司

(791 000+10 546.47) 　　　　　　　　　　　801 546.67

财务费用 　　　　　　　　　　　　　　　　10 546.47

贷：银行存款 　　　　　　　　　　　　　　812 093.14

表 3-6

记 账 凭 证

2×19 年 8 月 31 日 　　　　　　　　　　　　　字第××号

摘要	会计科目	借方金额										贷方金额										记账
		千	百	十	万	千	百	十	元	角	分	千	百	十	万	千	百	十	元	角	分	
2×19 年 8 月 31 日，乙公司的商业承兑票据到期付款时	应付票据/商业承兑汇票/乙公司			8	0	1	5	4	6	6	7											
	财务费用				1	0	5	4	6	4	7											
	银行存款													8	1	2	0	9	3	1	4	
合　计			¥	8	1	2	0	9	3	1	4		¥	8	1	2	0	9	3	1	4	

会计主管：××　　　　记账：××　　　　审核：××　　　　制单：××

应付账款

应付账款是指企业因购买材料、商品或接受劳务供应等而发生的债务。这是由于买卖双方在购销活动中取得物资与支付货款在时间上不一致产生的负债。

应付账款科目的设置

本科目核算企业因购买材料商品和接受劳务等经营活动应支付款项。"应付账款"属于负债类账户，该账户的贷方反映应付账款的实际发生数，借方反映应付账款的实际偿还数；期末余额在贷方，表示尚未还清的款项。应付账教科目代码为2202，应付账款按债权单位和个人设置明细账户进行明细核算，见表3-7。

表 3-7　　　　　　　　　　应付账款会计科目编码的设置

科目代码	总分类科目（一级科目）	明细分类科目		是否辅助核算	辅助核算类别
		二级明细科目	三级明细科目		
2202	应付账款				
220201	应付账款	人民币	种类	是	债权人名称
220202	应付账款	外币	种类	是	债权人名称

应付账款的账务处理

企业应付账款的发生有两种情况，应分别根据不同情形给予不同的会计处理，具体见表3-8。

表 3-8　　　　　　　　　　应付账款的账务处理

业务情况	账务处理
采购的材料已入库，但货款尚未支付	借：材料采购（按实际应付金额） 　　应交税费——应交增值税（进项税额） 　　贷：应付账款
接受供应单位提供劳务而发生的应付未付款项	借：生产成本/管理费用 　　贷：应付账款

业务情况		账务处理
采用售后回购方式融资的	在发出商品等资产时	借:银行存款/应收账款 　贷:应交税费——应交增值税(销项税额) 　　应付账款 售后回购期间内按期计提利息费用时 借:财务费用 　贷:应付账款
	购回该项商品等时,应按回购商品等的价款	借:应付账款 　应交税费——应交增值税(进项税额) 　贷:银行存款
企业与债权人进行债务重组	以低于应付债务账面价值的现金清偿债务的	借:应付账款 　贷:银行存款 　　营业外收入——债务重组利得
	以非现金资产清偿债务的	借:应付账款 　营业外支出 　贷:交易性金融资产/其他业务收入/主营业务收入/固定资产清理/无形资产/长期股权投资 　　应交税费——应交增值税(销项税额) 　　营业外收入
	以债务转为资本的	借:应付账款 　贷:实收资本/股本/资本公积——资本溢价或股本溢价 　　营业外收入——债务重组利得
	以修改其他债务条件进行清偿的	借:应付账款 　贷:营业外收入——债务重组利得
应付账款划转出去或者确实无法支付的应付账款		借:应付账款 　贷:营业外收入

应付账款账务处理实例

【例3-3】 蓝迪公司2×19年9月12日向A公司购买的材料到货并验收入库。增值税专用发票上开列材料价款65 000元,增值税税额8 450元。现金折扣条件为2/10,*n*/30。该账款于2×19年9月20日支付。

(1)2×19年9月12日,编制会计分录。登记会计凭证,见表3-9

借:原材料　　　　　　　　　　　　　　　　　　　　　　　　65 000

　　应交税费——应交增值税(进项税额)　　　　　　　　　　　8 450

　　　贷:应付账款——A公司　　　　　　　　　　　　　　　　　73 450

表 3-9

记 账 凭 证

2×19 年 9 月 12 日　　　　　　　　　　　　　　　字第××号

摘要	会计科目	借方金额										贷方金额										记账
		千	百	十	万	千	百	十	元	角	分	千	百	十	万	千	百	十	元	角	分	
2×19 年 9 月 12 日，从 A 公司材料	原材料				6	5	0	0	0	0	0											
	应交税费/应交增值税/进项税额					8	4	5	0	0	0											
	应付账款/B 公司														7	3	4	5	0	0	0	
合计			¥	7	3	4	5	0	0	0			¥	7	3	4	5	0	0	0		

会计主管：××　　　　记账：××　　　　审核：××　　　　　　　制单：××

(2)2×19 年 9 月 20 日支付账款时，编制会计分录。登记会计凭证，见表 3-10

借：应付账款——A 公司　　　　　　　　　　　　　73 450
　　贷：银行存款　　　　　　　　　　　　　　　　　71 981
　　　　财务费用(73 450×2%)　　　　　　　　　　　1 469

表 3-10

记 账 凭 证

2×19 年 9 月 20 日　　　　　　　　　　　　　　　字第××号

摘要	会计科目	借方金额										贷方金额										记账
		千	百	十	万	千	百	十	元	角	分	千	百	十	万	千	百	十	元	角	分	
2×19 年 9 月 20 日，支付 B 公司账款	应付账款/A 公司				7	3	4	5	0	0	0											
	银行存款														7	1	9	8	1	0	0	
	财务费用															1	4	6	9	0	0	
合计			¥	7	3	4	5	0	0	0			¥	7	3	4	5	0	0	0		

会计主管：××　　　　记账：××　　　　审核：××　　　　　　　制单：××

合同负债

"合同负债"科目核算企业已收或应收客户对价而应向客户转让商品的义务。本科目应按合同进行明细核算。期末贷方余额，反映企业在向客户转让商品之前,已经收到的合同对价或已经取得的无条件收取合同对价权利的金额。

合同负债科目的设置

新收入准则引入"履约义务",它构成了收入确认的核心条件:"企业应当在履行了合同中的履约义务,即在客户取得相关商品控制权时确认收入"。因此合同负债可以理解为:企业在履约义务履行之前(也就是达到收入确认条件前),先行收取了(包括已收取和应收取)客户支付的对价,在会计上以合同负债科目对其进行核算和反映。

"合同负债"科目核算企业按照合同规定向购货单位预收的款项,该账户的贷方,反映预收的货款和补付的货款;借方反映应收的货款和退回多收的货款;期末贷方余额,反映尚未结清的款项,借方余额反映应收的款项。合同负债科目应按购货单位进行明细核算见表3-11。

表 3-11 合同负债会计科目的设置

会计科目名称	二级科目名称	明细科目名称	是否辅助核算	辅助核算类别
合同负债				
合同负债	货款	商品、劳务类别	是	购货单位名称
合同负债	预收的定金	商品、劳务类别	是	购货单位名称
合同负债	预收原料款	商品、劳务类别	是	购货单位名称
合同负债	预收工程款	商品、劳务类别	是	购货单位名称

那么,合同负债与预收账款是什么关系:以履约义务是否完成为前提,当预收款尚未被企业收取时,如果能够认定企业对这笔款项有无条件收取的权利,企业仍然应该对此确认合同负债。合同负债不但能够核算实际收到的预收款,还能够(且应该)核算未实际到账但已拥有收取权利的预收款。预收款不构成履约义务时,原则上不能以合同负债进行核算,仍需以预收账款进行计量。

企业因转让商品收到的预收款适用本准则进行会计处理时,不再使用"预收账款"科目及"递延收益"科目。

合同负债的账务处理

合同负债的主要账务处理具体如下。

借：银行存款/应收账款/应收票据等 　　贷：合同负债	借：合同负债 　　贷：主营业务收入/其他业务收入等	借：合同负债 　　贷：应交税费——待转销项税额
企业在向客户转让商品之前	企业向客户转让相关商品时	涉及增值税时

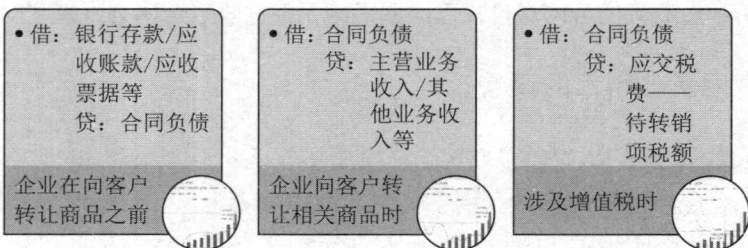

合同负债账务处理实例

【例3-4】 2×19年12月3日,蓝迪公司与乙企业签订供货合同,向其出售一批设备,货款金额共计120 000元,应交纳的增值税15 600元。根据购货合同规定,购货合同签订一周内,乙企业向蓝迪公司预付货款70 000元,剩余货款在交货后付清。2×19年12月8日,蓝迪公司收到乙企业交来的70 000元存入银行,12月18日蓝迪公司将货物发到乙企业并开出增值税发票,乙企业验收合格后付清了剩余货款。

(1)12月8日,收到预付款,编制会计分录。登记会计凭证,见表3-12

借：银行存款　　　　　　　　　　　　　　　　　　　　　70 000

　　贷：合同负债　　　　　　　　　　　　　　　　　　　　70 000

表3-12

记 账 凭 证

2×19年12月8日　　　　　　　　　　　　　　　　　　字第××号

摘要	会计科目	借方金额										贷方金额										记账
		千	百	十	万	千	百	十	元	角	分	千	百	十	万	千	百	十	元	角	分	
2×19年12月8日收到乙企业预付款	银行存款			7	0	0	0	0	0	0	0											√
	合同负债													7	0	0	0	0	0	0	0	√
合计			¥	7	0	0	0	0	0	0	0		¥	7	0	0	0	0	0	0	0	

会计主管：××　　　　记账：××　　　　审核：××　　　　制单：××

(2)12月18日发货后,编制会计分录。登记会计凭证,见表3-13

借：合同负债　　　　　　　　　　　　　　　　　　　　　70 000

　　应收账款　　　　　　　　　　　　　　　　　　　　　65 600

234

贷:主营业务收入   120 000

应交税费——应交增值税(销项税额)   15 600

表 3-13

记 账 凭 证

2×19 年 12 月 18 日   字第××号

摘要	会计科目	借方金额										贷方金额										记账
		千	百	十	万	千	百	十	元	角	分	千	百	十	万	千	百	十	元	角	分	
2×19 年 12 月 18 日,发货后	合同负债			7	0	0	0	0	0	0												√
	应收账款			6	5	6	0	0	0	0												√
	主营业务收入													1	2	0	0	0	0	0	0	√
	应交税费/应交增值税/销项税额														1	5	6	0	0	0	0	√
合计			￥	1	3	5	6	0	0	0	0		￥	1	3	5	6	0	0	0	0	

会计主管:××   记账:××   审核:××   制单:××

(3)2×19 年 12 月 20 日,收到补付款。编制会计分录。登记会计凭证,见表 3-14

借:银行存款   65 600

贷:应收账款   65 600

表 3-14

记 账 凭 证

2×19 年 12 月 20 日   字第××号

摘要	会计科目	借方金额										贷方金额										记账
		千	百	十	万	千	百	十	元	角	分	千	百	十	万	千	百	十	元	角	分	
2×19 年 12 月 20 日,收到补付款	银行存款			6	5	6	0	0	0	0												√
	应收账款														6	5	6	0	0	0	0	√
合计			￥	6	5	6	0	0	0	0			￥	6	5	6	0	0	0	0		

会计主管:××   记账:××   审核:××   制单:××

交易性金融负债

交易性金融负债是指企业采用短期获利模式进行融资所形成的负债，比如短期借款、长期借款、应付债券等。交易性金融负债是企业承担的交易性金融负债的公允价值。

交易性金融负债科目的设置

交易性金融负债科目核算企业持有的以公允价值计量且其变动计入当期损益的金融负债和直接指定为以公允价值计量且其变动计入当期损益的金融负债。衍生金融负债在"衍生工具"科目核算。本科目代码为2101。本科目期末贷方余额，反映企业承担的交易性金融负债的公允价值。具体设置见表 3-15。

表 3-15　　　　　　　　　交易性金融负债会计科目编码的设置

科目代码	总分类科目(一级科目)	明细分类科目	
		二级明细科目	三级明细科目
2101	交易性金融负债		
210101	交易性金融负债	本金	项目
210102	交易性金融负债	公允价值变动	项目

交易性金融负债的账务处理

交易性金融负债的主要账务处理，如图 3-2 所示。

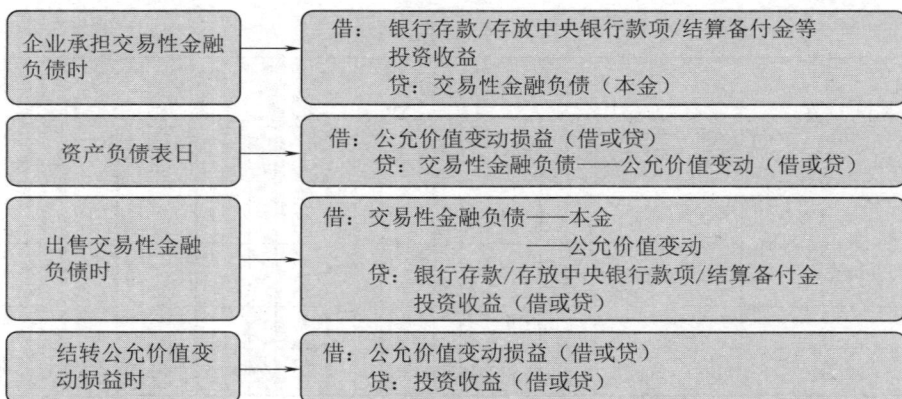

图 3-2　交易性金融负债的主要账务处理

交易性金融负债账务处理实例

【例3-5】 2×18年10月1日,甲公司经批准在全国银行间债券市场按面值公开发行100亿元人民币短期融资券,期限为1年,票面年利率8%,每张面值为100元,到期一次性还本付息。公司将该短期融资券指定为以公允价值计量且其变动计入当期损益的金融负债。假定发行短期融资券相关的交易费用1 000万元。2×18年12月31日,该短期融资券市场价格每张108元(不含利息)。2×19年9月30日短期融资券到期。

(1)2×18年10月1日,发行短期融资券(单位:万元)

借:银行存款	999 000	
投资收益	1 000	
贷:交易性金融负债——成本		1 000 000

(2)2×18年12月31日,年末确认公允价值变动和利息费用

借:公允价值变动损益(1 080 000－1 000 000)	80 000	
贷:交易性金融负债——公允价值变动		80 000
借:投资收益	20 000	
贷:应付利息		20 000

(3)2×19年9月30日,短期融资券到期

借:投资收益	20 000	
贷:应付利息		20 000
借:交易性金融负债——成本	1 000 000	
——公允价值变动	30 000	
应付利息	80 000	
贷:银行存款		1 080 000
投资收益		30 000
同时,借:投资收益	30 000	
贷:公允价值变动损益		30 000

应付职工薪酬

应付职工薪酬是指企业为获得职工提供的服务而给予各种形式的报酬以及其他相关支出,包括职工在职工资和离职后提供给职工的全部货币性薪酬和非货币性福利。

应付职工薪酬科目的适用范围

职工薪酬科目的内容，如图 3-3 所示。

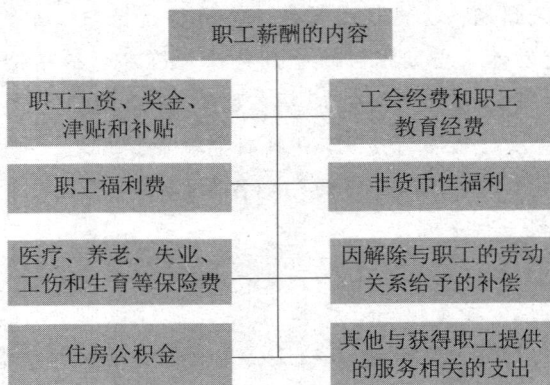

图 3-3　职工薪酬的内容

应付职工薪酬科目的具体运用

为了核算应付给职工的各种薪酬，企业应设置"应付职工薪酬"科目。本科目应当按照"工资""职工福利""社会保险费""非货币性福利""住房公积金""工会经费""职工教育经费""解除职工劳动关系补偿"等应付职工薪酬项目进行明细核算。应付职工薪酬科目代码为2211，见表3-16。

表 3-16　　　　　　　应付职工薪酬会计科目编码的设置

科目代码	总分类科目（一级科目）	明细分类科目		是否辅助核算	辅助核算类别
		二级明细科目	三级明细科目		
2211	应付职工薪酬				
221101	应付职工薪酬	工资、奖金、津贴、补贴	项目	是	部门
221102	应付职工薪酬	职工福利	项目	是	部门
221103	应付职工薪酬	社会保险费	项目	是	部门
221104	应付职工薪酬	非货币性福利	项目	是	部门
221105	应付职工薪酬	住房公积金	项目	是	部门
221106	应付职工薪酬	工会经费	项目	是	部门
221107	应付职工薪酬	职工教育经费	项目	是	部门
221108	应付职工薪酬	解除职工劳动关系补偿	项目	是	部门
221109	应付职工薪酬	其他	项目	是	部门

应付职工薪酬的主要账务处理，具体见表3-17。

表 3-17 应付职工薪酬的账务处理

业务情景	账务处理
企业按照有关规定向职工支付工资、奖金、津贴等	借：相关费用（制造费用、管理费用、销售费用） 　　贷：应付职工薪酬 借：应付职工薪酬——工资 　　贷：银行存款/库存现金
企业从应付职工薪酬中扣还的各种款项（代垫的家属药费、个人所得税等）	借：应付职工薪酬 　　贷：其他应收款 　　　应交税费——应交个人所得税
企业支付工会经费和职工教育经费用于工会运作和职工培训	借：管理费用 　　贷：应付职工薪酬 借：应付职工薪酬 　　贷：银行存款等
企业按照国家有关规定缴纳社会保险费和住房公积金	借：相关费用（制造费用、管理费用、销售费用） 　　贷：其他应付款——社保、住房公积金 借：其他应付款——社保、住房公积金 　　贷：银行存款/库存现金
企业因解除与职工的劳动关系给予职工的补偿	借：管理费用 　　贷：应付职工薪酬——辞退费用 借：应付职工薪酬——辞退费用 　　贷：银行存款/库存现金

货币性职工薪酬的核算

1. 工资、奖金、津贴和补贴

企业计算职工的工资、奖金、津贴和补贴等，应当编制工资支付单，人员较多的还应当按车间或部门编制工资汇总表。根据工资单或工资汇总表提取职工薪酬，分配到相关账户。支付职工工资的同时，应从应付职工薪酬中扣还各种款项（代垫的家属医药费、代扣代缴个人所得税）等。

工资、奖金、津贴和补贴账务处理实例

【例3-6】 甲企业2×19年11月工资汇总表，见表3-18。

表3-18 工资汇总表

2×19年11月　　　　　　　　　　　　　　单位：元

部门	工资	奖金	津贴	应付合计	个人所得税	其他扣款	扣款合计	实付工资
基本生产车间	120 000	30 000	10 000	140 000	55 00	3 000	85 00	131 500
车间管理人员	28 000	10 000	5 000	43 000	1 200	800	2 000	41 000
企业管理人员	58 000	24 000	18 000	100 000	3 500	0	3 500	96 500
销售人员	15 000	3 000		18 000	1 400	0	1 400	16 600
合计	221 000	67 000	33 000	301 000	11 600	3 800	15 400	285 600

①工资分配时

借：生产成本　　　　　　　　　　　　　　　　　140 000

　　制造费用　　　　　　　　　　　　　　　　　 43 000

　　管理费用　　　　　　　　　　　　　　　　　100 000

　　销售费用　　　　　　　　　　　　　　　　　 18 000

　　贷：应付职工薪酬——工资　　　　　　　　　　　　301 000

②支付工资时

借：应付职工薪酬——工资　　　　　　　　　　　301 000

　　贷：银行存款　　　　　　　　　　　　　　　　　　285 600

　　　　应交税费——代扣代缴个人所得税　　　　　　　 11 600

　　　　其他应付款　　　　　　　　　　　　　　　　　 3 800

2. 社会保险、公积金、工会经费和职工教育经费

对于国务院有关部门、省、自治区、直辖市人民政府或经批准的企业年金计划规定了计提基础和计提比例的职工薪酬项目，应当按照规定的计提标准，计量企业承担的职工薪酬、义务和计入成本费用的职工薪酬。

（1）"五险一金"。对于医疗保险费、养老保险费、失业保险费、工伤保险费、生育保险费和住房公积金，企业应当按照国务院、所在地政府或企业年金计划规定的标准计量应付职工薪酬义务和应相应计入成本费用的薪酬金额。

根据国务院办公厅印发的《降低社会保险费率综合方案》规定：一是降低城镇职工基本养老保险单位缴费比例，高于16％的省份，可降至16％；二是继续阶段性降低失业保险和工伤保险费率,现行的阶段性降费率政策到期后再延长一年至 2020 年 4 月 30 日。

(2)工会经费和职工教育经费。企业应当按照国家相关规定,分别按照职工工资总额的 2‰ 和 8‰ 计量应付职工薪酬成本费用;从业人员技术要求高、培训任务重、经济效益好的企业,可根据国家相关规定,按照职工工资总额的 2.5% 计量应计入成本费用的职工教育经费。

社会保险、公积金、工会经费和职工教育经费账务处理实例

【例 3-7】 蓝迪公司 2×19 年 1 月有关职工薪酬计提表,见表 3-19。

表 3-19   职工薪酬业务计提表

2×19 年 1 月

单位:元

部门	应付工资	计提项目						合计
		医疗保险(7%)	养老保险(20%)	失业保险(2%)	住房公积金(9%)	工会经费(2‰)	职工教育经费(2.5%)	
基本生产车间	140 000	9 800	28 000	2 800	12 600	2 800	3 500	59 500
车间管理人员	43 000	3 010	8 600	860	3 870	860	1 075	18 275
企业管理人员	100 000	7 000	20 000	2 000	9 000	2 000	2 500	42 500
销售人员	18 000	1 260	3 600	360	1 620	360	450	7 650
合　计	301 000	21 070	60 200	6 020	27 090	6 020	7 525	127 925

计提各项保险时:

借:生产成本　　　　　　　　　　　　　　　　　59 500
　　制造费用　　　　　　　　　　　　　　　　　18 275
　　管理费用　　　　　　　　　　　　　　　　　42 500
　　销售费用　　　　　　　　　　　　　　　　　　7 650
　　贷:应付职工薪酬——社会保险费(21 070+60 200+6 020) 87 290
　　　　　　　　　　——住房公积金　　　　　　27 090
　　　　　　　　　　——工会经费　　　　　　　　6 020
　　　　　　　　　　——职工教育经费　　　　　　7 525

3. 职工福利费

对于国家(包括省、市、自治区政府)相关法律法规没有明确规定计提基础和计提比例的职工福利费,企业可以按福利费实际发生额据实列支,直接计入相关成本、费用中。但与税法规定不一致时,应作纳税调整。

非货币性职工薪酬的核算

企业以其生产的产品作为非货币性福利提供给职工的,应视同销售,按照该产品的公允价值和相关税费,计入成本费用的职工薪酬。相关收入及其成本的确认计量和相关税费的处理,与正常商品销售相同。以外购商品作为非货币性福利提供给职工的,应当按照该商品的公允价值和相关税费,计量应计入成本费用的职工薪酬金额。

非货币性职工薪酬账务处理实例

【例 3-8】 蓝迪公司共有职工 200 名,2×19 年 2 月,公司以其生产的成本为 6 500 元的笔记本电脑作为春节福利发放给公司职工。该型号笔记本电脑售价为每台 8 450 元,公司适用的增值税税率为 13%。假定 200 名职工中有 160 名为直接参加生产的职工,40 名为总部管理人员。

公司决定发放非货币性福利时,应作如下账务处理。

借:生产成本[8 450×160×(1+13%)]   1 527 760
    管理费用[8 450×40×(1+13%)]   381 940
    贷:应付职工薪酬——非货币性福利   1 909 700
实际发放非货币性福利时,账务处理如下:
借:应付职工薪酬——非货币性福利   1 909 700
    贷:主营业务收入(8 450×200)   1 690 000
        应交税费——应交增值税(销项税额)   219 700
借:主营业务成本   1 300 000
    贷:库存商品   1 300 000

应交税费

企业在一定时期内取得的营业收入和实现的利润或发生特定经营行为,要按照规定向国家缴纳各种税金,应按照权责发生制的原则确认。这些应交的税金在尚未交纳之前,形成企业的一项负债。按照税法规定计算应交纳的各种税费,包括增值税、消费税、所得税、资源税、土地增值税、城市维护建设税、房产税、土地使用税、车船使用税、教育费附加、矿产资源补偿费等。

应交税费明细科目与设置

增值税一般纳税人应当在"应交税费"科目下设置"应交增值税""未交增值税""预交增值税""待抵扣进项税额""待认证进项税额""待转销项税额""增值税留抵税额""简易计税""转让金融商品应交增值税""代扣代交增值税"等明细科目。

(1)应交税费明细科目

应交税费明细科目说明,见表3-20。

表3-20 应交增值税明细科目说明

细目		具体说明
应交增值税	进项税额	一般纳税人购进货物、加工修理修配劳务、服务、无形资产或不动产而支付或负担的、准予从当期销项税额中抵扣的增值税额
	销项税额抵减	一般纳税人按照现行增值税制度规定因扣减销售额而减少的销项税额
	已交税金	一般纳税人当月已交纳的应交增值税额
	"转出未交增值税"和"转出多交增值税"	一般纳税人月度终了转出当月应交未交或多交的增值税额
	减免税款	一般纳税人按现行增值税制度规定准予减免的增值税额
	出口抵减内销产品应纳税额	实行"免、抵、退"办法的一般纳税人按规定计算的出口货物的进项税抵减内销产品的应纳税额
	销项税额	一般纳税人销售货物、加工修理修配劳务、服务、无形资产或不动产应收取的增值税额
	出口退税	一般纳税人出口货物、加工修理修配劳务、服务、无形资产按规定退回的增值税额
	进项税额转出	一般纳税人购进货物、加工修理修配劳务、服务、无形资产或不动产等发生非正常损失以及其他原因而不应从销项税额中抵扣、按规定转出的进项税额
未交增值税		核算一般纳税人月度终了从"应交增值税"或"预交增值税"明细科目转入当月应交未交、多交或预缴的增值税额,以及当月交纳以前期间未交的增值税额

细目	具体说明
预交增值税	核算一般纳税人转让不动产、提供不动产经营租赁服务、提供建筑服务、采用预收款方式销售自行开发的房地产项目等,以及其他按现行增值税制度规定应预缴的增值税额
待抵扣进项税额	核算一般纳税人已取得增值税扣税凭证并经税务机关认证,按照现行增值税制度规定准予以后期间从销项税额中抵扣的进项税额
待认证进项税额	核算一般纳税人由于未经税务机关认证而不得从当期销项税额中抵扣的进项税额。包括:一般纳税人已取得增值税扣税凭证、按照现行增值税制度规定准予从销项税额中抵扣,但尚未经税务机关认证的进项税额;一般纳税人已申请稽核但尚未取得稽核相符结果的海关缴款书进项税额
待转销项税额	核算一般纳税人销售货物、加工修理修配劳务、服务、无形资产或不动产,已确认相关收入(或利得)但尚未发生增值税纳税义务而需于以后期间确认为销项税额的增值税额
增值税留抵税额	核算兼有销售服务、无形资产或者不动产的原增值税一般纳税人,截止到纳入"营改增"试点之日前的增值税期末留抵税额按照现行增值税制度规定不得从销售服务、无形资产或不动产的销项税额中抵扣的增值税留抵税额
简易计税	核算一般纳税人采用简易计税方法发生的增值税计提、扣减、预缴、缴纳等业务
转让金融商品应交增值税	核算增值税纳税人转让金融商品发生的增值税额
代扣代交增值税	核算纳税人购进在境内未设经营机构的境外单位或个人在境内的应税行为代扣代缴的增值税。

(2)应交税费科目设置

根据(财会〔2016〕22 号)文件规定,一般纳税人企业增值税相关会计科目设置见表 3-21。

企业代扣代交的个人所得税等,也通过本科目核算。本科目可按应交的税费项目进行明细核算,应交税费的科目代码为 2221,见表 3-21。

表 3-21　　　　　　　　　　　　　应交税费会计科目编码的设置

科目代码	总分类科目 （一级科目）	明细分类科目	
		二级明细科目	三级明细科目
2221	应交税费		
222101	应交税费	应交增值税	
22210101	应交税费	应交增值税	销项税额
22210102	应交税费	应交增值税	进项税额
22210103	应交税费	应交增值税	已交税金
22210104	应交税费	应交增值税	进项税额转出
22210105	应交税费	应交增值税	出口退税
22210106	应交税费	应交增值税	转出多交增值税
22210107	应交税费	应交增值税	未交税金
222103	应交税费	预交增值税	
222104	应交税费	待抵扣进项税额	
222105	应交税费	未交增值税	
222106	应交税费	增值税留抵税额	
222107	应交税费	简易计税	
222108	应交税费	待认证进项税额	
222109	应交税费	待转销项税额	
222110	应交税费	转让金融商品应交增值税	
222111	应交税费	代扣代交增值税	
222112	应交税费	应交消费税	
22211201	应交税费	应交消费税	进口消费税
22211202	应交税费	应交消费税	出口消费税
222113	应交税费	应交城市维护建设税	
222114	应交税费	应交教育费附加	
222115	应交税费	应交地方教育附加	
222116	应交税费	应交个人所得税	
222117	应交税费	应交企业所得税	
222118	应交税费	应交房产税	
222119	应交税费	应交土地使用税	
222120	应交税费	应交车船使用税	
222121	应交税费	应交资源税	
222122	应交税费	应交印花税	

增值税账务处理

增值税是对在我国境内销售货物或提供加工、修理修配劳务（以下简称应税劳务），以及进口货物的单位和个人，就其取得的货物或应税劳务的销售额，以及进口货物的金额计算税款，并实行税款抵扣制的一种税。2016 年 5 月 1 日，除了交通运输业、邮政业、现代服务业外，建筑业、房地产业、金融业、生活服务业的增值额也纳入增值税范畴。

（1）增值税科目的设置

增值税科目的设置如图 3-4 所示。

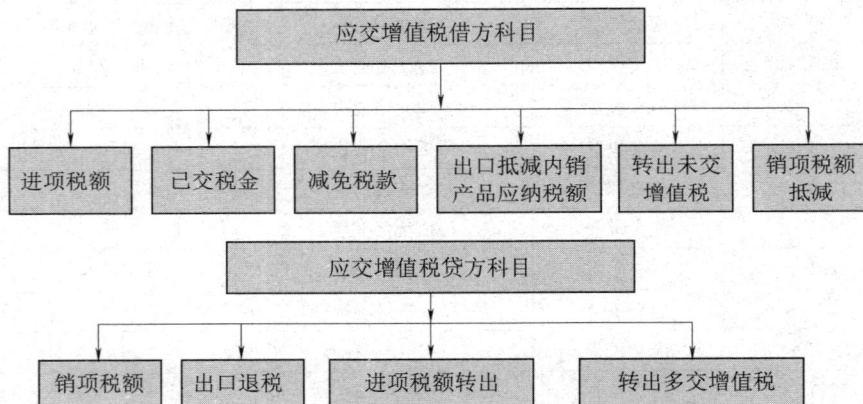

```
┌─────────────────────────────────────────────┐
│            应交增值税借方科目                  │
└─────────────────────────────────────────────┘
   │        │        │         │         │         │
┌──────┐ ┌──────┐ ┌──────┐ ┌────────┐ ┌──────┐ ┌──────┐
│进项税额│ │已交税金│ │减免税款│ │出口抵减内销│ │转出未交│ │销项税额│
│      │ │      │ │      │ │产品应纳税额│ │增值税 │ │抵减  │
└──────┘ └──────┘ └──────┘ └────────┘ └──────┘ └──────┘

┌─────────────────────────────────────────────┐
│            应交增值税贷方科目                  │
└─────────────────────────────────────────────┘
   │        │          │              │
┌──────┐ ┌──────┐ ┌──────────┐ ┌──────────┐
│销项税额│ │出口退税│ │进项税额转出│ │转出多交增值税│
└──────┘ └──────┘ └──────────┘ └──────────┘
```

图 3-4　增值税应设子目

（2）增值税的税率

根据（财政部、税务总局、海关总署公告 2019 年第 39 号）规定：

①增值税一般纳税人（以下称纳税人）发生增值税应税销售行为或者进口货物，原适用 16％税率的，税率调整为 13％；原适用 10％税率的，税率调整为 9％。

②纳税人购进农产品，原适用 10％扣除率的，扣除率调整为 9％。纳税人购进用于生产或者委托加工 13％税率货物的农产品，按照 10％的扣除率计算进项税额。

增值税的税率，目前有 13％、9％、6％和 0。

最新增值税税率表，见表 3-22。

表 3-22

最新增值税税率表

小规模纳税人	包括原增值税纳税人和"营改增"纳税人 从事货物销售,提供增值税加工、修理修配劳务,以及"营改增"各项应税服务		征收率3%
一般纳税人	销售或者进口货物(另有列举的货物除外);提供加工、修理修配劳务		13%
	粮食、食用植物油、鲜奶		
	自来水、暖气、冷气、热气、煤气、石油液化气、天然气、沼气,居民用煤炭制品		9%
	图书、报纸、杂志		
	饲料、化肥、农药、农机(整机)、农膜		
	国务院规定的其他货物		
	农产品(指各种动、植物初级产品);音像制品;电子出版物;二甲醚;农用挖掘机、养鸡设备系列、养猪设备系列产品属于农机,适用9%增值税税率。(2019年4月1日起施行)		
	出口货物		0%
	交通运输业	陆路(含铁路)运输、水路运输、航空运输和管道运输服务	9%
	邮政业	邮政普遍服务、邮政特殊服务、其他邮政服务	9%
	电信服务	基础电信、增值电信服务	9%
	建筑	工程服务、安装服务、修缮服务、装饰服务、其他建筑服务	
	金融服务	贷款服务、直接收费金融服务、保险服务、金融商品转让	
	销售不动产	包括建筑物、构筑物等	
	转让土地使用权		
	不动产租赁服务		
	生活服务	文化体育服务、教育医疗服务、旅游娱乐服务、餐饮住宿服务、居民日常服务、其他生活服务	6%
	现代服务业	研发和技术服务、信息技术服务、文化创意服务、物流辅助服务、鉴证咨询服务、广播影视服务	6%
		有形动产租赁服务	13%
		财政部和国家税务总局规定的应税服务	0%
特殊纳税人	境内单位和个人提供的往返中国香港、澳门、台湾的交通运输服务,境内单位和个人在香港、澳门、台湾提供的交通运输服务		0%
	境内单位和个人提供的国际运输服务、向境外单位提供的研发服务和设计服务		0%
	境内单位和个人提供的规定的涉外应税服务		免税

1. 一般纳税人增值税的会计处理

为了核算企业应交增值税的发生、抵扣、交纳、退税及转出等情况,应在"应交税费"科目下设置"应交增值税"明细科目,并在"应交增值税"明细账内设置"进项税额""已交税金""销项税额""出口退税""进项税额转出"等专栏。

我国目前对一般纳税人采用的是国际上通行的购进扣税法,即当期销项税额抵扣当期进项税额后的余额。应纳税额的计算公式为:

$$当期应纳税额＝当期销项税额－进项税额$$
$$＝当期销售额×适用税率－当期进项税额$$

(1)采购商品和接受应税劳务。见表 3-23。

表 3-23 采购商品和应税劳务的账务处理

财务情景		账务处理
采购等业务进项税额允许抵扣的账务处理	一般纳税人购进货物、加工修理修配劳务、服务、无形资产或不动产	借:在途物资/原材料/库存商品/生产成本/无形资产/固定资产/管理费用等 应交税费——应交增值税(进项税额) ——待认证进项税额 贷:应付账款/应付票据/银行存款等
采购等业务进项税额不得抵扣的账务处理		借:相关成本费用或资产科目 应交税费——待认证进项税额 贷:银行存款/应付账款等科目 经税务机关认证后 借:相关成本费用或资产科目 贷:应交税费——应交增值税(进项税额转出)
购进不动产或不动产在建工程按规定进项税额抵扣的账务处理		借:固定资产/在建工程等 应交税费——应交增值税(进项税额) 贷:应付账款/应付票据/银行存款等
货物等已验收入库但尚未取得增值税扣税凭证的账务处理		借:原材料/库存商品/固定资产/无形资产 应交税费——应交增值税(进项税额) 贷:应付账款
购买方作为扣缴义务人的账务处理		借:生产成本/无形资产/固定资产/管理费用 应交税费——应交增值税(进项税额) 贷:应付账款等 应交税费——代扣代交增值税 实际缴纳代扣代缴增值税时,按代扣代缴的增值税额 借:应交税费——代扣代交增值税 贷:银行存款

采购商品和接受应税劳务增值税的账务处理实例

【例3-9】 蓝迪公司为增值税一般纳税企业,购入原材料一批,增值税专用发票上注明货款70 000元,增值税税额9 100元,货物尚未到达,款项已用银行存款支付。编制会计分录如下。

借:在途物资　　　　　　　　　　　　　　　　　　70 000
　　应交税费——应交增值税(进项税额)　　　　　　9 100
　　　贷:银行存款　　　　　　　　　　　　　　　　　　79 100

(2)销售商品或者提供应税劳务。见表3-24。

表3-24　　　　　　　　　　采购商品和应税劳务的账务处理

财务情景		账务处理
企业销售货物,加工修理修配劳务、服务、无形资产或不动产		借:应收账款/应收票据/银行存款等 贷:主营业务收入/其他业务收入/固定资产清理/ 　　合同结算 　　应交税费——应交增值税(销项税额) 　　应交税费——简易计税 　　应交税费——应交增值税(小规模纳税人)
收入或利得的时点早于按照增值税制度确认增值税纳税义务发生时点的		应将相关销项税额计入"应交税费——待转销项税额"科目,待实际发生纳税义务时再转入"应交税费——应交增值税(销项税额)"或"应交税费——简易计税"科目
增值税纳税义务发生时点早于按照国家统一的会计制度确认收入或利得的时点的		借:应收账款 贷:应交税费——应交增值税(销项税额)/应交税 　　费——简易计税
视同销售的账务处理		借:应付职工薪酬/利润分配 贷:应交税费——应交增值税(销项税额)/应交税 　　费——简易计税 (小规模纳税人应计入"应交税费——应交增值 税")
差额征税的账务处理	企业发生相关成本费用允许扣减销售额的账务处理	借:主营业务成本/存货/合同履约成本 贷:应付账款/应付票据/银行存款
	按照允许抵扣的税额	借:应交税费——应交增值税(销项税额抵减)/应交税 　　费——简易计税 小规模纳税人账务处理 借:应交税费——应交增值税 贷:主营业务成本/存货/合同履约成本
月末转出多交增值税和未交增值税	对于当月应交未交的增值税	借:应交税费——应交增值税(转出未交增值税) 贷:应交税费——未交增值税
	对于当月多交的增值税	借:应交税费——未交增值税 贷:应交税费——应交增值税(转出多交增值税)

销售商品或者提供应税劳务增值税的账务处理实例

【例3-10】 蓝迪公司销售产品一批,价款900 000元,适用的增值税税率为13%,提货单和增值税专用发票已交给买方,款项尚未收到。编制会计分录如下。

借:应收账款   1 017 000
  贷:主营业务收入   900 000
    应交税费——应交增值税(销项税额)   117 000

(3)缴纳增值税会计处理,见表3-25。

表3-25   缴纳增值税会计处理

缴纳时间	账务处理
当月缴纳税款	借:应交税费——应交增值税(已交税金) 贷:银行存款
当月缴纳以前月份税款	借:应交税费——未交增值税 贷:银行存款
税款减免的账务处理	借:应交税费——应交增值税(减免税款) 贷:营业外收入
税款返还	借:银行存款 贷:营业外收入

以银行存款缴纳本月增值税107 900(117 000−9 100)元。编制会计分录如下。

借:应交税费——应交增值税(已交税金)   107 900
  贷:银行存款   107 900

2. 外贸企业进口货物的会计处理

(1)进口货物应纳税额的计算

根据《增值税暂行条例》的规定,进口货物增值税的纳税义务人为进口货物的收货人或办理报关手续的单位和个人,包括国内一切从事进口业务的企事业单位、机关团体和个人。

(2)进口货物的适用税率

进口货物增值税税率与增值税一般纳税人在国内销售同类货物的税率相同。

根据财政部、税务总局、海关总署公告(2019年第39号)规定:

①原适用 16％税率且出口退税率为 16％的出口货物劳务,出口退税率调整为 13％;原适用 10％税率且出口退税率为 10％的出口货物、跨境应税行为,出口退税率调整为 9％。

②适用 13％税率的境外旅客购物离境退税物品,退税率为 11％;适用 9％税率的境外旅客购物离境退税物品,退税率为 8％。

2019 年 6 月 30 日前,按调整前税率征收增值税的,执行调整前的退税率;按调整后税率征收增值税的,执行调整后的退税率。退税率的执行时间,以退税物品增值税普通发票的开具日期为准。

(3)进口货物应纳税额的计算

应纳税额＝组成计税价格×税率

组成计税价格＝(关税完税价格＋关税)÷(1－消费税税率)

或组成计税价格＝关税完税价格＋关税＋消费税

出口退税的账务处理,见表 3-26。

表 3-26　　　　　　　　　　　　　**出口退税的账务处理**

业务情景	账务处理
未实行"免、抵、退"办法的一般纳税人出口货物按规定退税的	借:其他应收款——应收出口退税款 　　贷:应交税费——应交增值税(出口退税) 收到出口退税时 借:银行存款 　　贷:应收出口退税款 退税额小于购进时取得的增值税专用发票上的增值税额的差额 借:主营业务成本 　　贷:应交税费——应交增值税(进项税额转出)
实行"免、抵、退"办法的一般纳税人出口货物	借:主营业务成本 　　贷:应交税费——应交增值税(进项税额转出) 　按规定计算的当期出口货物的进项税抵减内销产品的应纳税额 借:应交税费——应交增值税(出口抵减内销产品应纳税额) 　　贷:应交税费——应交增值税(出口退税) 　在规定期限内,内销产品的应纳税额不足以抵减出口货物的进项税额,不足部分按有关税法规定给予退税的,应在实际收到退税款时 借:银行存款 　　贷:应交税费——应交增值税(出口退税)

进口增值税的账务处理实例

【例3-11】 丽阳市第一日化厂为增值税一般纳税人，2×19年8月进口一批香水，关税完税价格为250 000元。海关于8月15日开具了完税凭证。第一日化厂缴纳进口环节税金后海关放行。计算该厂进口环节应缴纳的增值税(关税税率为50%，消费税税率为30%)。

关税完税价格＝250 000(元)

组成计税价格＝250 000×(1＋50%)÷(1−30%)＝535 714.29(元)

进口环节缴纳增值税＝535 714.29×13%＝69 642.85(元)

借：在途物资——进口香水 535 714.29

　　应交税费——应交增值税(进项税额) 69 642.85

　　贷：应付账款——应付外汇账款(香水) 605 357.14

3. 服务业增值税的会计处理

服务性行业按照销售额及其适用的税率，计算应交的增值税，借记"应收账款""银行存款"，贷记"应交税费——应交增值税(销项税额)""主营业务收入"。

服务性行业相关增值税的账务处理实例

【例3-12】 汉唐娱乐城当月取得不含税收入55 000元，增值税税率6%。当期用银行存款上交增值税1 200元。企业账务处理如下。

借：应交税费——应交增值税(已交税金) 1 200

　　贷：银行存款 1 200

4. 销售不动产的会计处理

企业出售不动产时，计算应交的增值税，借记"银行存款"，贷记"固定资产清理"，"应交税费——应交增值税(销项税额)"。

销售不动产的账务处理实例

【例3-13】 蓝迪公司出售一栋办公楼，出售收入69 760 000元已存入银行。该办公楼的账面原价为54 000 000元，已提折旧36 000 000元，未曾计提减值准备；出售过程中用银行存款支付清理费用12 000元。销售该项目固定资产适用的增值税税率为9%。企业账务处理如下。

(1)该固定资产转入清理

借：固定资产清理 18 000 000

累计折旧   36 000 000

 贷:固定资产   54 000 000

（2）收到出售收入69 760 000元,计算应交增值税＝69 760 000÷(1＋9％)×9％＝5 760 000(元)

 借:银行存款   69 760 000

  贷:固定资产清理   64 000 000

   应交税费——应交增值税(销项税额)   5 760 000

（3）支付清理费用12 000元

 借:固定资产清理   12 000

  贷:银行存款   12 000

（4）结转销售该固定资产的净收入

 借:固定资产清理   51 748 000

  贷:资产处置损益   51 748 000

5. 小规模纳税企业的会计处理

小规模纳税人不享有进项税额的抵扣权,其购进货物或接受应税劳务支付的增值税直接计入有关货物或劳务的成本。因此,小规模纳税人只需在"应交税费"科目下设置"应交增值税"明细科目,贷方登记应交纳的增值税,借方登记已交纳的增值税;期末贷方余额为尚未交纳的增值税,借方余额为多交纳的增值税。

根据《增值税暂行条例》规定,小规模纳税人销售货物或提供应税劳务,按简易方法计算,即按销售额和规定征收率计算应纳税额,不得抵扣进项税额,同时,销售货物也不得自行开具增值税专用发票。

应纳税额＝销售额×征收率(3％)

不含税销售额＝含税销售额÷(1＋征收率)

小规模纳税人只需设置"应交增值税"明细科目,不需要在"应交增值税"明细科目中设置上述专栏。

小规模纳税人增值税会计处理,见表3-27。

表 3-27 小规模纳税人增值税账务处理

业务情景	账务处理
购入货物或接受应税劳务的会计处理	借:材料采购/原材料/制造费用/管理费用/销售费用/其他业务成本等 　贷:银行存款/应付账款/应付票据等
销售货物或提供应税劳务的会计处理	借:银行存款/应收账款/应收票据等 　贷:主营业务收入/其他业务收入等 　　　应交税费——应交增值税(销项税额) 　注:发生的销货退回,作相反的会计分录
缴纳增值税款的会计处理	借:应交税费——应交增值税 　贷:银行存款等 收到退回多缴的增值税时,作相反的会计分录

小规模纳税人增值税的账务处理实例

【例 3-14】 科达为工业生产企业,经税务机关核定为小规模纳税人。本期购入原材料,按照增值税专用发票上记载的原材料价款为 140 000 元,支付的增值税税额为 4 200 元,企业开出商业承兑汇票,材料已到达并验收入库(材料按实际成本核算)。该企业本期销售产品,销售价格总额为 252 350 元,增值税征收率为 3%,款项已存入银行。月末以银行存款上缴应交增值税 3 800 元。

(1)购进货物时,原材料的成本=140 000+4 200=144 200(元)

借:原材料　　　　　　　　　　　　　　　　　　144 200

　　贷:应付票据　　　　　　　　　　　　　　　　144 200

(2)销售货物时:不含税销售额=252 350÷(1+3%)=245 000(元)

应纳增值税=不含税销售额×征收率=245 000×3%=7 350(元)

借:银行存款　　　　　　　　　　　　　　　　　252 350

　　贷:主营业务收入　　　　　　　　　　　　　　245 000

　　　　应交税费——应交增值税　　　　　　　　　　7 350

(3)月末上交增值税时

借:应交税费——应交增值税　　　　　　　　　　　7 350

　　贷:银行存款　　　　　　　　　　　　　　　　　7 350

消费税账务处理

消费税是对我国境内从事生产、委托加工和进口应税消费品的单位和个人，就其销售额或销售数量，在特定环节征收的一种税。也就是对特定的消费品和消费行为征收的一种税。

1. 消费税征税范围

消费税征税范围，见表 3-28。

表 3-28 消费税的征税范围

种 类	具 体 内 容
生产应税消费品	生产应税消费品除了直接对外销售应征收消费税外，纳税人将生产的应税消费品换取生产资料、消费资料、投资入股、偿还债务，以及用于继续生产应税消费品以外的其他方面都应缴纳消费税
委托加工应税消费品	委托加工的应税消费品收回后，再继续用于生产应税消费品销售的，其加工环节缴纳的消费税款可以扣除，直接出售的，应缴纳消费税
进口应税消费品	单位和个人进口应税消费品，于报关进口时缴纳消费税
零售应税消费品	纳税人从事零售业务的，在零售时纳税
	金银首饰的带料加工、翻新改制、以旧换新等业务，在零售环节征收消费税；但金银首饰的修理和清洗，不缴纳消费税
	用于馈赠、赞助、集资、广告、样品、职工福利、奖励等方面的，在移送时缴纳消费税

2. 消费税的税目和税率

消费税税目和税率，见表 3-29。

表 3-29 消费税税目和税率表

税 目	税 率
一、烟	
1. 卷烟	
（1）甲类卷烟	56%加 0.003 元/支
（2）乙类卷烟	36%加 0.003 元/支
（3）批发环节	11%加 0.005 元/支
2. 雪茄烟	36%
3. 烟丝	30%

税　　目	税　　率
二、酒及酒精	
1.白酒	20%加0.5元/500克(或者500毫升)
2.黄酒	240元/吨
3.啤酒	
(1)甲类啤酒	240元/吨
(2)乙类啤酒	250元/吨
4.其他酒	10%
三、化妆品	30%
四、贵重首饰及珠宝玉石	
1.金银首饰、铂金首饰和钻石及钻石饰品	5%
2.其他贵重首饰和珠宝玉石	10%
五、鞭炮、焰火	15%
六、成品油	
1.汽油	1.52元/升
2.柴油	1.20元/升
3.航空煤油	1.20元/升
4.石脑油	1.10元/升
5.溶剂油	1.52元/升
6.润滑油	1.52元/升
7.燃料油	1.20元/升
七、摩托车	
1.气缸容量(排气量,下同)在250毫升(含250毫升)以下的	3%
2.气缸容量在250毫升以上的	10%
八、小汽车	
1.乘用车	
(1)气缸容量(排气量,下同)在1.0升(含1.0升)以下的	1%
(2)气缸容量在1.0升以上至1.5升(含1.5升)的	3%
(3)气缸容量在1.5升以上至2.0升(含2.0升)的	5%
(4)气缸容量在2.0升以上至2.5升(含2.5升)的	9%
(5)气缸容量在2.5升以上至3.0升(含3.0升)的	12%
(6)气缸容量在3.0升以上至4.0升(含4.0升)的	25%
(7)气缸容量在4.0升以上的	40%
2.中轻型商用客车	5%
九、高尔夫球及球具	10%
十、高档手表	20%
十一、游艇	10%

256

税　目	税　率
十二、木制一次性筷子	5％
十三、实木地板	5％
十四、电池	4％
十五、涂料	4％

3. 消费税设置科目

企业按规定应交的消费税,在"应交税费"科目下设置"应交消费税"明细科目核算。"应交消费税"明细科目的借方发生额,反映实际交纳的消费税和待扣的消费税;贷方发生额,反映按规定应交纳的消费税;期末贷方余额,反映尚未交纳的消费税;期末借方余额,反映多交或待扣的消费税。

4. 征收消费税的具体账务处理

(1)销售消费品的会计处理

企业将生产的产品直接对外销售的,对外销售产品应交纳的消费税,通过"营业税金及附加"科目核算;企业按规定计算出应交的消费税,借记"税金及附加"科目,贷记"应交税费——应交消费税"科目。

销售消费品的账务处理实例

【例3-15】 甲企业为增值税一般纳税人(采用计划成本核算原材料),本期销售其生产的应纳消费税产品,应纳消费税产品的售价为240 000元(不含应向购买者收取的增值税税额),产品成本为150 000元。该产品的增值税税率为13％,消费税税率为10％。产品已经发出,符合收入确认条件,款项尚未收到。企业应做如下账务处理。

应向购买者收取的增值税税额＝240 000×13％＝31 200(元)

应交的消费税＝240 000×10％＝24 000(元)

借:应收账款		271 200
贷:主营业务收入		240 000
应交税费——应交增值税(销项税额)		31 200
借:税金及附加		24 000
贷:应交税费——应交消费税		24 000

借：主营业务成本　　　　　　　　　　　　　　　　150 000

　　贷：库存商品　　　　　　　　　　　　　　　　　150 000

（2）自产自用应税消费品的会计处理

企业用应税消费品用于在建工程、非生产机构等其他方面，按规定应交纳的消费税，应计入有关的成本。企业以生产的商品用于在建工程、非生产机构等其他方面，按规定应交纳的消费税，借记"固定资产""在建工程""营业外支出"等科目，贷记"应交税费——应交消费税"科目；将自产产品用于对外投资、分配给职工等，应该借记"营业税金及附加"，贷记"应交税费——应交消费税"科目。

按照纳税人生产的同类消费品销售价格计算纳税，没有同类消费品销售价格的，应按组成计税价格计算纳税，组成计税公式如下。

实行从价定率办法：

$$组成计税价格 = （成本 + 利润）÷ （1 - 比例税率）$$

$$应纳税额 = 组成计税价格 × 消费税税率$$

实行复合计税办法：

$$组成计税价格 = （成本 + 利润 + 自产自用数量 × 定额税率）÷ （1 - 比例税率）$$

平均成本利润率，见表3-30。

表 3-30　　　　　　　　　　　平均成本利润率（％）

货物名称	利润率	货物名称	利润率
1. 甲类卷烟	10	11. 贵重首饰及珠宝玉石	6
2. 乙类卷烟	5	12. 汽车轮胎	5
3. 雪茄烟	5	13. 摩托车	6
4. 烟丝	5	14. 高尔夫球及球具	10
5. 粮食白酒	10	15. 高档手表	20
6. 薯类白酒	5	16. 游艇	10
7. 其他酒	5	17. 木制一次性筷子	5
8. 酒精	5	18. 实木地板	5
9. 化妆品	5	19. 乘用车	8
10. 鞭炮、焰火	5	20. 中轻型商用客车	5

自产自用应税消费品的账务处理实例

【例 3-16】 甲企业在建工程领用自产柴油 50 000 元,应纳增值税 8 000 元,应纳消费税 6 000 元。编制会计分录如下。

借:在建工程　　　　　　　　　　　　　　　　　　　64 000

　　贷:库存商品　　　　　　　　　　　　　　　　　　50 000

　　　　应交税费——应交增值税(销项税额)　　　　　8 000

　　　　应交税费——应交消费税　　　　　　　　　　　6 000

(3)委托加工应税消费品的会计处理

按照税法规定,企业委托加工的应税消费品,由受托方在向委托方交货时代扣代缴税款(除受托加工或翻新改制金银首饰按规定由受托方交纳消费税外)。

①委托加工的应税消费品直接出售的,委托方应将代收代缴的消费税计入委托加工的应税消费品成本,借记"委托加工物资""生产成本"等科目,贷记"应付账款""银行存款"等科目;待委托加工应税消费品销售时,不需要再交纳消费税。

②委托加工环节应纳消费品应纳税的计算。根据《消费税暂行条例》的规定,委托加工的应税消费品,按照受托方的同类消费品的销售价格计算纳税;没有同类消费品销售价格的,按照组成计税价格计算纳税。计算公式如下。

实行从价定率办法:

组成计税价格＝(材料成本＋加工费)÷(1－比例税率)

实行复合计税办法:

组成计税价格＝(材料成本＋加工费＋委托加工数量×定额税率)÷
(1－比例税率)

委托方收回后直接用于销售,将应交的消费税计入加工产品成本。

委托方收回后直接用于销售账务处理实例

【例 3-17】 甲企业委托外单位加工材料(非金银首饰),加工后的材料直接用于销售。原材料价款为 200 000 元,加工费用为 50 000 元,由受托方代收代缴的消费税为 5 000 元(不考虑增值税),材料已经加工完毕验收入库,加工费用尚未支付。编制会计分录如下。

借:委托加工物资　　　　　　　　　　　　　　　　　200 000

　　　　贷：原材料　　　　　　　　　　　　　　　　　　　　200 000
　　借：委托加工物资(50 000＋5 000)　　　　　　　　　 55 000
　　　　贷：应付账款　　　　　　　　　　　　　　　　　　　　 55 000
　　借：原材料(200 000＋55 000)　　　　　　　　　　　255 000
　　　　贷：委托加工物资　　　　　　　　　　　　　　　　　 255 000

③委托加工的应税消费品收回后用于连续生产应税消费品,按规定准予抵扣的,委托方应按代收代缴的消费税款,借记"应交税费——应交消费税"科目,贷记"应付账款""银行存款"等科目,待用委托加工的应税消费品生产出应纳消费税的产品销售时,再交纳消费税。

用于连续生产应税消费品账务处理实例

【例3-18】　若例3-17中,甲企业收回加工后的材料用于连续生产应税消费品。编制会计分录如下。

　　借：委托加工物资　　　　　　　　　　　　　　　　　　　200 000
　　　　贷：原材料　　　　　　　　　　　　　　　　　　　　　200 000
　　借：委托加工物资　　　　　　　　　　　　　　　　　　　 50 000
　　　　应交税费——应交消费税　　　　　　　　　　　　　　 5 000
　　　　贷：应付账款　　　　　　　　　　　　　　　　　　　　 55 000
　　借：原材料　　　　　　　　　　　　　　　　　　　　　　250 000
　　　　贷：委托加工物资　　　　　　　　　　　　　　　　　 250 000

④委托加工或翻新改制金银首饰按规定由受托方交纳消费税。企业应于向委托方交货时,按规定交纳的消费税,借记"营业税金及附加"科目,贷记"应交税费——应交消费税"科目。

(4)进口应税消费品 的会计处理

①从价定率计征应纳税额的计算

$$组成计税价格＝(关税完税价格＋关税)÷(1－消费税税率)$$
$$应纳税额＝组成计税价格×消费税税率$$

②复合计税计征应纳税额的计算

$$组成计税价格＝(关税完税价格＋关税＋进口数量×定额税率)÷$$
$$(1－比例税率)$$

进口环节应纳消费税账务处理实例

【例3-19】 大地进出口外贸公司2×19年7月从国外进口一批应税消费品,已知该批应税消费品的关税完税价格为200 000元,按规定应缴纳关税70 000元,假定进口的应税消费品的消费税税率为10%。请计算该批消费品进口环节应缴纳的消费税税额。企业应作账务处理如下:

组成计税价格＝(200 000＋70 000)÷(1－10%)＝300 000(元)

应纳消费税税额＝300 000×10%＝30 000(元)

①计算消费税时

借:税金及附加　　　　　　　　　　　　　　　　　　　　30 000

　　贷:应交税费——应交消费税　　　　　　　　　　　　　　30 000

②交纳时

借:应交税费——应交消费税　　　　　　　　　　　　　　30 000

　　贷:银行存款　　　　　　　　　　　　　　　　　　　　30 000

城市维护建设税账务处理

2018年10月19日,财政部、国家税务总局起草《中华人民共和国城市维护建设税法(征求意见稿)》规定,在中华人民共和国境内缴纳增值税、消费税的单位和个人,为城市维护建设税的纳税人,应当依照本法规定缴纳城市维护建设税。企业按规定计算出的城市维护建设税,借记"税金及附加""其他业务成本"等,贷记"应交税费——应交城市维护建设税"。实际上交时,借记"应交税费——应交城市维护建设税"科目,贷记"银行存款"科目。

应交城市维护建设税账务处理实例

【例3-20】 蓝迪公司本期实际应上交增值税840 000元,消费税281 000元。该企业适用的城市维护建设税税率为7%。账务处理如下。

(1)计算应交城市维护建设税时

应交城市维护建设税＝(840 000＋281 000)×7%＝78 470(元)

借:税金及附加　　　　　　　　　　　　　　　　　　　　78 470

　　贷:应交税费——应交城市维护建设税　　　　　　　　　78 470

(2)用银行存款上交城市维护建设税时

借:应交税费——应交城市维护建设税　　　　　　　　　　78 470

　　贷:银行存款　　　　　　　　　　　　　　　　　　　　78 470

纳税人实际缴纳的增值税、消费税税额，以及出口货物、劳务或者跨境销售服务、无形资产增值税免抵税额。

对实行增值税期末留抵退税的纳税人	对出口货物、劳务和跨境销售服务、无形资产以及因优惠政策退还增值税、消费税的
• 允许其从城市维护建设税的计税依据中扣除退还的增值税税额	• 不退还已缴纳的城市维护建设税

教育费附加账务处理

教育费附加是为了发展教育事业而向企业征收的附加费用，企业按应交流转税的一定比例计算交纳。企业按规定计算出应交的教育费附加，借记"税金及附加"等，贷记"应交税费——应交教育费附加"。实际上交时，借记"应交税费——应交教育费附加"科目，贷记"银行存款"科目。

教育附加费计算实例

【例3-21】 科达有限公司2×19年8月份实际缴纳增值税300 000元，缴纳消费税400 000元。计算该企业应纳的城建税和教育费附加。城市维护建设税税率7%，教育费附加3%。账务处理如下。

应纳城建税税额＝(300 000＋400 000)×7%

＝700 000×7%＝49 000(元)

应纳教育费附加＝700 000×3%＝21 000(元)

(1)计提城建税和教育费附加

借：税金及附加	70 000
贷：应交税费——应交城市维护建设税	49 000
——应交教育费附加	21 000

(2)缴纳城建税和教育费附加

借：应交税费——应交城市维护建设税	49 000
——应交教育费附加	21 000
——应交增值税	300 000
——应交消费税	400 000
贷：银行存款	770 000

土地增值税账务处理

2019 年 7 月 16 日,财政部、国家税务总局发布《中华人民共和国土地增值税法(征求意见稿)》,在此意见稿中税率没有变化。

土地增值税按照转让房地产所取得的增值额和规定的税率计算征收,通过"应交税费——应交土地增值税"科目核算。对于兼营房地产业务的企业,交纳的土地增值税计入"其他业务成本";转让的土地使用权连同地上建筑物及附着物的税款计入"固定资产清理""在建工程"。

土地增值税账务处理实例

【例 3-22】 绿色食品公司对外转让一栋厂房,根据税法规定计算的应交土地增值税为 45 000 元。有关会计处理如下。

(1)计算应交纳的土地增值税

借:固定资产清理   45 000

　　贷:应交税费——应交土地增值税   45 000

(2)用银行存款交纳应交土地增值税款

借:应交税费——应交土地增值税   45 000

　　贷:银行存款   45 000

关税账务处理

关税是由海关根据国家制定的有关法律,以进出关境的货物和物品为征税对象而征收的一种商品税。

从 2019 年 1 月 1 日开始,我国将调整部分商品的进口关税。从 2019 年 1 月 1 日开始,对于铁矿砂、化肥、煤焦油等 94 项商品都取消征收出口关税。从 2019 年的 7 月 1 日开始,我国会实现对 398 项信息技术产品税率降税,对于部分信息产品的暂定税也会做出相应的调整。

1. 关税账户的设置

进出口企业自营出口应缴纳的关税,关税是价内税。所以,企业进口货物应纳的关税应直接计入采购成本。按完税价格和适用税率计算出应纳进口关税税额后,借记"材料采购"账户,贷记"应交税费——应交进口关税"账户;实际缴纳进口关税时,借记"应交税费——应交进口关税"账户,贷记"银行存款"账户。进口关税核算按进口货物的形式可分为自营进出口关税、代理进出口关税、易货贸易出口的核算。

2. 关税应纳税额的计算

（1）从价税应纳税额的计算

$$关税税额＝应税进（出）口货物数量×单位完税价格×税率$$

（2）从量税应纳税额的计算

$$关税税额＝应税进（出）口货物数量×单位货物税额$$

（3）复合税应纳税额的计算

我国目前实行的复合税都是先计征从量税，再计征从价税。

$$关税税额＝应税进（出）口货物数量×单位货物税额＋$$
$$应税进（出）口货物数量×单位完税价格×税率$$

3. 关税完税价格

对于经海关批准的暂时进境的货物，应当按照《海关审定进出口货物完税价格办法》的规定，估定完税价格。

（1）进口货物关税完税价格的确定

进口货物完税价格由海关以进口货物的成交价格为基础审核确定。一般包括货价、货物运抵中华人民共和国海关境内输入地点起卸前的运费和保费。通常以 CIF 价为基础。若货物在交易的过程中，卖方付给我方正常的折扣，则应在成交价格中扣除。

进口货物以到岸价格（CIF）、到岸价格加佣金价格（CIFC）、到岸价格加战争险价格（CIPW）成交的，经海关审定后，可作为完税价格。见表 3-31。

表 3-31　　　　　　　　　　进口货物完税价格的确定

分类	定义	计算公式
CIF 价格（成本＋运费＋保险费）	又称为到岸价格，以我国口岸到岸价格（CIF）成交的，则成交价格就是关税完税价格	关税完税价格＝CIF
CFR 价格（成本＋运费）	又称离岸加运费价格，进口货物采用 CFR 价格成交的，应加保险费组成完税价格	完税价格＝CFR÷（1－保险费率）
FOB 价格（船上交货）	进口货物采用 FOB 价格成交的，应加保险费和运费组成完税价格	完税价格＝（FOB 价＋运费）÷（1－保险费率）＝FOB＋运杂费＋保险费

自营进口关税的账务处理实例

【例 3-23】 2×19 年 1 月,大地进出口公司从国外自营进口商品一批,该商品的到岸价格为人民币 300 000 元,进口商品的关税税率为 30%,则该公司关税的计算及账务处理如下。

①计算应纳关税税额和商品采购成本

应纳关税税额＝300 000×30%＝90 000(元)

商品采购成本＝300 000＋90 000＝390 000(元)

②确认商品采购成本并计算应纳的关税时

借:在途物资   480 000

　　贷:银行存款   390 000

　　　　应交税费——应交关税   90 000

③实际缴纳关税时

借:应交税费——应交关税   90 000

　　贷:银行存款   90 000

④商品验收入库时

借:库存商品   480 000

　　贷:在途物资   480 000

(2)出口关税完税价格的确定

出口货物的完税价格由海关以该货物的成交价格为基础审查确定,并应当包括货物运至中华人民共和国境内输出地点装载前的运输及其相关费用、保险费。

出口关税完税价格的确定,见表 3-32。

表 3-32　　　　　　　　　　　　出口关税完税价格的确定

依据	含义	计算公式
以成交价格为基础的完税价格	出口货物的成交价格,是指该货物出口销售时,卖方为出口该货物应当向买方直接收取和间接收取的价款总额	完税价格＝(离岸价格－单独列明的由卖方承担的佣金)÷(1＋出口关税税率)

需要注意的是,下列税收、费用不计入出口货物的完税价格:

①出口关税;

②在货物价款中单独列明的货物运至中华人民共和国境内输出地点装载后的运输及其相关费用、保险费(即出口货物的运保费最多算至离境口岸);

③在货物价款中单独列明由卖方承担的佣金。

（3）出口货物海关估定方法

出口货物的成交价格不能确定的，海关经了解有关情况，并与纳税义务人进行价格磋商后，依次以下列价格审查确定该货物的完税价格：

①同时或者大约同时向同一国家或者地区出口的相同货物的成交价格；

②同时或者大约同时向同一国家或者地区出口的类似货物的成交价格；

③根据中国境内生产相同或者类似货物的成本、利润和一般费用（包括直接费用和间接费用）、中国境内发生的运输及其相关费用、保险费计算所得的价格；

④按照合理方法估定的价格。

出口货物关税以 FOB 价格为基础的计算公式，见表 3-33。

表 3-33　　　　　　　　　　　出口关税计价基础

价格基础	计算公式
以 FOB 价格为基础	完税价格＝FOB 价格÷（1＋出口关税税率）
以 CIF 价格为基础	完税价格＝（CIF 价－保险费－运费）÷（1＋出口关税税率）
以 CFR 价格为基础	关税完税价格＝（CFR－运费）÷（1＋出口关税税率）

自营业务出口关税的核算实例

【例 3-24】　大地进出口公司出口材料一批，FOB 价格 120 000 美元，出口关税税率为 20%，收到海关填发的税款缴纳凭证，当日美元汇率的中间价为 6.27 元，计算应交纳的出口关税税额。

出口关税完税价格＝120 000÷（1＋20%）×6.27＝627 000（元）

应纳出口关税额＝627 000×20%＝125 400（元）

借：税金及附加　　　　　　　　　　　　　　　　　　　　　　125 400

贷：应交税费——应交关税　　　　　　　　　　　　　　　　　　　125 400

所得税账务处理

企业的生产、经营所得和其他所得，依照有关所得税暂行条例及其实施细则的规定需要缴纳所得税。企业应交纳的所得税，在"应交税费"科目下设置"应交所得税"明细科目核算；当期应计入损益的所得税，作为一项费用，在净收益前扣除。企业按照一定方法计算，计入损益的所得税，借记"所得税费用"等科目,贷记"应交税费——应交所得税"科目。

我国计算企业所得税时,一般采用资产负债债务法。利润表中的所得税费用由两部分组成:当期所得税和递延所得税费用(或收益)。

1. 当期所得税

当期所得税应当以适用的税收法规为基础计算确定。

应交所得税＝应纳税所得额×所得税税率

应纳税所得额＝会计利润＋纳税调整增加额－纳税调整减少额＋

中国境外应税所得弥补中国境内亏损－弥补以前年度亏损

当期所得税＝当期应交所得税＝应纳税所得额×适用税率－减免税额－

抵免税额

所得税账务处理实例

【例3-25】 鑫盛有限公司为居民企业,2×18年发生经营业务如下。

(1)取得产品销售收入48 000 000元;

(2)发生产品销售成本36 000 000元;

(3)发生销售费用8 000 000元(其中广告费7 500 000元);管理费用2 000 000元(其中业务招待费800 000元);财务费用700 000元;

(4)销售税金1 800 000元(含增值税1 000 000元);

(5)营业外收入750 000元,营业外支出450 000元(含通过公益性社会团体向贫困山区捐款250 000元,支付税收滞纳金80 000元);

(6)A固定资产账面价值254 000元,计税基础为260 000元,产生可抵扣暂时性差异60 000元。

(7)计入成本、费用中的实发工资总额2 500 000元,拨缴职工工会经费80 000元、发生职工福利费400 000元、发生职工教育经费65 000元。

根据以上业务,先计算企业会计利润总额,然后按照税法的要求,调增或调减各项费用。最后根据企业适用所得税税率,计算2×18年度实际应缴纳的企业所得税。

①会计利润总额＝48 000 000＋750 000－36 000 000－8 000 000－2 000 000－700 000－(1 800 000－1 000 000)－450 000＝800 000(元)

②广告费和业务宣传费调增所得额＝7 500 000－48 000 000×15％＝7 500 000－7 200 000＝300 000(元)

③企业发生的与生产经营活动有关的业务招待费支出,按照发生额的60％扣除,但最高不得超过当年销售(营业)收入的5‰。即:48 000 000×0.5‰＝240 000(元)

业务招待费发生额为 800 000 元,即 800 000×60%＝480 000(元)

业务招待费调增所得额＝800 000－240 000＝560 000(元)

④捐赠支出应调增所得额＝250 000－800 000×12%＝154 000(元)

⑤工会经费应调增所得额＝80 000－2 500 000×2%＝30 000(元)

⑥职工福利费应调增所得额＝400 000－2 500 000×14%＝50 000(元)

⑦职工教育经费 2 500 000×8%＝200 000(元),高于 65 000 元,不须调增

⑧支付税收滞纳金 80 000 元不得扣除,应调回

⑨应纳税所得额＝800 000＋300 000＋560 000＋154 000＋30 000＋50 000＋80 000＝1 974 000(元)

⑩2×18 年应缴企业所得税＝1 974 000×25%＝493 500(元)

A 固定资产递延所得税收益＝60 000×25%＝15 000(元)

确认所得税费用＝493 500－15 000＝478 500(元)

编制会计分录如下。

借:所得税费用		478 500
递延所得税资产		15 000
贷:应交税费——应交所得税		493 500

房产税账务处理

房产税是以房屋为征税对象,以房屋的计税余值或租金收入为计税依据,向房屋产权所有人征收的一种财产税。

(1)对经营自用的房屋,以房产的计税余值作为计税依据。

所谓计税余值,是指依照税法规定按房产原值一次减除 10% 至 30% 的损耗价值以后的余额。

应纳税额＝应税房产原值×(1－原值减除比例)×1.2%

(2)对于出租的房屋,以租金收入为计税依据。

应纳税额＝租金收入×12%(或 4%)

应交房产税账务处理实例

【例3-26】 某企业的经营用房原值为 48 000 000 元,按照当地规定允许减除 30% 后余值计税,适用税率为 1.2%。请计算其应纳房产税税额。企业账务处理如下。

应纳税额＝48 000 000×(1－30%)×1.2%＝403 200(元)

借:税金及附加		403 200
贷:应交税费——应交房产税		403 200

城镇土地使用税账务处理

城镇土地使用税是以开征范围的土地为征税对象，以实际占用的土地面积为计税标准，按规定税额对拥有土地使用权的单位和个人征收的一种税。

城镇土地使用税的应纳税额依据纳税人实际占用的土地面积和适用单位税额计算。

$$年应纳税额＝计税土地面积（平方米）×适用税额$$

城镇土地使用税账务处理实例

【例3-27】 设在某城市的一家企业使用土地面积为 10 000 平方米，经税务机关核定，该土地为应税土地，每平方米年税额为 4 元。请计算其全年应纳的土地使用税税额。企业账务处理如下。

$$年应纳土地使用税税额＝10 000×4＝40 000（元）$$

借：税金及附加 40 000
　贷：应交税费——应交城镇土地使用税 40 000

资源税账务处理

资源税是指对在我国境内从事开采矿产品及生产盐的单位和个人，就其课税数量征收的一个税种。

1. 税目

资源税税目见表 3-34。

表 3-34　　　　　　　　　资源税税目

征税范围			不征或暂不征收项目
原油（天然原油）			不包括人造石油
天然气（专门开采或原油同时开采的天然气）			
原煤、未税原煤加工洗选煤			其他煤炭制品
金属矿	黑色金属矿	铁矿、金矿、铜矿等原矿或精矿	对未列举的其他金属和非金属矿产品，由省级人民政府根据实际情况确定具体税目和适用税率
	有色金属矿		
非金属矿	（海盐、湖盐和井矿盐、提取地下卤水晒制的盐）包括固体盐和液体形态的初级产品		
	石墨、煤层气、硅藻土等		

2. 税率

资源税税率见表3-35。

表 3-35   资源税税率

序号	税目		征税对象	税率幅度
1		铁矿	金矿	1%～6%
2		金矿	金锭	1%～4%
3		铜矿	精矿	2%～8%
4	金属矿	铝土矿	原矿	3%～9%
5		铅锌矿	精矿	2%～6%
6		镍矿	精矿	2%～6%
7		锡矿	精矿	2%～6%
8		未列举名称的其他金属矿产品	原矿或精矿	税率不超过20%
9		石墨	精矿	3%～10%
10		硅藻土	精矿	1%～6%
11		高岭土	原矿	1%～6%
12		萤石	精矿	1%～6%
13		石灰石	原矿	1%～6%
14		硫铁矿	精矿	1%～6%
15		磷矿	原矿	3%～8%
16		氯化钾	精矿	3%～8%
17	非金属矿	硫酸钾	精矿	6%～12%
18		井矿盐	氯化钠初级产品	1%～6%
19		湖盐	氯化钠初级产品	1%～6%
20		提取地下卤水晒制的盐	氯化钠初级产品	3%～15%
21		煤层(成)气	原矿	1%～2%
22		黏土、砂石	原矿	每吨或立方米 0.1至5元
23		未列举名称的其他非金属矿产品	原矿或精矿	从量税率每吨或立方米不超过30元；从价税率不超过20%
24		海盐	氯化钠初级产品	1%～5%

3. 资源税计税依据

（1）从价定率征收的计税依据——销售额

销售应税产品的全部价款和价外费用，但不包括收取的增值税销项税额和运杂费用。

（2）从量定额征收的计税依据——销售数量

①销售数量包括纳税人开采或者生产应税产品的实际销售数量和视同销售的自用数量（不是开采数量）。

②纳税人不能准确提供应税产品销售数量的，以应税产品的产量或者主管税务机关确定的折算比换算成的数量为计征资源税的销售数量。

4. 应纳税额的计算

应纳税额计算公式如下：

从价定率征收：应纳税额＝销售额×适用税率

从量定额征收：应纳税额＝课税数量×单位税额

销售产品应交纳的资源税的账务处理，如图 3-5 所示。

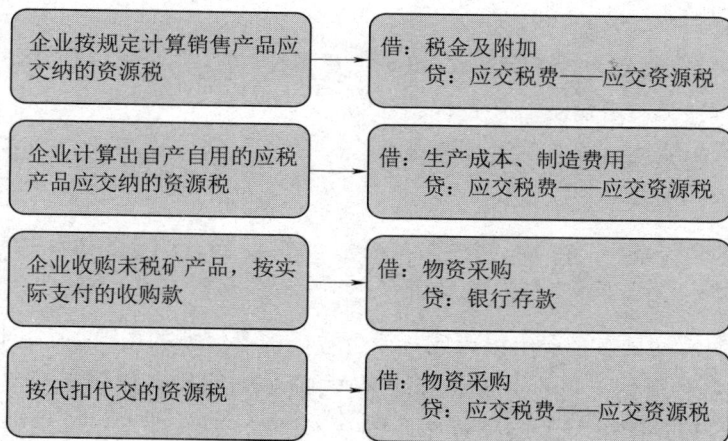

企业按规定计算销售产品应交纳的资源税	借：税金及附加　贷：应交税费——应交资源税
企业计算出自产自用的应税产品应交纳的资源税	借：生产成本、制造费用　贷：应交税费——应交资源税
企业收购未税矿产品，按实际支付的收购款	借：物资采购　贷：银行存款
按代扣代交的资源税	借：物资采购　贷：应交税费——应交资源税

图 3-5　销售产品应交纳的资源税的账务处理

资源税账务处理实例

【例 3-28】　某煤矿本月对外销售原煤 1 200 000 吨，该煤矿所采原煤的资源税税率 8%，应纳资源税 96 000 元。相关会计处理如下。

借：税金及附加　　　　　　　　　　　　　　　　　　　　　96 000

　　贷：应交税费——应交资源税　　　　　　　　　　　　　　　　96 000

1. 发生自用业务时

企业将计算出自产自用的应税产品应缴纳的资源税,借记"生产成本""制造费用"等科目,贷记"应交税费——应交资源税"科目;上缴资源税时,借记"应交税费——应交资源税"科目,贷记"银行存款"等科目。

2. 收购未税矿产品时

企业收购未税矿产品,按实际支付的收购款,借记"材料采购"等科目,贷记"银行存款"等科目,按代扣代缴的资源税,借记"材料采购"等科目,贷记"应交税费——应交资源税"科目;缴纳资源税时,借记"应交税费——应交资源税"科目,贷记"银行存款"科目。

企业收购未税矿产品应缴纳资源税的账务处理实例

【例 3-29】 某炼铁厂收购某铁矿开采厂矿石 10 000 吨,每吨收购价为 125 元,购进价总计 1 250 000 元,铁矿石税率 1%。增值税进项税额 162 500 元,价税合计 1 412 500 元,企业代扣代缴资源税款后用银行存款支付收购款,则相关会计账务处理如下。

```
借:材料采购                                      1 250 000
      应交税费——应交增值税(进项税额)                162 500
   贷:银行存款                                              1 400 000
      应交税费——应交资源税                                     12 500
```

短期借款

短期借款是指企业向银行或其他金融机构等借入的期限在 1 年以下(含 1 年)的各种借款。企业由于季节性生产、债务到期偿还或者企业经营资金出现暂时周转困难等原因导致企业资金不足时,为了满足正常经营的需求而向银行申请的借款。

短期借款科目的设置

企业的短期借款主要有:经营周转借款、临时借款、结算借款、票据贴现借款、卖方信贷、预购定金借款和专项储备借款等。短期借款科目代码为 2001,见表 3-36。

表 3-36 　　　　　　　　　短期借款会计科目编码的设置

科目代码	总分类科目（一级科目）	明细分类科目		是否辅助核算	辅助核算类别
		二级明细科目	三级明细科目		
2001					
200101	短期借款	人民币	经营周转借款	是	贷款人
200102	短期借款	人民币	临时借款	是	贷款人
200103	短期借款	人民币	结算借款	是	贷款人
200104	短期借款	人民币	票据贴现借款	是	贷款人
200105	短期借款	人民币	卖方信贷	是	贷款人
200106	短期借款	人民币	预购定金借款	是	贷款人
200107	短期借款	人民币	专项储备借款	是	贷款人
200108	短期借款	外币	美元	是	贷款人
200109	短期借款	外币	欧元	是	贷款人
200110	短期借款	外币	其他	是	贷款人

短期借款的账务处理

短期借款利息较大需要计提的,在资产负债表日,按照应计提的金额,借记"财务费用"账户,贷记"应付利息"账户;若利息不大无须计提时,在支付利息时记入"财务费用"账户。

短期借款账务处理实例

【例 3-30】 蓝迪公司取得短期借款 280 000 元,年利率 7%,借款期限 6 个月。由于利息数额较少,到期还本付息。

6 个月的利息＝280 000×7%÷12×6≈9 800(元)

(1)2×19 年 1 月 1 日,取得借款时,编制会计分录。登记会计凭证,见表 3-37

借:银行存款　　　　　　　　　　　　　　　　280 000

　贷:短期借款　　　　　　　　　　　　　　　　280 000

表 3-37

记 账 凭 证

2×19 年 1 月 1 日　　　　　　　　　　　　字第××号

摘要	会计科目	借方金额 千	百	十	万	千	百	十	元	角	分	贷方金额 千	百	十	万	千	百	十	元	角	分	记账
2×19年1月1日,取得6个月的短期借款	银行存款			2	8	0	0	0	0	0	0											√
	短期借款													2	8	0	0	0	0	0	0	√
合计		¥		2	8	0	0	0	0	0	0	¥		2	8	0	0	0	0	0	0	

会计主管:××　　　　　记账:××　　　　　审核:××　　　　　制单:××

(2)2×19 年 6 月 30 日,到期还本付息。编制会计分录。登记会计凭证,见表 3-38

　借:短期借款　　　　　　　　　　　　　　　　　　280 000

　　财务费用　　　　　　　　　　　　　　　　　　　　9 800

　　贷:银行存款　　　　　　　　　　　　　　　　　289 800

表 3-38

记 账 凭 证

2×19 年 1 月 26 日　　　　　　　　　　　　字第××号

摘要	会计科目	借方金额 千	百	十	万	千	百	十	元	角	分	贷方金额 千	百	十	万	千	百	十	元	角	分	记账
2×19年6月30日,到期还本付息时	短期借款			2	8	0	0	0	0	0	0											√
	财务费用					9	8	0	0	0	0											√
	银行存款													2	8	9	8	0	0	0	0	√
合计		¥		2	8	9	8	0	0	0	0	¥		2	8	9	8	0	0	0	0	

会计主管:××　　　　　记账:××　　　　　审核:××　　　　　制单:××

长期借款

　　长期借款是指企业向银行或其他金融机构等借入的期限在 1 年以上(不含 1 年)的各种借款。长期借款一般用于固定资产的购建、改扩建工程、大修理工程以及流动资产的正常需要等方面。我国股份制企业的长期借款主要是向金融机构借入的各项长期性借款，如从各专业银行、商业银行取得的贷款；除此之外，还包括向财务公司、投资公司等金融企业借入的款项。

长期借款科目的设置

为了总括反映和监督企业长期借款的借入、应计算的利息和归还本息的情况，应设置"长期借款"科目。本科目核算企业向银行或其他金融机构借入的期限在 1 年以上（不含 1 年）的各项借款。应当按照贷款单位和贷款种类，分别按照"本金""利息调整""应计利息"等进行明细核算。长期借款科目代码为 2501，见表 3-39。

表 3-39　　　　　　　　　　　　　长期借款会计科目编码的设置

科目代码	总分类科目（一级科目）	明细分类科目		是否辅助核算	辅助核算类别
		二级明细科目	三级明细科目		
2501	长期借款				
250101	长期借款	本金	贷款种类	是	贷款单位
250102	长期借款	利息调整	贷款种类	是	贷款单位
250103	长期借款	应计利息	贷款种类	是	贷款单位
250104	长期借款	交易费用	贷款种类	是	贷款单位
250105	长期借款	其他	贷款种类	是	贷款单位
250106	长期借款	燃料	贷款种类	是	贷款单位

企业与贷款人进行债务重组，应当比照"应付账款"科目的相关规定进行处理。

本科目期末贷方余额，反映企业尚未偿还的长期借款的摊余成本。

长期借款的账务处理

长期借款的主要账务处理，见表 3-40。

表 3-40　　　　　　　　　　　　　长期借款的账务处理

业务情景	账务处理
企业借入长期借款时	借：银行存款 　　长期借款——利息调整 贷：长期借款——本金

业务情景	账务处理
资产负债表日,按摊余成本和实际利率计算确定的长期借款的利息费用	借:在建工程/制造费用/财务费用/研发支出(摊余成本×实际利率) 　贷:长期借款——应计利息 　　　应付利息(本金×合同利率) 　　　长期借款——利息调整(差额)
归还长期借款本金时	借:长期借款——本金 　　在建工程/制造费用/财务费用/研发支出(借记或贷记)(差额) 　贷:银行存款 　　　长期借款——利息调整(按转销的利息调整金额)

长期借款利息的计算有单利和复利两种方法。

1. 单利

单利是指只按照借款本金计算利息。其所发生的利息不再计入本金重复计算利息。

其计算公式为:

$$利息＝本金×利率×期数$$
$$本利和＝本金＋利息$$
$$＝本金＋本金×利率×期数$$
$$＝本金×(1＋利率×期数)$$

单利的账务处理实例

【例3-31】 蓝迪公司向银行借入一笔1 400 000元的借款,银行借款利率为8%,借款期限为4年,采用单利方式计息。则蓝迪公司每年应付的长期借款利息为:

$$每年的利息＝本金×利率×期数＝1\ 400\ 000×8\%×1$$
$$＝112\ 000(元)$$

四年利息总额＝112 000×4＝448 000(元)

四年到期时,程鹏公司需偿还银行的资金总额为:

本利和＝1 400 000＋448 000＝1 848 000(元)

2. 复利

复利不仅对借款的本金计算利息,其前期所发生的利息也要加入本金重复计算利息,也就是根据本金和前期利息之和计算各期利息,俗称"利滚利"。

其计算公式为：

$$本利和＝本金×(1＋利率)^{期数}$$

$$利息＝本利和－本金$$

$$＝本金×[(1＋利率)^{期数}－1]$$

复利的计算实例

【例 3-32】 丽华公司向银行借入一笔 160 000 元的借款，年利率为 10%，借款期限为 5 年，采用复利方式计息。则大华公司每年应付的长期借款利息为：

第一年的利息＝160 000×10%＝16 000（元）

第二年的利息＝(160 000＋16 000)×10%＝17 600（元）

第三年的利息＝(160 000＋16 000＋17 600)×10%＝19 360（元）

第四年的利息＝(160 000＋16 000＋17 600＋19 360)×10%＝21 296（元）

第五年的利息＝(160 000＋16 000＋17 600＋19 360＋21 296)×10%＝23 425.60（元）

5 年到期时大华公司需偿还银行的资金总额为：

本利和＝160 000×(1＋10%)^5＝160 000×1.61051＝257 681.6（元）

5 年利息总额＝257 681.6－160 000＝976 81.6（元）

＝16 000＋17 600＋19 360＋21 296＋23 425.6

＝97 681.6（元）

长期借款账务处理实例

【例 3-33】 科达企业为建造一幢厂房，2×18 年 1 月 1 日借入期限为两年的长期专门借款 1 000 000 元，款项已存入银行。借款利率按市场利率确定为 9%，每年付息一次，期满后一次还清本金。2×18 年年初，以银行存款支付工程价款共计 600 000 元，2×19 年初又以银行存款支付工程费用 400 000 元。该厂房 2×19 年 8 月底完工，达到预定可使用状态。假定不考虑闲置专门借款资金存款的利息收入或者投资收益。根据上述业务，企业应作账务处理如下。

(1)2×18 年 1 月 1 日，取得借款。编制会计分录

借：银行存款　　　　　　　　　　　　　　　　　　1 000 000

　　贷：长期借款——本金　　　　　　　　　　　　　　　1 000 000

(2)2×18 年 1 月 2 日,支付工程款,编制会计分录

借:在建工程   600 000

  贷:银行存款   600 000

(3)2×18 年 12 月 31 日,计算年应计入工程成本的利息。编制会计分录

借:在建工程(1 000 000×9%)   90 000

  贷:应付利息   90 000

(4)2×18 年 12 月 31 日,支付借款利息,编制会计分录

借:应付利息   90 000

  贷:银行存款   90 000

(5)2×19 年 1 月 2 日,支付工程款,编制会计分录

借:在建工程   400 000

  贷:银行存款   400 000

(6)2×19 年 8 月 31 日,该期应计入工程成本的利息=(1 000 000×9%÷12)×8=60 000(元),编制会计分录

借:在建工程   60 000

  贷:应付利息   60 000

借:固定资产(1 000 000+90 000+60 000)   1 150 000

  贷:在建工程   1 150 000

(7)2×19 年 12 月 31 日,应计入财务费用的利息=(1 000 000×9%÷12)×4=30 000(元),编制会计分录

借:财务费用   30 000

  贷:应付利息   30 000

(8)2×19 年 12 月 31 日,支付利息,编制会计分录

借:应付利息   90 000

  贷:银行存款   90 000

(9)2×20 年 1 月 1 日,到期还本,编制会计分录

借:长期借款——本金   1 000 000

  贷:银行存款   1 000 000

其他应付款

企业除了应付票据、应付账款、预收账款、应付职工薪酬、应付利息、应付股利、应交税费、长期应付款以外,还会发生一些应付、暂收其他单位或个人的款项,如应付租入固定资产和包装物的租金、存入保证金、应付统筹退休金等。这些暂收应付款,构成企业的一项流动负债。

其他应付款科目的设置

"其他应付款"科目核算的具体内容,如图3-6所示。

在我国会计核算中,设置了"其他应付款"科目,该科目核算其他应付款的增减变动及其结存情况,并按照其他应付款的项目和对方单位(或个人)设置明细科目进行明细核算。"其他应付款"科目期末贷方余额,反映企业尚未支付的其他应付款项;期末余额如为借方余额,反映企业尚未收回的其他应收款项。其他应付款科目代码为2241,见表3-41。

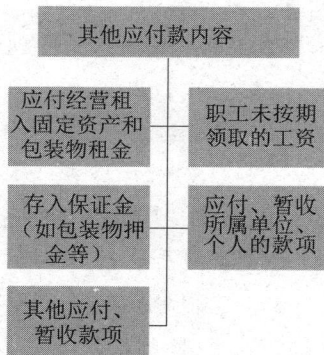

图 3-6 其他应付款内容

表3-41　　　　　　　　　　其他应付款会计科目编码的设置

科目代码	总分类科目 (一级科目)	明细分类科目		是否辅助核算	辅助核算类别
		二级明细科目	三级明细科目		
2241	其他应付款				
224101	其他应付款	职工医药费	项目	是	单位(或个人)
224102	其他应付款	职工结余分配	项目	是	单位(或个人)
224103	其他应付款	个人往来	项目	是	单位(或个人)
224104	其他应付款	代收款项	项目	是	单位(或个人)
224105	其他应付款	单位往来	项目	是	单位(或个人)
224106	其他应付款	内部往来	项目	是	单位(或个人)
224107	其他应付款	保证金	项目	是	单位(或个人)
224108	其他应付款	押金	项目	是	单位(或个人)
224109	其他应付款	其他	项目	是	单位(或个人)

其他应付款的账务处理

企业发生其他各种应付、暂收款项时,借记"管理费用"等科目,贷记"其他应付款"科目;支付或退回其他各种应付、暂收款项时,借记"其他应付款"科目,贷记"银行存款"等科目。

其他应付款账务处理实例

【例3-34】 蓝迪公司从2×19年1月1日起,以经营租赁方式租入管理用办公设备一批,每月租金6 490元,按季支付。3月31日,甲公司以银行存款支付应付租金。

(1)1月31日,计提应付租赁方式租入固定资产租金,编制会计分录

借:管理费用   6 490

　　贷:其他应付款——租入固定资产租金   6 490

(2)2月底,计提应付租入固定资产租金,账务处理同上

(3)3月31日,支付租金编制会计分录。

借:其他应付款——租入固定资产租金   12 980

　　管理费用   6 490

　　贷:银行存款   19 470

应付债券

应付债券是指企业依照法定程序发行,约定在一定期限内还本付息的具有一定价值的债券。企业根据国家的有关规定,在符合条件的前提下,经批准可以发行公司债券、可转换公司债券。

应付债券科目的设置

企业应设置"应付债券"科目,本科目核算企业为筹集(长期)资金而发行债券的本金和利息。

应付债券科目应当按照"面值""利息调整""应计利息"进行明细核算。本科目期末贷方余额,反映企业尚未偿还的长期债券的摊余成本。应付债券科目代码为2502,具体设置见表3-42。

表 3-42　　　　　　　　　　　　　　应付债券会计科目编码的设置

科目代码	总分类科目 （一级科目）	明细分类科目		是否辅助核算	辅助核算类别
		二级明细科目	三级明细科目		
2502	应付债券				
250201	应付债券	面值	种类	是	单位名称
250202	应付债券	利息调整	种类	是	单位名称
250203	应付债券	应计利息	种类	是	单位名称
250204	应付债券	其他	种类	是	单位名称

一般公司债券的账务处理

公司债券的发行方式有三种，即面值发行、溢价发行、折价发行。无论是按面值发行，还是溢价发行或折价发行，企业账务处理原则不变。一般公司债券见表 3-43。

表 3-43　　　　　　　　　　　　　　一般公司债券的账务处理

业务情景	账务处理
发行债券时	借：银行存款 　　贷：应付债券——面值（债券面值） 　　　　　　　——利息调整（差额）（借或贷）
期末计提利息时	借：在建工程/制造费用/财务费用（摊余成本×实际利率） 　　应付债券——利息调整（借或贷） 　　贷：应付利息（分期付息债券利息） 　　　　应付债券——应计利息（到期一次还本付息）
到期归还本金和利息时	借：应付债券——面值 　　　　　　——应计利息（到期一次还本付息） 　　应付利息（分期付息债券的最后一次利息） 　　贷：银行存款

应付债券的账务处理实例

【例 3-35】　昌隆公司于 2×15 年 1 月 1 日发行 5 年期债券，面值 4 000 000 元，票面利率为 12%，假定市场利率为 10%。债券利息每年 12 月 31 日支付。

昌隆公司发行该批债券的实际发行价格＝4 000 000×$(P/F,10\%,5)$＋

$4\ 000\ 000 \times 12\% \times (P/F, 10\%, 5) = 4\ 000\ 000 \times 0.620\ 9 + 480\ 000 \times 3.790\ 8 = 2\ 483\ 600 + 1\ 819\ 584 = 4\ 303\ 184(元)$

根据上述资料,昌隆公司采用实际利率法和摊余成本计算确定的利息费用,见表3-44。

表3-44 计算表 单元:元

日期	现金流出 (a)	实际利息费用 (b)=期初(d)×10%	已偿还的本金 (c)=(a)-(b)	摊余成本余额 (d)=期初(d)-(c)
2×15 年 1 月 1 日				4 303 184
2×15 年 12 月 31 日	480 000	430 318.4	49 681.6	4 253 502.4
2×16 年 12 月 31 日	480 000	425 350.24	54 649.76	4 198 852.64
2×17 年 12 月 31 日	480 000	419 885.26	60 114.74	4 138 737.90
2×18 年 12 月 31 日	480 000	413 873.79	66 126.21	4 072 611.69
2×19 年 12 月 31 日	480 000	407 388.31 *	72 611.69 *	4 000 000
小计	2 400 000	2 096 816	303 184	4 000 000
2×19 年 12 月 31 日	4 000 000	—	4 000 000	0
合计	6 400 000	2 096 816	430 3184	—

* 代表舍入尾差。

根据表3-44,账务处理如下。

(1)2×15 年 1 月 1 日,发行债券,编制会计分录

借:银行存款 4 303 184

　　贷:应付债券——面值 4 000 000

　　　　　　　——利息调整 303 184

(2)2×15 年 12 月 31 日,计提利息费用,编制会计分录

借:财务费用(或在建工程) 430 318.4

　　应付债券——利息调整 49 681.6

　　贷:应付利息 480 000

(3)2×16 年 12 月 31 日,支付利息,编制会计分录

借:应付利息 480 000

　　贷:银行存款 480 000

2×16、2×17 年、2×18 年、2×15 年确认利息费用的会计分录与 2×15

相同,金额与利息费用与表中的对应金额一致。在此不再赘述

(4)2×20 年 12 月 31 日,归还债券本金及最后一期利息费用

借:财务费用——在建工程   40 7388.31

　　应付债券——面值   4 000 000

　　　　　——利息调整   72 611.69

　　贷:银行存款   4 480 000

可转换公司债券的账务处理

可转换债券是债券的一种,它可以转换为债券发行公司的股票,通常具有较低的票面利率。从本质上讲,可转换债券是在发行公司债券的基础上,附加了一份期权,并允许购买人在规定的时间范围内将其购买的债券转换成指定公司的股票。

可转换公司债券发行时,根据《企业会计准则》的规定,应当在初始确认时将负债和权益成分进行分拆,分别进行处理。

企业发行的可转换公司债券,应当在初始确认时将其包含的负债成分和权益成分进行分拆,在进行分拆时,应当先确定负债成分的公允价值并以此作为其初始确认金额,确认为应付债券;再按整体发行价格扣除负债成分初始确认金额后的金额确定权益成分的初始确认金额,确认为其他权益工具。

发行可转换公司债券发生的交易费用,应当在负债成分和权益成分之间按照各自初始确认金额(相对公允价值)的相对比例进行分摊。账务处理见表 3-45。

表 3-45　　　　　　　　　　　　可转换公司债券的账务处理

业务情景	账务处理
企业应按实际收到的款项	借:银行存款 　　应付债券——可转换公司债券——利息调整 　贷:应付债券——可转换公司债券——面值 　　其他权益工具(权益成分的公允价值)
可转换债券转股时的处理	借:应付债券——可转换公司债券——面值 　　　　　　——可转换公司债券——利息调整(或贷记) 　　其他权益工具(权益成分的金额) 　贷:股本 　　资本公积——股本溢价(倒挤) 　　库存现金/银行存款(用现金支付不可转换股票的部分)

可转换公司债券的账务处理实例

【例 3-36】 蓝迪公司经批准于 2×18 年 1 月 1 日按每份面值 100 元发行 10 000 份 5 年期一次还本、分期付息的可转换公司债券,共计 1 000 000 元,款项已收存银行,债券票面利率为 6%。债券发行一年后可转换为蓝迪公司普通股股票,转换时每份债券可转 10 股,股票面值为每股 1 元。市场利息率为 9%。假定 2×19 年 1 月 1 日债券持有人持有的可转换公司债券全部转换为蓝迪公司的普通股股票。账务处理如下。

(1)2×18 年 1 月 1 日,发行可转换公司债券,编制会计分录如下

首先,确定可转换公司债券负债成分的公允价值:

$$1\ 000\ 000 \times (P/F,9\%,5) + 1\ 000\ 000 \times 6\% \times (P/A,9\%,5) = 883\ 282(元)$$

其次,可转换公司债券权益成分的公允价值 = 1 000 000 - 883 282 = 116 718(元)

借:银行存款 1 000 000
  应付债券——可转换公司债券——利息调整 116 718
 贷:应付债券——可转换公司债券——面值 1 000 000
  其他权益工具 116 718

(2)2×18 年 12 月 31 日,确认利息费用

应计入财务费用的利息 = 883 282 × 9% = 79 495.38(元)

当期应付未付的利息费用 = 1 000 000 × 6% = 60 000(元)

借:财务费用 79 495.38
 贷:应付利息 60 000
  应付债券——可转换公司债券——利息调整 19 495.38

(3)2×19 年 1 月 1 日,债券持有人行使转换权时,编制会计分录如下

转换的股份数 = 10 000 × 10 = 100 000(股)

借:应付债券——可转换公司债券——面值 1 000 000
  其他权益工具 116 718
 贷:股本 1 000 000
  应付债券——可转换公司债券——利息调整 97 222.62
  资本公积——股本溢价 19 495.38

应付利息

应付利息,是指金融企业根据存款或债券金额及其存续期限和规定的利率,按期计提应支付给单位和个人的利息。应付利息按已计提但尚未支付的金额入账。

应付利息科目的设置

"应付利息"科目核算企业按照合同约定应支付利息,包括吸收存款、短期借款、分期付息到期还本的长期借款、企业债券等应支付的利息。不核算一次还本付息的长期借款利息。

贷方登记应按摊余成本和实际利率计算确定的利息费用,借方登记实际支付的利息费用,余额在贷方,表示尚未支付的应付利息。应付利息科目按贷款单位和贷款种类进行明细核算。应付利息科目代码为 2231,见表 3-46。

表 3-46 应付利息会计科目编码的设置

科目代码	总分类科目（一级科目）	明细分类科目		是否辅助核算	辅助核算类别
		二级明细科目	三级明细科目		
2231	应付利息				
223101	应付利息	吸收存款	项目	是	存款人或债权人
223102	应付利息	分期付息到期还本的长期借款	项目	是	存款人或债权人
223103	应付利息	公司债券	项目	是	存款人或债权人
223104	应付利息	其他	项目	是	存款人或债权人

应付利息的账务处理

应付利息的账务处理,见表 3-47。

表 3-47   应付利息的账务处理

业务情景	账务处理
资产负债表日,对于分期付息、一次还本的长期借款	借:在建工程/制造费用/财务费用/研发支出 　　贷:应付利息 　　　　长期借款——利息调整(借或贷)
对于一次还本付息的长期借款	借:在建工程/制造费用/财务费用/研发支出 　　贷:长期借款——应计利息 　　　　　　　　——利息调整

应付利息账务处理实例

【例 3-37】 某企业借入 5 年期到期还本每年付息的长期借款 7 000 000 元,合同约定年利率为 8%。该企业的会计分录如下。

(1)每年计算确定利息费用时

企业每年应支付的利息=7 000 000×8%=560 000(元)

借:财务费用   560 000

　　贷:应付利息   560 000

(2)每年实际支付利息时

借:应付利息   560 000

　　贷:银行存款   560 000

应付股利

应付股利是指企业根据股东大会或类似机构审议批准的利润分配方案确定分配给投资者的现金股利或利润。

应付股利科目的设置

企业通过"应付股利"科目,核算企业确定或宣告支付但尚未实际支付的现金股利或利润。该科目贷方登记应支付的现金股利或利润,借方登记实际支付的现金股利或利润,期末贷方余额反映企业应付未付的现金股利或利润。企业董事会或类似机构通过的利润分配方案中拟分配的现金股利或利润,不做账务处理,但应在附注中披露。

对于企业分配的股票股利,不通过本科目核算。本科目应当按照投资者进行明细核算。应付股利科目代码为2232,见表3-48。

表3-48 应付股利会计科目编码的设置

科目代码	总分类科目 (一级科目)	明细分类科目	
		二级明细科目	三级明细科目
2232	应付股利		
223201	应付股利	按投资者设置	投资者

应付股利的账务处理

应付股利的账务处理,见表3-49。

表3-49 应付股利的账务处理

业务情景	账务处理
确认应付投资者现金股利或利润(发放现金股利)	借:利润分配——应付股利(或利润) 　　盈余公积 贷:应付股利
实际支付现金股利或利润	借:应付股利 贷:银行存款
企业分配股票股利时	借:利润分配——应付股利 贷:股本

应付股利的账务处理实例

【例3-38】 蓝迪公司2×18年度实现净利润59 000 000元,经过董事会批准,决定2×18年度分配现金股利2 400 000元。股利已经用银行存款支付。应编制会计分录如下。

(1)确认应付投资者现金股利时

借:利润分配——应付现金股利或利润　　　　　2 400 000
　　贷:应付股利　　　　　　　　　　　　　　　　2 400 000

(2)实际支付现金股利时

借:应付股利　　　　　　　　　　　　　　　　2 400 000
　　贷:银行存款　　　　　　　　　　　　　　　2 400 000

递延收益是指尚待确认的收入或收益,也可以说是暂时未确认的收益。根据新的会计准则及其应用指南的有关规定,企业收到的政府补助,应区分与资产相关的政府补助和与收益相关的政府补助。

递延收益科目的设置

递延收益科目核算企业根据政府补助准则确认的应在以后期间计入当期损益的政府补助金额。本科目应当按照政府补助的种类进行明细核算。递延收益科目代码为 2401,见表 3-50。

表 3-50 递延收益会计科目编码的设置

科目代码	总分类科目 (一级科目)	明细分类科目	
		二级明细科目	三级明细科目
2401			
240101	递延收益	与资产相关的政府补助	资产类别
240102	递延收益	与收益相关的政府补助	资产类别
240103	递延收益	外币	美元
240104	递延收益	外币	日元

与资产相关的政府补助会计处理

政府补助有两种会计处理方法:总额法和净额法。总额法是在确认政府补助时,将其全额一次或分次确认为收益,而不是作为相关资产账面价值或者成本费用等的扣减。净额法是将政府补助确认为对相关资产账面价值或者所补偿成本费用等的扣减。

企业应当根据经济业务的实质,判断某一类政府补助业务应当采用总额法还是净额法。通常情况下,对同类或类似政府补助业务只能选用一种方法,同时,企业对该业务应当一贯地运用该方法,不得随意变更。企业对某些补助只能采用一种方法,例如,对一般纳税人增值税即征即退只能采用总额法进行会计处理。

1. 货币性的资产

货币性的资产,在实际收到时,有两种会计处理方法:一是总额法,先计入递延收益,在相关资产使用寿命内按合理、系统的方法分期计入损益(其他收益),相关资产在使用寿命结束时或结束前被处置的,尚未分摊的递延收益余额应当一次性转入资产处置当期的损益(资产处置损益或营业外收入),不再予以递延;二是净额法,收到时,先计入递延收益,然后,取得相关资产时,再将补助冲减资产账面价值。这两种方法,一经选择,不得随意变更。

2. 长期非货币性资产

政府向企业无偿划拨长期非货币性资产的,应当在实际取得资产并办妥相关受让手续时按其公允价值确认和计量,同时确认一项资产(固定资产或无形资产等)和递延收益。

在相关资产使用寿命内按照合理、系统的方法分期计入损益(其他收益),长期非货币性资产公允价值不能可靠取得的按照名义金额(1元)计量,在取得时计入当期损益。

与资产相关的政府补助账务处理,见表3-51。

表3-51   与资产相关的政府补助的账务处理

业务情景	账务处理
取得时	借:银行存款/其他应收款 贷:递延收益

用于购建长期资产时	借:固定资产/在建工程/研发支出
	    应交税费——应交增值税(进项税额)
	    贷:银行存款

分摊时	借:递延收益 贷:其他收益
结转递延收益	借:递延收益 贷:营业外收入

与资产相关的递延收益账务处理实例

【例3-39】某省为鼓励企业进行技术改造升级,凡属于国家鼓励类产业或高新技术产业的,省政府给予专项补贴,补贴款只能用于项目设备的购置。蓝迪公司经申请,并由省经信委审核通过,2017年4月收到技改项目补贴款 180 万元。2017 年 6 月用补贴款购置生产检测设备一台,取得增值税专用发票注明价款 240 万元、价税合计 280.8 万元。设备到厂后即投入使用,专用发票及时抵扣了进项。2019 年 12 月 31 日出售该设备,开具专用发票注明价款 110 万元、价税合计 124.30 万元,款项收到存入银行。

假定设备使用期限 5 年,预计净残值为 0,平均年限法折旧,不考虑固定资产减值。

分析:按照新版《企业会计准则第 16 号——政府补助》(2017 版),对于与资产相关的政府补贴可以按总额法处理也可以按净额法处理。

方法一:总额法处理

(1)2017 年 4 月收到补贴款

借:银行存款	1 800 000
贷:递延收益	1 800 000

(2)购置检测设备

借:固定资产	2 400 000
应交税费——应交增值税(进项税额)	408 000
贷:银行存款	2 808 000

(3)从 2017 年 7 月开始折旧

每月折旧金额=240÷(5×12)=4(万元)

借:制造费用	40 000
贷:累计折旧	40 000

同时,分配结转递延收益:180÷5÷12=3(万元)

借:递延收益	30 000
贷:其他收益	30 000

2017 年累计折旧=4×6=24(万元),其他收益累计金额=18(万元)。

以后每月折旧会计分录相同,不再赘述。

(4)2019 年 12 与 31 日出售检测设备

①固定资产转入固定资产清理。

借:固定资产清理	1 200 000
累计折旧(30×40 000)	1 200 000
贷:固定资产	2 400 000

②出售并收到款项。

借:银行存款	1 243 000

贷:固定资产清理 1 100 000

  应交税费——应交增值税(销项税额) 143 000

③结转固定资产清理。

借:固定资产清理 1 200 000

  贷:资产处置损益 1 200 000

④将剩余的"递延收益"全部结转至资产处置当期损益,即 1 800 000—1 200 000＝800 000(元)

借:递延收益 800 000

  贷:营业外收入——政府补助利得 800 000

《企业会计准则第 16 号——政府补助》(2017 版)第十一条规定,与企业日常活动相关的政府补助,应当按照经济业务实质,计入其他收益或冲减相关成本费用。与企业日常活动无关的政府补助,应当计入营业外收支。

方法二:净额法处理

(1)2017 年 4 月收到补贴款

借:银行存款 1 800 000

  贷:递延收益 1 800 000

(2)购置检测设备

借:固定资产 2 400 000

  应交税费——应交增值税(进项税额) 408 000

  贷:银行存款 2 808 000

同时,确认属于与资产相关的政府补贴,冲减固定资产账面价值。

借:递延收益 1 800 000

  贷:固定资产 1 800 000

(3)从 2017 年 7 月开始折旧

每月折旧金额＝(240—180)÷(5×12)＝10 000(元)

借:制造费用 10 000

  贷:累计折旧 10 000

以后每月折旧会计分录相同,不再赘述。

(4)2019 年 12 与 31 日出售检测设备

①固定资产转入固定资产清理。

借:固定资产清理 300 000

  累计折旧 300 000

　　　　　贷:固定资产　　　　　　　　　　　　　　　　　　　　　　600 000

　　②出售并收到款项。

　　借:银行存款　　　　　　　　　　　　　　　　　　　　1 243 000

　　　　贷:固定资产清理　　　　　　　　　　　　　　　　　1 100 000

　　　　　应交税费——应交增值税(销项税额)　　　　　　　143 000

　　③结转固定资产清理。

　　借:固定资产清理(1 100 000－3 000 000)　　　　　　　800 000

　　　　贷:资产处置损益　　　　　　　　　　　　　　　　　　800 000

3. 与收益相关的政府补助

　　如果政府补助款不是与资产相关的,比如用来补偿费用化的支出或损失,那就是与收益相关的政府补助。

　　与收益相关的政府补助,见表 3-52。

表 3-52　　　　　　　　　　　与收益相关的政府补助

用于补偿企业以后期间的相关成本费用或损失	如果收到时,暂时无法确定判断企业能否满足政府补助所附条件	借:银行存款 贷:其他应付款
	客观情况表明企业能够满足政府补助所附条件后再确认递延收益	借:其他应付款 贷:递延收益
	如果收到时,客观情况表明企业能够满足政府补助所附条件,则应当确认为递延收益	借:银行存款 贷:递延收益
	并在确认费用和损失期间计入当期损益,或冲减相关成本	①总额法: 借:递延收益 　贷:其他收益 ②净额法: 借:递延收益 　贷:管理费用或相关资产成本
用于补偿企业已发生的相关成本费用或损失的	直接计入当期损益或冲减相关成本。这一类补助,通常与企业已经发生的行为有关,是对企业发生的成本费用或损失补偿,或是对企业过去行为的奖励	

与收益相关的递延收益账务处理实例

【例 3-40】某市财政部门要对市区营运的公交车进行补贴,相关文件规定补贴款只能用于支付公交车天然液化气费用和公交车充电费用。

2017年7月,顺风公交公司收到市财政局专项补贴款1 000万元,截至12月31日用于对外支付公交车天然液化气费用和公交车充电费用,共用去800万元,剩余200万元在2018年1月预计用完。

2018年7月,顺风公交公司收到市财政局专项补贴款1 300万元,截至12月31日用于对外支付公交车天然液化气费用和公交车充电费用,共用去900万元,剩余部分将在2019年使用。

顺风公司的会计处理如下。

(1)2017年7月收到补贴款

借:银行存款　　　　　　　　　　　　　　　　　　　10 000 000
　贷:递延收益　　　　　　　　　　　　　　　　　　　10 000 000

(2)2017年12月31日专项用于支付公交车费用

借:主营业务成本　　　　　　　　　　　　　　　　　　8 000 000
　贷:银行存款　　　　　　　　　　　　　　　　　　　8 000 000

同时,结转"递延收益"

借:递延收益　　　　　　　　　　　　　　　　　　　　8 000 000
　贷:其他收益　　　　　　　　　　　　　　　　　　　8 000 000

(3)2018年1月继续专项支付公交车费用

借:主营业务成本　　　　　　　　　　　　　　　　　　2 000 000
　贷:银行存款　　　　　　　　　　　　　　　　　　　2 000 000

同时,结转"递延收益"

借:递延收益　　　　　　　　　　　　　　　　　　　　2 000 000
　贷:其他收益　　　　　　　　　　　　　　　　　　　2 000 000

(4)2018年7月收到财政补贴款

借:银行存款　　　　　　　　　　　　　　　　　　　13 000 000
　贷:递延收益　　　　　　　　　　　　　　　　　　　13 000 000

(5)2018年12月31日前支付公交车费用

借:主营业务成本　　　　　　　　　　　　　　　　　　9 000 000
　贷:银行存款　　　　　　　　　　　　　　　　　　　9 000 000

同时,结转"递延收益"

借:递延收益　　　　　　　　　　　　　　　　　　　　9 000 000
　贷:其他收益　　　　　　　　　　　　　　　　　　　9 000 000

长期应付款

长期应付款,是指企业除长期借款和应付债券以外的其他各种长期应付款项,包括售后租回方式购入固定资产发生的应付款项等。

长期应付款科目的设置

企业应设置"长期应付款"科目,可按长期应付款的种类和债权人进行明细核算,本科目期末贷方余额,反映企业应付未付的长期应付款项。

长期应付款科目代码为2701,见表3-53。

表3-53 长期应付款会计科目编码的设置

编号	会计科目名称	二级科目名称	明细科目名称	是否辅助核算	辅助核算类别
2701	长期应付款				
270101	长期应付款	人民币			
27010101	长期应付款	人民币	售后租回	是	债权人
27010102	长期应付款	人民币	其他	是	债权人
270102	长期应付款	外币			
27010201	长期应付款	外币	售后租回	是	债权人
27010202	长期应付款	外币	其他	是	债权人

长期应付款的账务处理

售后租回的账务处理,见表3-54。

表3-54 长期应付款的账务处理

业务情景	账务处理	
售后租回交易中资产转让不属于销售	租赁期开始日	借:货币资金 贷:长期应付款

业务情景	账务处理	
售后租回交易中资产转让属于销售	租赁开始日	（1）与融资有关 借：货币资金 　　贷：长期应付款 （2）与租赁有关 借：货币资金 　　使用权资产 　　固定资产——累计折旧 　　租赁负债——未确认融资费用 　　贷：固定资产——原值 　　　　租赁负债——租赁付款额
	后续处理	借：租赁负债——租赁付款额 　　长期应付款 　　利息费用 　　贷：租赁负债——未确认融资费用 　　　　银行存款

长期应付款账务处理实例

【例 3-41】 新世界公司以货币资金 2 900 000 元的价格向 S 租赁公司出售一套不需安装的 A 设备，原价 2 400 000 元，已计提价 400 000 元，同时双方签订合同，取得 3 年使用权，从 2×16 年 1 月 1 日开始，每年年末支付租金 700 000 元。合同约定的利率为 6%，该资产的公允价值为 2 500 000 元，采用年限平均法计提折旧。企业账务处理如下。

①年租赁付款额的现值＝700 000×$(P/A,6\%,3)$＝700 000×2.673 0
$$＝1\ 871\ 100（元）$$

②额外融资年付款额＝(2 900 000－2 500 000)÷1 871 100×700 000
$$＝149\ 644.60（元）$$

③租赁相关年付款额＝700 000－149 644.60＝550 355.40（元）

在租赁开始日，新世界公司会计处理如下。

（1）计算使用权资产

使用权资产＝（设备账面价值－累计折旧）×（年租赁付款额现值÷公允价值）

$$＝(2\ 400\ 000－400\ 000)×(1\ 871\ 100÷2\ 500\ 000)$$

$$＝2\ 000\ 000×0.748\ 4$$

＝1 496 800(元)

(2)计算转让利得

出售该建筑物的全部利得＝2 500 000－2 000 000＝500 000(元)

其中,与设备使用权相关的利得＝500 000×1 871 100÷2 500 000

＝374 220(元)

与转让至 S 租赁公司权利相关的利得＝500 000－374 220＝125 780
(元)

根据上述资料,编制会计分录。

①与额外融资相关。

借:货币资金(2 900 000－2 500 000)   400 000

　　贷:长期应付款   400 000

②与租赁相关。

借:货币资金   2 500 000

　　使用权资产   1 496 800

　　固定资产——设备——累计折旧   400 000

　　租赁负债——未确认融资费用   219 953.8

　　贷:固定资产——设备——原值   2 400 000

　　　　租赁负债——租赁付款额(550 355.40×3)   1 651 066.20

　　　　资产处置损益   125 780

③后续会计处理。

新世界公司支付的年付款额 700 000 元中的 550 355.40 元作为租赁付
款额处理。

第一年年末会计处理。

利息费用＝1 871 100×6％＋400 000×6％＝112 266＋24 000＝
136 266(元)

长期应付款减少额＝149 644.60－400 000×6％＝125 644.60(元)

未确认融资费用

未确认融资费用,是指融资租入资产(如固定资产、无形资产)或长期借
款所发生的应在租赁期内各个期间进行分摊的未实现的融资费用。

未确认融资费用科目的设置

未确认融资费用科目核算企业应当分期计入利息费用的未确认融资费用。本科目可按债权人和长期应付款项目进行明细核算。本科目期末借方余额,反映企业未确认融资费用的摊余价值。未确认融资费用科目代码为2702,见表3-56。

表 3-56 未确认融资费用会计科目编码的设置

科目代码	总分类科目 (一级科目)	明细分类科目	
		二级明细科目	三级明细科目
2702	未确认融资费用		
270201	未确认融资费用	融资租入固定资产	债权人
270202	未确认融资费用	分期付款购入固定资产	债权人
270203	未确认融资费用	融资租入无形资产	债权人
270204	未确认融资费用	分期付款购入无形资产	债权人
270205	未确认融资费用	补偿贸易	债权人

未确认融资费用的账务处理

未确认融资费用的主要账务处理,见表3-57。

表 3-57 未确认融资费用的主要账务处理

业务情景	账务处理
合同中存在重大融资成分	借:固定资产/在建工程/无形资产/银行存款 　　未确认融资费用 　　贷:合同负债
采用实际利率法计算确定当期的利息费用	借:财务费用/在建工程/研发支出 　　贷:未确认融资费用
支付产品时	借:财务费用/在建工程/研发支出 　　贷:未确认融资费用 借:合同负债 　　贷:主营业务收入

《企业会计准则——租赁》对融资租赁业务的承租人会计处理规定,在租赁开始日,承租人通常应当将租赁开始日租赁资产原账面价值与最低租

赁付款额的现值两者中较低者作为租入资产的入账价值,将最低租赁付款额作为长期应付款的入账价值,并将两者的差额记为未确认融资费用。但是如果该项租赁资产占企业资产总额的比例不大,承租人在租赁开始日可按最低租赁付款额记录租入资产和长期应付款。未确认融资费用应当在租赁期内各个期间进行分摊。承租人可以采用实际利率法分摊未确认融资费用,采用此法的关键是未确认融资费用的分摊率的确定。

①租赁资产按最低租赁付款额的现值作为入账价值时,应将最低租赁付款额折为现值时的折现率确定为未确认融资费用分摊率;

②租赁资产按租赁资产原账面价值作为入账价值时,应将使最低租赁付款额的现值等于租赁资产原账面价值的折现率作为未确认融资费用分摊率;

若租赁资产按最低租赁付款额作为入账价值时,不存在未确认融资费用,故无须进行分摊。

【例 3-42】 2×18 年 1 月 1 日,蓝迪公司与向阳公司签订商品买卖合同,向其销售一批产品。合同约定,该批产品将于 2 年之后交货。合同中包含两种可供选择的付款方式,即向阳公司可以在 2 年后交付产品时支付272.1 万元,或者在合同签订时支付 246.79 万元。向阳公司选择在合同签订时支付货款。该批产品的控制权在交货时转移。蓝迪公司于 2×18 年1 月 1 日收到向阳公司支付的货款。上述价格均不包含增值税,且假定不考虑相关税费影响。

企业确定的交易价格 272.1 万元与合同承诺的对价金额 246.79 万元之间的差额,应当在合同期间采用实际利率法摊销。实际利率计算如下:

$$272.1 \times (P/F, i, 2) = 246.79$$
$$i = 5\%$$

(1)2×18 年 1 月 1 日收到货款。

借:银行存款	2 467 900
未确认融资费用	253 100
贷:合同负债	2 721 000

(2)2×18 年 12 月 31 日确认融资成分的影响。

借:财务费用——利息支出(2 467 900×5%)	123 395
贷:未确认融资费用	123 395

(3)2×19 年 12 月 31 日交付产品。

借：财务费用——利息支出(2 591 295×5%)   129 564.75

  贷：未确认融资费用   129 564.75

借：合同负债   2 721 000

  贷：主营业务收入   2 721 000

预计负债

预计负债是因或有事项可能产生的负债。根据或有事项准则的规定，与或有事项相关的义务同时符合以下三个条件的，企业应将其确认为负债：一是该义务是企业承担的现时义务；二是该义务的履行很可能导致经济利益流出企业，这里的"很可能"指发生的可能性为"大于 50%，但小于或等于 95%"；三是该义务的金额能够可靠地计量。

预计负债科目的设置

预计负债科目核算企业确认的对外提供担保、未决诉讼、产品质量保证、重组义务、亏损性合同等预计负债。本科目可按形成预计负债的交易或事项进行明细核算。本科目期末贷方余额，反映企业已确认尚未支付的预计负债。预计负债科目代码为 2801，见表 3-58。

表 3-58   预计负债会计科目编码的设置

科目代码	总分类科目（一级科目）	明细分类科目		是否辅助核算	辅助核算类别
		二级明细科目	三级明细科目		
2801	预计负债				
280101	预计负债	担保	资产类别	是	债权人
280102	预计负债	未决诉讼	资产类别	是	企业名称
280103	预计负债	产品质量保证	资产类别	是	企业名称
280104	预计负债	重组义务	资产类别	是	企业名称
280105	预计负债	亏损性合同	资产类别	是	企业名称
280106	预计负债	其他	资产类别	是	企业名称

预计负债的初始计量

1. 最佳估计数的确认

（1）当清偿因或有事项而确认的负债所需支出存在一个金额范围时，则最佳估计数应按此范围的上下限金额的平均数确认。

（2）如果不存在一个金额范围时，则最佳估计数按以下标准认定：

①如果涉及单个项目，则最佳估计数为最可能发生数；

②如果涉及多个项目，则最佳估计数按各种可能发生额及发生概率计算确认——即"加权平均数"。

2. 预期可获补偿的处理

如果清偿因或有事项而确认的负债所需支出全部或部分预期由第三方或其他方补偿，则补偿金额只能在基本确定会收到时，作为资产单独确认，且确认的补偿金额不应超过所确认负债的账面价值。

应注意的是：

①有在基本确定能收到时，才能作出资产认定。

②资产的金额不能超过其所匹配的负债的账面价值。

③资产的入账要单独设账反映，即计入"其他应收款"，而不能与"预计负债"对冲。

预计负债的后续计量

企业应当在资产负债表日对预计负债的账面价值进行复核，有确凿证据表明账面价值不能真实反映当前最佳估计数的，应作相应调整。

虽然预计负债属于企业负债，但与一般负债不同的是，预计负债导致经济利益流出企业的可能性尚未达到基本确定的程度，金额往往需要估计，所以在资产负债表上应单独反映，并在会计报表附注中作相应披露；与所确认负债有关的费用或支出应在扣除确认的补偿金额后，在利润表中反映。

预计负债的主要账务处理，见表 3-59。

表 3-59 预计负债的主要账务处理

业务情景	账务处理
对外提供担保、未决诉讼、重组义务产生的预计负债	借：营业外支出 贷：预计负债

业务情景	账务处理
由于产品质量保证而产生的预计负债	借:销售费用 　　贷:预计负债
由资产弃置义务产生的预计负债	借:固定资产/油气资产 　　贷:预计负债 计提利息时, 借:财务费用 　　贷:预计负债
实际清偿或冲减的预计负债	借:预计负债 　　贷:银行存款
调整增加或减少的预计负债时	借:有关科目(借或贷) 　　贷:预计负债(借或贷)

预计负债的账务处理实例

【例 3-42】 绿地公司为生产和销售电冰箱的企业。2×19 年第一季度销售爱心电冰箱 4 500 台,每台售价为 3 000 元。该公司对购买其产品的消费者作出如下承诺:电冰箱售出后一年内如发生非意外事件造成的故障和质量问题,公司免费负责保修。根据近年来的经验,发生的保修费通常在销售额的 1‰~2.5‰,假定该公司本年第一季度实际支付电冰箱维修费 54 000 元。

本例中,绿地公司因销售电冰箱而承担了现时义务,该义务的履行很可能导致经济利益流出企业,且该义务的金额能够可靠地计量,则绿地公司在每季末应确认一项负债。

(1)第一季度实际支付维修费时,编制会计分录

借:预计负债——产品质量保证　　　　　　　　　　54 000

　　贷:银行存款　　　　　　　　　　　　　　　　　54 000

(2)第一季度末确认的产品质量保证负债金额为 236 250 元[4 500×3 000×(0.01+0.025)÷2],编制会计分录

借:销售费用——产品质量保证　　　　　　　　　　236 250

　　贷:预计负债——产品质量保证　　　　　　　　　236 250

递延所得税负债

递延所得税负债是指按照会计准则规定应予确认的递延所得税资产与

递延所得税负债在会计期末应有的金额相对于原已确认金额之间的差额，即递延所得税负债当期发生额，但不包括计入所有者权益的交易或事项的所得税影响。

计算公式如下：

$$递延所得税费用＝当期递延所得税负债的增加＋当期递延所得税资产的减少－当期递延所得税负债的减少－当期递延所得税资产的增加$$

递延所得税科目的设置

递延所得税负债科目核算企业根据所得税准则确认的应纳税暂时性差异产生的所得税负债。本科目应当按照应纳税暂时性差异项目进行明细核算。本科目期末贷方余额，反映企业已确认的递延所得税负债的余额，见表 3-60。

表 3-60   递延所得税负债会计科目编码的设置

科目代码	总分类科目（一级科目）	明细分类科目	
		二级明细科目	三级明细科目
2901	递延所得税负债		
290101	递延所得税负债	按应纳税暂时性差异项目	项目

递延所得税负债的账务处理

递延所得税负债的主要账务处理，见表 3-61。

表 3-61   递延所得税负债的主要账务处理

业务情景	账务处理
资产负债表日	借：所得税费用——递延所得税费用 资本公积——其他资本公积 贷：递延所得税负债 （应予确认的递延所得税负债小于其账面余额的，做相反的会计分录）
非同一控制下企业合并	借：商誉 贷：所得税费用——递延所得税负债

递延所得税负债的账务处理实例

【例3-43】　蓝迪公司2×19年3月取得的某项金融工具,成本为3 600 000元,2×19年12月31日,其公允价值为4 000 000元。蓝迪公司适用的所得税税率为25%。

(1)会计期末确认400 000元(4 000 000－3 600 000)的公允价值变动时,编制会计分录

借:其他债权投资——公允价值变动　　　　　　　　　　　　　400 000
　　贷:其他综合收益　　　　　　　　　　　　　　　　　　　　400 000

(2)确认应纳税暂时性差异的所得税影响时,编制会计分录

借:其他综合收益(400 000×25%)　　　　　　　　　　　　　100 000
　　贷:递延所得税负债　　　　　　　　　　　　　　　　　　　100 000

存入保证金

存入保证金是指为保证企业出租或出借的财产能如期完整、无损地收回而向客户收取的一定数量的押金。

存入保证金科目的设置

存入保证金科目核算金融企业收到客户存入的各种保证金,如信用证保证金、承兑汇票保证金、保函保证金、担保保证金等。本科目可按客户进行明细核算。本科目期末贷方余额,反映企业接受存入但尚未返还的保证金,具体设置见表3-62。

表3-62　　　　　　　　　　　　存入保证金科目会计编码的设置

科目代码	总分类科目 (一级科目)	明细分类科目		辅助核算类别
		二级明细科目	三级明细科目	
2002	存入保证金			
200201	存入保证金	信用证保证金	是	客户名称
200202	存入保证金	承兑汇票保证金	是	客户名称
200203	存入保证金	保函保证金	是	客户名称
200204	存入保证金	担保保证金	是	客户名称
200205	存入保证金	其他	是	客户名称

存入保证金的账务处理

存入保证金的主要账务处理,见表 3-63。

表 3-63　　　　　　　　　存入保证金主要账务处理

业务情景	账务处理
企业收到客户存入的保证金	借:银行存款/存放中央银行款项/应付分保账款 　　贷:存入保证金
资产负债表日,应按计算确定的存入保证金利息费用	借:财务费用/利息支出 　　贷:银行存款/存放中央银行款项等
归还存入保证金时	借:存入保证金 　　贷:银行存款/存放中央银行款项/应付分保账款

拆入资金

拆入资金,是指信托投资公司向银行或其他金融机构借入的资金。

拆入资金科目的设置

拆入资金科目核算金融企业从中国境内、境外金融机构拆入的款项。本科目可按拆入资金的金融机构进行明细核算。拆入资金科目代码为2003,见表 3-64。

表 3-64　　　　　　　　　拆入资金会计科目编码设置

科目代码	总分类科目 (一级科目)	明细分类科目		是否辅助核算	辅助核算类别
		二级明细科目	三级明细科目		
2003					
200301	拆入资金	境内		是	机构名称
200302	拆入资金	境外		是	机构名称

拆入资金的账务处理

企业应按实际收到的金额,借记"存放中央银行款项""银行存款"等科目,贷记本科目;归还拆入资金时做相反的会计分录。

资产负债表日,应按计算确定的拆入资金的利息费用,借记"利息支出"科目,贷记"应付利息"科目。本科目期末贷方余额,反映企业尚未归还的拆入资金余额。

向中央银行借款

向中央银行借款,是指金融企业向中央银行借入的临时周转资金、季节性资金、年度性资金以及因特殊需要经批准向中央银行借入的特种借款等。

向中央银行借款科目的设置

本科目核算银行企业向中央银行借入的款项,可按借款性质进行明细核算。本科目期末贷方余额,反映企业尚未归还中央银行借款的余额。向中央银行借款的科目代码为2004,见表3-65。

表3-65　　　　　　　　　向中央银行借款会计科目编码设置

科目代码	总分类科目（一级科目）	明细分类科目		是否辅助核算	辅助核算类别
		二级明细科目	三级明细科目		
2004	向中央银行借款				
200401	向中央银行借款	长期借款		是	机构名称
200402	向中央银行借款	短期借款		是	机构名称
200403	向中央银行借款	其他借款		是	机构名称

向中央银行借款的账务处理

企业应按实际收到的金额,借记"存放中央银行款项"科目,贷记本科目;归还借款时做相反的会计分录。

资产负债表日,应按计算确定的向中央银行借款的利息费用,借记"利息支出"科目,贷记"应付利息"科目。

吸收存款

吸收存款是指银行吸收的除同业存放款项以外的其他各种存款,包括单位存款(企业、事业单位、机关、社会团体等)、个人存款、信用卡存款、特种存款、转贷款资金和财政性存款等。

吸收存款科目的设置

"吸收存款"科目期末贷方余额,反映企业吸收的除同业存放款项以外的其他各项存款。

吸收存款科目可按存款类别及存款单位,分别以"本金""利息调整"等进行明细核算。吸收存款科目代码为2011。具体科目设置见表3-66。

表3-66 吸收存款科目会计编码的设置

科目代码	总分类科目 (一级科目)	明细分类科目 二级明细科目	是否辅助核算	辅助核算类别
2011	吸收存款			
201101	吸收存款	本金	是	存款类别及单位
201102	吸收存款	利息调整	是	存款类别及单位

吸收存款的账务处理

吸收存款的主要账务处理,见表3-67。

表3-67 吸收存款的主要账务处理

业务情景	账务处理
企业收到客户存入的款项	借:存放中央银行款项等 　　吸收存款——利息调整(借或贷) 　贷:吸收存款——本金
资产负债表日,应按摊余成本和实际利率计算确定的存入资金的利息费用	借:利息支出 　　吸收存款——利息调整(借或贷) 　贷:应付利息
支付的存入资金利息	借:应付利息 　贷:吸收存款
支付的存款本金	借:吸收存款 　　利息支出 　贷:存放中央银行款项/库存现金 　　吸收存款——利息调整

同业存放是指金融机构将非清算用途的资金短期存放于金融机构的行为。

同业存放科目的设置

本科目核算银行企业吸收的中国境内、境外金融机构的存款,可按存放金融机构进行明细核算。

同业存放科目期末贷方余额,反映企业吸收的同业存放款项。本科目代码为2012,见表3-68。

表3-68　　　　　　　　　同业存放会计科目编码设置

科目代码	总分类科目 (一级科目)	明细分类科目		是否辅助核算	辅助核算类别
		二级明细科目	三级明细科目		
2012	同业存放				
201201	同业存放	境内		是	机构名称
201202	同业存放	境外		是	机构名称

同业存放的账务处理

企业增加存款,应按实际收到的金额,借记"存放中央银行款项"等科目,贷记本科目。减少存款时做相反的会计分录。

贴现负债

贴现负债是商业银行办理商业票据的转贴现等业务所融入的资金。

贴现负债科目的设置

本科目核算银行企业办理商业票据的转贴现等业务所融入的资金,可按贴现类别和贴现金融机构,分别以"面值""利息调整"进行明细核算。本科目期末贷方余额,反映企业办理的转贴现等业务融入的资金。贴现负债科目的代码为 2021。商业银行在"贴现负债"科目下开立再贴现明细科目，"贴现负债"科目下有再贴现和转贴现两个明细科目。再贴现期限一般不超过 6 个月，见表 3-69。

表 3-69 贴现负债会计科目编码设置

科目代码	总分类科目（一级科目）	明细分类科目		是否辅助核算	辅助核算类别
		二级明细科目	三级明细科目		
2021	贴现负债				
202101	贴现负债	再贴现			
20210101	贴现负债	再贴现	面值	是	机构名称
20210102	贴现负债	再贴现	利息调整	是	机构名称
202102	贴现负债	转贴现		是	
20210201	贴现负债	转贴现	面值	是	机构名称
20210202	贴现负债	转贴现	利息调整	是	机构名称

贴现负债的账务处理

贴现负债的主要账务处理，见表 3-70。

表 3-70 贴现负债的主要的账务处理

业务情景	账务处理
持贴现票据向其他金融机构转贴现	借：存放中央银行款项等 　　贴现负债——利息调整（借或贷） 贷：贴现负债——面值
资产负债表日，按计算确定的利息费用	借：利息支出 贷：贴现负债——利息调整
贴现票据到期	借：贴现负债——面值 　　利息支出 贷：存放中央银行款项等

再贴现指商业银行或其他金融机构将贴现所获得的未到期票据，向中央银行作的票据转让。再贴现是中央银行向商业银行提供资金的一种方式。

与其他贷款不同，再贴现贷款要先扣除利息，再将余额贷给商业银行。

再贴现的金额为再贴现汇票金额减去再贴现利息。再贴现利息的计算公式为：

$$再贴现利息＝再贴现汇票全额×再贴现天数×再贴现日利率$$

由于再贴现是按天数计算的，所以相应的利率是日利率。如果给定的是再贴现的年利率，要将年利率除以 360 得出日利率。

【例 3-44】 工商银行 5 月 1 日持未到期银行承兑汇票一份向中国人民银行申请再贴现，汇票面额为 1 200 000 元，承兑行为同城民生银行，再贴现月利率为 5.5％。该汇票 3 月 1 日签发，4 月 1 日贴现，贴现利率 6％，5 月 31 日到期。

(1) 计算 4 月 1 日再贴现利息和实付再贴现金额

$$再贴现利息＝1 200 000×30×5.5‰÷30＝6 600(元)$$
$$实付贴现金额＝1 200 000－6 600＝1 193 400(元)$$

(2) 中国人民银行的会计处理如下

借：再贴现——工行再贴现　　　　　　　　　　　　　1 200 000
　　贷：工商银行存款　　　　　　　　　　　　　　　　1 193 400
　　　　银行企业往来收入——再贴现利息收入户　　　　　　6 600

(3) 工商银行的会计处理如下

借：存放中央银行款项　　　　　　　　　　　　　　　1 193 400
　　银行企业往来支出——中央银行往来支出户　　　　　　6 600
　　贷：贴现负债——再贴现　　　　　　　　　　　　　1 200 000

应付分保账款

应付分保账款是指保险企业从事再保险业务应付未付的款项。

什么是应付分保账款

应付分保账款科目核算再保险业务应付未付的款项，本科目可按再保险分出人或再保险接受人和再保险合同进行明细核算。本科目期末贷方余额，反映企业从事再保险业务应付未付的款项。应付分保账款科目代码为 2261。

应付分保账款的账务处理

应付分保账款科目的账务处理分为再保险分出人应付分保账款和再保险接受人应付分保账款。

(1)再保险分出人应付分保账款的主要账务处理,见表3-71。

表3-71　　　　　　　再保险分出人应保分保账款的主要账务处理

业务情景	账务处理
企业在确认原保险合同保费收入的当期	借:分出保费 　贷:应付分保账款
在原保险合同提前解除的当期	借:应付分保账款 　贷:分出保费
发出分保业务账单时	借:应付分保账款 　贷:存入保证金 ①按账单标明数额返还上期扣存的分保保证金 借:存入保证金 　贷:应付分保账款 ②按期计算的存入分保保证金利息 借:利息支出 　贷:应付分保账款

(2)再保险接受人应付分保账款的主要账务处理,见表3-72。

表3-72　　　　　　　再保险接受人应保分保账款的主要账务处理

业务情景	账务处理
企业在确认分保费收入的当期	借:分出保费 　贷:应付分保账款
计算确定应向再保险分出人支付纯收益手续费的	借:分出保费 　贷:应付分保账款
收到分保业务账单的当期	借:赔付支出 　贷:应付分保账款
再保险分出人、再保险接受人结算分保账款时	借:赔付支出 　银行存款(借或贷) 　贷:应付分保账款

代理买卖证券款

代理买卖证券款是指证券机构接受客户委托,代理客户买卖股票、债券和基金等有价证券而收到的款项。

代理买卖证券科目的设置

本科目核算证券机构受客户委托,其买卖股票、债券和基金等有价证券收到的款项。

证券机构代理客户认购新股的款项、代理客户领取的现金股利和债券利息、代理客户向证券交易所支付的配股款等,也在本科目核算。本科目可按客户类别等进行明细核算。

代理买卖证券款期末贷方余额,反映企业接受客户存放的代理买卖证券资金。代理买卖证券款科目代码为2311,见表3-73。

表 3-73   代理买卖证券款科目会计编码的设置

科目代码	总分类科目 (一级科目)	明细分类科目 二级明细科目	是否辅助核算	辅助核算类别
2311	代理买卖证券款			
231101	代理买卖证券款	股票	是	客户名称
231102	代理买卖证券款	基金	是	客户名称
231103	代理买卖证券款	债券	是	客户名称
231104	代理买卖证券款	现金股利	是	客户名称
231105	代理买卖证券款	债券利息	是	客户名称
231106	代理买卖证券款	配股	是	客户名称
231107	代理买卖证券款	其他	是	客户名称

代理买卖证券款的账务处理

代理买卖证券款的主要账务处理,见表3-74。

表 3-74　　　　　　　　　　　　　　　代理买卖证券款账务处理

业务情景	账务处理
企业收到客户交来的款项	借:银行存款 　贷:代理买卖证券款
接受客户委托,买入证券成交总额大于卖出证券成交总额的	借:代理买卖证券款 　贷:结算备付金/银行存款
接受客户委托,卖出证券成交总额大于买入证券成交总额的	借:结算备付金/银行存款 　贷:代理买卖证券款
代理客户认购新股,收到客户交来的认购款项	借:银行存款 　贷:代理买卖证券款
将款项划拨证券交易所	借:结算备付金 　贷:银行存款
客户办理申购手续	借:代理买卖证券款 　贷:结算备付金
证券交易所完成中签认定工作,将未中签资金退给客户时	借:结算备付金 　贷:代理买卖证券款
企业将未中签的款项退给客户	借:代理买卖证券款 　贷:银行存款
代理客户办理配股业务	借:代理买卖证券款 　贷:结算备付金
采用定期向证券交易所交纳配股款的	借:代理买卖证券款 　贷:其他应付款——应付客户配股款
与证券交易所清算配股款,按配股金额	借:其他应付款——应付客户配股款 　贷:结算备付金

代理买卖证券款的账务处理实例

【**例 3-45**】　某金融企业接受绿地公司的委托,以全额包销方式代其发行债券 10 000 万元,承购价 9 500 万元。期满后,共售出 9 000 万元,金融企业应支付上网费 5 万元,未售出的债券按合同规定,转为可供出售证券。

(1)认购全部债券时,编制会计分录如下

借:代理买卖证券款——绿地公司债券户　　　　　　　　95 000 000

　贷:银行存款　　　　　　　　　　　　　　　　　　　　　　95 000 000

（2）网上发行结束，收到认购款时，编制会计分录如下

借：银行存款   90 000 000

    贷：证券发行——绿地公司债券户   90 000 000

（3）支付上网费时，编制会计分录如下

借：待转发行费用   50 000

    贷：银行存款   50 000

（4）结转售出证券的实际成本时，编制会计分录如下

售出证券实际成本＝（95 000 000 ÷ 100 000 000）× 90 000 000＝85 500 000（元）

借：证券发行——绿地公司债券户   8 500 000

    贷：代理买卖证券款——绿地公司债券户   8 500 000

（5）结转发行费用时，编制会计分录如下

借：证券发行——绿地公司债券户   50 000

    贷：待转发行费用   50 000

（6）未售出债券转为可供出售证券时，编制会计分录如下

借：可供出售证券   9 500 000

    贷：证券发行——绿地公司债券户   9 500 000

代理承销证券款

代理承销证券款是指公司接受委托，采用承购包销方式或代销方式承销证券所形成的、应付证券发行人的承销资金。

代理承销证券款科目的设置

本科目核算企业（金融）接受委托，采用承购包销方式或代销方式承销证券所形成的、应付证券发行人的承销资金。可按委托单位和证券种类进行明细核算。本科目期末贷方余额，反映企业承销证券应付未付给委托单位的款项。代理承销证券款科目代码为2312，见表3-75。

表 3-75 代理承销证券款会计科目编码设置

科目代码	总分类科目 （一级科目）	明细分类科目		是否辅助核算	辅助核算类别
		二级明细科目	三级明细科目		
2312	代理承销证券款				
231201	代理承销证券款	种类		是	机构名称
231202	代理承销证券款	种类		是	机构名称

代理承销证券款的账务处理

企业承销记名证券的主要账务处理，见表 3-76。

表 3-76 代理承销证券款账务处理

业务情景	账务处理
通过证券交易所上网发行的，在证券上网发行日	按承销价款，在备查簿中记录承销证券的情况
与证券交易所交割清算	借：结算备付金 　　贷：代理承销证券款
承销期结束	借：代理承销证券款 　　贷：手续费及佣金收入 　　　　银行存款
承销期结束有未售出证券，采用余额承购包销方式承销证券的，按合同规定由企业认购，应按承销价款入账	借：交易性金融资产/其他权益工具投资等 　　贷：代理承销证券款 承销期结束，应将未售出证券退还委托单位

企业承销无记名证券，比照承销记名证券的相关规定进行处理。

代理兑付证券款

代理兑付证券款是指证券机构接受委托代理兑付证券收到的兑付资金。

代理兑付证券款科目的设置

本科目可按委托单位和证券种类进行明细核算。本科目期末贷方余额，反映企业已收到但尚未兑付的代理兑付证券款项。代理兑付证券款科目代码为 2313。代理兑付证券款会计科目编码设置见表 3-77。

表 3-77　　　　　　　　代理兑付证券款会计科目编码设置

科目代码	总分类科目（一级科目）	明细分类科目		是否辅助核算	辅助核算类别
		二级明细科目	三级明细科目		
2313	代理兑付证券款				
231301	代理兑付证券款	种类		是	机构名称
231302	代理兑付证券款	种类		是	

代理兑付证券款的账务处理

代理兑付证券款的账务处理，见表 3-78。

表 3-78　　　　　　　　　　代理兑付证券款的账务处理

业务情景	账务处理
企业兑付记名证券，收到委托单位的兑付资金	借：银行存款　　贷：代理兑付证券款
收到客户交来的证券，按兑付金额	借：代理兑付证券款　　贷：库存现金/银行存款等
收取代理兑付证券手续费收入	借：应收手续费及佣金　　贷：手续费及佣金收入
手续费与兑付款一并汇入的	借：结算备付金　　贷：其他应付款——预收代理兑付证券手续费
在收到款项时，应按实际收到的金额	借：其他应付款——预收代理兑付证券手续费　　贷：手续费及佣金收入

代理兑付证券款的账务处理实例

【例 3-46】　丽都金融机构接受新星发行人的委托兑付 2×18 年发行的三年期企业债券（实物券），2×19 年 3 月 6 日通过"存放中央银行款项"账户收到委托单位的兑付资金 1 100 万元，其中手续费 5 万元。截至 3 月底，代理兑付的债券共计 990 万元。兑付结束后确认手续费收入。

（1）收到拨付的代兑付资金时，编制会计分录如下

借：存放中央银行款项　　　　　　　　　　　　　　　11 000 000
　　贷：代理兑付证券款　　　　　　　　　　　　　　　10 950 000
　　　　其他应收款——预收代理兑付证券手续费户　　　　50 000

（2）代理兑付债券时，编制会计分录如下

借：代理兑付证券款   9 900 000

    贷：存放中央银行款项   9 900 000

（3）将已兑付债券以及剩余款项交发行人时，编制会计分录如下

借：代理兑付证券款   10 950 000

    贷：代理兑付证券款   9 900 000

        存放中央银行款项   1 050 000

（4）确认手续费收入时，编制如下会计分录

借：其他应收款——预收代理兑付证券手续费户   50 000

    贷：手续费及佣金收入——代理兑付证券手续费户   50 000

租赁负债

"租赁负债"科目是承租人尚未支付的租赁付款额的现值。

租赁负债科目的设置

"租赁负债"科目期末借方余额，反映未担保余值和尚未收到的租赁收款额的现值之和，具体科目设置见表3-79。

表3-79   租赁负债会计科目的设置

总分类科目 （一级科目）	明细分类科目		是否辅助核算	辅助核算类别
	二级明细科目	三级明细科目		
租赁负债				
租赁负债	未实现融资费用		是	部门
租赁负债	租赁付款额		是	部门
租赁负债	其他		是	部门

租赁负债的账务处理

租赁开始日，租赁负债主要账务处理如下：

租赁开始日

借：使用权资产
　　租赁负债——未确认融资费用
　贷：租赁负债——租赁付款额

租赁期内利息费用

借：财务费用——利息费用
　　在建工程等
　贷：租赁负债——未确认融资费用

支付租赁付款额时

借：租赁负债——租赁付款额
　贷：银行存款

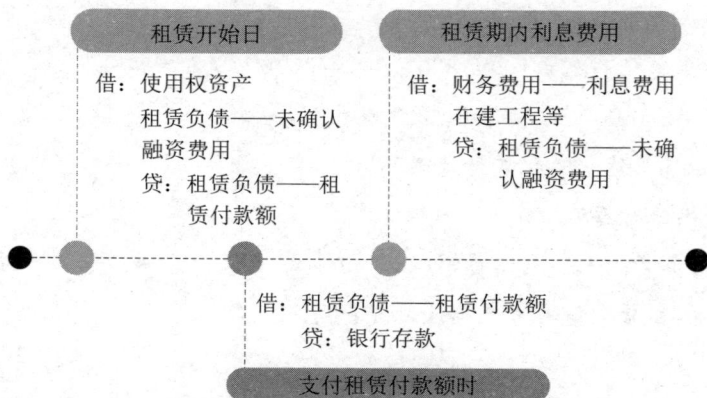

租赁期后承租人会计处理：

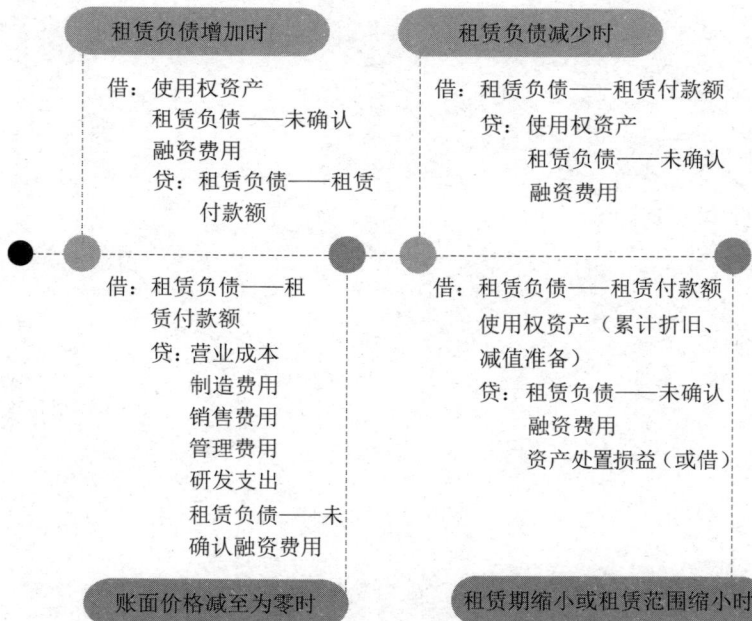

租赁负债增加时

借：使用权资产
　　租赁负债——未确认融资费用
　贷：租赁负债——租赁付款额

租赁负债减少时

借：租赁负债——租赁付款额
　贷：使用权资产
　　租赁负债——未确认融资费用

账面价格减至为零时

借：租赁负债——租赁付款额
　贷：营业成本
　　制造费用
　　销售费用
　　管理费用
　　研发支出
　　租赁负债——未确认融资费用

租赁期缩小或租赁范围缩小时

借：租赁负债——租赁付款额
　　使用权资产（累计折旧、减值准备）
　贷：租赁负债——未确认融资费用
　　资产处置损益（或借）

【例3-47】　承租人甲公司与出租人乙公司签订为期5年的办公楼租赁合同。每年租赁付款额300 000元,在每年年末支付。甲公司确定租赁内含利率为5%,其增量借款利率为6%。

甲公司按租赁付款额的现值所确认的租赁负债＝300 000×(P/A,5%,5)

＝300 000×4.329 5＝1 298 850(元)

第一年支付利息＝1 298 850×6‰＝77 931(元)

本金＝300 000－77 931＝222 069(元)

借:租赁负债——租赁付款额	300 000	
贷:银行存款		300 000
借:财务费用——利息费用	77 931	
贷:租赁负债——未确认融资费用		77 931

第 4 章

所有者权益类科目的设置与具体运用

所有者权益是指企业资产扣除负债后由所有者享有的剩余权益。本章讲解 6 个科目的设置与具体账务处理。

实收资本

实收资本，是指企业投资者按照企业章程或合同、协议的约定，实际投入企业的资本。所有者向企业投入的资本，在一般情况下无须偿还，可以长期周转使用。由于企业组织形式不同，所有者投入资本的会计核算方法也有所不同。

实收资本科目的具体运用

对于实收资本的确认，企业应按照企业章程、合同、协议或有关规定，根据实际收到的货币、实物及无形资产来确认投入资本。具体的确认方式及注意事项，见表 4-1。

表 4-1　　　　　　　　　　实收资本的确认方式及注意事项

投资方式	确认方式	备注
以货币投资的	根据收款凭证加以确认与验证	对于外方投资者的外汇投资，应取得利润来源地外汇管理局的证明
以房屋建筑物、机器设备、材料物资等实物资产作价出资的	应以各项有关凭证为依据进行确认，并应进行实物清点、实地勘察以核实有关投资	房屋、建筑物应具备产权证明

投资方式	确认方式	备注
以专利权、专有技术、商标权、土地使用权等无形资产作价出资的	应以各项有关凭证及文件资料作为确认与验证的依据	外方合营者出资的工业产权与专有技术,必须符合规定的条件

实际投入企业的资本明细科目应按照出资人名称设置,实收资本科目代码为4001,见表4-2。

表 4-2 　　　　　　　　　实收资本会计科目编码的设置

编号	会计科目名称	二级科目名称	明细科目名称
4001	实收资本		
400101	实收资本	国家资本	按股东名称设置
400102	实收资本	法人资本	按股东名称设置
400103	实收资本	集体资本	按股东名称设置
400104	实收资本	个人资本	按股东名称设置

为了核算和监督投资者投入资本的增减变动情况,除股份有限公司以外,其他各类企业应设置"实收资本"科目,并按投资者的不同设置明细账户,有外汇投资的企业,还应分别按人民币、各种外币进行明细核算。股份有限公司应设置"股本"科目,用于核算公司在核定的股本总额及核定的股份总额范围内实际发行股票的数额。

接受货币资金投资的核算

投资者以现金投入的资本,应当以实际收到或者存入企业开户银行的金额作为实收资本入账。实际收到或存入企业开户银行的金额超过其在该企业注册资本中所占的份额的部分,记入资本公积。

接受货币资产投资的账务处理实例

【例 4-1】 蓝迪公司接受立新公司投入货币资金 3 000 000 元,已存入银行。根据银行收款通知,编制会计分录。

借:银行存款——人民币 　　　　　　　　　　　　　　　　　3 000 000
　　贷:实收资本——立新公司 　　　　　　　　　　　　　　　　3 000 000

接受实物投资的核算

企业接受投资者投入的房屋、建筑物、机器设备、材料等实物资产,应以合资双方协定并按验收核实的实物清算中所列金额和实际收到实物的日期,作为"实收资本"账户的依据。如图 4-1 所示。

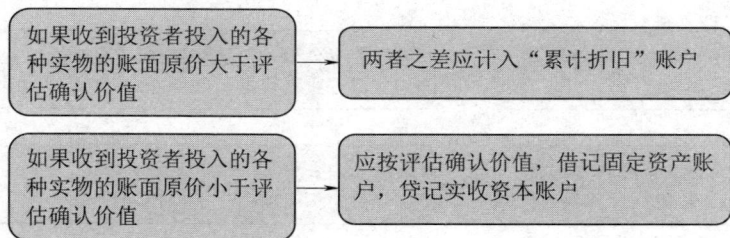

如果收到投资者投入的各种实物的账面原价大于评估确认价值	→ 两者之差应计入 "累计折旧" 账户
如果收到投资者投入的各种实物的账面原价小于评估确认价值	→ 应按评估确认价值,借记固定资产账户,贷记实收资本账户

图 4-1 接受实物投资的账务处理

接受实物投资的账务处理实例

【例 4-2】 蓝迪公司收到绿地公司投入汽车一辆,原价为 310 000 元,累计折旧为 80 000 元,评估确认价值 180 000 元,根据收到的清单,编制会计分录。

借:固定资产   310 000
 贷:累计折旧   40 000
  实收资本   270 000

接受无形资产投资的核算

以无形资产投资,应按双方协商并在条款中确认的价值入账,借记"无形资产"账户,贷记"实收资本"账户。

接受无形资产投资的账务处理实例

【例 4-3】 蓝迪公司以一项专有技术向甲企业投资,经评估作价 450 000 元,立新公司以土地使用权作为投资,经协商确认价值为 30 000 000 元。甲企业根据有关凭证,会计处理如下。

借:无形资产——专有技术   450 000
    ——土地使用权   30 000 000
 贷:实收资本——法人资本金(蓝迪公司) 450 000
    ——法人资本金(立新公司) 30 000 000

实收资本增加的核算

一般情况下,企业的实收资本相对固定不变,但在某些特定条件下,实收资本也可能发生增减变化。

一般企业增加实收资本的途径主要有以下三条,具体如图 4-2 所示。

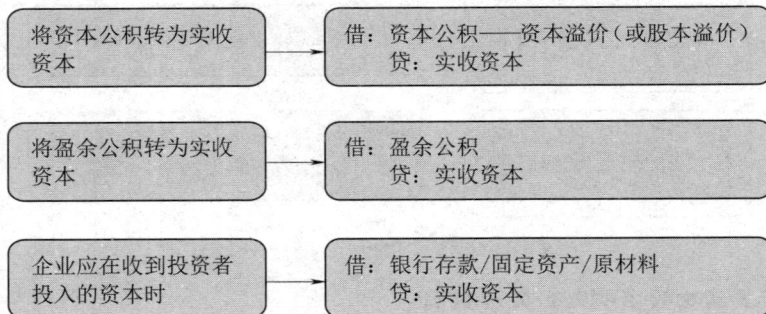

将资本公积转为实收资本	→	借:资本公积——资本溢价(或股本溢价) 　　贷:实收资本
将盈余公积转为实收资本	→	借:盈余公积 　　贷:实收资本
企业应在收到投资者投入的资本时	→	借:银行存款/固定资产/原材料 　　贷:实收资本

图 4-2　实收资本增加的三种途径

实收资本增加的账务处理实例

【例 4-4】　蓝迪公司经批准后拟将资本公积 5 000 000 元,按国家、法人、个人、外商在注册资金中所占的比例转增资本金,若上述比例分别为:50％、20％、5％、25％,则转增的会计分录如下。

借:资本公积　　　　　　　　　　　　　　　　　5 000 000
　　贷:实收资本——国家资本　　　　　　　　　　2 500 000
　　　　　　　　——法人资本　　　　　　　　　　1 000 000
　　　　　　　　——个人资本　　　　　　　　　　　250 000
　　　　　　　　——外商资本　　　　　　　　　　1 250 000

实收资本减少的核算

企业实收资本减少的原因大体有两种:一是资本过剩;二是企业发生重大亏损而需要减少实收资本。企业因资本过剩而减资,一般要发还股款。其具体账务处理如图 4-3 所示。

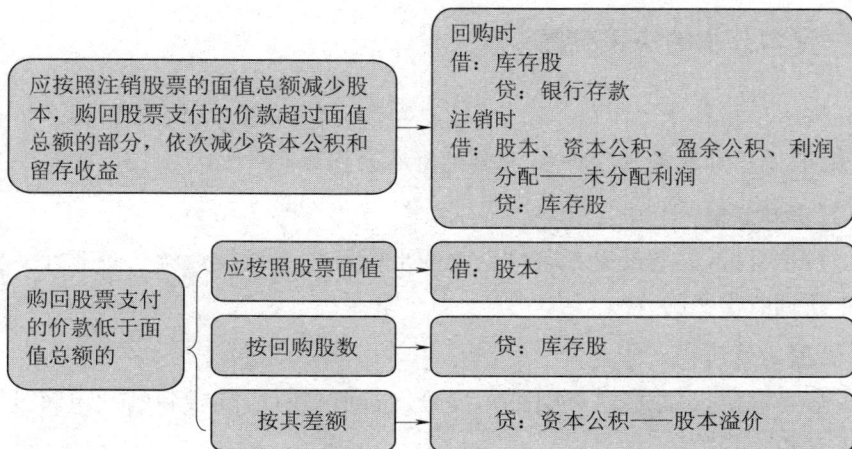

图 4-3　股份有限公司采用收购本企业股票方式减资的账务处理

实收资本减少的账务处理实例

【例 4-5】　新阳公司按法定程序报经批准后,采用收购企业股票的方式减资,以每股 8 元的价格收回并注销其在外发行的普通股 5 000 000 股,以银行存款实际支付价款 43 000 000 元。该股票的面值为每股 1 元,发行价为每股 7 元,假设企业"资本公积——股本溢价"账户的余额为 18 000 000 元,"盈余公积"账户的余额为 2 500 000 元。根据有关凭证,会计处理如下。

(1)回购时

借:库存股	43 000 000
贷:银行存款	43 000 000

(2)注销股票时

借:股本——普通股	5 000 000
资本公积——股本溢价	18 000 000
盈余公积	2 500 000
利润分配——未分配利润	17 500 000
贷:库存股	43 000 000

资本公积

资本公积,是指投资者或者他人投入到企业、所有权归属于投资者、投入金额上超过法定资本部分的资本。

资本公积的应用范围

资本公积具体包括资本溢价、股本溢价、接受捐赠资产、外币资本折算差额、股权投资准备、拨款转入和其他资本公积等。

1. 资本溢价

资本溢价，是指投资者缴付企业的出资额大于该投资者在企业注册资本中所拥有份额的数额。

2. 股本溢价

股本溢价，是指股份有限公司溢价发行股票时实际收到的款项超过股票面值总额的数额。

3. 接受捐赠资产

接受捐赠资产，是指外部单位或个人赠予企业的资产。

4. 外币资本折算差额

外币资本折算差额，是指企业接受外币资本投资时，在收到外币资本日的市场汇率与投资合同或协议约定的外币折算汇率不一致的情况下，按收到外币资本当日的市场汇率折算为资产入账的价值，与按照约定汇率折算为实收资本入账的价值的差额。

5. 股权投资准备

股权投资准备不可直接用于转增资本，只有将其转入其他资本公积后，该部分资本公积方可用于转增资本。

6. 拨款转入

拨款项目完成后，应将其转入"资本公积——拨款转入"科目中。

7. 其他资本公积

其他资本公积，是指股本溢价（或资本溢价）项目所形成以外的资本公积。其中主要包括直接计入所有者权益的利得和损失。它是由特定资产的计价变动而形成的，当特定资产处置时，其他资本公积也应一并处置。

资本公积科目的设置

资本公积核算企业发生的资本溢价、股本溢价、其他资本公积、资本评估增值等。资本公积科目代码为 4002。具体见表 4-3。

表 4-3   资本公积会计科目编码的设置

科目代码	总分类科目（一级科目）	明细分类科目	
		二级明细科目	三级明细科目
4002	资本公积		
400201	资本公积	资本溢价	
400202	资本公积	股本溢价	
400203	资本公积	其他资本公积	接受捐赠
400204	资本公积	资产评估增值	

为了核算资本公积的增减变动情况，企业应设置"资本公积"科目。该账户借方反映资本公积的减少，贷方反映资本公积的增加；期末余额在贷方，表示资本公积的积存数。

资本或股本溢价的核算

股份有限公司的股东按其持有企业的股份享有权利并承担义务。企业的股份总额是按股票的面值与总股数的乘积计算的，面值部分属于股本，溢价部分属于资本公积。

资本或股本溢价的账务处理实例

【例 4-6】 新地股份有限公司首次公开发行了普通股 50 000 000 股，每股面值 1 元，每股发行价格为 5 元。B 公司以银行存款支付发行手续费、咨询费等费用共计 6 000 000 元。假定发行收入已全部收到，发行费用已全部支付，不考虑其他因素，甲公司的会计处理如下。

（1）收到发行收入时：应增加的资本公积＝50 000 000×（5－1）＝200 000 000（元）

借：银行存款   250 000 000

    贷：股本   50 000 000

        资本公积——股本溢价   200 000 000

（2）支付发行费用时

借：资本公积——股本溢价   6 000 000

    贷：银行存款   6 000 000

资产评估增值的核算

资产评估增值是指企业根据国家有关规定对资产进行评估时,评估确认的价值高于该资产原账面价值发生的增加额。企业在清产核资、企业兼并、股份制改组、投出非现金资产时,应按规定对有关资产进行评估。资产评估价值高于企业原资产账面价值的差额,应作为资本公积处理。

资产评估增值的账务处理实例

【例 4-7】 2×19 年 11 月,立新公司用一台机床对佳和公司进行投资,机床的账面原值是 7 000 000 元,累计折旧为 4 000 000 元。经双方协商,该机床作价为 5 500 000 元。

借:长期股权投资　　　　　　　　　　　　　　　　5 500 000
　累计折旧　　　　　　　　　　　　　　　　　　　4 000 000
　　贷:固定资产　　　　　　　　　　　　　　　　　　7 000 000
　　　资本公积——资产重估增值　　　　　　　　　　2 500 000

接受捐赠资产的核算

接受捐赠资产的账务处理,如图 4-4 所示。

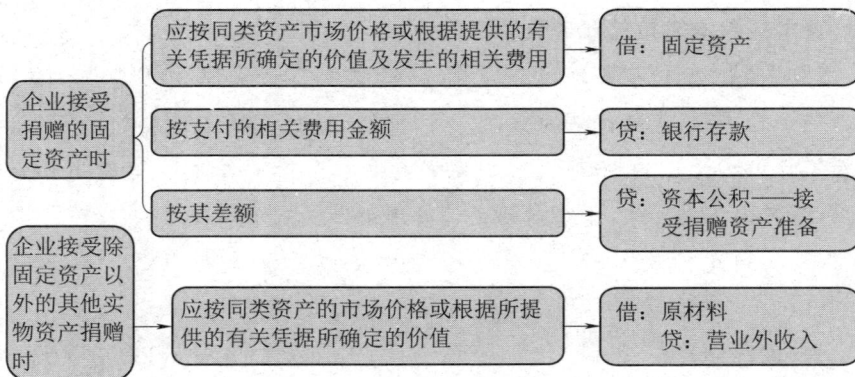

图 4-4　接受捐赠资产的核算

企业接受现金捐赠时,记入"资本公积——其他资本公积"科目。

接受捐赠资产的账务处理实例

【例 4-8】 立新公司收到捐赠的货车一辆,其价值为 950 000 元(设企业所得税税率为 25%)。编制会计分录如下:

借:固定资产　　　　　　　　　　　　　　　　　　　　950 000
　　贷:营业外收入——接受捐赠　　　　　　　　　　　　　　950 000

如果取得增值税专用发票,且公司为一般纳税人,进项税可以抵扣。

盈余公积

盈余公积,是指公司按照规定从净利润中提取的各种积累资金。盈余公积根据用途不同分为公益金和一般盈余公积两类。公益金专门用于公司职工福利设施的支出。一般盈余公积分为两种:法定盈余公积和任意盈余公积。上市公司的法定盈余公积按照税后利润的10%提取,法定盈余公积累计额已达注册资本的50%时可以不再提取。任意盈余公积主要是上市公司按照股东大会的决议提取。法定盈余公积和任意盈余公积的区别就在于其各自计提的依据不同。前者以国家的法律或行政规章为依据提取;后者则由公司自行决定提取。

盈余公积科目的具体运用

盈余公积科目的设置,见表4-4。

表4-4　　　　　　　　　　　　盈余公积会计科目编码的设置

科目代码	总分类科目(一级科目)	明细分类科目	
		二级明细科目	三级明细科目
4101	盈余公积		
410101	盈余公积		
41010101	盈余公积	法定公积金	弥补亏损
41010102	盈余公积	法定公积金	转增资本
410102	盈余公积	任意盈余公积	
41010201	盈余公积	任意公积金	归还利润
41010202	盈余公积	任意公积金	分配股利

为了反映和核算盈余公积的提取、使用和结存情况,企业应设置"盈余公积"账户。实际的提取额记入贷方,使用和转出额记入借方,余额在贷方,反映期末盈余公积的结存数。盈余公积的会计处理如图4-5所示。

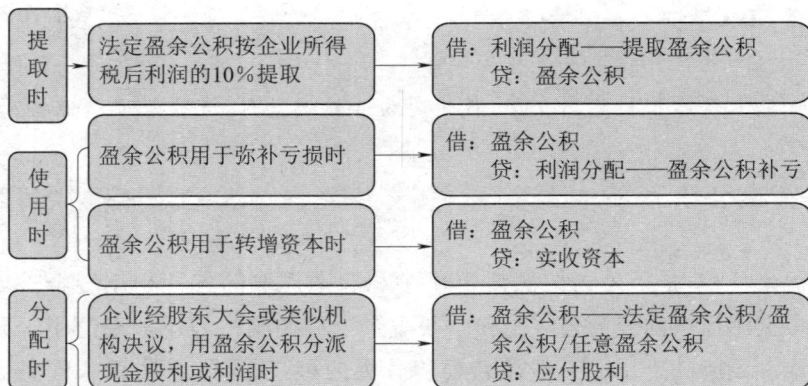

图 4-5　盈余公积的账务处理

盈余公积提取的账务处理实例

【例 4-9】　天意股份有限公司本年度的税后利润为 4 590 000 元,按规定 10%的比率提取法定公积金,并根据股东大会决议按 3%的比率提取任意公积金。编制会计分录如下。

借:利润分配——提取盈余公积　　　　　　　　　8 262 000

　　贷:盈余公积——法定公积金　　　　　　　　　459 000

　　　　　　　　——任意盈余公积　　　　　　　137 700

弥补亏损会计处理

公司提取盈余公积主要用于弥补亏损和转增资本两个方面。

公司发生亏损时,应由公司自行弥补。弥补亏损的渠道主要如图 4-6 所示。

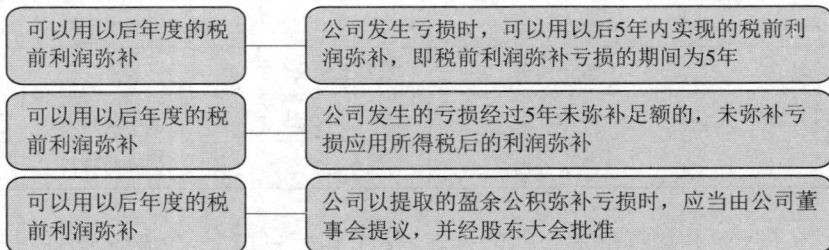

图 4-6　弥补亏损的三种渠道

盈余公积弥补亏损的账务处理实例

【例4-10】 蓝迪公司2×18年度亏损7 120 000元,从盈余公积中弥补。编制会计分录如下。

借:盈余公积   7 120 000

    贷:利润分配——盈余公积补亏   7 120 000

转增资本会计处理

公司将盈余公积转增资本时,必须经股东大会决议批准。在实际将盈余公积转增资本时,要按股东原有持股比例结转。盈余公积转增资本时,转增后留存的盈余公积的数额不得少于注册资本的25%。

盈余公积转增资本的账务处理实例

【例4-11】 大地公司以盈余公积235 000元转作增资,增资后企业盈余公积仍不少于注册资本的25%。大地公司编制会计分录如下。

借:盈余公积   235 000

    贷:实收资本   235 000

利润分配

利润分配是将企业实现的净利润,按照国家有关规定和企业章程、投资者的决议等,对企业当年可供分配的利润所进行的分配。

利润分配科目的设置

为了核算和反映企业积累的未分配利润的情况,企业应设置"利润分配"总账账户。本科目核算企业利润的分配(或亏损的弥补)和历年分配(或弥补)后的余额,应当分别设置"提取法定盈余公积""提取任意盈余公积""应付股利"等,利润分配科目代码为4104,见表4-5。

表4-5   利润分配会计科目编码的设置

科目代码	总分类科目(一级科目)	二级明细科目
4104		
410401	利润分配	提取法定公积金

科目代码	总分类科目(一级科目)	二级明细科目
410402	利润分配	提取任意盈余公积金
410403	利润分配	应付股利
410404	利润分配	弥补亏损
410405	利润分配	盈余公积转增资本
410406	利润分配	未分配利润

年度终了,企业应将全年实现的税后利润,自"本年利润"账户转入"利润分配——未分配利润"账户。

利润分配的账务处理

利润分配的具体账务处理,如图4-7所示。

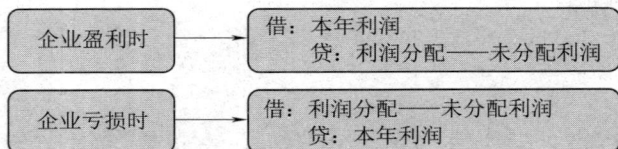

图 4-7 未分配利润的账务处理

同时,年终应将"利润分配"账户下其他明细账户(如提取盈余公积、应付股利等)的余额转入"利润分配——未分配利润"明细账户。结转后,"利润分配——未分配利润"账户余额如果在借方表示累计未分配的亏损,余额如果在贷方表示历年积累的未分配利润。

利润分配的账务处理实例

【例4-12】 光华股份有限公司 2×18 年税后利润为 1 000 000 元(假定光华公司以前年度的"利润分配——未分配利润"账户余额为零),公司按税后利润的 10% 提取法定盈余公积,向投资者分配股利 500 000 元。会计处理如下。

(1)转入本年利润,登记会计凭证,见表4-6。

借:本年利润　　　　　　　　　　　　　　　　　　　1 000 000

　　贷:利润分配——未分配利润　　　　　　　　　　　　　　1 000 000

表 4-6

记 账 凭 证

2×18 年 12 月 31 日 　　　　　　　　　　字第××号

摘要	会计科目	借方金额										贷方金额										记账
		千	百	十	万	千	百	十	元	角	分	千	百	十	万	千	百	十	元	角	分	
2×18 年 12 月 31 日,转入本年利润	本年利润		1	0	0	0	0	0	0	0	0											
	利润分配/未分配利润												1	0	0	0	0	0	0	0	0	
合计		¥	1	0	0	0	0	0	0	0	0	¥	1	0	0	0	0	0	0	0	0	

会计主管:×× 　　　记账:×× 　　　审核:×× 　　　制单:××

(2)按照有关规定,进行利润分配。登记会计凭证,见表 4-7。

借:利润分配——提取法定盈余公积 　　　　　　　　　100 000
　　　　　——应付股利 　　　　　　　　　　　　　500 000
　　贷:盈余公积——法定盈余公积 　　　　　　　　　　100 000
　　　　　　——应付股利 　　　　　　　　　　　　　500 000

表 4-7

记 账 凭 证

2×18 年 12 月 31 日 　　　　　　　　　　字第××号

摘要	会计科目	借方金额										贷方金额										记账
		千	百	十	万	千	百	十	元	角	分	千	百	十	万	千	百	十	元	角	分	
2×18 年 12 月 31 日,提取法定盈余公积、提取任意盈余公积、提取法定公益金、向投资者分配股利	利润分配/提取法定盈余公积			1	0	0	0	0	0	0	0											
	利润分配/应付股利			5	0	0	0	0	0	0	0											
	盈余公积/法定盈余公积													1	0	0	0	0	0	0	0	
	应付股利													5	0	0	0	0	0	0	0	
合计			¥	6	0	0	0	0	0	0	0	¥		6	0	0	0	0	0	0	0	

会计主管:×× 　　　记账:×× 　　　审核:×× 　　　制单:××

（3）转入利润分配的借方。登记会计凭证，见表4-8。

借：利润分配——未分配利润   600 000

    贷：利润分配——提取法定盈余公积   100 000

    ——应付股利   500 000

表 4-8

记 账 凭 证

2×18 年 12 月 31 日   字第××号

摘要	会计科目	借方金额										贷方金额										记账
		千	百	十	万	千	百	十	元	角	分	千	百	十	万	千	百	十	元	角	分	
2×18 年 12 月 31 日，转入利润分配的借方	利润分配/未分配利润		6	0	0	0	0	0	0	0	0											
	利润分配/提取法定盈余公积													1	0	0	0	0	0	0	0	
	利润分配/应付股利													5	0	0	0	0	0	0	0	
合计		¥	6	0	0	0	0	0	0	0	0	¥	6	0	0	0	0	0	0	0	0	

会计主管：××   记账：××   审核：××   制单：××

本年利润

本利利润是指企业某个会计年度净利润（或净亏损）、它是由企业利润组成内容计算确定的，是企业从公历1月份到12月份逐步累计而形成的一个动态指标。

本年利润科目的设置

企业期（月）末结转利润时，应将各损益类科目的金额转入本年利润，结平各损益类科目。结转后本科目的贷方余额为当期实现的净利润；借方余额为当期发生的净亏损。本年利润科目代码为4103，见表4-9。

表 4-9　　　　　　　　　　　　　　　　本年利润会计科目编码的设置

科目代码	总分类科目（一级科目）	明细分类科目	
		二级明细科目	三级明细科目
4103	本年利润		
410301	本年利润	主营业务收入	项目
410302	本年利润	其他业务收入	项目
410303	本年利润	主营业务成本	项目
410304	本年利润	其他业务成本	项目
410305	本年利润	税金及附加	项目
410306	本年利润	销售费用	项目
410307	本年利润	管理费用	项目
410308	本年利润	财务费用	项目
410309	本年利润	资产减值损失	项目
410310	本年利润	公允价值变动收益	项目
410311	本年利润	投资收益	项目
410312	本年利润	营业外收入	项目
410313	本年利润	营业外支出	项目
410314	本年利润	所得税费用	项目

本年利润的账务处理

核算本年利润按以下四个步骤进行，如图 4-8 所示。

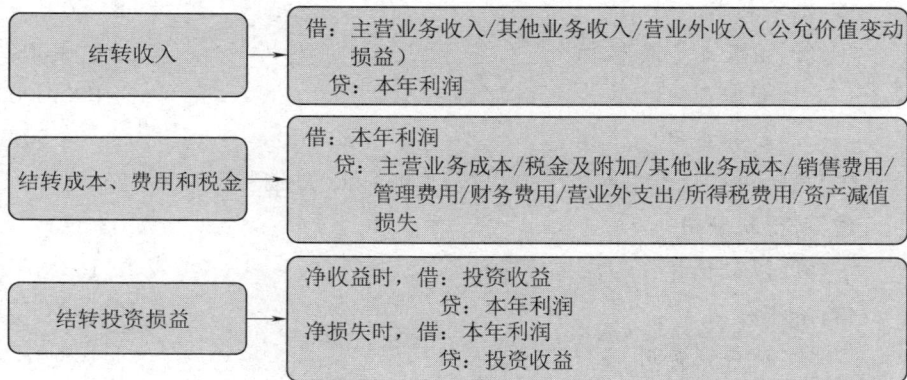

结转收入	→	借：主营业务收入/其他业务收入/营业外收入（公允价值变动损益） 　贷：本年利润
结转成本、费用和税金	→	借：本年利润 　贷：主营业务成本/税金及附加/其他业务成本/销售费用/管理费用/财务费用/营业外支出/所得税费用/资产减值损失
结转投资损益	→	净收益时，借：投资收益 　　　　　　贷：本年利润 净损失时，借：本年利润 　　　　　　贷：投资收益

图 4-8　本年利润分配步骤

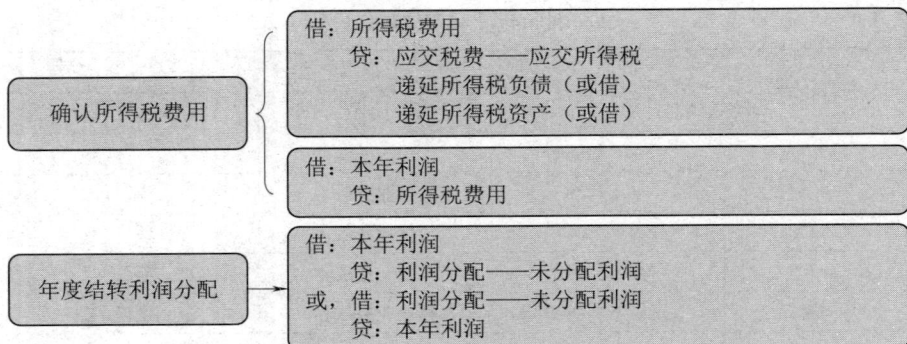

图 4-8　本年利润分配步骤(续)

年度终了,应将本年收入利得和费用、损失相抵后结出的本年实现的净利润,转入"利润分配"科目,借记本科目,贷记"利润分配——未分配利润"科目;如为净亏损作相反的会计分录。结转后本科目应无余额。

本年利润的账务处理实例

【例 4-13】　2×18 年 12 月末,蓝迪公司结转利润,主营业务收入账面余额 2 400 000 元,主营业务成本账面余额 1 100 000 元,管理费用800 000元,财务费用 84 500 元。假设无其他的收入和支出。

(1)结转主营业务收入时,编制会计分录如下

借:主营业务收入　　　　　　　　　　　　　　　　2 400 000

　　贷:本年利润　　　　　　　　　　　　　　　　　　　2 400 000

(2)结转主营业务成本时,编制会计分录如下

借:本年利润　　　　　　　　　　　　　　　　　　1 984 500

　　贷:主营业务成本　　　　　　　　　　　　　　　　1 100 000

　　　管理费用　　　　　　　　　　　　　　　　　　　800 000

　　　财务费用　　　　　　　　　　　　　　　　　　　 84 500

(3)确认所得税费用=(2 400 000－1 984 500)×25%=103 875(元)

借:所得税费用　　　　　　　　　　　　　　　　　　103 875

　　贷:应交税费——应交所得税　　　　　　　　　　　　103 875

借:本年利润　　　　　　　　　　　　　　　　　　　103 875

　　贷:所得税费用　　　　　　　　　　　　　　　　　　103 875

(4)年末结转至利润分配,415 500－103 875=311 625(元),编制会计分录如下

借:本年利润   311 625
　　贷:利润分配——未分配利润   311 625

库存股

库存股是指由公司购回而没有注销、并由公司持有的已发行股份。库存股在回购后并不注销,而由公司自己持有。

库存股科目的设置

企业应设置"库存股"科目。库存股科目核算企业收购、转让或注销的本公司股份金额。本科目期末借方余额,反映企业持有尚未转让或注销的本公司股份金额。库存股科目代码为4201,见表4-10。

表4-10 库存股会计科目编码设置

科目代码	总分类科目(一级科目)	明细分类科目	
		二级明细科目	三级明细科目
4201	库存股		
420101	库存股	种类	
420102	库存股	种类	

库存股的账务处理

库存股的账务处理,见表4-11。

表4-11 库存股的主要账务处理

业务情景	账务处理
为减少注册资本而收购本公司股份	借:库存股 　　贷:银行存款
奖励本公司职工而收购本公司股份	借:库存股 　　贷:银行存款 (同时做备查登记)
将股份奖励给本公司职工属于以权益结算的股份支付	借:管理费用 　　贷:资本公积——其他资本公积 借:递延所得税资产——权益结算股份支付 　　贷:所得税费用

业务情景	账务处理
公司合并、分立决议持有异议而要求企业收购本公司股份	借:库存股 　贷:银行存款
转让库存股	借:银行存款 　盈余公积 　利润分配——未分配利润 　贷:库存股 　　资本公积——股本溢价(借或贷)

库存股账务处理实例

【例 4-14】 蓝迪公司 2×18 年 12 月 31 日的股本为 47 600 000 股,面值为 5 元,资本公积(股本溢价)11 560 000 元,盈余公积 1 890 000 元。经股东大会批准,蓝迪公司以现金回购本公司股票 10 000 000 股并注销。假定蓝迪公司按每股 9 元回购股票,不考虑其他因素,该公司的会计处理如下。

(1)回购本公司股票时:库存股成本＝10 000 000×9＝90 000 000(元)

借:库存股　　　　　　　　　　　　　　　　　 90 000 000

　贷:银行存款　　　　　　　　　　　　　　　　　 90 000 000

(2)注销本公司股票时:应冲减的资本公积＝10 000 000×9－10 000 000×5＝40 000 000(元)

借:股本　　　　　　　　　　　　　　　　　　 50 000 000

　资本公积——股本溢价　　　　　　　　　　 40 000 000

　贷:库存股　　　　　　　　　　　　　　　　　 90 000 000

第 **5** 章
成本类科目的设置与具体运用

本章共讲解 10 个科目的具体运用与账务处理。

生产成本

生产成本是产品在生产过程中所发生的物资消耗、劳动报酬和有关费用。具体包括直接材料、直接人工和制造费用。

企业应设置"生产成本"科目,本科目核算企业进行工业性生产发生的各项生产成本,包括生产各种产品(产成品、自制半成品等)、自制材料、自制工具、自制设备等。

生产成本科目的设置

生产成本科目可按照基本生产成本和辅助生产成本进行明细核算。基本生产成本应当分别按照基本生产车间和成本核算对象(产品的品种、类别、订单、批别、生产阶段等)设置明细账(或成本计算单,下同),并按照规定的成本项目设置专栏。本科目期末借方余额,反映企业尚未加工完成的在产品成本。生产成本科目代码为 5001,见表 5-1。

表 5-1   生产成本会计科目编码的设置

科目代码	总分类科目 (一级科目)	明细分类科目	
		二级明细科目	三级明细科目
5001	生产成本		
500101	生产成本	基本生产成本	品种、类别、订单、批别、生产阶段
500102	生产成本	辅助生产成本	品种和规格

生产成本的账务处理

企业应将生产经营过程中发生的各种耗费,按其耗用情况直接或分配计入各有关成本类账户。对基本生产车间发生的直接材料和直接人工等费用,记入"生产成本——基本生产成本"科目,对于基本生产车间发生的间接费用通过"制造费用"科目核算。对辅助生产车间发生的费用,通过"生产成本——辅助生产成本"科目核算。

各辅助生产车间在计算出各自的劳务成本后,按提供劳务量的情况分配计入各有关成本账户。如果辅助生产车间也单独核算本身发生的制造费用,月末还应将这些制造费用分配计入辅助生产成本。

生产成本的主要账务处理,见表5-2。

表 5-2   生产成本的主要账务处理

业务情景	账务处理
企业发生的各项直接生产成本	借:生产成本——基本生产成本/(辅助生产成本) 贷:原材料/库存现金/银行存款/应付职工薪酬
各生产车间应负担的制造费用	借:生产成本——基本生产成本/(辅助生产成本) 贷:制造费用
辅助生产车间为基本生产车间、企业管理部门和其他部门提供的劳务和产品,期(月)末按照一定的分配标准分配给各受益对象	借:生产成本——基本生产成本/(辅助生产成本) 管理费用/销售费用/其他业务成本/在建工程 贷:生产成本——辅助生产成本
期末分配	借:库存商品 贷:生产成本——基本生产成本

直接材料费分配方法

在制造业,直接材料费用在产品成本中占有较大的比重。对生产经营中消耗的原材料、辅助材料,要按不同的用途计入有关成本费用。

(1)直接计入材料费用的核算

所谓直接计入的原材料费用,是指在发生后能直接分清是哪种产品耗用的。这种材料费用发生后可以直接计入某种产品成本。

直接计入材料费用的账务处理实例

【例 5-1】 甲产品耗用 A 材料 9 000 元,乙产品耗用 A 材料 6 000 元。编制会计分录如下。

借:生产成本——基本生产成本——甲产品　　　　　　　　 9 000

　　　　　——基本生产成本——乙产品　　　　　　　　 6 000

　　贷:原材料——A 材料　　　　　　　　　　　　　　　　　15 000

(2)间接计入材料费用的核算

所谓间接计入的材料费用,是指几种产品共同耗用的又不能直接分清哪种产品耗用多少的材料费用,对这种材料费用,先要按一定标准进行分配,然后将分配结果分别计入各种产品成本。对几种产品共同耗用的材料费用,一般可采用产品重量分配法或定额耗用量比例分配法等进行分配。

①产品重量分配法。产品重量分配法是以各种产品的重量为标准来分配材料费用的方法。如果材料的耗用量与产品的重量有直接的关系,可选用产品重量分配法。产品重量分配法的计算公式如下。

$$直接材料费用分配率=\frac{各种产品共同耗用的材料费用}{各种产品的重量之和}\times100\%$$

某产品应分配的材料费用＝该产品总重量×直接材料费用分配率

产品重量分配法的账务处理实例

【例 5-2】 蓝迪公司生产 A、B、C 三种产品,本月共耗用 A 材料费 102 000元,本月三种产品的净重量分别为 2 000 千克、4 000 千克、6 000 千克。用产品重量分配法编制材料费用分配表,见表5-3。

表 5-3　　　　　　　　　　　　　材料费用分配表

产品名称	产品重量(千克)	分配率	分配金额(元)
A产品	2 000		17 000
B产品	4 000	8.5	34 000
C产品	6000		51 000
合计	12 000		102 000

借:生产成本——基本生产成本——A 产品　　　　　　　 17 000

　　　　　——基本生产成本——B 产品　　　　　　　 34 000

　　　　　——基本生产成本——C 产品　　　　　　　 51 000

　　贷:原材料——A 材料　　　　　　　　　　　　　　　 102 000

②定额耗用量比例分配法。定额耗用量比例分配法是以各种产品的材料消耗总定额为标准分配材料费的一种方法。如果企业制定了比较合理的消耗定额，可选用本方法。其计算公式如下：

$$直接材料费用分配率=\frac{各种产品共同耗用的材料费用}{各种材料定额耗量之和}×100\%$$

某产品应分配的材料费用＝该产品实际产量的耗量×直接材料费用分配率

定额耗用量比例分配法的账务处理实例

【例5-3】 蓝迪公司生产A、B、C三种产品，共消耗B材料费用72 000元，甲产品投产量为120件，乙产品180件，丙产品240件；三种产品单位产品消耗定额分别为2千克、4千克、6千克。用定额消耗量比例法编制材料费分配表，见表5-4。

表5-4　　　　　　　　　　　　材料费用分配表

产品名称	投产量	单位产品消耗定额(千克)	材料消耗定额(千克)	费用分配率	分配金额(元)
A产品	120	2	240		7 200
B产品	180	4	720	30	21 600
C产品	240	6	1 440		43 200
合计	540		2 400		72 000

借：生产成本——基本生产成本——甲产品　　　　　　7 200
　　　　　　——基本生产成本——乙产品　　　　　　21 600
　　　　　　——基本生产成本——丙产品　　　　　　43 200
　　贷：原材料——B材料　　　　　　　　　　　　　　72 000

直接人工成本分配方法

直接人工成本分配对象与直接材料费的分配基本相同，即按照谁受益谁负担的原则进行分配。基本生产部门生产工人的工资费应计入基本生产的各产品成本；辅助生产部门（如供电、供水、机修等部门）生产工人的工资费计入各辅助生产成本；生产部门管理人员发生的工资费计入各部门的制造费用。企业管理部门发生的工资费计入管理费用等有关账户。在分配直接工资费的时候，计时工资费的分配与计件工资费的分配有一定差别。

（1）计件工资

生产工人工资中的计件工资，属于直接计入费用，可根据工资结算单直接计入产品的生产成本。

计件工资账务处理实例

【例 5-4】 蓝迪公司基本生产车间实行计件工资，本月末计算出生产工人生产 A 产品发生的计件工资总额 108 000 元，生产 B 产品发生的计件工资总额 98 000 元。

借：生产成本——基本生产成本——A 产品　　　　　　　　108 000

　　　　　　——基本生产成本——B 产品　　　　　　　　98 000

　　贷：应付职工薪酬——工资　　　　　　　　　　　　　　　　206 000

（2）计时工资

在计时工资形式下，基本生产部门的生产工人工资计入产品成本的方法是：

①生产部门只生产一种产品，所发生的生产工人工资，可以直接计入该种产品成本；

②生产部门生产两种以上的产品，能直接分清是哪种产品发生的，则直接计入该种产品成本；

③生产部门生产两种以上的产品，不能直接分清哪种产品发生多少的，一般是按产品发生的人工生产工时为标准进行分配。（可以按产品的实际工时进行分配，也可以按产品的定额工时进行分配）。其计算步骤分为两步：第一步，计算工资费用分配率；第二步，按照工资费用分配率向各种产品分配工资费用。其计算公式如下：

$$人工费用分配率 = \frac{生产工人工资总额}{各种产品实际工时（或定额工时）之和} \times 100\%$$

$$产品应分配的人工费用 = 该产品实际工时（或定额工时） \times 人工费用分配率$$

计时工资的账务处理实例

【例 5-5】 蓝迪公司设有一个基本生产车间，生产甲、乙、丙三种产品，共发生生产工人工资 350 000 元，该厂采用生产工时比例法分配直接人工费用，本月甲、乙、丙的实际生产工时分别为 8 000、20000 和 12 000 工时。根据以上资料编制工资费用分配表，见表 5-5。

表 5-5

产品名称	实际生产工时	分配率	分配金额
甲产品	8 000		70 000
乙产品	20 000	8.75	175 000
丙产品	12 000		105 000
合计	40 000		350 000

借:生产成本——基本生产成本——甲产品　　　　　70 000

　　　——基本生产成本——乙产品　　　　　175 000

　　　——基本生产成本——丙产品　　　　　105 000

　　贷:应付职工薪酬——工资　　　　　　　　　　350 000

开发成本

　　房地产企业可以将"生产成本"科目改成"开发成本"科目。开发成本是指房地产企业为开发一定数量的商品房所支出的全部费用。开发成本科目核算房地产开发企业在土地、房屋、配套设施和代建工程的开发过程中所发生的各项费用。

　　土地征用及拆迁补偿费、前期工程费、建筑安装工程费、基础设施费、公共配套设施费和开发间接费用都属于开发成本的核算范围。

开发成本科目的设置

　　开发成本科目代码为5001,见表5-6。

表 5-6　　　　　　　　　　开发成本会计科目编码的设置

科目代码	总分类科目 (一级科目)	明细分类科目		是否辅助 核算	辅助核算 类别
		二级明细科目	三级明细科目		
5001	开发成本				
500101	开发成本	土地征用及拆迁补偿费			
50010101	开发成本	土地征用及拆迁补偿费	政府地价及市政配套费	是	项目
50010102	开发成本	土地征用及拆迁补偿费	合作款项	是	项目
50010103	开发成本	土地征用及拆迁补偿费	红外线市政设施费	是	项目
50010104	开发成本	土地征用及拆迁补偿费	拆迁补偿费	是	项目
50010105	开发成本	土地征用及拆迁补偿费	其他	是	项目

科目代码	总分类科目（一级科目）	明细分类科目		是否辅助核算	辅助核算类别
		二级明细科目	三级明细科目		
500102	开发成本	前期工程费		是	项目
50010201	开发成本	前期工程费	勘察设计费	是	项目
50010202	开发成本	前期工程费	报建费	是	项目
50010203	开发成本	前期工程费	临时设施费	是	项目
500103	开发成本	建筑安装工程费		是	项目
50010301	开发成本	建筑安装工程费	门窗工程	是	项目
50010302	开发成本	建筑安装工程费	公共部位精装修费	是	项目
50010303	开发成本	建筑安装工程费	户内精装修费	是	项目
50010304	开发成本	建筑安装工程费	室内水暖气电管线设备费	是	项目
50010305	开发成本	建筑安装工程费	室内设备及其安装费	是	项目
50010306	开发成本	建筑安装工程费	室内智能化系统费	是	项目
50010307	开发成本	建筑安装工程费	室外给排水系统费	是	项目
50010308	开发成本	建筑安装工程费	室外采暖系统费	是	项目
500104	开发成本	建筑安装工程费		是	项目
50010401	开发成本	基础设施费	室外燃气系统费	是	项目
50010402	开发成本	基础设施费	室外消防系统费	是	项目
50010403	开发成本	基础设施费	室外智能化系统费	是	项目
50010404	开发成本	基础设施费	室外背景音乐	是	项目
50010405	开发成本	基础设施费	绿化建设费	是	项目
50010406	开发成本	基础设施费	建筑小品	是	项目
50010407	开发成本	基础设施费	围墙建造费	是	项目
50010408	开发成本	基础设施费	室外照明	是	项目
50010409	开发成本	基础设施费	室外零星设施	是	项目
50010410	开发成本	基础设施费	其他	是	项目
500105	开发成本	配套设施费		是	项目
500106	开发成本	开发间接费用		是	项目
50010601	开发成本	开发间接费用	物料消耗	是	项目
50010602	开发成本	开发间接费用	低值易耗品摊销	是	项目
50010603	开发成本	开发间接费用	车辆使用费	是	项目
50010604	开发成本	开发间接费用	固定资产使用费	是	项目
50010605	开发成本	开发间接费用	房租及物管费水电费	是	项目
50010606	开发成本	开发间接费用	劳动保护费	是	项目
50010607	开发成本	开发间接费用	周转房摊销	是	项目

科目代码	总分类科目 （一级科目）	明细分类科目		是否辅助 核算	辅助核算 类别
		二级明细科目	三级明细科目		
50010608	开发成本	开发间接费用	工程管理费	是	项目
50010609	开发成本	开发间接费用	房屋维修基金	是	项目
50010610	开发成本	开发间接费用	前期物业管理费	是	项目
50010611	开发成本	开发间接费用	其他费用	是	项目

开发成本的账务处理

开发成本的账务处理，见表5-7。

表 5-7　　　　　　　　　　开发成本的账务处理

业务情景		账务处理
土地开发费用的归集与分配	土地征用及拆迁补偿费、前期工程费、基础设施费和建筑安装费等支出	借：开发成本——土地开发 　　贷：银行存款/应付账款
	配套设施的建设	①能分清受益对象的 借：开发成本——土地开发 　　贷：银行存款 ②分不清受益对象时，先通过"开发成本——配套设施开发"账户归集，待配套工程竣工时，再按一定方法，在有关受益对象中进行分配
	如果土地开发已完成等待出售或出租，而配套设施尚未完工时	借：开发成本——土地开发 　　贷：预付账款——配套设施费
开发完成时		借：开发成本——房屋——土地征用及拆迁补偿费 　　　　　　　　　　——前期工程费 　　　　　　　　　　——基础设施费 　　　　　　　　　　——建筑安装费 　　　　　　　　　　——配套设施费 　　　　　　　　　　——开发间接费用 　　贷：开发成本——土地——土地征用及拆迁补偿费 　　　　　　　　　　——前期工程费 　　　　　　　　　　——基础设施费 　　　　　　　　　　——建筑安装费 　　　　　　　　　　——配套设施费 　　　　　　　　　　——开发间接费用
已完成开发过程的商品房、周转房及投资性房地产		借：开发产品——房屋 　　贷：开发成本——房屋开发

开发成本的账务处理实例

【例5-6】 深力程地产公司于2×18年5月在大兴开发一块土地,占地面积250 000平方米。开发完成后准备将其中的125 000平方米对外转让,其余的125 000平方米企业自行开发商品房。假设该项土地开发过程中发生下列经济业务。

(1)2×18年5月4日,支付土地出让金170 000 000元。编制会计分录

借:开发成本——土地——大兴(土地征用及拆迁补偿费)

                 170 000 000

 贷:银行存款   170 000 000

(2)2×18年5月4日,支付拆迁补偿费14 000 000元

借:开发成本——土地——大兴(土地征用及拆迁补偿费)

                 14 000 000

 贷:银行存款   14 000 000

(3)2×18年5月4日,支付勘察设计费2 800 000元。编制会计分录。(会计凭证略,下同)

借:开发成本——土地——大兴(前期工程费) 2 800 000

 贷:银行存款   2 800 000

(4)2×18年5月4日,支付土石方费用15 000 000元。编制会计分录

借:开发成本——土地——大兴(前期工程费) 15 000 000

 贷:银行存款   15 000 000

(5)2×18年9月4日,由××施工企业承包的地下管道安装工程已竣工,应支付价款3 500 000元。编制会计分录

借:开发成本——土地——大兴(基础设施费) 3 500 000

 贷:应付账款——××施工企业   3 500 000

(6)2×19年9月30日,该项土地开发工程完工。则土地开发成本=170 000 000+14 000 000+2 800 000+15 000 000+3 500 000=205 300 000(元)

"开发成本——土地开发——大兴"账户归集的开发总成本为205 300 000元,则单位土地开发成本为821.2元/平方米。其中自用的125 000平方米土地尚未投入使用,其余125 000平方米已全部转让,月终结转本块土地的开发成本。

借:开发产品——土地——大兴　　　　　　　　　　　　102 650 000

　主营业务成本——土地转让成本　　　　　　　　　　102 650 000

　贷:开发成本——土地——大兴　　　　　　　　　　　205 300 000

制造费用

制造费用是指企业的生产单位为组织和管理生产而发生的各项费用。制造费用包括产品生产成本中除直接材料和直接工资以外的其余一切生产成本,主要包括企业各个生产单位(车间、分厂)为组织和管理生产所发生的一切应计入产品成本但不专设成本项目的各项成本。

制造费用科目的设置

制造费用的内容,见表5-8。

表 5-8　　　　　　　　　　　　　　　制造费用的内容

大部分是间接用于产品生产的费用	如机物料消耗、车间辅助工人的薪酬、车间生产用房屋的折旧费等
一部分直接用于产品生产,但管理上不要求或者不便于单独核算,也不专设成本项目的费用	如机器设备的折旧费、生产工艺用的燃料和动力费用等
一部分费用是车间用于组织和管理生产的费用	如车间管理人员薪酬,车间管理用房屋和设备的折旧费、车间管理用具摊销,车间管理用的照明费、水费、差旅费和办公费等

制造费用科目代码为5101,见表5-9。

表 5-9　　　　　　　　　制造费用会计科目编码的设置

科目代码	总分类科目(一级科目)	明细分类科目		是否辅助核算	辅助核算类别
		二级明细科目	三级明细科目		
5101	制造费用				
510101	制造费用	固定费用			
51010101	制造费用	固定费用	工资	是	车间、部门

科目代码	总分类科目（一级科目）	明细分类科目		是否辅助核算	辅助核算类别
		二级明细科目	三级明细科目		
51010102	制造费用	固定费用	折旧费	是	车间、部门
51010103	制造费用	固定费用	照明费	是	车间、部门
51010104	制造费用	固定费用	水费	是	车间、部门
51010105	制造费用	固定费用	差旅费	是	车间、部门
51010106	制造费用	固定费用	周转材料摊销	是	车间、部门
51010107	制造费用	固定费用	修理费	是	车间、部门
51010108	制造费用	固定费用	租赁费	是	车间、部门
51010109	制造费用	固定费用	保险费	是	车间、部门
51010110	制造费用	固定费用	办公费	是	车间、部门
510102	制造费用	变动费用			车间、部门
51010201	制造费用	变动费用	水电费	是	车间、部门
51010202	制造费用	变动费用	加工费	是	车间、部门
51010203	制造费用	变动费用	设计制图费	是	车间、部门
51010204	制造费用	变动费用	劳动保护费	是	车间、部门
51010205	制造费用	变动费用	职工教育经费	是	车间、部门
51010206	制造费用	变动费用	水电费	是	车间、部门
51010207	制造费用	变动费用	工会经费	是	车间、部门

制造费用的归集

生产车间为生产产品和提供劳务而发生的机物料消耗、管理人员的工资、福利费等职工薪酬、折旧费、办公费、水电费、季节性的停工损失等，借记"制造费用"，贷记有关科目。

制造费用归集的账务处理实例

【例5-7】 蓝迪公司一车间本月设备折旧450 000元，车间管理人员工资55 000元。编制会计分录如下。

借：制造费用	1000 000
贷：累计折旧	450 000
应付职工薪酬——工资	550 000

制造费用的分配

为了正确计算产品成本，必须合理地分配制造费用。只生产一种产品的车间所发生的制造费用可以直接计入该种产品的生产成本。在生产多种产品的车间所发生的制造费用则属于间接计入费用，应采用适当的分配方法，分配计入各产品生产成本中。

分配计算公式为：

$$制造费用分配率＝制造费用总额÷各种产品标准之和$$

$$某产品应分配制造费用＝该种产品分配标准×制造费用分配率$$

常用的分配标准有：生产工时、生产工人工资、机器工时和年度计划分配率等。

（1）生产工时比例法。生产工时比例法是按照各种产品所耗用的工时（实际或定额）的比例分配制造费用的方法。计算公式为：

$$制造费用分配率＝制造费用总额÷产品生产工时总额$$

$$某种产品应分配的制造费用＝该种产品的生产工时×制造费用分配率$$

生产工时比例法账务处理实例

【例5-8】 蓝迪公司基本生产车间为生产A、B两种产品，本月共发生制造费用168 000元。A产品生产工时为26 000小时；B产品生产工时为14 000小时。企业应作会计处理如下。

$$制造费用分配率＝168\,000÷40\,000＝4.2（元/小时）$$

A产品应负担的制作费用＝26 000×4.2＝109 200（元）

B产品应负担的制作费用＝14 000×4.2＝58 800（元）

借：生产成本——基本生产成本——A产品	109 200
——基本生产成本——B产品	58 800
贷：制造费用	168 000

（2）生产工人工资比例法。生产工人工资比例法是按照计入各种产品成本的生产工人实际工资的比例分配制造费用的方法。计算公式为：

制造费用分配率＝制造费用总额÷生产产品工人工资总额

某种产品应分配的制造费用＝该种产品生产工人工资×制造费用分配率

生产工人工资比例法账务处理实例

【例5-9】 蓝迪公司基本生产车间为生产A、B两种产品,本月共发生制造费用468 000元。假设A产品生产工人工资为45 000元;B产品生产工人工资55 000元。

制造费用分配率＝468 000÷100 000＝4.68(元/小时)

A产品应负担的制作费用＝45 000×4.68＝210 600(元)

B产品应负担的制作费用＝55 000×4.68＝257 400(元)

借:生产成本——基本生产成本——A产品 　　　　　210 600

　　　　——基本生产成本——B产品 　　　　　257 400

　　贷:制造费用 　　　　　468 000

(3)机器工时比例法。机器工时比例法是按照各种产品生产所用机器工时的比例分配制造费用的一种方法。

劳务成本

劳务成本是指企业对外提供劳务而发生的各项成本。

劳务成本科目的设置

企业应设置"劳务成本"科目。本科目核算企业进行生产发生的各项生产成本,包括生产各种产品(产成品、自制半成品等)、自制材料、自制工具、自制设备等。企业对外提供劳务发生的成本也在本科目核算。可按提供劳务种类进行明细核算。期末借方余额,反映企业尚未完成或尚未结转的劳务成本。劳务成本科目代码为5201,见表5-10。

表5-10　　　　　　　　　　劳务成本会计科目编码的设置

科目代码	总分类科目 (一级科目)	明细分类科目		是否辅助核算	辅助核算类别
		二级明细科目	三级明细科目		
5201					
520101	劳务成本	工资	劳务种类	是	部门

科目代码	总分类科目（一级科目）	明细分类科目		是否辅助核算	辅助核算类别
		二级明细科目	三级明细科目		
520102	劳务成本	福利费	劳务种类	是	部门
520103	劳务成本	劳动保护费	劳务种类	是	部门
520104	劳务成本	其他	劳务种类	是	部门

劳务成本的账务处理

劳务成本账务处理，见表5-11。

表5-11　　　　　　　　　　　　劳务成本账务处理

业务情景	账务处理
发生劳务成本时，一次完成	借:劳务成本 　贷:应付职工薪酬/银行存款 借:主营业务成本 　贷:劳务成本
一段时间完成没有跨会计年度	借:银行存款 　贷:预收账款 借:劳务成本 　贷:应付职工薪酬/银行存款等 完成时，借:应收账款等 　　　　贷:主营业务收入 借:主营业务成本 　贷:劳务成本
一段时间完成，跨会计月度	发生成本时用"劳务成本"归集，每月按"完工比例法"计算收入和成本

劳务成本账务处理实例

【例5-10】　蓝迪公司于2×18年12月25日接受乙公司委托,为其培训一批学员,培训期为3个月,2×19年1月1日开学。协议约定,乙公司应向蓝迪公司支付的培训费总额为90 000元。分两次等额支付,第一次在开学时预付,第二次在2×19年3月1日支付。

2×19年1月1日,乙公司预付第一次培训费。至2×19年2月28

日,蓝迪公司发生培训成本 32 000 元(假定均为培训人员薪酬)。2×19 年 3 月 1 日,乙公司支付 45 000 元。至 3 月 31 日共发生培训成本 30 000元。

(1)2×19 年 1 月 1 日,收到乙公司预付的培训费,编制会计分录如下。登记会计凭证,见表 5-12

借:银行存款　　　　　　　　　　　　　　　　　　　　45 000
　　贷:合同负债——乙公司　　　　　　　　　　　　　　　45 000

表 5-12

记 账 凭 证
2×19 年 1 月 1 日　　　　　　　　　　　　　　　　字第××号

摘要	会计科目	借方金额										贷方金额										记账
		千	百	十	万	千	百	十	元	角	分	千	百	十	万	千	百	十	元	角	分	
2×19 年 1 月 1 日,收到乙公司预付的培训费	银行存款			4	5	0	0	0	0	0	0											
	合同负债/乙公司													4	5	0	0	0	0	0	0	
合计			¥	4	5	0	0	0	0	0	0		¥	4	5	0	0	0	0	0	0	

会计主管:××　　　　　记账:××　　　　　审核:××　　　　　制单:××

(2)2×19 年 2 月 28 日,实际发生培训成本 32 000 元,编制会计分录如下。登记会计凭证,见表 5-13

借:劳务成本　　　　　　　　　　　　　　　　　　　　32 000
　　贷:应付职工薪酬　　　　　　　　　　　　　　　　　　32 000

表 5-13

记 账 凭 证
2×19 年 2 月 28 日　　　　　　　　　　　　　　字第××号

摘要	会计科目	借方金额										贷方金额										记账
		千	百	十	万	千	百	十	元	角	分	千	百	十	万	千	百	十	元	角	分	
2×19 年 2 月 28 日,实际发生培训成本 32 000 元	劳务成本				3	2	0	0	0	0	0											
	应付职工薪酬														3	2	0	0	0	0	0	
合计				¥	3	2	0	0	0	0	0		¥	3	2	0	0	0	0	0		

会计主管:××　　　　　记账:××　　　　　审核:××　　　　　制单:××

(3)2×19年2月28日,确认提供劳务收入并结转劳务成本,编制会计分录如下。登记会计凭证,见表5-14

借:合同负债——乙公司　　　　　　　　　　　　　　　45 000

　　贷:主营业务收入　　　　　　　　　　　　　　　　　　45 000

借:主营业务成本　　　　　　　　　　　　　　　　　　32 000

　　贷:劳务成本　　　　　　　　　　　　　　　　　　　　32 000

表 5-14

记 账 凭 证

2×19 年 2 月 28 日　　　　　　　　　　　　　　　　　　　字第××号

摘要	会计科目	借方金额										贷方金额										记账
		千	百	十	万	千	百	十	元	角	分	千	百	十	万	千	百	十	元	角	分	
2×19 年 2 月 28 日,确认收入并结转成本	合同负债/乙公司			4	5	0	0	0	0	0	0											
	主营业务收入													4	5	0	0	0	0	0	0	
	主营业务成本			3	2	0	0	0	0	0	0											
	劳务成本													3	2	0	0	0	0	0	0	
合计			¥	7	7	0	0	0	0	0	0		¥	7	7	0	0	0	0	0	0	

会计主管:××　　　　记账:××　　　　审核:××　　　　制单:××

(4)2×19 年 3 月 1 日,收到乙公司预付培训费,编制会计分录如下。登记会计凭证,见表5-15

借:银行存款　　　　　　　　　　　　　　　　　　　　45 000

　　贷:合同负债——乙公司　　　　　　　　　　　　　　45 000

表 5-15

记 账 凭 证

2×19 年 3 月 1 日　　　　　　　　　　　　　　　　　　　字第××号

摘要	会计科目	借方金额										贷方金额										记账
		千	百	十	万	千	百	十	元	角	分	千	百	十	万	千	百	十	元	角	分	
2×19 年 3 月 1 日,收到乙公司预付的培训费	银行存款			4	5	0	0	0	0	0	0											
	合同负债/乙公司													4	5	0	0	0	0	0	0	
合计			¥	4	5	0	0	0	0	0	0		¥	4	5	0	0	0	0	0	0	

会计主管:××　　　　记账:××　　　　审核:××　　　　制单:××

(5)2×19年3月31日,实际发生培训成本 30 000 元,编制会计分录如下。登记会计凭证,见表 5-16

　　借:劳务成本　　　　　　　　　　　　　　　　　　　　　30 000

　　　　贷:应付职工薪酬　　　　　　　　　　　　　　　　　　　30 000

表 5-16

记 账 凭 证

2×19 年 3 月 1 日　　　　　　　　　　　　　　　　字第××号

摘要	会计科目	借方金额										贷方金额										记账
		千	百	十	万	千	百	十	元	角	分	千	百	十	万	千	百	十	元	角	分	
2×19年3月1日,实际发生培训费用 30 000 元	劳务成本				3	0	0	0	0	0	0											
	应付职工薪酬														3	0	0	0	0	0	0	
合计				¥	3	0	0	0	0	0	0		¥	3	0	0	0	0	0	0		

会计主管:××　　　　记账:××　　　　审核:××　　　　制单:××

(6)2×19年3月31日,确认提供劳务收入并结转劳务成本,编制会计分录如下。登记会计凭证,见表 5-17

　　借:合同负债——乙公司　　　　　　　　　　　　　　　　45 000

　　　　贷:主营业务收入　　　　　　　　　　　　　　　　　　　45 000

　　借:主营业务成本　　　　　　　　　　　　　　　　　　　30 000

　　　　贷:劳务成本　　　　　　　　　　　　　　　　　　　　　30 000

表 5-17

记 账 凭 证

2×19 年 3 月 31 日　　　　　　　　　　　　　　　字第××号

摘要	会计科目	借方金额										贷方金额										记账
		千	百	十	万	千	百	十	元	角	分	千	百	十	万	千	百	十	元	角	分	
2×19年3月31日,确认成本与收入	合同负债/乙公司				4	5	0	0	0	0	0											
	主营业务收入														4	5	0	0	0	0	0	
	主营业务成本				3	0	0	0	0	0	0											
	劳务成本														3	0	0	0	0	0	0	
合计				¥	7	5	0	0	0	0	0		¥	7	5	0	0	0	0	0		

会计主管:××　　　　记账:××　　　　审核:××　　　　制单:××

研发支出是指企业进行研究与开发无形资产过程中发生的各项支出。

研发支出科目的设置

企业应设置"研发支出"科目,核算企业进行研究与开发无形资产过程中发生的各项支出。本科目可按研究开发项目,分别以"费用化支出""资本化支出"进行明细核算。期末借方余额,反映企业正在进行无形资产研究开发项目满足资本化条件的支出。研发支出科目代码5301,见表5-18。

表5-18   研发支出会计科目编码的设置

科目代码	总分类科目（一级科目）	明细分类科目		是否辅助核算	辅助核算类别
		二级明细科目	三级明细科目		
5301	研发支出				
530101	研发支出	资本化支出			
53010101	研发支出	资本化支出	工资	是	部门
53010102	研发支出	资本化支出	其他投放	是	部门
53010103	研发支出	资本化支出	折旧、摊销、长期待摊费用	是	部门
530102	研发支出	费用化支出		是	部门
53010201	研发支出	费用化支出	人员工资	是	部门
53010202	研发支出	费用化支出	材料	是	部门
53010203	研发支出	费用化支出	设计费	是	部门
53010204	研发支出	费用化支出	折旧、摊销、长期待摊费用	是	部门
53010205	研发支出	费用化支出	其他	是	部门

研发支出的账务处理

研发支出的主要账务处理,见表5-19。

表 5-19 研发支出的主要账务处理

业务情景	账务处理
自行开发无形资产发生的研发支出,不满足资本化条件的	借:研发支出——费用化支出 　　贷:原材料/银行存款/应付职工薪酬
自行开发无形资产发生的研发支出,满足资本化条件的	借:研发支出——资本化支出 　　贷:原材料/银行存款/应付职工薪酬
研究开发项目达到预定用途形成无形资产的	借:无形资产 　　贷:研发支出——资本化支出
期(月)末,费用化支出金额转出	借:管理费用 　　贷:研发支出——费用化支出

研发支出账务处理实例

【例5-11】 蓝迪公司自行研究、开发一项技术,截至2×18年12月31日,发生研发支出合计1 200 000元。经测试该项研发活动完成了研究阶段,从2×19年1月1日开始进入开发阶段。2×19年发生研发支出320 000元,假定符合开发支出资本化的条件。2×19年6月30日,该项研发活动结束,最终开发出一项非专利技术。

(1)2×18年发生的研发支出,编制会计分录如下

借:研发支出——费用化支出　　　　　　　　　　　　1 200 000

　　贷:银行存款等　　　　　　　　　　　　　　　　　1 200 000

(2)2×18年12月31日,发生的研发支出全部属于研究阶段的支出,编制会计分录如下

借:管理费用　　　　　　　　　　　　　　　　　　　1 200 000

　　贷:研发支出——费用化支出　　　　　　　　　　　1 200 000

(3)2×19年,发生开发支出并满足资本化确认条件,编制会计分录如下

借:研发支出——资本化支出　　　　　　　　　　　　　320 000

　　贷:银行存款　　　　　　　　　　　　　　　　　　　320 000

(4)2×19年6月30日,该技术研发完成并形成无形资产,编制会计分录如下

借:无形资产　　　　　　　　　　　　　　　　　　　　320 000

　　贷:研发支出——资本化支出　　　　　　　　　　　　320 000

合同履约成本

"合同履约成本"是指公司为履行合同而发生的成本。如果不属于其他准则范围，且同时满足以下条件的，可作为合同履约成本确认为一项资产。

合同履约成本科目的设置

企业为履行合同可能会发生各种成本，企业应当对这些成本进行分析，满足下列条件的，应当作为合同履约成本确认为一项资产。

（1）该成本与一份当前或预期取得的合同直接相关

预期取得的合同应当是企业能够明确识别的合同，例如，现有合同续约后的合同、尚未获得批准的特定合同等。与合同直接相关的成本包括直接人工（例如，支付给直接为客户提供所承诺服务的人员的工资、奖金等）、直接材料（例如，为履行合同耗用的原材料、辅助材料、构配件、零件、半成品的成本和周转材料的摊销及租赁费用等）、制造费用（或类似费用，例如，组织和管理相关生产、施工、服务等活动发生的费用，包括管理人员的职工薪酬、劳动保护费、固定资产折旧费及修理费、物料消耗、取暖费、水电费、办公费、差旅费、财产保险费、工程保修费、排污费、临时设施摊销费等）、明确由客户承担的成本以及仅因该合同而发生的其他成本（例如，支付给分包商的成本、机械使用费、设计和技术援助费用、施工现场二次搬运费、生产工具和用具使用费、检验试验费、工程定位复测费、工程点交费用、场地清理费等）。

（2）该成本增加了企业未来用于履行（包括持续履行）履约义务的资源

（3）该成本预期能够收回

企业应当在下列支出发生时，将其计入当期损益：一是管理费用，除非这些费用明确由客户承担；二是非正常消耗的直接材料、直接人工和制造费用（或类似费用），这些支出为履行合同发生，但未反映在合同价格中。三是与履约义务已履行（包括已全部履行或部分履行）部分相关的支出，即该支出与企业过去的履约活动相关。四是无法在尚未履行的与已履行（或已部分履行）的履约义务之间区分的相关支出。

"合同履约成本"账户核算企业为履行当前或预期取得的合同所发生的、不属于其他企业会计准则规范范围且按照新收入准则，应当确认为一项资产的成本。企业因履行合同而产生的毛利不在本账户核算。本账户可按合同,分别"服务成本""工程施工"等进行明细核算。期末借方余额,反映企业尚未结转的合同履约成本。合同履约成本科目设置见表 5-20。

表 5-20 　　　　　　　　　　合同履约成本会计科目编码的设置

科目代码	总分类科目(一级科目)	明细分类科目	
		二级明细科目	三级明细科目
5401	合同履约成本		
540101	合同履约成本	服务成本	人工费
540102	合同履约成本	服务成本	材料费
540103	合同履约成本	服务成本	施工机械使用费
540104	合同履约成本	服务成本	施工间接费
540105	合同履约成本	服务成本	其他直接费
540106	合同履约成本	工程施工	

合同履约成本的账务处理

合同履约成本的主要账务处理如下。

企业发生合同履约成本时
- 借:合同履约成本
  贷:银行存款/应付职工薪酬/原材料等

对合同履约成本进行摊销时
- 借:主营业务成本/其他业务成本等
  贷:合同履约成本

与合同成本有关的资产,其账面价值高于下列第一项减去第二项的差额的,超出部分应当计提减值准备,并确认为资产减值损失:一是企业因转让与该资产相关的商品预期能够取得的剩余对价;二是为转让该相关商品估计将要发生的成本。

与合同履约成本有关的资产发生减值的,按应减记的金额,借记"资产减值损失"账户,贷记本账户;转回已计提的资产减值准备时,做相反的会计分录。

合同履约成本账务处理实例

【例 5-12】 顺鑫建筑公司签订了一项合同总金额为 25 000 000 元(不含税)的固定造价合同,合同规定的工期为 3 年。假定经计算,第 1 年履约进度为 30%,第 2 年履约进度达到 80%。经测定,第一年发生成本 4 200 000 元,第二年发生成本 7 800 000 元,第 3 年工程全部完成,累计实际发生合同成本14 450 000元。

(1)第1年账务处理

第1年确认的合同收入=25 000 000×30%=7 500 000(元)

借:合同履约成本	4 200 000	
贷:原材料、应付职工薪酬等		4 200 000
借:合同结算——收入结转	7 500 000	
贷:主营业务收入		7 500 000
借:应收账款	8 175 000	
贷:合同结算——价款结算		7 500 000
应交税费——应交增值税(销项税额)		675 000
借:主营业务成本——××合同	4 200 000	
贷:合同履约成本——××合同		4 200 000

(2)第2年的账务处理

第2年确认的合同收入=(25 000 000×80%)-7 500 000=12 500 000(元)

借:合同履约成本(7 800 000-4 200 000)	3 600 000	
贷:原材料、应付职工薪酬等		3 600 000
借:合同结算——收入结转	12 500 000	
贷:主营业务收入		12 500 000
借:应收账款	13 625 000	
贷:合同结算——价款结算		12 500 000
应交税费——应交增值税(销项税额)		1 125 000
借:主营业务成本——××合同	3 600 000	
贷:合同履约成本——××合同		3 600 000

(3)第3年的账务处理

第3年确认的合同收入=25 000 000-(7 500 000+12 500 000)= 5 000 000(元)

第3年确认的合同成本=14 450 000-7 800 000=6 650 000(元)

借:合同履约成本	6 650 000	
贷:原材料、应付职工薪酬		6 650 000
借:合同结算——收入结转	5 000 000	
贷:主营业务收入		5 000 000

第三年结算工程款如下。

借:应收账款	5 450 000	

358

    贷:合同结算——价款结算　　　　　　　　　　　　　　5 000 000

    　　应交税费——应交增值税(销项税额)　　　　　　　　450 000

借:银行存款　　　　　　　　　　　　　　　　　　　27 250 000

　　贷:应收账款　　　　　　　　　　　　　　　　　　　27 250 000

合同结算

　　企业设置"合同结算"科目(或其他类似科目),以核算同一合同下属于在某一时段内履行履约义务涉及与客户结算对价的合同资产或合同负债,并在此科目下设置"合同结算——价款结算"科目反映定期与客户进行结算的金额,设置"合同结算——收入结转"科目反映按履约进度结转的收入金额。

合同结算科目的设置

　　本科目应按服务工程施工合同设置明细账,进行明细核算。合同结算科目的代码为5402,见表5-21。

表5-21　　　　　　　　　　　合同结算会计科目编码的设置

科目代码	会计科目名称	二级科目名称	明细科目名称	是否辅助核算	辅助核算类别
5402	合同结算				
540201	合同结算	收入结转		是	项目
540202	合同结算	价款结算		是	项目

合同结算的账务处理

　　资产负债表日,"合同结算"科目的期末余额在借方的,根据其流动性,在资产负债表中分别列示为"合同资产"或"其他非流动资产"项目;期末余额在贷方的,根据其流动性,在资产负债表中分别列示为"合同负债"或"其他非流动负债"项目。

合同结算的账务处理实例

【例5-13】　2×19年1月1日,东风特种设备企业和乙公司签订了一项总金额为5 800 000元的造价合同,当年完工,实际发生成本4 500 000元,其中原材料2 000 000元,职工工资2 500 000元。乙公司预付 2 000 000 元。

(1)2×19 年 1 月 1 日,实际收到合同预付款,编制会计分录如下。登记会计凭证,见表 5-22

借:银行存款   2 000 000

    贷:合同负债   2 000 000

表 5-22

记 账 凭 证

2×19 年 1 月 1 日   字第××号

摘要	会计科目	借方金额										贷方金额										记账
		千	百	十	万	千	百	十	元	角	分	千	百	十	万	千	百	十	元	角	分	
2×19 年 1 月 1 日,收到乙公司的合同预付款	银行存款		2	0	0	0	0	0	0	0	0											
	合同负债												2	0	0	0	0	0	0	0	0	
合计		¥	2	0	0	0	0	0	0	0	0	¥	2	0	0	0	0	0	0	0	0	

会计主管:××   记账:××   审核:××   制单:××

(2)2×19 年 12 月 31 日,结转实际发生合同成本,编制会计分录如下。登记会计凭证,见表 5-23

借:合同履约成本——工程施工   4 500 000

    贷:原材料   2 000 000

      应付职工薪酬   2 500 000

表 5-23

记 账 凭 证

2×19 年 12 月 31 日   字第××号

摘要	会计科目	借方金额										贷方金额										记账
		千	百	十	万	千	百	十	元	角	分	千	百	十	万	千	百	十	元	角	分	
2×19 年 12 月 31 日,发生合同成本	合同履约成本/工程施工		4	5	0	0	0	0	0	0	0											
	原材料												2	0	0	0	0	0	0	0	0	
	应付职工薪酬												2	5	0	0	0	0	0	0	0	
合计		¥	4	5	0	0	0	0	0	0	0	¥	4	5	0	0	0	0	0	0	0	

会计主管:××   记账:××   审核:××   制单:××

（3）结算合同价款，编制会计分录。登记会计凭证，见表5-24

借：合同负债——乙公司　　　　　　　　　　　　　2 000 000

　　应收账款——乙公司　　　　　　　　　　　　　3 800 000

　　　贷：合同结算——价款结算　　　　　　　　　　　　5 800 000

表5-24

记 账 凭 证

2×19 年 1 月 31 日　　　　　　　　　　　　　　　　　字第××号

摘要	会计科目	借方金额										贷方金额										记账
		千	百	十	万	千	百	十	元	角	分	千	百	十	万	千	百	十	元	角	分	
2×19 年 12 月 31 日，结算合同付款	合同负债/乙公司		2	0	0	0	0	0	0	0	0											
	应收账款/乙公司		3	8	0	0	0	0	0	0	0											
	合同结算												5	8	0	0	0	0	0	0	0	
合计		¥	5	8	0	0	0	0	0	0	0	¥	5	8	0	0	0	0	0	0	0	

会计主管：××　　　　　记账：××　　　　　审核：××　　　　　制单：××

（4）确认收入与费用，编制会计分录。登记会计凭证，见表5-25

借：主营业务成本　　　　　　　　　　　　　　　　4 500 000

　　　贷：合同履约成本　　　　　　　　　　　　　　　　4 500 000

借：合同结算——收入结转　　　　　　　　　　　　5 800 000

　　　贷：主营业务收入　　　　　　　　　　　　　　　　5 800 000

表5-25

记 账 凭 证

2×19 年 12 月 31 日　　　　　　　　　　　　　　　　字第××号

摘要	会计科目	借方金额										贷方金额										记账
		千	百	十	万	千	百	十	元	角	分	千	百	十	万	千	百	十	元	角	分	
2×19 年 12 月 31 日，确认收入与费用	主营业务成本		4	5	0	0	0	0	0	0	0											
	合同履约成本												4	5	0	0	0	0	0	0	0	
	合同结算——收入结转		5	8	0	0	0	0	0	0	0											
	主营业务收入												5	8	0	0	0	0	0	0	0	
合计		¥	5	8	0	0	0	0	0	0	0	¥	5	8	0	0	0	0	0	0	0	

会计主管：××　　　　　记账：××　　　　　审核：××　　　　　制单：××

合同取得成本

"合同取得成本"账户核算企业取得合同发生的、预计能够收回的增量成本。

合同取得成本账户

本科目可按合同进行明细核算。期末借方余额,反映企业尚未结转的合同取得成本。

借方	合同取得成本账户	贷方
期初余额		
本期成本增加额	本期成本转销额	
期末余额		

企业为取得合同发生的增量成本预期能够收回的,应当作为合同取得成本确认为一项资产。增量成本,是指企业不取得合同就不会发生的成本,如销售佣金等。为简化实务操作,该资产摊销期限不超过一年的,可以在发生时计入当期损益。企业采用该简化处理方法的,应当对所有类似合同一致采用。

企业为取得合同发生的、除预期能够收回的增量成本之外的其他支出,例如,无论是否取得合同均会发生的差旅费、投标费、为准备投标资料发生的相关费用等,应当在发生时计入当期损益,除非这些支出明确由客户承担。增量成本就是"不取得合同就不会发生的成本"。该资产需要摊销,摊销的期限与相关合同收入确认的时点或期间一致。

合同取得成本账务处理

合同取得成本的主要账务处理如下。

企业发生合同取得成本时
- 借:合同取得成本
  贷:银行存款/其他应付款等

对合同取得成本进行摊销时
- 借:销售费用等
  贷:合同取得成本

与合同取得成本有关的资产发生减值的,应计提减值损失,记入"合同取得成本减值准备"账户。

【例5-14】 美迪公司是一家咨询公司,其通过竞标赢得一个新客户,为取得与该客户的合同,美迪公司聘请外部律师进行尽职调查支付相关费用为13 000元,为投标而发生的差旅费为2 000元,支付销售人员佣金5 200元。美迪公司预期这些支出未来均能够收回。此外,美迪公司根据其年度销售目标、整体盈利情况及个人业绩等,向销售部门经理支付年度奖金12 000元。账务处理如下。

借:合同取得成本   5 200
 贷:银行存款   5 200

(1)支付律师费用

借:销售费用   13 000
 贷:银行存款   13 000

借:销售费用   2 000
 贷:银行存款   2 000

(2)支付销售部门经理支付年度奖金

借:销售费用   12 000
 贷:应付职工薪酬   12 000

应收退货成本

"应收退货成本"账户核算销售商品时预期将退回商品的账面价值,扣除收回该商品预计发生的成本(包括退回商品的价值减损)后的余额。

应收退货成本科目的设置

"应收退货成本"账户可按合同进行明细核算。期末借方余额,反映企业预期将退回商品转让时的账面价值,扣除收回该商品预计发生的成本(包括退回商品的价值减损)后的余额,在资产负债表中按其流动性计入"其他流动资产"或"其他非流动资产"项目。

借方	应收退货成本账户	贷方
期初余额		
本期成本增加额	本期成本转销额	
期末余额		

应收退货成本账务处理

应收退货成本的主要账务处理如下。

客户取得相关商品控制权时	资产负债表日重估退货率	发生销售退回
•借：银行存款/应收账款/应收票据/合同资产等 　　贷：主营业务收入/其他业务收入等 　　　　预计负债——应付退货款 　　　　应交税费——应交增值税(销项税额) 结转相关成本时 •借：应收退货成本 　　主营业务成本/其他业务成本 　　贷：库存商品	•借：预计负债——应付退货款 　　贷：主营业务收入 借：主营业务成本 　　贷：应收退货成本	•借：库存商品 　　应交税费——应交增值税（销项税额） 　　预计负债——应付退货款 　　贷：应收退货成本 　　　　主营业务收入 　　　　银行存款 借：主营业务成本 　　贷：应收退货成本

【例 5-15】 蓝迪公司与客户签订合同，向其销售甲产品。客户在合同开始日即取得了甲产品的控制权，并在 90 天内有权退货。由于甲产品是最新推出的产品，蓝迪公司尚无有关该产品退货率的历史数据，也没有其他可以参考的市场信息。该合同对价为 1 450 000 元，根据合同约定，客户应于合同开始日后的第二年年末付款。甲产品在合同开始日的现销价格为 1 120 000 元。甲产品的成本为 900 000 元。退货期满后，未发生退货。上述价格均不包含增值税，假定不考虑相关税费影响。

本例中，客户有退货权，因此，该合同的对价是可变的。由于蓝迪公司缺乏有关退货情况的历史数据，考虑将可变对价计入交易价格的限制要求，在合同开始日不能将可变对价计入交易价格，因此，蓝迪公司在甲产品控制权转移时确认的收入为 0,其应当在退货期满后,根据实际退货情况,按照预期有权收取的对价金额确定交易价格。此外,考虑到甲产品控制权转移与客户付款之间的时间间隔以及该合同对价与甲产品现销价格之间的差异等因素,蓝迪公司认为该合同存在重大融资成分。蓝迪公司的账务处理如下。

(1) 在合同开始日,蓝迪公司将甲产品的控制权转移给客户

借:应收退货成本   900 000

  贷:库存商品   900 000

(2) 在 90 天的退货期内,蓝迪公司尚未确认合同资产和应收款项,因此,无须确认重大融资成分的影响

(3) 退货期满日(假定应收款项在合同开始日和退货期满日的公允价值无重大差异)

借:长期应收款   1 450 000

  贷:主营业务收入   1 120 000

    未实现融资收益   330 000

借:主营业务成本   900 000

  贷:应收退货成本   900 000

机械作业

施工企业的机械作业,是指企业及其内部独立核算的施工单位、机械站、运输队,使用自有施工机械和运输设备进行的机械施工和运输作业所发生的各项费用。

机械作业科目的设置

本科目应按成本核算对象和成本项目进行归集。成本核算对象一般应以施工机械和运输设备的种类确定。成本项目一般分为:人工费、燃料及动力费、折旧及修理费、其他直接费、间接费用(为组织和管理机械作业生产所发生的费用)。在月份终了时,机械作业科目一般应无余额。机械作业科目代码为 5403,见表 5-26。

表 5-26 机械作业会计科目编码的设置

科目代码	总分类科目（一级科目）	明细分类科目		是否辅助核算	辅助核算类别
		二级明细科目	三级明细科目		
5403	机械作业				
540301	机械作业	人工费	机械设备名称	是	项目
540302	机械作业	材料费	机械设备名称	是	项目
540304	机械作业	燃料动力费	机械设备名称	是	项目
540305	机械作业	折旧及修理费	机械设备名称	是	项目
540306	机械作业	其他直接费	机械设备名称	是	项目
540307	机械作业	间接费用	机械设备名称	是	项目

机械作业的账务处理

发生的机械作业支出，借记本科目，贷记"原材料""应付职工薪酬""累计折旧"等科目。月份终了，分别按以下情况进行分配和结转。

（1）施工企业及其内部独立核算的施工单位、机械站和运输队为本单位承包的工程进行机械化施工和运输作业的成本，应转入承包工程的成本，借记"合同履约成本"科目，贷记本科目。

（2）对外单位、本企业其他内部独立核算单位以及专项工程等提供机械作业（包括运输设备）的成本，借记"其他业务成本"等科目，贷记本科目。

机械作业账务处理实例

【例5-16】 立华建筑施工公司自有施工机械挖土机为 A 项目于 2×19 年 1 月发生的费用，见表 5-27。

表 5-27 机械作业费用明细表 单位：元

费用支出：		费用支出：	
人员工资	34 000	计提折旧	23 400
耗用燃油	27 500		
支付水电费	18 000	合计	102 900

（1）2×19 年 1 月发生费用时，编制会计分录如下

借：机械作业——挖土机——人工费 34 000

贷：应付职工薪酬 34 000

借:机械作业——挖土机——燃料及动力   27 500
   贷:原材料   27 500
借:机械作业——挖土机——水电费   18 000
   贷:银行存款   18 000
借:机械作业——挖土机——折旧、修理费   23 400
   贷:累计折旧   23 400

(2)月终结转时

借:合同履约成本——工程施工(A 项目)   102 900
   贷:机械作业——挖土机——人工费   34 000
          ——挖土机——燃料及动力   27 500
          ——挖土机——水电费   18 000
          ——挖土机——折旧、修理费   23 400

第 **6** 章

损益类科目的设置与具体运用

损益类科目包括收入与费用所涉及的科目。本章介绍了 19 个科目的设置与具体的账务处理。

主营业务收入

主营业务收入是指企业通过主要经营活动所获取的收入，包括销售商品、提供劳务等主营业务获取的收入等。

主营业务收入科目的设置

主营业务收入一般不设置二级明细科目。如果设置二级明细科目，可以根据自己单位核算需要来设置。期末，应将本科目的余额转入本年利润科目，结转后本科目应无余额。主营业务科目代码为 6001，见表 6-1。

表 6-1   主营业务收入会计科目编码的设置

科目代码	总分类科目（一级科目）	明细分类科目		是否辅助核算	辅助核算类别
		二级明细科目	三级明细科目		
6001	主营业务收入				
600101	主营业务收入	销售货物	类别	是	客户
600102	主营业务收入	提供劳务	类别	是	客户
600103	主营业务收入	让渡资产使用权	类别	是	客户
600104	主营业务收入	建造合同	类别	是	客户
600105	主营业务收入	其他	类别	是	客户

主营业务收入的应用范围

主营业务收入的主要账务处理,见表 6-2。

表 6-2　　　　　　　　　　　　　　主营业务收入的主要账务处理

业务情景	账务处理
企业在履行合同中单项履约义务时	借:银行存款/应收账款/应收票据/合同资产等 　贷:主营业务收入 　　　应交税费——应交增值税(销项税额) 　　　应交税费——待转销项税额
合同中存在企业为客户提供重大利益的	借:长期应收款(现销价格) 　贷:主营业务收入 　　　未实现融资收益
合同中存在客户为企业提供更大融资利益的	借:银行存款 　　未确认融资费用 　贷:合同负债 　　　应交税费——应交增值税(销项税额)
以库存商品进行非货币性资产交换	借:存货/固定资产/无形资产等 　　应交税费——应交增值税(进项税额) 　贷:主营业务收入

一般商品销售会计处理

企业销售商品符合收入确认原则的,企业应当按照购货方已收或应收的合同或协议价款确定商品销售收入金额(已收或应收的合同或协议价款显示公允的除外)与应收取的增值税,借记"银行存款""应收账款""应收票据"等账户,按确定收入金额贷记"主营业务收入"或"其他业务收入"账户,按应收的增值税,贷记"应缴税费——应交增值税(销项税额)"账户。

一般商品销售主营业务收入账务处理实例

【例 6-1】 蓝迪公司于 2×19 年 5 月 10 日向乙公司销售商品一批,增值税注明价款 90 000 元,增值税额 11 700 元。商品已经发出,并向银行办理托收手续。编制如下会计分录。登记会计凭证,见表 6-3。

借:应收账款——乙公司　　　　　　　　　　　　　101 700

　贷:主营业务收入　　　　　　　　　　　　　　　　90 000

　　　应交税费——应交增值税(销项税额)　　　　　11 700

表 6-3

记 账 凭 证

2×19 年 5 月 10 日 　　　　　　　　　　　　　　　字第××号

摘要	会计科目	借方金额 千	百	十	万	千	百	十	元	角	分	贷方金额 千	百	十	万	千	百	十	元	角	分	记账
2×19 年 5 月 10 日，向乙公司销售一批商品	应收账款/乙公司		1	0	1	7	0	0	0	0	0											
	主营业务收入													9	0	0	0	0	0	0	0	
	应交税费/应交增值税/销项税额														1	1	7	0	0	0	0	
合计		¥	1	0	1	7	0	0	0	0	0	¥	1	0	1	7	0	0	0	0	0	

会计主管：×× 　　　　　记账：×× 　　　　　审核：×× 　　　　　制单：××

商品折扣会计处理

对于合同折扣，企业应当在各单项履约义务之间按比例分摊有确凿证据表明合同折扣仅与合同中的一项或多项（而非全部）履约义务相关的，企业应当将该合同折扣分摊至相关一项或多项履约义务。

合同折扣仅与合同中的一项或多项（而非全部）履约义务相关，且企业采用余值法估计单独售价的，应当规定在一项或多项（而非全部）履约义务之间分摊合同折扣，然后采用余值法估计单独售价。

综上所述，企业在确定"商业折扣"时，需要先将"商业折扣"分摊到与之相联系的商品上，后采用"单独售价法""市场调整法""余值法"等方法确定与"商业折扣"相关商品以及非相关商品的收入。

销售折扣的账务处理实例

【例 6-2】 2×19 年 1 月 20 日，蓝迪公司销售甲、乙两种商品给乙公司，开出的增值税专用发票上注明的售价为 5 000 000 元，增值税税额为 650 000 元。该批商品的成本为 4 000 000 元。甲产品单独售价 3 390 000 元；乙产品单独售价 2 616 000 元。

(1)计算甲、乙商品的交易价格

甲商品交易价格＝3 390 000×[5 650 000÷(3 390 000 ＋2 616 000)]＝
3 189 060.94(元)

乙商品交易价格＝2 616 000×[5 650 000÷(3 390 000 ＋2 616 000)]＝
2 460 939.06(元)

(2)销售实现时,登记会计凭证,见表 6-4

借:应收账款——乙公司　　　　　　　　　　　　　　　5 650 000

　贷:主营业务收入　　　　　　　　　　　　　　　　　　5 000 000

　　　应交税费——应交增值税(销项税额)　　　　　　　　　650 000

借:主营业务成本　　　　　　　　　　　　　　　　　4 000 000

　贷:库存商品——甲商品　　　　　　　　　　　　　　　4 000 000

表 6-4

记 账 凭 证

2×19 年 1 月 20 日

字第××号

摘要	会计科目	借方金额										贷方金额										记账
		千	百	十	万	千	百	十	元	角	分	千	百	十	万	千	百	十	元	角	分	
2×19 年 1 月 20 日,向乙公司销售甲商品	应收账款/乙公司		5	6	5	0	0	0	0	0	0											
	主营业务收入												5	0	0	0	0	0	0	0	0	
	应交税费/应交增值税/销项税额													6	5	0	0	0	0	0	0	
结转甲商品成本	主营业务成本		4	0	0	0	0	0	0	0	0											
	库存商品/甲商品												4	0	0	0	0	0	0	0	0	
合计		¥	9	6	5	0	0	0	0	0	0	¥	9	6	5	0	0	0	0	0	0	

会计主管:××　　　　　记账:××　　　　　审核:××　　　　　制单:××

其他业务收入

其他业务收入是指企业确认的除主营业务活动以外的其他经营活动实现的收入。

其他业务收入科目的设置

企业应设置"其他业务收入"科目,本科目核算企业确认的除主营业务活动以外的其他经营活动实现的收入,包括出租固定资产、出租无形资产、出租包装物和商品、销售材料、用材料进行非货币性资产交换(非货币性资产交换具有商业实质且公允价值能够可靠计量)或债务重组等实现的收入。

本科目可按其他业务收入种类进行明细核算。期末结转时,本科目无余额。其他业务收入科目编码为 6051,见表 6-5。

表 6-5 其他业务收入会计科目编码的设置

科目代码	总分类科目（一级科目）	明细分类科目		是否辅助核算	辅助核算类别
		二级明细科目	三级明细科目		
6051	其他业务收入				
605101	其他业务收入	材料及包装物的销售	项目	是	部门
605102	其他业务收入	代销商品款	项目	是	部门
605103	其他业务收入	包装物出租	项目	是	部门
605104	其他业务收入	无形资产出租	项目	是	部门
605105	其他业务收入	固定资产出租	项目	是	部门
605106	其他业务收入	其他	项目	是	部门

其他业务收入的账务处理

其他业务收入的主要账务处理,见表 6-6。

表 6-6	其他业务收入的账务处理
业务情景	账务处理
确认其他业务收入时	借：银行存款/应收账款/应收票据 　　贷：其他业务收入 　　　　应交税费——应交增值税（销项税额） 结转成本时。 借：其他业务成本 　　贷：原材料等
月末结转时	借：其他业务收入 　　贷：本年利润

其他业务收入的账务处理实例

【例 6-3】 蓝迪公司销售一批原材料,开出的增值税专用发票上注明的售价为 45 000 元,增值税税额为 5 850 元,款项已由银行收妥。该批原材料的实际成本为 32 000 元。甲公司会计处理如下。

(1)取得原材料销售收入

借：银行存款　　　　　　　　　　　　　　　　　　　　50 850

　　贷：其他业务收入　　　　　　　　　　　　　　　　45 000

　　　　应交税费——应交增值税（销项税额）　　　　　 5 850

(2)结转已销原材料的实际成本

借：其他业务成本　　　　　　　　　　　　　　　　　　32 000

　　贷：原材料　　　　　　　　　　　　　　　　　　　32 000

管理费用

管理费用是指企业为组织和管理企业生产经营所发生的费用,包括企业在筹建期间内发生的开办费、董事会和行政管理部门在企业的经营管理中发生的或者应由企业统一负担的公司经费(包括行政管理部门职工薪酬、物料消耗、低值易耗品摊销、办公费和差旅费、经营租赁费、折旧费等)、工会经费、董事会费(包括董事会成员津贴、会议费和差旅费等)、聘请中介机构费、咨询费(含顾问费)、诉讼费、业务招待费、技术转让费、无形资产摊销、矿产资源补偿费、研究费用、排污费、存货盘亏或盘盈、融资租赁发生的履约成本、经营租赁发生的初始直接费用、长期待摊费用的摊销等。

管理费用科目的设置

企业应设置"管理费用"科目,管理费用不多的,可不设置本科目,本科目的核算内容可并入"销售费用"科目核算。本科目可按费用项目进行明细核算。期末,应将本科目的余额转入"本年利润"科目,结转后本科目无余额。管理费用科目代码为 6602,见表 6-7。

表 6-7   **管理费用会计科目编码的设置**

科目代码	总分类科目 （一级科目）	明细分类科目			辅助核算类别
		二级明细科目	三级明细科目	四级明细科目	
6602	管理费用				
660201	管理费用	职工薪酬			
66020101	管理费用	职工薪酬	基本工资		部门
66020102	管理费用	职工薪酬	劳务费		部门
66020103	管理费用	职工薪酬	工会经费		部门
66020104	管理费用	职工薪酬	职工教育经费		部门
66020105	管理费用	职工薪酬	社会保险费		部门
66020106	管理费用	职工薪酬	社会保险费	养老保险	部门
66020107	管理费用	职工薪酬	社会保险费	工伤保险	部门
66020108	管理费用	职工薪酬	社会保险费	失业保险	部门
66020109	管理费用	职工薪酬	社会保险费	医疗保险	部门
66020110	管理费用	职工薪酬	社会保险费	计划生育保险	部门
66020111	管理费用	职工薪酬	住房公积金		部门
66020112	管理费用	职工薪酬	职工福利		部门
66020113	管理费用	职工薪酬	辞退费用		部门
660202	管理费用	折旧费			部门
660203	管理费用	长期待摊费用			部门
660204	管理费用	无形资产摊销			部门
660205	管理费用	费用摊销			部门
660206	管理费用	办公费用			
66020601	管理费用	办公费用	水费		部门
66020602	管理费用	办公费用	电费		部门

科目代码	总分类科目 （一级科目）	明细分类科目			辅助核算类别
		二级明细科目	三级明细科目	四级明细科目	
66020603	管理费用	办公费用	燃料费用		部门
66020604	管理费用	办公费用	其他		部门
660207	管理费用	车辆费用			
66020701	管理费用	车辆费用	修理费		部门
66020702	管理费用	车辆费用	燃油费		部门
66020703	管理费用	车辆费用	保险费		部门
66020704	管理费用	车辆费用	其他		部门
660208	管理费用	印刷费			部门
660209	管理费用	业务招待费			部门
660210	管理费用	会议费			部门
660211	管理费用	接待费			部门
660212	管理费用	劳动保护费			部门
660213	管理费用	广告宣传费			部门
660214	管理费用	业务推广费			部门
660215	管理费用	包装费			部门
660216	管理费用	差旅费			部门
660217	管理费用	培训费			部门
660218	管理费用	快递费			部门
660219	管理费用	财产保险费			部门
660220	管理费用	租赁费			部门
660221	管理费用	盘亏损失			部门
660222	管理费用	技术开发费			部门
660223	管理费用	董事会费			部门
660224	管理费用	退休人员补贴			部门

管理费用的账务处理

管理费用的主要账务处理，见表 6-8。

表 6-8

业务情景	账务处理
筹建期间内发生的开办费	借:管理费用 　　贷:银行存款/其他应付款
行政管理部门人员的职工薪酬	借:管理费用 　　贷:应付职工薪酬
行政管理部门计提的固定资产折旧	借:管理费用 　　贷:累计折旧
发生的办公费、水电费、业务招待费、聘请中介机构费、咨询费、诉讼费、技术转让费、研究费用	借:管理费用 　　贷:银行存款/研发支出
期末结转	借:本年利润 　　贷:管理费用

管理费用账务处理实例

【例 6-4】 蓝迪公司行政部 2×19 年 1 月共发生费用 228 540 元,其中:行政人员薪酬 145 000 元,行政部专用办公设备折旧费 45 000 元,报销行政人员差旅费 31 000 元(假定报销人均未预借差旅费),其他办公、水电费 7 540 元(均用银行存款支付)。编制会计分录如下。

借:管理费用　　　　　　　　　　　　　　　　　　228 540
　　贷:应付职工薪酬——工资及福利费　　　　　　145 000
　　　　累计折旧　　　　　　　　　　　　　　　　45 000
　　　　库存现金　　　　　　　　　　　　　　　　31 000
　　　　银行存款　　　　　　　　　　　　　　　　7 540

销售费用

销售费用是指企业在销售商品和材料、提供劳务的过程中发生的各种费用,包括保险费、包装费、展览费和广告费、商品维修费、长期待摊费用的摊销、预计产品质量保证损失、运输费、装卸费等以及为销售本企业商品而专设的销售机构(含销售网点、售后服务网点等)的职工薪酬、业务费、折旧费等经营费用。

销售费用科目的设置

企业应设置"销售费用"科目,本科目核算企业销售商品和材料、提供劳务的过程中发生的各种费用。

企业发生的与专设销售机构相关的固定资产修理费用等后续支出,也在本科目核算。本科目可按费用项目进行明细核算。期末,应将本科目余额转入"本年利润"科目,结转后本科目无余额。销售费用科目代码为6601,见表6-9。

表6-9　　　　　　　　　　　　　销售费用会计科目编码的设置

科目代码	总分类科目（一级科目）	明细分类科目			辅助核算类别
		二级明细科目	三级明细科目	四级明细科目	
6601	销售费用				
660101	销售费用	职工薪酬			
66010101	销售费用	职工薪酬	基本工资		部门
66010102	销售费用	职工薪酬	劳务费		部门
66010103	销售费用	职工薪酬	工会经费		部门
66010104	销售费用	职工薪酬	职工教育经费		部门
66010105	销售费用	职工薪酬	社会保险费		部门
6601010501	销售费用	职工薪酬	社会保险费	养老保险	部门
6601010502	销售费用	职工薪酬	社会保险费	工伤保险	部门
6601010503	销售费用	职工薪酬	社会保险费	失业保险	部门
6601010504	销售费用	职工薪酬	社会保险费	医疗保险	部门
6601010505	销售费用	职工薪酬	社会保险费	计划生育保险	部门
66010106	销售费用	职工薪酬	住房公积金		部门
66010107	销售费用	职工薪酬	职工福利		部门
66010108	销售费用	职工薪酬	辞退费用		部门
660102	销售费用	折旧费			部门
660103	销售费用	长期待摊费用			部门
660104	销售费用	无形资产摊销			部门
660105	销售费用	费用摊销			部门

科目代码	总分类科目 （一级科目）	明细分类科目			辅助核算类别
		二级明细科目	三级明细科目	四级明细科目	
660106	销售费用	办公费用			
66010601	销售费用	办公费用	水费		部门
66010602	销售费用	办公费用	电费	办公费用	部门
66010603	销售费用	办公费用	燃料费用	办公费用	部门
66010604	销售费用	办公费用	其他	办公费用	部门
660107	销售费用	车辆费用			
66010701	销售费用	车辆费用	修理费		部门
66010702	销售费用	车辆费用	燃油费		部门
66010703	销售费用	车辆费用	保险费		部门
66010704	销售费用	车辆费用	其他		部门
660108	销售费用	印刷费			部门
660109	销售费用	邮政费			部门
660110	销售费用	业务招待费			部门
660111	销售费用	会议费			部门
660112	销售费用	接待费			部门
660113	销售费用	劳动保护费			部门
660114	销售费用	广告宣传费			部门
660115	销售费用	业务推广费			部门
660116	销售费用	包装费			部门
660117	销售费用	差旅费			部门
660118	销售费用	培训费			部门
660119	销售费用	快递费			部门
660120	销售费用	财产保险费			部门
660121	销售费用	租赁费			部门
660122	销售费用	盘亏损失			部门
660123	销售费用	技术开发费			部门
660124	销售费用	董事会费			部门
660125	销售费用	退休人员补贴			部门

销售费用的账务处理

销售费用的主要账务处理,见表 6-10。

表 6-10 销售费用的主要账务处理

业务情景	账务处理
销售商品过程中发生的包装费、保险费、展览费和广告费、运输费、装卸费等费用	借:销售费用 　　贷:库存现金/银行存款
销售机构员工的工资、业务费等经营费用	借:销售费用 　　贷:应付职工薪酬/银行存款/累计折旧
期末结转时	借:本年利润 　　贷:销售费用

销售费用账务处理实例

【例 6-5】 蓝迪公司专设销售机构本月职工销售提成共计 30 000 元。编制会计分录如下。

借:销售费用　　　　　　　　　　　　　　　　　　30 000
　　贷:应付职工薪酬　　　　　　　　　　　　　　　　30 000

财务费用

财务费用是指企业为筹集生产经营所需资金等而发生的筹资费用,包括利息支出(减利息收入)、汇兑差额以及相关的手续费、企业发生的现金折扣或收到的现金折扣、未确认融资费用摊销、因让渡资产使用权而按收入准则规定计算确认的利息收入、分期收款销售方式下"未实现融资收益"的摊销等。

财务费用科目的设置

企业发生财务费用时,借记"财务费用"账户,贷记"预提费用"等账户;发生冲减财务费用的利息收入、汇兑损益等,借记"银行存款"等账户,贷记"财务费用"账户;期末将账户余额转入"本年利润"账户,结转后账户无余额,财务费用科目代码为 6603,见表 6-11。

表 6-11 财务费用会计科目编码的设置

科目代码	总分类科目 (一级科目)	明细分类科目	
		二级明细科目	三级明细科目
6603	财务费用		
660301	财务费用	利息收入	项目
660302	财务费用	汇兑损失	项目
660303	财务费用	汇兑收益	项目
660304	财务费用	手续费	项目
660305	财务费用	利息支出	项目
660306	财务费用	往来折现	项目
660307	财务费用	其他	项目

财务费用的账务处理

财务费用账务处理,见表 6-12。

表 6-12 财务费用的账务处理

业务情景	账务处理
发生财务费用时	借:财务费用 　贷:银行存款/预提费用/长期借款
冲减财务费用	借:银行存款 　贷:财务费用
期末	借:本年利润 　贷:财务费用

财务费用账务处理实例

【例 6-6】 2×19 年 12 月,蓝迪公司发生财务费用如下:以银行存款购买支票簿 100 元;发行 3 年期债券,发生手续费 21 000 元,计提本月借款利息 145 600 元,收到银行通知存款利息 66 250 元入账。蓝迪公司根据有关原始凭证,账务处理如下。

(1)购买支票簿时

借:财务费用　　　　　　　　　　　　　　　　　　　　100

　贷:银行存款　　　　　　　　　　　　　　　　　　　100

（2）支付发行债券手续费时

借：财务费用   21 000

 贷：银行存款   21 000

（3）计提当月借款利息时

借：财务费用   145 600

 贷：应付利息   145 600

（4）收到存款利息时

借：银行存款   66 250

 贷：财务费用   66 250

公允价值变动损益

公允价值变动损益，是指一项资产在取得之后的计量，即后续采用公允价值计量模式时，期末资产账面价值与其公允价值之间的差额。

本科目核算企业在初始确认时划分为以公允价值计量且其变动计入当期损益的金融资产或金融负债（包括交易性金融资产或金融负债和直接指定为以公允价值计量且其变动计入当期损益的金融资产或金融负债）与以公允模式进行后续计量的投资性房地产。

公允价值变动损益科目的设置

本科目应当按照交易性金融资产、交易性金融负债等进行明细核算，公允价值变动损益科目代码为6101，见表6-13。

表6-13   公允价值变动损益会计科目编码的设置

科目代码	总分类科目（一级科目）	明细分类科目	
		二级明细科目	三级明细科目
6101	公允价值变动损益		
610101	公允价值变动损益	投资单位名称	交易性金融资产
610102	公允价值变动损益	投资单位名称	交易性金融负债
610103	公允价值变动损益	投资单位名称	投资性房地产

公允价值变动损益的账务处理

公允价值变动损益的主要账务处理,见表 6-14。

表 6-14 公允价值变动损益的主要账务处理

业务情景	账务处理
资产负债表日	借:交易性金融资产——公允价值变动 　　投资性房地产——公允价值变动 　　贷:公允价值变动损益
出售交易性金融资产时	借:银行存款 　　贷:交易性金融资产——成本、公允价值变动 　　　　公允价值变动损益(借或贷) 　　　　投资收益(借或贷)
处置以公允模式进行后续计量的投资性房地产时	借:银行存款 　　贷:其他业务收入 借:其他业务成本 　　贷:投资性房地产——成本、公允价值变动 借:公允价值变动损益(借或贷) 　　贷:投资收益(借或贷)
期末	应将本科目余额转入"本年利润"科目,结转后本科目无余额

(注:其他债权投资公允价值变动应计入"其他综合收益"不在此科目核算。)

公允价值变动损益账务处理实例

【例 6-7】 蓝迪公司在 2×18 年 1 月 1 日以每股 15 元从二级市场购入乙公司股票 120 000 股,每股 15 元,另外支付 15 000 元的交易费用。蓝迪公司将该投资划分为交易性金融资产。2×18 年 6 月 30 日,该股票的市价涨至 18 元/股,2×18 年 12 月 31 日该股票市价为 16 元/股,2×18 年 1 月 15 日蓝迪公司将股票以每股 20 元予以全部出售。若不考虑其他因素,蓝迪公司的会计处理如下。

(1)2×18 年 1 月 1 日,购进乙公司股票。登记会计凭证,见表 6-15

借:交易性金融资产——乙公司——成本　　　　　　　　1 800 000

　　投资收益　　　　　　　　　　　　　　　　　　　　　　15 000

　　贷:银行存款　　　　　　　　　　　　　　　　　　　1 815 000

表 6-15

记 账 凭 证

2×18年1月1日 　　　　　　　　　　　　　　　　　字第××号

摘要	会计科目	借方金额										贷方金额										记账
		千	百	十	万	千	百	十	元	角	分	千	百	十	万	千	百	十	元	角	分	
2×18年1月1日，购入乙公司股票	交易性金融资产/乙公司/成本		1	8	0	0	0	0	0	0	0											
	投资收益			1	5	0	0	0	0													
	银行存款												1	8	1	5	0	0	0	0	0	
合计		¥	1	8	1	5	0	0	0	0	0	¥	1	8	1	5	0	0	0	0	0	

会计主管：×× 　　　　记账：×× 　　　　审核：×× 　　　　制单：××

（2）2×18年6月30日，确认该股票的公允价值变动＝（18－15）×120 000＝360 000（元）

登记会计凭证，见表6-16

借：交易性金融资产——乙公司——公允价值变动　　　　360 000

　　贷：公允价值变动损益　　　　360 000

表 6-16

记 账 凭 证

2×18年6月30日 　　　　　　　　　　　　　　　　　字第××号

摘要	会计科目	借方金额										贷方金额										记账
		千	百	十	万	千	百	十	元	角	分	千	百	十	万	千	百	十	元	角	分	
2×18年6月30日，确认乙公司股票变动损益	交易性金融资产/乙公司/公允价值变动			3	6	0	0	0	0	0	0											
	公允价值变动损益													3	6	0	0	0	0	0	0	
合计		¥		3	6	0	0	0	0	0	0	¥		3	6	0	0	0	0	0	0	

会计主管：×× 　　　　记账：×× 　　　　审核：×× 　　　　制单：××

（3）2×18年12月31日，确认该股票的公允价值变动：（16－18）×120 000＝－240 000（元）

登记会计凭证，见表6-17

借：公允价值变动损益　　　　240 000

　　贷：交易性金融资产——乙公司——公允价值变动　　　　240 000

表 6-17

记 账 凭 证

2×18年12月31日　　　　　　　　　　　　　　　　字第××号

摘要	会计科目	借方金额 千	百	十	万	千	百	十	元	角	分	贷方金额 千	百	十	万	千	百	十	元	角	分	记账
2×18年12月31日,确认乙公司股票变动损益	公允价值变动损益			2	4	0	0	0	0	0	0											
	交易性金融资产/乙公司/公允价值变动													2	4	0	0	0	0	0	0	
合计		¥		2	4	0	0	0	0	0	0	¥		2	4	0	0	0	0	0	0	

会计主管：××　　　　记账：××　　　　审核：××　　　　制单：××

(4)2×19年1月15日,出售该股票:20×120 000＝2 400 000(元)

登记会计凭证,见表6-18

借:银行存款　　　　　　　　　　　　　　　　　　　　　　2 400 000

　　贷:交易性金融资产——乙公司——成本　　　　　　　　1 800 000

　　　　　　　　　　——乙公司——公允价值变动(360 000－240 000)

　　　　　　　　　　　　　　　　　　　　　　　　　　　　120 000

　　　　投资收益　　　　　　　　　　　　　　　　　　　　480 000

表 6-18

记 账 凭 证

2×19年1月15日　　　　　　　　　　　　　　　　字第××号

摘要	会计科目	借方金额 千	百	十	万	千	百	十	元	角	分	贷方金额 千	百	十	万	千	百	十	元	角	分	记账
2×19年1月15日,出售乙公司股票	银行存款		2	4	0	0	0	0	0	0	0											
	交易性金融资产/乙公司/成本												1	8	0	0	0	0	0	0	0	
	交易性金融资产/乙公司/公允价值变动													1	2	0	0	0	0	0	0	
	投资收益													4	8	0	0	0	0	0	0	
合计		¥	2	4	0	0	0	0	0	0	0	¥	2	4	0	0	0	0	0	0	0	

会计主管：××　　　　记账：××　　　　审核：××　　　　制单：××

同时,将原计入该金融资产的公允价值变动转出。登记会计凭证,见表 6-19

  借:公允价值变动损益   1 200 00

    贷:投资收益   1 200 00

表 6-19

记 账 凭 证

2×19 年 1 月 15 日   字第××号

摘要	会计科目	借方金额										贷方金额										记账
		千	百	十	万	千	百	十	元	角	分	千	百	十	万	千	百	十	元	角	分	
2×19 年 1 月 15 日,乙公司股票变动损益转入投资收益	公允价值变动损益			1	2	0	0	0	0	0	0											
	投资收益													1	2	0	0	0	0	0	0	
合计		¥	1	2	0	0	0	0	0	0		¥	1	2	0	0	0	0	0	0		

会计主管:××   记账:××   审核:××   制单:××

营业外收入

  营业外收入是指企业发生的与日常活动无直接关系的利得。营业外收入并不是由企业经营资金耗费所产生的,不需要企业付出代价,实际上是一种纯收入,不可能也不需要与有关费用进行配比。因此,在会计处理上,应当严格区分营业外收入与营业收入的界限。

营业外收入的应用范围

  营业外收入主要包括:非流动资产处置利得、非货币性资产交换利得、债务重组利得、政府补助、盘盈利得、捐赠利得等。企业应当通过"营业外收入"科目,核算营业外收入的取得和结转情况。

  (1)非流动资产处置利得包括固定资产处置利得和无形资产出售利得。固定资产处置利得,指企业出售固定资产所取得价款或报废固定资产的残料价值和变价收入等,扣除固定资产的账面价值、清理费用、处置相关税费后的净收益;无形资产出售利得,指企业出售无形资产所取得价款扣除出售无形资产的账面价值、出售相关税费后的净收益。

（2）非货币性资产交换利得，指在非货币性资产交换中换出资产为固定资产、无形资产的，换入资产公允价值大于换出资产账面价值的差额，扣除相关费用后计入营业外收入的金额。

（3）债务重组利得，指重组债务的账面价值超过清偿债务的现金、非现金资产的公允价值、所转股份的公允价值，或者重组后债务账面价值之间的差额。

（4）盘盈利得，指企业对于现金等资产清查盘点中盘盈的资产，报经批准后计入营业外收入的金额。

（5）政府补助，指企业从政府无偿取得货币性资产或非货币性资产形成的利得。

（6）捐赠利得，指企业接受捐赠产生的利得。

营业外收入科目的设置

为了对企业发生的各项营业外收入，主要包括非流动资产处置利得、非货币性资产交换利得、债务重组利得、政府补助、盘盈利得、捐赠利得等营业外收入进行核算与管理，企业应设置"营业外收入"账户，在该账户下按收入项目设明细账户，进行明细核算，营业外收入科目编码为6301，见表6-20。

表6-20　　　　　　　　营业外收入会计科目编码的设置

科目代码	总分类科目（一级科目）	明细分类科目	
		二级明细科目	三级明细科目
6301	营业外收入		
630101	营业外收入	处置非流动资产收益	
63010101	营业外收入	处置非流动资产收益	固定资产处置利得
63010102	营业外收入	处置非流动资产收益	无形资产处置利得
63010103	营业外收入	处置非流动资产收益	其他
630102	营业外收入	债务重组收益	项目
630103	营业外收入	捐赠收入	项目
630104	营业外收入	物资盘盈	项目
630105	营业外收入	非货币性资产交换利得	项目

营业外收入的账务处理

企业发生营业外收入时,借记"待处理财产损溢""银行存款""固定资产清理"等账户,贷记"营业外收入"账户,期末将"营业外收入"账户余额转入"本年利润"账户,结转后"营业外收入"账户应无余额。

营业外收入账务处理实例

【例6-8】 2×19年1月30日,新星公司在财产清查中,已查明固定资产盘盈23 490元,经批准转为营业外收入。编制会计分录如下。登记会计凭证,见表6-21。

借:待处理财产损溢——待处理固定资产损溢   23 490

    贷:营业外收入   23 490

表 6-21

记 账 凭 证

2×19 年 1 月 30 日   字第××号

摘要	会计科目	借方金额									贷方金额									记账
		千	百	十	万	千	百	十	元	角	分	千	百	十	万	千	百	十	元	角	分	
2×19 年 1 月 30 日,固定资产盘盈	待处理财产损溢/待处理固定资产损溢			2	3	4	9	0	0	0						2	3	4	9	0	0	0	
	营业外收入															2	3	4	9	0	0	0	
合计			¥	2	3	4	9	0	0	0			¥	2	3	4	9	0	0	0		

会计主管:××   记账:××   审核:××   制单:××

【例6-9】 2×19年1月31日,新星公司将本期营业外收入324 569元,转入"本年利润"账户。编制会计分录如下。登记会计凭证,见表6-22。

借:营业外收入   324 569

    贷:本年利润   324 569

表 6-22

记 账 凭 证

2×19 年 1 月 31 日　　　　　　　　　　　　　　字第××号

摘要	会计科目	借方金额										贷方金额										记账
		千	百	十	万	千	百	十	元	角	分	千	百	十	万	千	百	十	元	角	分	
2×19 年 1 月 31 日，将营业外收入转入本年利润	营业外收入			3	2	4	5	6	9	0	0											
	本年利润													3	2	4	5	6	9	0	0	
合计		¥		3	2	4	5	6	9	0	0	¥		3	2	4	5	6	9	0	0	

会计主管：××　　　　　记账：××　　　　　　审核：××　　　　　制单：××

营业外支出

营业外支出是指企业发生的与日常活动无直接关系的各项损失。营业外支出主要包括：非流动资产处置损失、非货币性资产交换损失、债务重组损失、公益性捐赠支出、非常损失、盘亏损失等。

营业外支出科目的设置

企业应通过"营业外支出"科目，核算营业外支出的发生及结转情况。该科目可按营业外支出项目进行明细核算。期末，应将该科目余额转入"本年利润"科目，结转后该科目无余额，营业外支出科目代码为 6711，见表 6-23。

表 6-23　　　　　　　营业外支出会计科目编码的设置

科目代码	总分类科目（一级科目）	明细分类科目	
		二级明细科目	三级明细科目
6711	营业外支出		
671101	营业外支出	处置非流动资产损失	
67110101	营业外支出	处置非流动资产损失	固定资产处置损失

科目代码	总分类科目(一级科目)	明细分类科目	
		二级明细科目	三级明细科目
67110102	营业外支出	处置非流动资产损失	无形资产出售损失
671102	营业外支出	债务重组损失	
671103	营业外支出	盘亏损失	
671104	营业外支出	捐赠支出	
67110401	营业外支出	捐赠支出	货币性资产捐赠
67110402	营业外支出	捐赠支出	非货币性资产捐赠
671105	营业外支出	非常损失	
671106	营业外支出	罚没支出	
671107	营业外支出	违约金	
671108	营业外支出	违约金	
671109	营业外支出	维修费	
671110	营业外支出	赔偿费	
671111	营业外支出	其他支出	

营业外支出的账务处理

营业外支出包括:

(1)非流动资产处置损失包括固定资产处置损失和无形资产出售损失。固定资产处置损失,指企业出售固定资产所取得价款或报废固定资产的残料价值和变价收入等,不足抵补处置固定资产的账面价值、清理费用、处置相关税费后的净损失;无形资产出售损失,指企业出售无形资产所取得价款,不足抵补出售无形资产的账面价值、出售相关税费后的净损失。

(2)非货币性资产交换损失,指在非货币性资产交换中换出资产为固定资产、无形资产的,换入资产公允价值小于换出资产账面价值的差额,扣除相关费用后计入营业外支出的金额。

(3)债务重组损失,指重组债权的账面余额超过受让资产的公允价值、所转股份的公允价值,或者重组后债权的账面价值之间的差额。

（4）公益性捐赠支出，指企业对外进行公益性捐赠发生的支出。

（5）非常损失，指企业对于因客观因素（如自然灾害等）造成的损失，在扣除保险公司赔偿后计入营业外支出的净损失。

营业外支出账务处理实例

【例6-10】 2×19年1月，蓝迪公司用银行存款支付工商部门的罚款2 340元。编制会计分录如下。

借：营业外支出　　　　　　　　　　　　　　　　　　　　　2 340

　　贷：银行存款　　　　　　　　　　　　　　　　　　　　　　　　2 340

【例6-11】 2×19年1月，蓝迪公司将已发生的原材料意外灾害损失45 000元转作营业外支出。编制计分录如下。

借：营业外支出　　　　　　　　　　　　　　　　　　　　　45 000

　　贷：待处理财产损溢——待处理流动资产损溢　　　　　　　　　45 000

【例6-12】 2×19年1月31日，蓝迪公司将本期发生的营业外支出47 340元，转入"本年利润"账户。编制计分录如下。

借：本年利润　　　　　　　　　　　　　　　　　　　　　　47 340

　　贷：营业外支出　　　　　　　　　　　　　　　　　　　　　　47 340

（注：企业的营业外收入与营业外支出应分别核算，不能将营业外收入和营业外支出直接相抵。）

主营业务成本

主营业务成本，是指企业进行工业性生产所发生的各项生产费用，包括生产各种产品（包括产成品、自制半成品、提供劳务等）、自制材料、自制工具以及自制设备等所发生的各项生产费用。

主营业务成本科目的设置

企业应当设置"生产成本"科目。该科目的借方反映所发生的各项生产费用，贷方反映完工产出的各种产品、自制材料、自制工具以及自制设备等的成本，期末借方余额，反映尚未加工完成的各项在产品的成本。主营业务成本科目代码为6401，见表6-24。

表 6-24　　　　　　　　　　主营业务成本会计科目编码的设置

科目代码	总分类科目（一级科目）	明细分类科目		是否辅助核算	辅助核算类别
		二级明细科目	三级明细科目		
6401	主营业务成本				
640101	主营业务成本	销售货物成本	按种类设置	是	部门
640102	主营业务成本	提供劳务成本	按种类设置	是	部门
640103	主营业务成本	让渡资产使用权	按种类设置	是	部门
640104	主营业务成本	建造合同成本	按种类设置	是	部门
640105	主营业务成本	其他	按种类设置	是	部门

主营业务成本的账务处理

企业发生的各项生产费用，应按成本计算对象归集。其具体账务处理如图 6-1 所示。

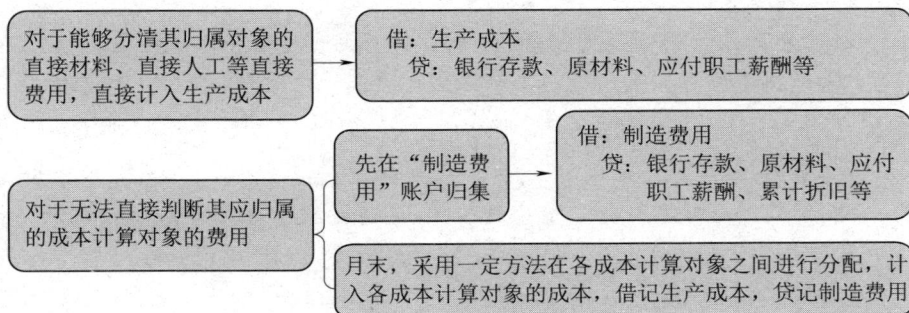

图 6-1　生产费用的账务处理

企业已生产完工验收入库的产成品等，在月末按其实际成本，借记"库存商品"账户，贷记"生产成本"账户。

主营业务成本的账务处理实例

【例 6-13】　向阳公司 2×19 年 1 月生产 A、B 两种产品，根据"发料凭证汇总表"的记录，12 月基本生产车间共领用甲材料 500 000 元（其中，A 产品生产用材料 300 000 元，B 产品生产用材料 200 000 元），车间管理部门领用甲材料 3 000 元；根据"工资结算汇总表"结算的本月应付基本生产车间生产工人工资为 100 000 元（其中，生产 A 产品的工人工资 60 000 元，生产 B 产品的工人工资 40 000 元),应付车间管理人员工资15 000元。假定 A、B 两种产品无其他耗费,均于本月末完工并验收入库,且无月初在产品成本和月末在产品成本。

(1)领用材料时,应编制会计分录如下

借:生产成本——基本生产成本——A 产品　　　　　　　　300 000

　　　　　　——基本生产成本——B 产品　　　　　　　　200 000

　　制造费用　　　　　　　　　　　　　　　　　　　　　　3 000

　　贷:原材料——甲材料　　　　　　　　　　　　　　　　　503 000

(2)分配工资时,应编制会计分录如下

借:生产成本——基本生产成本——A 产品　　　　　　　　60 000

　　　　　　——基本生产成本——B 产品　　　　　　　　40 000

　　制造费用　　　　　　　　　　　　　　　　　　　　　　15 000

　　贷:应付职工薪酬　　　　　　　　　　　　　　　　　　　115 000

(3)月末分配制造费用时,应编制会计分录如下

本月制造费用＝3 000＋15 000＝18 000(元)

通过分配 A 产品制造费用 10 000 元,B 产品制造费用 8 000 元。

借:生产成本——辅助生产成本——A 产品　　　　　　　　10 000

　　　　　　——辅助生产成本——B 产品　　　　　　　　8 000

　　贷:制造费用　　　　　　　　　　　　　　　　　　　　18 000

(4)计算并结转本月完工产品成本时,应编制会计分录如下

A 产品成本＝300 000＋60 000＋10 000＝370 000(元)

B 产品成本＝200 000＋40 000＋8 000＝248 000(元)

借:库存商品——A 产品　　　　　　　　　　　　　　　　370 000

　　　　　　——B 产品　　　　　　　　　　　　　　　　248 000

　　贷:生产成本——基本生产成本——A 产品　　　　　　　370 000

　　　　　　　　——基本生产成本——B 产品　　　　　　248 000

其他业务成本

其他业务成本是指企业确认的除主营业务活动以外的其他经营活动所发生的支出。其他业务成本包括销售材料的成本、出租固定资产的折旧额、出租无形资产的摊销额、出租包装物的成本或摊销额等。

其他业务成本科目的设置

其他业务成本科目核算企业确认的除主营业务活动以外的其他经营活动所发生的支出，包括销售材料的成本、出租固定资产的折旧额、出租无形资产的摊销额、出租包装物的成本或摊销额等。采用成本模式计量投资性房地产的，其投资性房地产计提的折旧额或摊销额，也通过本科目核算。本科目可按其他业务成本的种类进行明细核算，其他业务成本科目代码为6402，见表6-25。

表6-25　　　　　　　　　　　　　其他业务成本会计科目编码的设置

科目代码	总分类科目（一级科目）	明细分类科目		是否辅助核算	辅助核算类别
		二级明细科目	三级明细科目		
6402	其他业务成本				部门
640201	其他业务成本	材料销售成本	种类	是	部门
640202	其他业务成本	代购代销费用	种类	是	部门
640203	其他业务成本	出租固定资产的折旧额	种类	是	部门
640204	其他业务成本	出租无形资产的摊销额	种类	是	部门
640205	其他业务成本	投资性房地产	种类	是	部门

其他业务成本的账务处理

其他业务成本的账务处理，见表6-26。

表6-26　　　　　　　　　　　　　其他业务成本账务处理

业务情景	分步结转	账务处理
销售材料的成本、销售商品领用单独计价的包装物成本	确认收入时	借：银行存款 　　贷：其他业务收入 　　　　应交税费——应交增值税（销项税额） 借：其他业务成本 　　贷：原材料 　　　　周转材料——包装物
	期末，结转成本到本年利润	借：本年利润 　　贷：其他业务成本

业务情景	分步结转	账务处理
出租无形资产的摊销额和出租固定资产的折旧额	每月摊销时	借：其他业务成本 　贷：累计摊销（出租无形资产的摊销额） 　　　累计折旧（出租固定资产的折旧额） 　　　投资性房地产累计折旧（成本模式投资性房地产的折旧额）
期末结转成本到本年利润		借：本年利润 　贷：其他业务成本

其他业务成本的账务处理实例

【例6-14】　蓝迪公司于2×18年1月1日向丙公司转让某专利权的使用权。协议约定转让期为5年，每年年末收取使用费240 000元。2×18年该专利权计提的摊销额为78 000元，每月计提金额为6 500元。假定不考虑其他因素。蓝迪公司会计处理如下。

（1）2×18年年末，确认使用费收入

借：应收账款（或银行存款）　　　　　　　　　　　　　　240 000

　　贷：其他业务收入　　　　　　　　　　　　　　　　　　240 000

（2）2×18年，每月计提专利权摊销额

借：其他业务成本　　　　　　　　　　　　　　　　　　　6 500

　　贷：累计摊销　　　　　　　　　　　　　　　　　　　　6 500

税金及附加

根据（财会〔2016〕22号）《增值税会计处理规定》，全面试行营业税改征增值税后，"营业税金及附加"科目名称调整为"税金及附加"科目。调整后的"税金及附加"科目核算企业经营活动发生的消费税、城市维护建设税、资源税、教育费附加及房产税、土地使用税、车船使用税、印花税等相关税费。利润表中的"营业税金及附加"项目调整为"税金及附加"项目。

税金及附加科目的设置

期末，应将本科目余额转入"本年利润"科目，结转后本科目应无余额。由于分期收款销售商品核算方法与以前不同，新增加科目"长期应收款"，税金及附加科目代码为 6403，见表 6-27。

表 6-27　　　　　　　　　　税金及附加会计科目编码的设置

科目代码	总分类科目（一级科目）	明细分类科目	
		二级明细科目	三级明细科目
6403	税金及附加		
640301	税金及附加	消费税	项目
640302	税金及附加	城市维护建设税	项目
640303	税金及附加	资源税	项目
640304	税金及附加	教育费附加	项目
640305	税金及附加	地方教育费附加	项目
640306	税金及附加	房产税	项目
640307	税金及附加	土地使用税	项目
640308	税金及附加	印花税	项目
640309	税金及附加	车船使用税	项目

税金及附加的应用范围

1. 消费税

消费税是国家为了调节消费结构，正确引导消费方向，在普遍征收增值税的基础上，选择部分消费品，再征收一道消费税。消费税实行价内征收，企业交纳的消费税计入销售税金，抵减产品销售收入。消费税的计算公式如下。

①自产自用应税消费品公式

组成计税价格＝（成本＋利润）÷（1－比例税率）

组成计税价格＝（成本＋利润＋自产自用数量×定额税率）÷

（1－比例税率）

应缴纳消费税＝组成计税价格×比例税率

②委托加工应税消费品

组成计税价格＝（材料成本＋加工费）÷（1－比例税率）

组成计税价格＝（材料成本＋加工费＋委托加工数量×定额税率）÷

（1－比例税率）

应缴纳消费税＝组成计税价格×比例税率

③进口应税消费品

$$组成计税价格＝（关税完税价格＋关税）÷（1－比例税率）$$

$$组成计税价格＝（关税完税价格＋关税＋进口数量×定额税率）÷$$
$$（1－比例税率）$$

$$应缴纳消费税＝组成计税价格×比例税率$$

2. 资源税

资源税是国家对在我国境内开采矿产品或者生产盐的单位和个人征收的税种。资源税按照应税产品的计税价格和税率或（课税数量和规定的单位税额）计算，计算公式为：

$$应缴纳税额＝计税价格×税率或（课税数量×单位税额）$$

这里的课税数量为：开采或者生产应税产品销售的，以销售数量为课税数量；开采或者生产应税产品自用的，以自用数量为课税数量。

对外销售应税产品应交纳的资源税记入"税金及附加"科目；自产自用应税产品应交纳的资源税应记入"生产成本""制造费用"等科目。

3. 教育费附加

教育费附加是国家为了发展我国的教育事业，提高人民的文化素质而征收的一项费用。这项费用按照企业交纳流转税的一定比例计算，并与流转税一起交纳。

$$应缴纳教育费附加＝税金总额×适用税率$$

4. 城市维护建设税

为了加强城市的维护建设，扩大和稳定城市维护建设资金的来源，国家开征了城市维护建设税。计算公式如下。

$$应缴纳城市维护建设税＝（增值税＋消费税）×适用税率$$

应当注意，上述所称"税金及附加"的几个税种不包括所得税和增值税。"所得税"将在利润表的底部出现，而增值税由于其特殊的核算方法，在企业的利润表中无法反映出来。再有就是"税金及附加"仅反映主营业务缴纳的税款，还没有包括由其他业务收入、营业外收入等引起的纳税额。

税金及附加的账务处理

企业应设置"税金及附加"科目，该科目核算企业与营业收入有关的，应由各项经营业务负担的税金及附加。企业的税金及附加应按月计算，月份终了,企业按规定计算出应由各种营业收入负担的消费税、城市维护建设税及教育费附加,企业按规定计算确定的与经营活动相关的税费,借记本科目,贷记"应交税费"等科目。企业收到的返还的消费税等原记入本科目的各种税金,应按实际收到的金额,借记"银行存款"科目,贷记本科目,如图 6-2 所示。

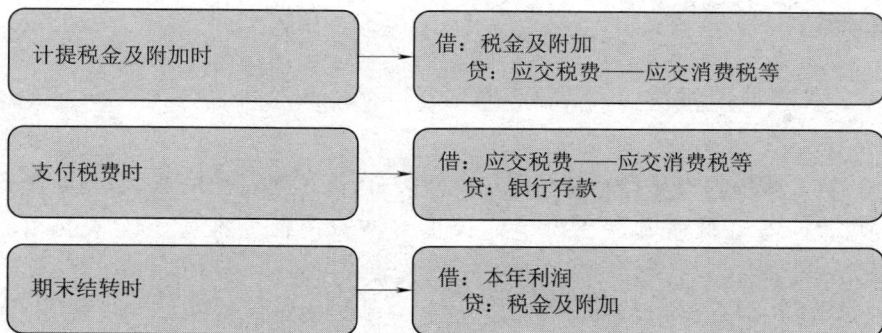

计提税金及附加时	→	借:税金及附加 　　贷:应交税费——应交消费税等
支付税费时	→	借:应交税费——应交消费税等 　　贷:银行存款
期末结转时	→	借:本年利润 　　贷:税金及附加

图 6-2　税金及附加的账务处理

税金及附加的账务处理实例

【例 6-15】　向阳日化厂所设门市部某日对外零售应税消费品全部销售额为 45 200 元(含增值税)。增值税税率为 13%,应缴增值税 5 200 元,消费税税率为 10%,应缴消费税 4 000 元,城市维护建设税税率为 7%,应缴城市维护建设税 644 元[(5 200+4 000)×7%],教育费附加的征收率为 3%,应缴教育费附加 276 元[(5 200+4 000)×3%],销售收入已全部存入银行,账务处理如下。

借:银行存款	45 200
贷:主营业务收入	40 000
应交税费——应交增值税(销项税额)	5 200
借:税金及附加	4 920
贷:应交税费——应交消费税	4 000
——应交城市维护建设税	644
——应交教育费附加	276

(1)缴纳各项税费时

借:应交税费——应交消费税	4 000

　　　　——应交城市维护建设税　　　　　　　　　644

　　　　——应交教育费附加　　　　　　　　　　276

　　　贷：银行存款　　　　　　　　　　　　　4 920

　　（2）期末结转"税金及附加"时

　　借：本年利润　　　　　　　　　　　　　　4 920

　　　贷：税金及附加　　　　　　　　　　　　4 920

资产减值损失

　　资产减值损失是指企业在资产负债表日，经过对资产的测试，判断资产的可收回金额低于其账面价值而计提资产减值损失准备所确认的相应损失。

资产减值损失科目的设置

　　资产减值科目核算企业计提各项资产减值准备所形成的损失。本科目可按资产减值损失的项目进行明细核算，资产值损失科目代码为 6701，见表 6-28。

表 6-28　　　　　　　　　　　资产减值损失会计科目编码的设置

科目代码	总分类科目 （一级科目）	明细分类科目	
		二级明细科目	三级明细科目
6701			
670101	资产减值损失	存货减值损失	
67010101	资产减值损失	存货减值损失	原材料
67010102	资产减值损失	存货减值损失	库存商品
67010103	资产减值损失	存货减值损失	周转材料
67010104	资产减值损失	存货减值损失	其他
670102	资产减值损失	长期股权投资	
67010201	资产减值损失	长期股权投资	子公司
67010202	资产减值损失	长期股权投资	联营企业
67010203	资产减值损失	长期股权投资	合营企业
67010204	资产减值损失	长期股权投资	其他长期股权投资

科目代码	总分类科目 （一级科目）	明细分类科目	
		二级明细科目	三级明细科目
670103	资产减值损失	固定资产	
67010301	资产减值损失	固定资产	房屋及建筑物
67010302	资产减值损失	固定资产	运输设备
67010303	资产减值损失	固定资产	生产设备
67010304	资产减值损失	固定资产	办公设备
67010305	资产减值损失	固定资产	其他
670104	资产减值损失	无形资产	
67010401	资产减值损失	无形资产	专利
67010402	资产减值损失	无形资产	软件
67010403	资产减值损失	无形资产	专有技术
67010404	资产减值损失	无形资产	土地使用权

资产减值损失的账务处理

资产减值损失账务处理，见表 6-29。

表 6-29　　　　　　　　　　资产减值损失的账务处理

业务情景	账务处理
企业的应收款项、存货、长期股权投资、持有至到期投资、固定资产、无形资产、贷款等发生减值的	借：资产减值损失 　　贷：坏账准备/存货跌价准备/长期股权投资减值准备/债权投资减值准备/固定资产减值准备/无形资产减值准备/贷款损失准备
企业计提坏账准备、存货跌价准备、持有至到期投资减值准备、贷款损失准备等，相关资产的价值又得以恢复的	借：坏账准备/存货跌价准备/债权投资减值准备/贷款损失准备 　　贷：资产减值损失
期末	借：本年利润 　　贷：资产减值损失

　　企业在对资产进行减值测试并计算确定资产的可收回金额后，如果资产的可收回金额低于账面价值，应当将资产的账面价值减记至可收回金额，减记的金额确认为资产减值损失，计入当期损益，同时计提相应的资产减值

准备。资产的账面价值是指资产成本扣减累计折旧(或累计摊销)和累计减值准备后的金额。

资产减值损失确认后,减值资产的折旧或者摊销费用应当在未来期间作相应调整,以使该资产在剩余使用寿命内,系统地分摊调整后的资产账面价值(扣除预计净残值)。比如,固定资产计提了减值准备后,固定资产账面价值为抵减了计提的固定资产减值准备后的金额,因此,在以后会计期间对该固定资产计提折旧时,应当以固定资产的账面价值(扣除预计净残值)为基础计提每期的折旧额。

资产减值准则规定,资产减值损失一经确认,在以后会计期间不得转回。以前期间计提的资产减值准备,在资产处置、出售、对外投资、非货币性资产交换方式换出、在债务重组抵偿债务时,才可以予以转出。

【例6-16】 2018年12月31日,蓝迪公司A材料的账面成本为223万元,由于A材料市场价格下跌,导致由A材料产生的HI型机器的可变现净值低于其成本。A材料的预计可变现净值为220万元,由此计提存货跌价准备3万元。

借:资产减值损失   30 000
 贷:存货跌价准备——A材料   30 000

信用减值损失

信用减值损失是2017年《企业会计准则》新增的一个损益类科目。交易性金融资产不需要计提减值准备。应收账款属于金融资产。根据《企业会计准则第22号——金融工具确认和计量》(2017年)应用指南,金融资产减值准备所形成的预期信用损失应通过"信用减值损失"科目核算。因此,企业执行《企业会计准则第22号——金融工具确认和计量》(2017年)后,其发生的坏账准备应通过"信用减值损失"科目核算,不再通过"资产减值损失"科目核算。固定资产、无形资产、存货还是适用资产减值损失核算的。

信用减值损失科目的设置

信用减值损失科目具体设置见表6-30。

表 6-30 信用减值损失科目的设置

总分类科目 （一级科目）	明细分类科目	
	二级明细科目	三级明细科目
信用减值损失		
信用减值损失	应收款项减值损失	
信用减值损失	应收款项减值损失	应收账款
信用减值损失	应收款项减值损失	其他应收款
信用减值损失	应收款项减值损失	预付账款
信用减值损失	贷款损失准备	项目
信用减值损失	债权投资减值准备	项目
信用减值损失	坏账准备	项目
信用减值损失	合同资产减值准备	项目
信用减值损失	租赁应收款减值准备	项目
信用减值损失	预计负债—贷款承诺及财务担保合同	项目
信用减值损失	其他综合收益—信用减值准备（其他债权投资）	项目

信用减值损失的账务处理

信用减值损失账务处理如下。

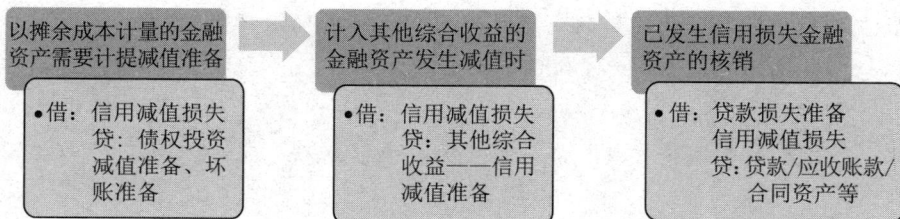

以摊余成本计量的金融资产需要计提减值准备 →
- 借：信用减值损失
  贷：债权投资减值准备、坏账准备

计入其他综合收益的金融资产发生减值时 →
- 借：信用减值损失
  贷：其他综合收益——信用减值准备

已发生信用损失金融资产的核销
- 借：贷款损失准备
  信用减值损失
  贷：贷款/应收账款/合同资产等

信用减值损失的账务处理实例

【例 6-17】 2×16 年 12 月 31 日,蓝迪公司对应收科达公司的账款进行减值测试。应收账款余额合计为 8 900 000 元。蓝迪公司根据科达公司的资信情况确定按 5% 计提坏账准备。2×17 年蓝迪公司的应收账款实际发生坏账 68 000 元。2×17 年末应收科达公司账款余额为 6 780 000 元。经减值测试,蓝迪公司确定按 8% 计提坏账准备。2×18 年 4 月 20 日收到已经转销的坏账 75 000 元,已经存入银行。2×18 年末应收科达公司账款余额为

4 500 000元。经减值测试,蓝迪公司确定按7‰计提坏账准备。该企业应做如下账务处理。

(1)2×16年12月31日

借:信用减值损失——应收款项减值损失——应收账款　　445 000
　　贷:坏账准备(8 900 000×5‰)　　　　　　　　　　　　　　445 000

(2)2×17年发生坏账

借:坏账准备　　　　　　　　　　　　　　　　　　　　　68 000
　　贷:应收账款——科达公司　　　　　　　　　　　　　　　　68 000

(3)2×17年12月31日,应计提的坏账准备＝6 780 000×8‰+68 000－445 000＝165 400(元)

借:信用减值损失——应收款项减值损失——应收账款　　165 400
　　贷:坏账准备　　　　　　　　　　　　　　　　　　　　　165 400

(4)2×18年收回已经转销的坏账

借:应收账款　　　　　　　　　　　　　　　　　　　　　75 000
　　贷:坏账准备　　　　　　　　　　　　　　　　　　　　　75 000

借:银行存款　　　　　　　　　　　　　　　　　　　　　75 000
　　贷:应收账款　　　　　　　　　　　　　　　　　　　　　75 000

(5)2×18年末计提坏账准备

当年计提坏账准备＝当年期末应收款项余额×提取率－期初坏账准备贷方余额＋当年确认坏账额－当年收回以前年度确认坏账额＝4 500 000×7‰－75 000－165 400＝74 600(元)

借:坏账准备　　　　　　　　　　　　　　　　　　　　　74 600
　　贷:信用减值损失——应收款项减值损失——应收账款　　　74 600

所得税费用

所得税费用是指企业为取得会计税前利润应交纳的所得税。我国《企业会计准则第18号——所得税》规定,企业应当采用资产负债表债务法核算所得税。资产负债表债务法是从资产负债表出发,通过比较资产负债表上列示的资产、负债按照企业会计准则的规定,确定的账面价值与按照税法规定确定的计税基础,对于两者之间的差额分别计入应纳税暂时性差异与可抵扣暂时性差异,确认相关的递延所得税负债与递延所得税资产,并在此基础上确定利润表中的所得税费用。运用资产负债表债务法进行所得税核算时，对资产负债表项目直接确认，对利润表项目则间接确认。

所得税税率

企业所得税税率，见表 6-31。

表 6-31 所得税税率表

纳税人			税收管辖权	征税对象	税率
居民企业			居民管辖权，就其世界范围所得征税	居民企业、非居民企业、在华机构的生产经营所得和其他所得(包括非居民企业发生在中国境外但与其所设机构、场所有实际联系的所得)	基本税率25%
非居民企业	在我国境内设立机构、场所	取得所得与设立机构、场所有联系的	地域管辖权		
		取得所得与设立机构、场所没有实际联系的		来源于我国的所得	低税率20%(实际减按10%的税率征收)
	未在我国境内设立机构场所，却有来源于我国的所得				

注：居民企业中符合条件的小型微利企业减按20%；国家重点扶持的高新技术企业减按15%税率征税。

依据《中华人民共和国企业所得税法》及其实施条例、《财政部 税务总局关于实施小微企业普惠性税收减免政策的通知》(财税〔2019〕13 号，以下简称《通知》)等规定，自 2019 年 1 月 1 日至 2021 年 12 月 31 日，对小型微利企业年应纳税所得额不超过 100 万元的部分，减按 25％计入应纳税所得额，按 20％的税率缴纳企业所得税；对年应纳税所得额超过 100 万元但不超过 300 万元的部分，减按 50％计入应纳税所得额，按 20％的税率缴纳企业所得税。小型微利企业无论按查账征收方式或核定征收方式缴纳企业所得税，均可享受上述优惠政策。

另外，企业持有国务院财政部门发行的国债取得的利息收入免征企业所得税；企业取得的地方政府债券利息收入(所得)免征企业所得税。

所得税费用科目的设置

所得税费用科目核算企业确认的应从当期利润总额中扣除的所得税费用。本科目可按"当期所得税费用""递延所得税费用"进行明细核算,所得税费用科目代码为 6801,见表 6-32。

表 6-32 所得税科目会计科目编码的设置

科目代码	总分类科目(一级科目)	明细分类科目	
		二级明细科目	三级明细科目
6801	所得税费用		
680101	所得税费用	当期所得税费用	
680102	所得税费用	递延所得税费用	
68010201	所得税费用	递延所得税费用	递延所得税资产
68010202	所得税费用	递延所得税费用	递延所得税负债

所得税费用的账务处理

依据"所得税费用＝应交所得税＋递延所得税"公式,确定所得税费用。

(1)应纳税所得额＝会计利润＋纳税调整增加额－纳税调整减少额＋中国境外应税所得弥补中国境内亏损－弥补以前年度亏损

(2)当期应交所得税＝应纳税所得额×适用税率＋减免税额－抵免税额

(3)递延所得税费用(或收益)＝当期递延所得税负债的增加额＋递延所得税资产的减少额－当期递延所得税负债的减少额－当期递延所得税资产的增加额

需要注意的是,如果某项交易或事项按照会计准则规定,应计入所有者权益,由该交易或事项产生的递延所得税资产或递延所得税负债及其变化亦应计入所有者权益,不构成利润表中的所得税费用。

所得税费用的主要账务处理,见表 6-33。

表 6-33 　　　　　　　　　　　　所得税费用的账务处理

业务情景		账务处理
资产负债表日	计提所得税费用时	借:所得税费用 　贷:应交税费——应交所得税
	确认递延所得税资产时	借:递延所得税资产 　贷:所得税费用/资本公积——其他资本公积等
	确认递延所得税负债时	借:所得税费用 　贷:递延所得税负债
	转入本年利润	借:本年利润 　贷:所得税费用

所得税费用的账务处理实例

【例 6-18】　蓝迪公司 2×18 年度的税前会计利润为 34 000 000 元,所得税税率为 25%。当年按税法核定的全年计税工资为 2 000 000 元,蓝迪公司全年实发工资为 1 800 000 元。假定蓝迪公司全年无其他纳税调整因素。蓝迪公司递延所得税负债年初数为 512 000 元,年末数为 678 000 元,递延所得税资产年初数为 345 000 元,年末数为 269 000 元。蓝迪公司的会计处理如下。

(1)蓝迪公司所得税费用的计算如下

$$递延所得税费用＝(678\ 000－512\ 000)－(345\ 000－269\ 000)$$
$$＝166\ 000－76\ 000(元)$$
$$＝90\ 000(元)$$

$$所得税费用＝当期所得税＋递延所得税费用$$
$$＝34\ 000\ 000×25\%＋90\ 000$$
$$＝8\ 590\ 000(元)$$

(2)蓝迪公司编制会计分录如下

借:所得税费用	8 590 000
递延所得税资产	76 000
贷:应交税费——应交所得税	8 500 000
递延所得税负债	166 000

(3)期末将所得税费用结转入"本年利润"科目

借:本年利润	8 590 000
贷:所得税费用	8 590 000

以前年度损益调整

企业发生的资产负债表日后调整事项,应当调整资产负债表日的财务报表。对于年度财务报告而言,由于资产负债表日后事项发生在报告年度的次年,报告年度的有关账目已经结转,特别是损益类科目在结账后已无余额。因此需要通过以前年度损益调整科目调整。

以前年度损益调整科目的设置

根据《企业会计准则——应用指南》附录的规定,本科目核算企业本年度发生的调整以前年度损益的事项以及本年度发现的重要前期差错更正涉及调整以前年度损益的事项。企业在资产负债表日至财务报告批准报出日之间发生的需要调整报告年度损益的事项,也可以通过本科目核算。余额最终转入"利润分配——未分配利润"科目。该调整金额不体现在本期利润表上,而是体现在未分配利润中。

以前年度损益调整科目代码为 6901,见表 6-34。

表 6-34 以前年度损益调整会计科目编码的设置

科目代码	总分类科目 (一级科目)	明细分类科目		是否辅助核算	辅助核算类别
		二级明细科目	三级明细科目		
6901	以前年度损益调整				
690101	以前年度损益调整	收益			
690102	以前年度损益调整	成本、费用			

以前年度损益调整的账务处理

以前年度损益调整的主要账务处理,见表 6-35。

表 6-35 以前年度损益调整主要账务处理

业务情景	账务处理
调整增加以前年度利润或减少以前年度亏损	借:有关科目 贷:以前年度损益调整

业务情景	账务处理
调整减少以前年度利润或调整增加以前年度亏损	借:以前年度损益调整 　　贷:有关科目
由于以前年度损益调整增加所得税费用	借:以前年度损益调整 　　贷:应交税费——应交所得税
由于以前年度损益调整减少所得税费用	借:应交税费——应交所得税 　　贷:以前年度损益调整
转入利润分配——未分配利润	借:利润分配——未分配利润(借或贷) 　　贷:以前年度损益调整(借或贷)

以前年度损益调整账务处理实例

【例6-19】 甲公司为增值税一般纳税企业,适用的增值税税率为13%,所得税采用资产负债表债务法核算,适用的所得税税率25%,甲公司按净利润的10%提取法定盈余公积,假定该公司计提的各种资产减值准备和因或有事项确认的负债均作为暂时性差异处理。甲公司2×18年度的财务报告于2×19年4月30日批准报出,所得税汇算清缴日为5月31日。自2×19年1月1日至4月30日会计报表报出前发生如下事项。

2×18年3月20日,甲公司发现在2×18年12月31日计算甲库存商品的可变现净值时发生差错,该库存商品的成本为4 500万元,预计可变现净值应为3 600万元。2×18年12月31日,甲公司误将甲库存商品的可变现净值预计为3 000万元。

借:存货跌价准备(36 000 000－30 000 000)　　　　6 000 000
　　贷:以前年度损益调整　　　　　　　　　　　　　　6 000 000
借:以前年度损益调整(6 000 000×25%)　　　　　　1 500 000
　　贷:递延所得税资产　　　　　　　　　　　　　　　1 500 000
借:以前年度损益调整(6 000 000－1 500 000)　　　4 500 000
　　贷:利润分配——未分配利润　　　　　　　　　　　4 500 000
借:利润分配——未分配利润(4 500 000×10%)　　　　450 000
　　贷:盈余公积　　　　　　　　　　　　　　　　　　450 000

其他综合收益

财政部于 2014 年 7 月 1 日修订《企业会计准则第 30 号——财务报表列报》,在利润表中增设"其他综合收益"和"综合收益总额"两个项目。"其他综合收益"作为一级科目核算未在损益中确认的各项利得和损失扣除所得税影响后的净额。

实际上,"其他综合收益"是将部分原记在"其他资本公积"的内容重分类到"其他综合收益",列报方式不同。重分类主要是考虑到这部分内容以后终究会进入损益类科目核算,只是当时发生的业务还不适合直接归入利润表核算。其他综合收益在利润表、资产负债表、所有者权益变动表上均能反映,它反映的主要是非日常经营活动形成的利得和损失,最终都会影响所有者权益。进入其他综合收益体现的是谨慎性,这是由时间累计而得来的价值增值。

其他综合收益的来源

一般情况下,企业的其他综合收益有以下来源:

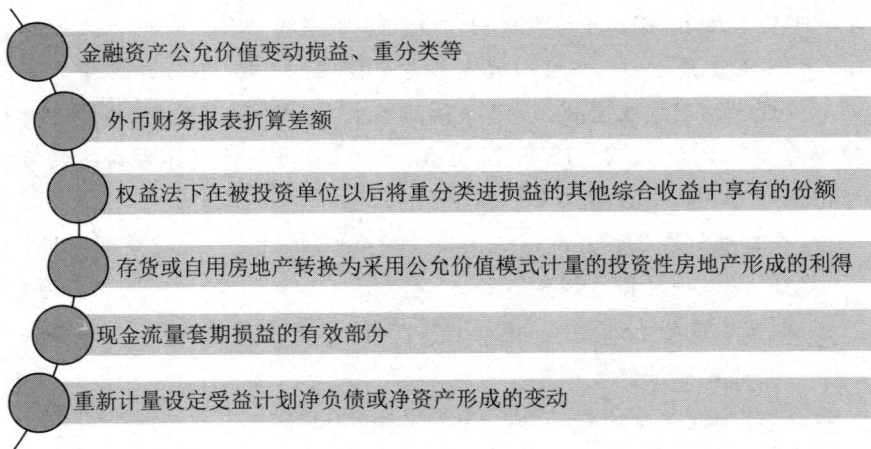

- 金融资产公允价值变动损益、重分类等
- 外币财务报表折算差额
- 权益法下在被投资单位以后将重分类进损益的其他综合收益中享有的份额
- 存货或自用房地产转换为采用公允价值模式计量的投资性房地产形成的利得
- 现金流量套期损益的有效部分
- 重新计量设定受益计划净负债或净资产形成的变动

一般在财务报表注释中,"其他综合收益"注释中应该披露如下信息:

(1)其他综合收益列示。该项目详细罗列其他综合收益的各项内容。

(2)其他说明,包括对现金流量套期损益的有效部分转为被套期项目初始确认金额调整。

其他综合收益科目的设置

其他综合收益科目的设置见表 6-36。

表 6-36 **其他综合收益会计科目的设置**

总分类科目	明细分类科目	
（一级科目）	二级明细科目	三级明细科目
其他综合收益		
其他综合收益	公允价值变动	××项目
其他综合收益	外币折算差额	

其他综合收益的账务处理

其他综合收益账务处理见表 6-37。

表 6-37 **其他综合收益账务处理**

业务情形		账务处理
其他债权投资	公允价值的变动	借：其他权益工具投资——公允价值 变动（或贷） 贷：其他综合收益（或借）
	非货币性项目的汇兑差额	借：其他综合收益 贷：其他债权投资
采用权益法核算的长期股权投资	被投资单位其他综合收益变动，投资方按持股比例计算应享有的份额	借：长期股权投资——其他综合收益 贷：其他综合收益
	处置采用权益法核算的长期股权投资时	借：其他综合收益 贷：投资收益（或相反分录）
存货或自用房地产转换为投资性房地产	存货转为投资性房地产其公允价值大于账面价值的	借：投资性房地产——成本（转换日的 公允价值） 贷：开发产品等 　　其他综合收益（差额）
	将自用房地产转为采用公允价值模式计量的投资性房地产，其公允价值大于账面价值的	借：投资性房地产——成本（转换日的 公允价值） 　　累计折旧 　　固定资产减值准备 贷：固定资产 　　其他综合收益（差额）
	处置该项投资性房地产时	借：其他综合收益 贷：其他业务成本

业务情形		账务处理
金融资产的重分类	债权投资转为其他权益投资	借:其他权益工具投资(金融资产的公允价值) 债权投资减值准备 贷:债权投资 其他综合收益(差额,或借方)

其他综合收益账务处理实例

【例6-20】 星海公司为鼓励高层管理人员,在2×18年1月1日设立了一项设定受益计划,并于当日开始实施。假设2×19年年末星海公司进行精算重估的时候发现折现率已经变为8%,假设不考虑计划资产回报和资产上限影响的变动,假设星海公司由于折现率变动导致重新计量设定受益计划净负债的增加额共计6 400 000元。

则2×19年末星海公司应当进行如下会计处理。

借:其他综合收益——设定受益计划净负债重新计量——精算损失

6 400 000

贷:应付职工薪酬——设定受益计划义务   6 400 000

其他收益

(财会〔2017〕30号)《关于一般企业财务报表格式有关问题的解读》增加"其他收益"科目。

新增"其他收益"行项目,反映计入其他收益的政府补助等。该项目应根据在损益类科目新设置的"其他收益"科目的发生额分析填列。不是所有的政府补助都要计入其他收益,根据新修订的《企业会计准则第16号——政府补助》(财会〔2017〕15号,以下简称新准则)的相关规定,政府补助可能计入其他收益,也可能不计入。

其他收益科目的设置

期末,应将"其他收益"科目余额转入"本年利润"科目,本科目结转后应无余额。

其他收益科目的设置见表6-38。

表 6-38 其他收益会计科目的设置

总分类科目	明细分类科目	
（一级科目）	二级明细科目	三级明细科目
其他收益		
其他收益	政府补助	
其他收益	其他	

其他收益的账务处理

新准则第十一条规定，与企业日常活动相关的政府补助，应当按照经济业务实质，计入其他收益或冲减相关成本费用。与企业日常活动无关的政府补助，应当计入营业外收支。

因此，在处理与企业日常活动相关的政府补助时，就会使用"其他收益"科目。当然，也可以不使用，因为按照准则规定可以"冲减相关成本费用"。

1. 总额法下核算与企业日常活动相关的政府补助

（1）企业实际收到或应收到政府补助（与日常活动相关的部分），如软件行业收到的增值税即征即退返还的税款

借：银行存款/其他应收款

　　贷：其他收益

或者，先计入递延收益，然后再从递延收益转入其他收益。

借：银行存款

　　贷：递延收益

借：递延收益

　　贷：其他收益

（2）期末结转至本年利润，结转后该科目无余额

借：其他收益

　　贷：本年利润

2. 核算小微企业因免征增值税而产生的收益（与企业的日常活动相关）

（1）小微企业在取得销售收入时，应当按照税法的规定计算应交增值税，并确认为应交税费

借：银行存款

　　贷：主营业务收入

　　　　应交税费——应交增值税

（2）在达到增值税制度规定的免征增值税条件时，将有关应交增值税转入当期损益

借：应交税费——应交增值税

　　贷：其他收益

（3）期末结转至本年利润，结转后该科目无余额

借：其他收益

　　贷：本年利润

2019 年 3 月 21 日，财政部、税务总局、海关总署公布《关于深化增值税改革有关政策的公告》（下称《公告》）规定，主营业务为邮政、电信、现代服务和生活服务业的纳税人，按进项税额加计 10％抵减应纳税额，政策实施期限暂定截至 2021 年底。

生产、生活性服务业纳税人取得资产或接受劳务时，应当按照《增值税会计处理规定》的相关规定对增值税相关业务进行会计处理；实际缴纳增值税时，按应纳税额借记"应交税费——未交增值税"等科目，按实际纳税金额贷记"银行存款"科目，按加计抵减的金额贷记"其他收益"科目。

【例 6-21】　某生活服务企业符合加计抵减条件，无期初留抵税额。2×19年 4 月销项税额 80 万元，进项税额 60 万元。

本期可抵减额＝60×10％＝6（万元），小于抵减前应纳税额＝20（80－60）万元，可以全额抵减。

借：应交税费——未交增值税　　　　　　　　　　　　　60 000

　　贷：其他收益等　　　　　　　　　　　　　　　　　　　　60 000

3.核算企业因代扣个人所得税而获得的代扣手续费收益（一般为代扣个人所得税的 2％）

注：在此之前，大多数企业均将此项收益列作其他业务收入或营业外收入。

（1）企业收到该手续费返还

借：银行存款

　　贷：其他收益

　　　　应交税费——应交增值税（销项税额）

（2）使用代扣手续费收益奖励相关办税人员

借：其他收益

　　贷：银行存款

（3）期末结转至本年利润,结转后该科目无余额

借:其他收益

　　贷:本年利润

需要注意的是:

①在利润表中的"营业利润"项目之上单独列报"其他收益"项目,该项收益属于企业的营业利润。

②在现金流量表中,因其他收益而产生的现金流量属于与经营活动有关的现金流量。

资产处置损益

2017年12月,财政部发布了《关于修订印发一般企业财务报表格式的通知》(财会〔2017〕30号)(下称财会〔2017〕30号),其中新增了一个"资产处置收益"报表项目和一个"资产处置损益"会计科目。"资产处置损益"是损益类会计科目。

资产处置损益科目的设置

"资产处置损益"科目核算企业出售划分为持有待售的非流动资产(金融工具、长期股权投资和投资性房地产除外)或处置组(子公司和业务除外)时确认的处置利得或损失,以及处置未划分为持有待售的固定资产、在建工程、生产性生物资产及无形资产而产生的处置利得或损失。本科目按照处置的资产类别或处置组进行明细核算。债务重组中因处置非流动资产产生的利得或损失和非货币性资产交换中换出非流动资产产生的利得或损失也在本科目核算,见表6-39。

表6-39　　　　　　　　　　　资产处置损益会计科目编码的设置

科目代码	总分类科目 (一级科目)	明细分类科目		是否辅助核算	辅助核算类别
		二级明细科目	三级明细科目		
6115	资产处置损益				
611501	资产处置损益	持有待售的固定资产	项目	是	部门
611502	资产处置损益	在建工程	项目	是	部门
611503	资产处置损益	生产性生物资产	项目	是	部门

科目代码	总分类科目 （一级科目）	明细分类科目		是否辅 助核算	辅助核 算类别
		二级明细科目	三级明细科目		
611504	资产处置损益	处置固定资产、无形 资产而产生的利得	项目	是	部门
611505	资产处置损益	处置固定资产、无形 资产而产生的损失	项目	是	部门
611506	资产处置损益	债务重组	项目	是	部门

需要注意的是，资产处置损益与营业外支出的区别是"营业外支出"科目核算债务重组损失、公益性捐赠支出、非常损失、盘亏损失、非流动资产毁损报废损失。

如果资产处置后还有使用价值，则计入"资产处置损益"科目，反之，则计入"营业外支出"科目。例如，固定资产的毁损报废后，不再有使用价值，则"营业外支出"科目。若用固定资产抵债、投资、捐赠等，这些经营行为是为了换取对价，具有一定的商业价值，则应记入"资产处置损益"科目。

新增的"资产处置收益"报表项目，应根据"资产处置损益"科目的发生额分析填列。资产处置收益项目不包括以下资产的处置：①存货、消耗性生物资产、应收账款等流动性资产处置；②金融工具、长期股权投资处置；③投资性房地产处置；④债务重组利得或损失和非货币性资产交换利得或损失；⑤子公司的处置。

资产处置损益的账务处理

与"资产处置损益"科目主要相关的会计处理，见表 6-40。

表 6-40   **资产处置损益科目账务处理**

处置固定资产的核算	借：固定资产清理 　　累计折旧 　　固定资产减值准备 　贷：固定资产
发生的清理费用	借：固定资产清理 　贷：银行存款

出售收入	借:银行存款 　贷:固定资产清理 　　应交税费——应交增值税(销项税额)	
保险赔偿和残料	借:其他应收款/原材料 　贷:固定资产清理	
清理净损益	固定资产清理完成后的净损失	借:营业外支出(毁损报废损失) 　资产处置损益 　贷:固定资产清理
	固定资产清理完成后的净收益	借:固定资产清理 　贷:资产处置损益
企业出售无形资产时	借:银行存款 　无形资产减值准备 　累计摊销 　贷:无形资产 　　资产处置损益(或借记) 　　应交税费——应交增值税(销项税额)	

【例6-22】　2018年12月8日,安山公司提前报废一台机器设备,设备原值2 150 000元,已计提折旧1 060 000元,已计提减值准备54 000元,出售给丹江公司。假设该公司是一般纳税人,该设备处置符合简易计税条件,并按3%征收率开具了增值税专用发票。

(1)固定资产转入清理

借:累计折旧　　　　　　　　　　　　　　　　　　　　1 060 000
　　固定资产减值准备　　　　　　　　　　　　　　　　　　54 000
　　固定资产清理　　　　　　　　　　　　　　　　　　1 036 000
　　贷:固定资产　　　　　　　　　　　　　　　　　　　2 150 000

(2)由于是出售处置,所以仅仅是为了换取对价,对于资产处置后还尚有使用价值,因此相关净损益需要结转至资产处置损益科目,年终并入资产处置收益报表项目

借:资产处置损益——非流动资产损失　　　　　　　　　1 036 000
　　贷:固定资产清理　　　　　　　　　　　　　　　　　1 036 000

租赁收入

"租赁收入"科目核算出租企业确认融资租赁和经营租赁的收入。一般企

业根据自身业务特点确定租赁收入的核算科目,如"其他业务收入"等。对于日常经营活动为租赁的企业,其利息收入和租赁收入可以作为营业收入列报。

租赁收入科目的设置

租赁收入科目可按租赁资产类别和项目进行明细核算,期末,本科目余额转入"本年利润"科目,结转后本科目无余额。租赁收入具体设置见表 6-41。

表 6-41 租赁收入会计科目的设置

总分类科目（一级科目）	明细分类科目		是否辅助核算	辅助核算类别
	二级明细科目	三级明细科目		
租赁收入				
租赁收入	经营租赁	类别	是	部门
租赁收入	融资租赁	类别	是	部门

租赁收入的账务处理

租赁收入的主要账务处理如下:

✓ 经营租赁期内分摊

借:银行存款/应收账款
　　贷:租赁收入——经营租赁收入

✓ 融资租赁期确认利息收入

借:应收融资租赁款——未实现融资收益
　　贷:租赁收入——利息收入、其他业务收入
(金融企业处理) 借:应收融资租赁款——未实现融资收益
　　　　　　　　　　贷:利息收入

✓ 确认未计入租赁收款额的可变租赁付款额时

借:银行存款/应收账款
　　贷:租赁收入——可变租赁付款额

✓ 期末,转入"本年利润"

借:租赁收入
　　贷:本年利润

【例 6-23】 甲公司向乙公司出租一台设备,该设备公允价值为 400 000 元,租期 5 年,此项业务为融资租赁,租赁内含利率为 6.98%,每年年末支付租金 100 000 元。

确认利息收入＝400 000×6.98%＝27 920(元)

租赁投资净额余额＝400 000－100 000＋27 920＝327 920(元)

收到第一期租金时,会计分录如下。

借:银行存款 100 000
　贷:应收融资租赁款——租赁收款额 100 000
借:应收融资租赁款——未实现融资收益 27 920
　贷:租赁收入 27 920

下　篇
政府会计科目

　　本篇共8章，收录政府会计科目50个。政府会计科目分为财务会计和预算会计两类，按照政府会计制度的规定，财务会计部分的账务处理与企业会计还是有区别的，因此本篇将系统介绍财务会计和预算会计科目的运用。财务会计分为资产类、负债类、净资产类、收入类、费用类等；预算会计分为预算收入类、预算支出类和预算结余类，详解每个会计科目的适用范围、设置、账务处理及应用。

2017 年 10 月 24 日,财政部印发了《政府会计制度——行政事业单位会计科目和报表》(财会〔2017〕25 号,以下简称《制度》),自 2019 年 1 月 1 日起施行。财政部于 2017 年 11 月 9 日在财政部网站了发布《政府会计制度——行政事业单位会计科目和报表》。主要列出了财务会计和预算会计两类科目表,共计 103 个一级会计科目。其中,财务会计下资产、负债、净资产、收入和费用等 5 个要素共 77 个一级科目,预算会计下预算收入、预算支出和预算结余 3 个要素共 26 个一级科目。

行政事业单位财务会计科目表见下表。

行政事业单位的财务会计科目

序号	科目编号	科目名称
一、资产类		
1	1001	库存现金
2	1002	银行存款
3	1011	零余额账户用款额度
4	1021	其他货币资金
5	1101	短期投资
6	1201	财政应返还额度
	120101	财政直接支付
	120102	财政授权支付
7	1211	应收票据
8	1212	应收账款
9	1214	预付账款
10	1218	其他应收款
11	1219	坏账准备
12	1301	在途物品
13	1302	库存物品
14	1303	加工物品
15	1401	待摊费用
16	1501	长期股权投资
17	1502	长期债券投资
18	1601	固定资产
19	1602	固定资产累计折旧

序号	科目编号	科目名称
20	1613	在建工程
21	1701	无形资产
22	1702	无形资产累计摊销
23	1703	研发支出
24	1801	公共基础设施
25	1802	公共基础设施累计折旧
26	1811	政府储备物资
27	1821	文物文化资产
28	1831	保障性住房
29	1832	保障性住房累计折旧
30	1891	受托代理资产
31	1902	长期待摊费用
32	1902	待处置资产损溢
二、负债类		
33	2001	短期借款
34	2101	应交增值税
35	2102	其他应交税费
36	2103	应缴财政款
37	2201	应付职工薪酬
38	2301	应付票据
39	2302	应付账款
40	2303	应付政府补贴款
41	2304	应付利息
42	2305	预收账款
43	2307	其他应付款
44	2401	预提费用
45	2501	长期借款
46	2502	长期应付款
47	2601	预计负债
48	2901	受托代理负债

序号	科目编号	科目名称
三、净资产类		
49	3001	累计盈余
50	3101	专用基金
51	3201	权益法调整
52	3301	本期盈余
53	3302	本年盈余分配
54	3401	无偿调拨净资产
55	3501	以前年度盈余调整
四、收入类		
56	4001	财政拨款收入
57	4101	事业收入
58	4201	上级补助收入
59	4301	附属单位上缴收入
60	4401	经营收入
61	4601	非同级财政拨款收入
62	4602	投资收益
63	4603	捐赠收入
64	4604	利息收入
65	4605	租金收入
66	4609	其他收入
五、费用类		
67	5001	业务活动费用
68	5101	单位管理费用
69	5201	经营费用
70	5301	资产处置费用
71	5401	上缴上级费用
72	5501	对附属单位补助费用
73	5801	所得税费用
74	5901	其他费用

《政府会计制度》构建"财务会计和预算会计适度分离并相互衔接"的会计核算模式。

预算会计科目见下表。

预算会计科目

序号	科目编号	科目名称
一、预算收入类		
1	6001	财政拨款预算收入
2	6101	事业预算收入
3	6201	上级补助预算收入
4	6301	附属单位上缴预算收入
5	6401	经营预算收入
6	6501	债务预算收入
7	6601	非同级财政拨款预算收入
8	6602	投资预算收益
9	6603	捐赠预算收入
10	6604	利息预算收入
11	6605	租金预算收入
12	6606	其他预算收入
二、预算支出类		
13	7101	行政支出
14	7201	事业支出
15	7301	经营支出
16	7401	上缴上级支出
17	7502	对附属单位补助支出
18	7601	投资支出
19	7701	其他支出
三、预算结余类		
20	8001	资金结存
21	8101	财政拨款结转
22	8102	财政拨款结余
23	8201	非财政拨款结转
24	8202	非财政拨款结余

序号	科目编号	科目名称
25	8301	专用基金
26	8401	其他结余
27	8501	经营结余
28	8601	非财政拨款结余分配

第7章

政府资产类会计科目的设置与运用

库存现金

行政事业单位应当严格按照国家有关现金管理的规定收支现金,并按照本制度规定核算现金的各项收支业务。本科目应当设置"受托代理资产"明细科目,核算单位受托代理、代管的现金。

库存现金科目的设置

库存现金的科目编码为1001,如果企业有外币业务,可设置二级科目或明细科目,二级科目代码长度一般分两级,如100101、100102、100103等。三级、四级直到十级,每一级都增设两位数字即可。企业可根据实际需要,设计级数,见表7-1。

表 7-1　　　　　　　　　　库存现金会计科目编码的设置

科目代码	总分类科目 (一级科目)	明细分类科目	
		二级明细科目	三级明细科目
1001	库存现金		
100101	库存现金	人民币	
100102	库存现金	外币	
100103	库存现金	受托代理资产	

库存现金主要账务处理

库存现金的主要账务处理如下:

（1）从银行等金融机构提取现金，账务处理如图 7-1 所示。

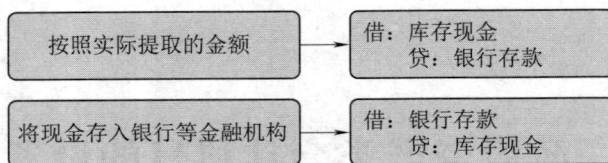

| 按照实际提取的金额 | → | 借：库存现金
　贷：银行存款 |
| 将现金存入银行等金融机构 | → | 借：银行存款
　贷：库存现金 |

图 7-1　提取现金账务处理

（2）因内部职工出差等原因所借的现金，账务处理见表 7-2。

表 7-2　　　　　　　　　因员工出差等所借现金的账务处理

业务情景	财务会计	预算会计
出差人员 预借差旅费	借：其他应收款 　贷：库存现金	借：事业支出/行政支出 　贷：资金结存——货币资金
出差人员 报销差旅费	借：业务活动费用/单位管理费用 　　库存现金(实际报销金额小于借款差额) 　贷：其他应收款	借：行政支出/事业支出等 　贷：资金结存——货币资金

（3）因提供服务、商品或者其他事项收到现金，账务处理见表 7-3。

表 7-3　　　　　　　因提供服务、商品或者其他事项收到现金账务处理

业务情景	财务会计	预算会计
因开展业务等其 他事项收到现金	借：库存现金 　贷：事业收入/应收账款	借：资金结存——货币资金等 　贷：事业预算收入等
因购买服务、商品或 者其他事项支付现金	借：业务活动费用/单位管理费用/ 　　库存物品 　贷：库存现金	借：行政支出/事业支出等 　贷：资金结存——货币资金等

（4）收到受托代理、代管的现金时，账务处理如图 7-2 所示。

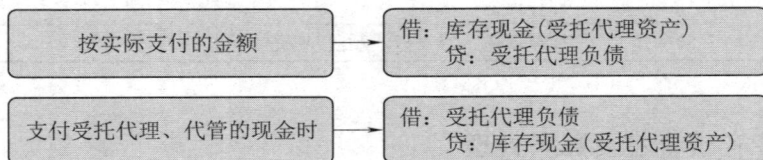

| 按实际支付的金额 | → | 借：库存现金(受托代理资产)
　贷：受托代理负债 |
| 支付受托代理、代管的现金时 | → | 借：受托代理负债
　贷：库存现金(受托代理资产) |

图 7-2　收到受托代理、代管的现金账务处理

现金收入业务繁多、单独设有收款部门的单位,收款部门的收款员应当将每天所收现金连同收款凭据一并交财务部门核收记账;或者将每天所收现金直接送存开户银行后,将收款凭据及向银行送存现金的凭证等一并交财务部门核收记账。

【例 7-1】 2×19 年 1 月,某行政单位发生如下经济业务。

(1)1 月 10 日,开具现金支票,从银行提取现金 5 000 元作为备用金。

借:库存现金   5 000

    贷:银行存款   5 000

(2)1 月 14 日,用现金 1 000 元购买办公用品。根据发票,账务处理如下。

平行登记	财务会计		预算会计	
	借:单位管理费用	1 000	借:行政支出	1 000
	贷:库存现金	1 000	贷:资金结存——货币资金	1 000

(3)1 月 15 日,职工田然出差借现金 1 500 元。

平行登记	财务会计		预算会计	
	借:其他应收款——田然	1 500	借:行政支出	1 500
	贷:库存现金	1 500	贷:资金结存——货币资金	1 500

(4)1 月 25 日,变卖废品收入现金 800 元。

平行登记	财务会计		预算会计	
	借:库存现金	800	借:资金结存——货币资金	800
	贷:其他收入	800	贷:其他预算收入	800

银行存款

"银行存款"科目核算单位存入银行或者其他金融机构的各种存款。

行政事业单位应当严格按照国家有关支付结算办法的规定办理银行存款收支业务,并按照本制度规定核算银行存款的各项收支业务。

银行存款科目的设置

银行存款科目下设"受托代理资产"明细科目,核算单位受托代理、代管的银行存款。本科目期末借方余额,反映单位实际存放在银行或其他金融机构的款项。

"银行存款"会计科目的设置,见表 7-4。

表 7-4　　　　　　　　　　　银行存款会计科目编码的设置

科目代码	总分类科目（一级科目）	明细分类科目	
		二级明细科目	三级明细科目
1002	银行存款		
100201	银行存款	人民币	
10020101	银行存款	人民币	××银行
10020102	银行存款	人民币	××银行
10020103	银行存款	受托代理资产	××银行

银行存款主要账务处理

银行存款的主要账务处理,见表 7-5。

表 7-5　　　　　　　　　　　银行存款的主要账务处理

业务情景	财务会计	预算会计
将款项存入银行或其他金融机构时	借:银行存款 　贷:库存现金/事业收入/经营收入/其他收入	借:资金结存——货币资金 　贷:事业预算收入/经营预算收入/其他预算收入
提取现金时	借:库存现金 　贷:银行存款	
以银行存款支付相关费用时	借:业务活动费用/单位管理费用 　贷:银行存款	借:行政支出/事业支出等 　贷:资金结存——货币资金
收到存款利息时	借:银行存款 　贷:利息收入	借:资金结存——货币资金 　贷:其他预算收入

业务情景	财务会计	预算会计
支付银行手续费等时	借：业务活动费用/单位管理费用 　　贷：银行存款	借：行政支出/事业支出等 　　贷：资金结存——货币资金
收到受托代理、代管的银行存款	借：银行存款/受托代理资产 　　贷：受托代理负债	
支付受托代理、代管的银行存款时	借：受托代理负债 　　贷：银行存款/受托代理资产	

单位应当按开户银行或其他金融机构、存款种类及币种等，分别设置"银行存款日记账"，由出纳人员根据收付款凭证，按照业务的发生顺序逐笔登记，每日终了应结出余额。"银行存款日记账"应定期与"银行对账单"核对，至少每月核对一次。月度终了，单位银行存款账面余额与银行对账单余额之间如有差额，必须逐笔查明原因并进行处理，按月编制"银行存款余额调节表"，调节相符。

【例 7-2】　2×19 年 1 月，某行政单位发生如下业务。

（1）收到银行存款利息 12 500 元；支付银行手续费 150 元。

	财务会计		预算会计	
平行登记	借：银行存款	12 500	借：资金结存——货币资金	12 500
	贷：利息收入	12 500	贷：其他预算收入	12 500
	借：业务活动费用	150	借：行政支出	150
	贷：银行存款	150	贷：资金结存——货币资金	150

（2）1 月 6 日，收到上级补贴收入 100 000 元，存入银行。

	财务会计		预算会计	
平行登记	借：银行存款	100 000	借：资金结存——货币资金	100 000
	贷：上级补助收入	100 000	贷：上级补助预算收入	100 000

零余额账户用款额度

零余额账户用款额度由财政部门在商业银行开设，用于记录、核算和反映实行财政直接支付方式的财政性资金活动,并与国库单一账户、预算外资金财政专户进行清算,每日终了该账户余额保持为零。零余额账户实行用款额度管理,并且只能用于财政部门授权事业单位支付额度内的支付和与国库单一账户以及预算外资金财政专户的资金清算。该账户可以办理转账、提取现金等业务。

零余额账户用款额度科目的设置

期末,零余额账户用款额度科目借方余额,反映事业单位尚未支用的零余额账户用款额度。本科目年末应无余额。零余额账户用款额度科目代码为 1011。

"零余额账户用款额度"会计科目的设置,见表 7-6。

表 7-6 零余额账户用款额度会计科目编码的设置

科目代码	总分类科目 (一级科目)	明细分类科目	
		二级明细科目	三级明细科目
1011	零余额账户用款额度		
101101	零余额账户用款额度	人民币	
10110101	零余额账户用款额度	人民币	××银行

零余额账户用款额度主要账务处理

零余额账户用款额度的主要账务处理,见表 7-7。

表 7-7 零余额账户用款额度的主要账务处理

业务情形		账务处理	
在财政授权支付方式下,收到代理银行盖章的"授权支付到账通知书"时		借:零余额账户用款额度 贷:财政拨款收入	借:资金结存——零余额账户用款额度 贷:财政拨款预算收入
按规定支用额度	支付日常活动费用时	借:业务活动费用/库存物品 贷:零余额账户用款额度	借:行政支出/事业支出等 贷:资金结存——零余额账户用款额度

业务情形		账务处理
按规定支用额度	购买库存物品或购建固定资产	借:库存物品/固定资产/在建工程 贷:零余额账户用款额度	
从零余额账户提取现金时		借:库存现金 贷:零余额账户用款额度	
年度终了,根据代理银行提供的对账单作注销额度的相关账务处理		借:财政应返还额度——财政授权支付 贷:零余额账户用款额度	借:资金结存——财政应返还额度——财政授权支付 贷:资金结存——零余额账户用款额度
下年初,单位根据代理银行提供的上年度注销额度恢复到账通知书作恢复额度的相关账务处理		借:零余额账户用款额度 贷:财政应返还额度——财政授权支付	借:资金结存——零余额账户用款额度 贷:资金结存——财政应返还额度——财政授权支付

零余额账户用款额度核算实例

【例7-3】 2×19年1月5日,甲科研单位收到"财政授权支付用款额度到账通知书",确定授权支付额度为100 000元。编制会计分录如下。

平行登记	财务会计	预算会计
	借:零余额账户用款额度 100 000 贷:财政拨款收入 100 000	借:资金结存——零余额账户用款额度 100 000 贷:财政拨款预算收入 100 000

【例7-4】 2×19年1月6日,甲科研单位填写"财政资金授权支付凭证",购买开展业务所需要的材料,授权支付金额为5 000元。

平行登记	财务会计	预算会计
	借:库存物品 5 000 贷:零余额账户用款额度 5 000	借:事业支出 5 000 贷:资金结存——零余额账户用款额度 5 000

【例7-5】 某单位2×19年10月发生业务如下。

(1)10月7日,从零余额账户提取现金2 000元。编制如下会计分录。

	财务会计	预算会计
平行 登记	借:库存现金 2 000 贷:零余额账户用款额度 2 000	

(2)10 月 17 日,购买办公用品,共支出 3 000 元,编制会计分录如下。

	财务会计	预算会计

平行
登记
	借:库存物品 3 000
	   贷:零余额账户用款额度 3 000
		借:事业支出 3 000
		   贷:资金结存——零余额账户用款额
		      度 3 000

财政应返还额度

"财政应返还额度"不是财政总预算会计科目,而是行政单位会计和事业单位会计科目,用于核算实行国库集中支付的行政单位和事业单位应收财政返还的资金额度。

财政应返还额度科目的设置

"财政应返还额度"科目核算实行国库集中支付的单位可以使用的以前年度财政直接支付资金额度和财政应返还的财政授权支付资金额度。本科目应当设置"财政直接支付""财政授权支付"两个明细科目进行明细核算。本科目期末借方余额,反映单位应收财政返还的资金额度。

"财政应返还额度"会计科目的设置,见表 7-8。

表 7-8   财政应返还额度会计科目编码的设置

科目代码	总分类科目 (一级科目)	明细分类科目	
		二级明细科目	三级明细科目
1201	财政应返还额度		
120101	财政应返还额度	财政直接支付	××银行
120102	财政应返还额度	财政授权支付	××银行

财政应返还额度主要账务处理

财政应返还额度的主要账务处理见表 7-9。

表 7-9   财政应返还额度的主要账务处理

业务情景		财务会计	预算会计
财政直接支付	年度终了,单位根据本年度财政直接支付预算指标数大于当年财政直接支付实际发生数的差额	借:财政应返还额度(财政直接支付) 贷:财政拨款收入	借:资金结存——财政应返还额度 贷:财政拨款预算收入
	下年度使用以前年度财政直接支付额度支付款项时	借:业务活动费用/单位管理费用/库存物品等 贷:财政应返还额度(财政直接支付)	借:行政支出/事业支出等 贷:资金结存——财政应返还额度
财政授权支付	年度终了,根据代理银行提供的对账单作注销额度的相关账务处理	借:财政应返还额度(财政授权支付) 贷:零余额账户用款额度	借:资金结存——财政应返还额度 贷:资金结存——零余额账户用款额度
	下年初,单位根据代理银行提供的上年度注销额度恢复到账通知书作恢复额度的相关账务处理	借:零余额账户用款额度 贷:财政应返还额度(财政授权支付)	借:资金结存——零余额账户用款额度 贷:资金结存——财政应返还额度(财政授权支付)

【例 7-6】 2×18 年 12 月 31 日,某行政单位与代理银行提供的对账单核对无误后,将 150 000 元零余额账户用款额度予以注销。2×19 年度,该单位收到代理银行提供的额度恢复到账通知书及财政部门批复的上年末未下达零余额账户用款额度。

（1）注销额度。

	财务会计	预算会计

平行登记	借:财政应返还额度——财政授权支付
	               150 000
	贷:零余额账户用款额度 150 000
		借:资金结存——财政应返还额度
		               150 000
		贷:资金结存——零余额账户用款额度 150 000

（2）恢复额度

平行登记	财务会计	预算会计
	借：零余额账户用款额度　　　　150 000 　贷：财政应返还额度——财政授权支付 　　　　　　　　　　　　　　　150 000	借：资金结存——零余额账户用款额度 　　　　　　　　　　　　　　　150 000 　贷：资金结存——财政应返还额度 　　　　　　　　　　　　　　　150 000

应收账款

应收账款是指事业单位提供服务、销售产品等应收取的款项，以及单位因出租资产、出售物资等应收取的款项。

应收账款科目的设置

为了反映应收账款增减变动情况，单位应设置"应收账款"科目核算单位因开展业务活动应收取的款项，见表7-10。本科目期末借方余额，反映单位尚未收回的应收账款；贷方登记应收账款的减少额。

表 7-10　　　　　　　　　　　应收账款会计科目编码的设置

科目代码	总分类科目 （一级科目）	明细分类科目		是否辅助核算	辅助核算类别
		二级明细科目	三级明细科目		
1212	应收账款				
121201	应收账款	××公司			
12120101	应收账款	××公司	应收商品款	是	客户/债务人
12120102	应收账款	××公司	应收工程款	是	客户/债务人

应收账款主要账务处理

应收账款的主要账务处理，见表7-11。

表 7-11　　　　　　　　　　　应收账款的主要账务处理

业务情形		财务会计	预算会计
应收账款收回后不需要上缴财政的账务处理	单位发生应收账款时，按照应收未收金额	借：应收账款 　贷：事业收入/经营收入/其他收入等 　　应交税费——应交增值税（销项税额）	

业务情形		财务会计	预算会计
应收账款收回后不需要上缴财政的账务处理	收回应收账款时,按照实际收到的金额	借:银行存款等 　贷:应收账款	借:资金结存——零余额账户用款额度/货币资金 贷:事业预算收入/经营预算收入/其他预算收入
应收账款收回后需要上缴财政的账务处理	行政单位出租资产尚未收到款项时	借:应收账款 　贷:应缴财政款	
	收回应收账款时	借:银行存款等 　贷:应收账款	
	报批后予以核销	借:坏账准备/应缴财政款 　贷:应收账款	

需要注意的是,行政事业单位应当于每年年度终了,对业务活动和经营活动的应收账款进行全面检查,计提坏账准备。

(1)对于账龄超过规定年限、确认无法收回的应收账款,按规定报经批准后予以核销。借记"坏账准备"科目,贷记本科目。核销的应收账款应在备查簿中保留登记。

(2)已核销的应收账款在以后期间又收回的,借记本科目,贷记"坏账准备"科目;同时,借记"银行存款"等科目,贷记本科目。

【例7-7】 2×19年4月,某事业单位向南海公司提供服务,收取服务费12 000元,增值税额720元,款项尚未收到。账务处理如下。

借:应收账款——南海公司	12 720
贷:经营收入	12 000
应交增值税——应交税金(销项税额)	720

坏账准备

"坏账准备"科目核算事业单位对应收账款提取的坏账准备。

坏账准备科目的设置

"坏账准备"科目核算事业单位对收回后不需上缴财政的应收账款和其

他应收款提取的坏账准备。本科目应当分别应收账款和其他应收款进行明细核算。期末借方余额,反映单位尚未收回的应收账款,见表 7-12。

事业单位应当于每年年度终了,对应收账款进行全面检查,分析其可收回性,对预计可能产生的坏账损失计提坏账准备、确认坏账损失并计入当期资产损失。本科目期末贷方余额,反映事业单位提取的坏账准备金额。

表 7-12   坏账准备会计科目编码的设置

科目代码	总分类科目 (一级科目)	明细分类科目		是否辅助核算	辅助核算类别
		二级明细科目	三级明细科目		
1219	坏账准备				
121901	坏账准备	应收账款坏账准备	××公司		
121902	坏账准备	其他应收款坏账准备	××公司	是	部门

事业单位可以采用应收款项余额百分比法、账龄分析法、个别认定法等计提坏账准备。坏账准备计提方法一经确定,不得随意变更。如需变更,应当按照规定报经批准,并在财务报表附注中予以说明。

当期应补提或冲减的坏账准备金额的计算公式如下:

$$\text{当期应补提或冲减的坏账准备} = \text{当期按应收账款计算应计提的坏账准备金额} - (+) \text{坏账准备科目的贷方(或借方)余额}$$

坏账准备主要账务处理

坏账准备的主要账务处理,见表 7-13。

表 7-13   坏账准备的主要账务处理

业务情形		财务会计	预算会计
提取坏账准备时		借:其他费用 贷:坏账准备	
冲减坏账准备时		借:坏账准备 贷:其他费用	
逾期无法收回应收账款和其他应收款	报批后予以核销	借:坏账准备 贷:应收账款	

业务情形		财务会计	预算会计
逾期无法收回应收账款和其他应收款	已核销不需上缴财政应收款项在以后期间收回	借:应收账款/其他应收款 　贷:坏账准备 同时, 借:银行存款等 　贷:应收账款/其他应收款	借:资金结存——货币资金等 　贷:其他预算收入

【例 7-8】 某事业单位 2×16 年年末应收账款的余额为 1 500 000 元,提取坏账准备的比例为 5‰;2017 年发生坏账损失 9 000 元,其中 A 单位 3 000 元,B 单位 6 000 元,期末应收账款余额为 1 400 000 元;2018 年,已冲销的上年 B 单位应收账款又收回,期末应收账款余额为 1 700 000 元。

(1)2×16 年提取坏账准备。1 500 000×5‰＝7 500(元)

借:其他费用　　　　　　　　　　　　　　　　　7 500

　　贷:坏账准备　　　　　　　　　　　　　　　　　　7 500

(2)2×17 年发生坏账时

借:坏账准备　　　　　　　　　　　　　　　　　9 000

　　贷:应收账款——A 单位　　　　　　　　　　　　3 000

　　　　　　——B 单位　　　　　　　　　　　　6 000

2017 年末按应收账款的余额计算提取坏账准备。

"坏账准备"科目余额＝7 500－9 000＝－1 500(元)

当年应提的坏账准备＝1 400 000×5‰＋1 500＝8 500(元)

借:其他费用　　　　　　　　　　　　　　　　　8 500

　　贷:坏账准备　　　　　　　　　　　　　　　　　　8 500

(3)2×18 年收回上年已冲销的 B 单位账款 6 000 元

	财务会计	预算会计
平行登记	借:应收账款——B 单位　　6 000 　贷:坏账准备　　　　　　6 000 借:银行存款　　　　　　　6 000 　贷:应收账款——B 单位　6 000	借:资金结存——货币资金　6 000 　贷:其他预算收入　　　　6 000

2×18 年年末计算提取坏账准备。

"坏账准备"科目余额＝－1 500＋8 500＋6 000＝13 000(元)

当年应提的坏账准备＝1 700 000×5‰－13 000＝－4 500(元)

借:坏账准备   4 500

  贷:其他费用   4 500

注意:一般情况下,坏账准备的提取比例为 3‰~5‰。

库存物品

库存物品科目核算单位在开展业务活动及其他活动中为耗用或出售而储存的各种材料、产品、包装物、低值易耗品,以及达不到固定资产标准的用具、装具、动植物等的成本。已完成的测绘、地质勘查、设计成果等的成本,也通过本科目核算。

需要注意的是,下列业务不通过本科目核算。

1 • 单位随买随用的零星办公用品,可以在购进时直接列作费用,不通过本科目核算

2 • 单位控制的政府储备物资,应当通过"政府储备物资"科目核算,不通过本科目核算

3 • 单位受托存储保管的物资和受托转增的物资,应当通过"受托代理资产"科目核算,不通过本科目核算

4 • 单位为在建工程购买和使用的材料物资,应当通过"工程物资"科目核算,不通过本科目核算

库存物品科目的设置

库存物品科目应当按照库存物品的种类、规格、保管地点等进行明细核算。单位储存的低值易耗品、包装物较多的,可以在本科目(低值易耗品、包装物)下按照"在库""在用"和"摊销"等进行明细核算。本科目期末借方余额,反映单位库存物品的实际成本。

具体科目设置,见表 7-14。

表 7-14   **库存物品会计科目编码的设置**

科目代码	总分类科目 (一级科目)	明细分类科目		是否辅助核算	辅助核算类别
		二级明细科目	三级明细科目		
1302	库存物品				
130201	库存物品	材料	物资品种	是	存放地点

科目代码	总分类科目 (一级科目)	明细分类科目		是否辅助核算	辅助核算类别
		二级明细科目	三级明细科目		
130202	库存物品	产品	物资品种	是	部门
130203	库存物品	包装物	物资品种	是	部门
130204	库存物品	低值易耗品	物资品种	是	部门
130205	库存物品	装具	物资品种	是	部门
130206	库存物品	用具		是	部门
130207	库存物品	测绘		是	部门
130208	库存物品	地质勘查		是	部门
130209	库存物品	设计成本		是	部门

库存物品主要账务处理

库存物品的主要账务处理,见表7-15。

表7-15　　　　　　　　　　　库存物品的主要账务处理

业务情景	财务会计	预算会计
外购的库存物品验收入库,按照确定的成本	借:库存物品 贷:财政拨款收入/零余额账户用款额度/银行存款/应付账款/在途物品 应交增值税——应交税金(进项税额)	借:行政支出/事业支出/经营支出等 贷:财政拨款预算收入/资金结存等
自制的库存物品加工完成并验收入库	借:库存物品 贷:加工物品——自制物品	
委托外单位加工收回的库存物品验收入库	借:库存物品 贷:加工物品——委托加工物品	
接受捐赠的库存物品验收入库,按照确定的成本	借:库存物品 贷:银行存款等 捐赠收入	借:其他支出 贷:资金结存——货币资金

【例7-9】　某事业单位以政府集中采购的方式购入自用乙材料一批,价款、相关税费、运输费、装卸费、保险费以及使得存货达到目前场所和状态所发生的归属于存货成本的其他支出总计29 440元。款项已经通过财政直接支付方式支付,材料已经由供应商交付事业单位。

根据上述业务,编制会计分录:

平行登记	财务会计	预算会计
平行 登记	借:库存物品　　　　　　　29 440 　贷:财政拨款收入　　　　　29 440	借:事业支出　　　　　　　29 440 　贷:财政拨款预算收入　　　　29 440

短期投资

短期投资,是指政府会计主体取得的持有时间不超过1年(含1年)的投资。

短期投资科目的设置

短期投资科目设置,见表7-16。

表 7-16　　　　　　　　　　　短期投资会计科目编码设置

科目代码	总分类科目 (一级科目)	明细分类科目	
		二级明细科目	三级明细科目
1101	短期投资		
110101	短期投资	投资项目	按投资人设置
110102	短期投资	投资项目	按投资人设置

短期投资主要账务处理

短期投资在取得时,应当按照实际成本(包括购买价款和相关税费,下同)作为初始投资成本。

实际支付价款中包含的已到付息期但尚未领取的利息,应当于收到时冲减短期投资成本。

短期投资的基本账务处理,见表7-17。

表 7-17　　　　　　　　　　　短期投资的基本账务处理

业务情景		财务会计	预算会计
取得短期投资	取得短期投资时	借:短期投资(包括购买价款以及税金、手续费、已到付息期尚未领取的利息等) 　贷:银行存款等(实际支付的金额)	借:投资支出 　贷:资金结存——货币资金

业务情景		财务会计	预算会计
取得短期投资	收到购买时已到付息期但尚未领取的利息时	借:银行存款 　贷:短期投资	借:资金结存——货币资金 　贷:投资支出
短期投资持有期间收到利息		借:银行存款 　贷:投资收益	借:资金结存——货币资金 　贷:投资预算收益
出售短期投资或到期收回短期国债本息		借:银行存款(实际收到的金额) 　　投资收益(借方差额) 　贷:短期投资(账面余额) 　　投资收益(贷方差额) 　　应交增值税——转让金融商品应交增值税	借:资金结存——货币资金 　贷:投资支出 　　投资预算收益

(1)取得短期投资

【例7-10】 2×19年,某事业单位购入半年期国债320 000元,票面年利率为3%。以银行存款支付购入国债的款项,无相关税费。

平行登记	财务会计	预算会计
	借:短期投资　　　320 000 　贷:银行存款　　　320 000	借:投资支出　　　320 000 　贷:资金结存——货币资金　320 000

(2)短期投资持有期间收到利息

【例7-11】 年底,收到所购入期国债利息9 600元。

平行登记	财务会计	预算会计
	借:银行存款　　　9 600 　贷:投资收益　　　9 600	借:资金结存——货币资金　9 600 　贷:投资预算收益　　9 600

(3)出售短期投资或到期收回短期国债本息

【例7-12】 2×19年,出售国债账面投资成本为320 000元。

平行登记	财务会计	预算会计
	借:银行存款　　　329 600 　贷:短期投资(账面余额)　320 000 　　投资收益(贷方差额)　9 600	借:资金结存——货币资金　329 600 　贷:投资支出　　　320 000 　　投资预算收益　　9 600

长期债券投资

"长期债券投资"科目核算事业单位按规定取得的,持有时间超过 1 年(不含 1 年)的债券投资。

长期债券投资科目的设置

事业单位应当严格遵守国家法律、行政法规以及财政部门、主管部门有关事业单位对外投资的规定。本科目下设"成本"和"应收利息"明细科目,并应当按照债券投资的种类进行明细核算。本科目期末借方余额,反映事业单位持有的长期债券投资的价值,科目设置见表 7-18。

表 7-18 长期债券投资会计科目编码设置

科目代码	总分类科目 (一级科目)	明细分类科目	
		二级明细科目	三级明细科目
1502	长期债券投资		
150201	长期债券投资	成本	债券投资的种类
150202	长期债券投资	应收利息	债券投资的种类

长期债券投资主要账务处理

长期债券投资的主要账务处理,见表 7-19。

表 7-19 长期债券投资的主要账务处理

业务情景	财务会计		预算会计
取得长期债券投资时	借:长期债券投资——成本(包括购买价款以及税金、手续费等相关税费) 应收利息(已到付息期但尚未领取的利息) 贷:银行存款等(实际支付的金额)		借:投资支出 贷:资金结存——货币资金
	收到购买时已到付息期但尚未领取的利息时	借:银行存款 贷:应收利息	借:资金结存——货币资金 贷:投资支出

业务情景	财务会计		预算会计
持有长期债券投资期间	资产负债表日按票面价值与票面利率计提利息	借:应收利息(分期付息、到期还本)/长期债券投资——应计利息(到期一次还本付息) 贷:投资收益	
	实际收到利息	借:银行存款 贷:应收利息	借:资金结存——货币资金 贷:投资预算收益
到期收回长期债券投资本息	借:银行存款等 贷:长期债券投资——成本 ——应计利息 投资收益		借:资金结存——货币资金 贷:其他结余 投资预算收益
对外转让或出售	借:银行存款(按照实际收到的款项) 贷:长期债券投资(按照长期债券投资的账面余额) 应收利息(按照应计提的应收利息) 投资收益(差额)		借:资金结存——货币资金 贷:其他结余 投资预算收益

【例7-13】 某事业单位购入2243期国债5 000份,面值100元,2年期,票面年利率5%,债券到期一次还本付息。

(1)款项共计500 000元,以银行存款支付。

(2)资产负债表日按票面价值与票面利率计提利息。

(3)上述2243期国债到期兑付,其账面余额为500 000元,利息收入为25 000元,实际收到的金额为550 000元。款项已经收到并存入银行账户。

①取得长期债券投资时

平行登记	财务会计	预算会计
	借:长期债券投资——成本 500 000 贷:银行存款等 500 000	借:投资支出 500 000 贷:资金结存——货币资金 500 000

②资产负债表日按票面价值与票面利率计提利息

	财务会计		预算会计
平行登记	借:长期债券投资——应收利息　25 000 　　贷:投资收益　　　　　　　　　25 000		

③到期收回长期债券投资本息

	财务会计		预算会计
平行登记	借:银行存款等　　　　　　　　550 000 　　贷:长期债券投资——成本　　500 000 　　　　　　　　——应收利息　25 000 　　　　投资收益　　　　　　　　25 000		借:资金结存——货币资金　550 000 　　贷:其他结余　　　　　　　　500 000 　　　　投资预算收益　　　　　　50 000

长期股权投资

长期股权投资核算行政事业单位按照规定取得的,持有时间超过 1 年(不含 1 年)的股权性质的投资。

长期股权投资科目的设置

长期股权投资科目应当按照被投资单位和长期股权投资取得方式等进行明细核算。

长期股权投资采用权益法核算的,还应当按照"成本""损益调整""其他权益变动"设置明细科目,进行明细核算。

长期股权投资科目具体设置,见表 7-20。

表 7-20　　　　　　　　　长期股权投资会计科目编码的设置

科目代码	总分类科目 (一级科目)	明细分类科目		是否辅助核算	辅助核算类别
		二级明细科目	三级明细科目		
1501	长期股权投资				
150101	长期股权投资	股票投资		是	按投资单位

科目代码	总分类科目（一级科目）	明细分类科目		是否辅助核算	辅助核算类别
		二级明细科目	三级明细科目		
15010101	长期股权投资	股票投资	成本	是	按投资单位
15010102	长期股权投资	股票投资	损益调整	是	按投资单位
15010103	长期股权投资	股票投资	其他权益变动	是	按投资单位
150102	长期股权投资	其他股权投资		是	按投资单位
15010201	长期股权投资	其他股权投资	成本	是	按投资单位
15010202	长期股权投资	其他股权投资	损益调整	是	按投资单位
15010203	长期股权投资	其他股权投资	其他权益变动	是	按投资单位

长期股权投资的初始计量

长期股权投资在取得时，应当按照实际成本作为初始投资成本。具体来说：

（1）以支付现金取得的长期股权投资，按照实际支付的全部价款（包括购买价款和相关税费）作为实际成本。

（2）以现金以外的其他资产置换取得的长期股权投资，其成本按照换出资产的评估价值加上支付的补价或减去收到的补价，加上换入长期股权投资发生的其他相关支出确定。

（3）接受捐赠的长期股权投资，其成本按照有关凭据注明的金额加上相关税费确定；没有相关凭据可供取得，但按规定经过资产评估的，其成本按照评估价值加上相关税费确定；没有相关凭据可供取得、也未经资产评估的，其成本比照同类或类似资产的市场价格加上相关税费确定。

（4）无偿调入的长期股权投资，其成本按照调出方账面价值加上相关税费确定。

（5）以货币资金取得的长期股权投资按照实际支付的全部价款（包括购买价款和相关税费）作为实际成本。

【例7-14】 某事业单位以银行存款200 000元进行一项长期股权投资，但是无权决定被投资单位的财务和经营政策。

平行登记	财务会计		预算会计	
	借:长期股权投资	200 000	借:投资支出	200 000
	贷:银行存款	200 000	贷:资金结存——货币资金	200 000

长期股权投资的后续计量

1. 成本法

政府会计主体无权决定被投资单位的财务和经营政策或无权参与被投资单位的财务和经营政策决策的,应当采用成本法进行核算。成本法,是指投资按照投资成本计量的方法。

【例 7-15】 某事业单位以银行存款 200 000 元进行一项长期股权投资,但是无权决定被投资单位的财务和经营政策,后续计量采用成本法,被投资单位宣告发放现金股利 100 000 元,本单位拥有其 10% 的份额,应获得股利 10 000 元,一个月后收到被投资单位发放的现金股利。

	财务会计		预算会计	
成本法下被投资单位宣告发放现金股利或利润时	借:应收股利	10 000		
	贷:投资收益	10 000		
收到被投资单位发放的现金股利	借:银行存款	10 000	借:资金结存——货币资金	10 000
	贷:应收股利	10 000	贷:投资预算收益	10 000

2. 权益法

政府会计对长期股权投资全面引入权益法,《投资准则》规定长期股权投资在持有期间,通常应当采用权益法进行核算。权益法,是指投资最初以投资成本计量,以后根据政府会计主体在被投资单位所享有的所有者权益份额的变动对投资的账面余额进行调整的方法。

【例 7-16】 某事业单位以银行存款 200 000 元进行一项长期股权投资,拥有其 60% 的份额,能够决定被投资单位的财务和经营政策,后续计量采用权益法。

(1)权益法下被投资单位实现净利润,被投资单位本年年末实现净利润 1 000 000 元,该事业单位应享有的份额=1 000 000×60%=600 000(元)。

平行 登记	财务会计	预算会计
	借:长期股权投资——损益调整　　600 000 　　贷:投资收益　　　　　　　　　　600 000	

（2）被投资单位宣告发放现金股利 20 000 元,本单位拥有其 60％的份额,即 20 000×60％＝12 000(元)。

	财务会计	预算会计
权益法下被投资单 位宣告发放现金股 利或利润时,按其份额	借:应收股利　　　　　12 000 　　贷:长期股权投资——损益 　　　调整　　　　　　12 000	
权益法下收到被投资 单位发放的现金股利	借:银行存款　　　　　12 000 　　贷:应收股利　　　　12 000	借:资金结存——货币资金　12 000 　　贷:投资预算收益　　　　　12 000

（3）权益法下被投资单位发生净亏损,被投资单位本年年末发生净亏损 100 000 元,即 100 000×60％＝60 000(元)。

	财务会计	预算会计
权益法下被投资 单位发生净亏损	借:投资收益　　　　　　　　　60 000 　　贷:长期股权投资——损益调整　　60 000	

长期股权投资的处置

首先,政府会计主体按规定报经批准处置长期股权投资,应当冲减长期股权投资的账面余额;

其次,按规定将处置价款扣除相关税费后的余额作应缴款项处理,或者按规定将处置价款扣除相关税费后的余额与长期股权投资账面余额的差额计入当期投资损益;

最后,采用权益法核算的长期股权投资,因被投资单位除净损益和利润分配以外的所有者权益变动而将应享有的份额计入净资产的,处置该项投资时,还应当将原计入净资产的相应部分转入当期投资损益。

固定资产是指企业为生产商品、提供劳务、出租或经营管理而持有的、使用寿命超过一个会计期间的有形资产。固定资产是企业进行生产经营活动必备的劳动资料的主要部分,一般包括房屋、建筑物、机器设备、运输设备及工具器具等。

固定资产科目的设置

企业固定资产科目借方登记企业增加的固定资产原价,贷方登记企业减少的固定资产原价,期末借方余额,反映企业期末固定资产的账面原价。"固定资产"科目一般分为三级,企业除了应设置"固定资产"总账科目,还应设置"固定资产登记簿"和"固定资产卡片",按固定资产类别、使用部门和每项固定资产进行明细核算。见表7-21。

表 7-21　　　　　　　　　固定资产会计科目编码的设置

科目代码	会计科目名称	二级科目名称	明细科目名称	是否辅助核算	辅助核算类别
1601	固定资产				
160101	固定资产	房屋及构筑物	项目	是	部门
160102	固定资产	专用设备	项目	是	部门
160103	固定资产	通用设备	项目	是	部门
160104	固定资产	文物和陈列品	项目	是	部门
160105	固定资产	图书	项目	是	部门
160106	固定资产	档案	项目	是	部门
160107	固定资产	家具	项目	是	部门
160108	固定资产	用具	项目	是	部门
160109	固定资产	装具	项目	是	部门
160110	固定资产	动植物	项目	是	部门

固定资产主要账务处理

固定资产分类、折旧等可参照企业会计。政府会计固定资产的主要账务处理,见表7-22。

表 7-22　　　　　　　　　　　固定资产账务处理

业务情景		财务会计	预算会计
固定资产在取得时，应当按照成本进行初始计量	购入不需安装的固定资产验收合格时,按照确定的固定资产成本	借:固定资产 　贷:财政拨款收入/零余额账户用款额度/应付账款/银行存款	借:行政支出/事业支出/经营支出等 　贷:财政拨款预算收入/资金结存
	购入需要安装的固定资产	借:在建工程 　贷:财政拨款收入/零余额账户用款额度/应付账款/银行存款	借:行政支出/事业支出/经营支出等 　贷:财政拨款预算收入/资金结存
固定资产处理	转让出售	借:资产处理费用 　　固定资产累计折旧 　贷:固定资产	
	发生相关费用	借:银行存款 　贷:应缴财政款 　　　银行存款等(支出)	
毁损及报废	转入待处理资产	借:待处理财产损溢 　　固定资产累计折旧 　贷:固定资产	
	清理完毕确认损失并转销	借:资产处置费用 　贷:待处理财产损溢	

【例 7-17】　某行政单位通过政府采购购入计算机 10 台,合计 46 530 元,验收合格,交付使用。

平行登记	财务会计		预算会计	
	借:固定资产	46 530	借:行政支出	46 530
	贷:财政拨款收入	46 530	贷:财政拨款预算收入	46 530

政府储备物资

"政府储备物资"科目核算单位直接储存管理的各项政府应急或救灾储

备物资等。

负责采购并拥有储备物资调拨权力的单位(简称"采购单位")将政府储备物资交由其他单位或企业(简称"代储单位")代为储存的,由采购单位通过本科目核算政府储备物资,代储单位将受托代储的政府储备物资作为受托代理资产核算。

政府储备物资科目的设置

"政府储备物资"科目应当按照政府储备物资的种类、品种、存放地点等进行明细核算。本科目期末借方余额,反映单位管理的政府储备物资的实际成本。

政府储备物资科目设置,见表 7-23。

表 7-23 政府储备物资会计科目编码设置

科目代码	总分类科目 （一级科目）	明细分类科目		是否辅助核算	辅助核算类别
		二级科目	三级科目		
1811	政府储备物资				
181101	政府储备物资	种类		是	存放地点

政府储备物资主要账务处理

政府储备物资的主要账务处理,见表 7-24。

表 7-24 政府储备物资主要账务处理

业务情形	财务会计	预算会计
购入的政府储备物资	借:政府储备物资 贷:财政拨款收入/零余额账户用款额度/银行存款等	借:行政支出/事业支出等 贷:财政拨款预算收入/资金结存
接受捐赠、无偿调入的政府储备物资	借:政府储备物资 贷:捐赠收入(接受捐赠) 无偿调拨净资产 财政拨款收入/零余额账户用款额度/银行存款(实际支付的相关税费、运输费等)	借:行政支出/事业支出等(实际支付的相关税费、运输费等) 贷:财政拨款预算收入/资金结存

业务情形		财务会计	预算会计
动用发出无须收回的政府储备物资		借:业务活动费用 　贷:政府储备物资	
动用发出需要收回或预期可能收回的政府储备物资	发出	借:政府储备物资——发出 　贷:政府储备物资——在库	
	收回	按照规定的质量验收标准收回物资时 借:政府储备物资——在库(收回物资的账面余额) 　业务活动费用(未收回物资的账面余额) 　贷:政府储备物资——发出	
因行政管理主体变动等原因而将政府储备物资调拨给其他主体的		借:无偿调拨净资产 　贷:政府储备物资	
对外销售政府储备物资		借:业务活动费用 　贷:政府储备物资 借:银行存款/应收账款等 　贷:事业收入等	借:资金结存(收到的销售价款) 　贷:事业预算收入等
按照规定销售收入扣除相关税费后上缴财政的		借:资产处置费用 　贷:政府储备物资 借:银行存款等(收到的销售价款) 　贷:银行存款(发生的相关税费) 　　应缴财政款	

【例7-18】　某行政单位取得一批卫生用品,价款共计32 000元,运输费200元,装卸费150元。用财政拨款支付。

结转政府储备物资成本＝32 000＋200＋150＝32 350(元)

	财务会计		预算会计	
平行登记	借:政府储备物资 　贷:财政拨款收入	32 350 32 350	借:行政支出 　贷:财政拨款预算收入	32 350 32 350

公共基础设施

公共基础设施与其固定资产有一定的相似性,由于我国政府公共基础设施数量众多,在资金来源、建造和管理方式、产权关系、用途等方面与政府会计主体占有、使用的固定资产有较大区别,因此单独作为一个科目核确认,核算,计量。

基本分类:(1)市政基础设施(如城市道路、桥梁、隧道、公交场站、路灯、广场、公园绿地、室外公共健身器材,以及环卫、排水、供水、供电、供气、供热、污水处理、垃圾处理系统等);

(2)交通基础设施(如公路、航道、港口等);

(3)水利基础设施(大坝、堤防、水闸、泵站、渠道等);

(4)其他公共基础设施;

特殊情况如下:

(1)独立于公共基础设施、不构成公共基础设施使用不可缺少组成部分的管理维护用房屋建筑物、设备、车辆等,适用固定资产准则;

(2)属于文物文化资产的公共基础设施,适用其他相关政府会计准则;

(3)采用政府和社会资本合作模式(即 PPP 模式)形成的公共基础设施的确认和初始计量,适用其他相关政府会计准则。

公共基础设施科目的设置

"公共基础设施"科目应当按照公共基础设施的类别和项目进行明细核算。

单位应当根据行业主管部门对公共基础设施的分类规定,制定适合于本单位管理的公共基础设施目录、分类方法,作为进行公共基础设施核算的依据。公共基础设施科目设置见表 7-25。

表 7-25　　　　　　　　公共基础设施会计科目编码设置

科目代码	总分类科目 (一级科目)	明细分类科目		是否辅助核算	辅助核算类别
		二级科目	三级科目		
1801	公共基础设施				
180101	公共基础设施	公路	地点	是	

科目代码	总分类科目 （一级科目）	明细分类科目		是否辅助核算	辅助核算类别
		二级科目	三级科目		
180102	公共基础设施	桥梁	地点	是	
180103	公共基础设施	水利设施	地点	是	
180104	公共基础设施	市政道路	地点	是	
180105	公共基础设施	公共照明设施	地点	是	
180106	公共基础设施	城市广场	地点	是	
180107	公共基础设施	城市绿地	地点	是	
180108	公共基础设施	公共环卫设施	地点	是	

公共基础设施主要账务处理

公共基础设施的主要账务处理，见表 7-26。

表 7-26　　　　　　　　　公共基础设施的主要账务处理

业务情形		财务会计	预算会计
初始计量	自建	借：公共基础设施 　贷：在建工程	借：行政支出/事业支出等（实际支付的款项） 　贷：财政拨款预算收入/资金结存
	外购	借：公共基础设施 　贷：财政拨款收入/零余额账户用款额度/银行存款等	借：行政支出/事业支出 　贷：财政拨款预算收入/资金结存
后续计量	计提折旧	借：业务活动费用 　贷：公共基础设施累计折旧	
	改建、扩建等	借：在建工程 　公共基础设施累计折旧 　贷：公共基础设施 借：在建工程 　贷：财政拨款收入/零余额用款额度/银行存款等	借：行政支出/事业支出 　贷：财政拨款预算收入/资金结存

公共基础设施折旧

公共基础设施一般情形都需要计提折旧。不计提折旧的公共基础设施包括：①政府会计主体持续进行良好的维护使得其性能得到永久维持的公共基础设施；②确认为公共基础设施的单独计价入账的土地使用权；③已经提足折旧的公共基础设施；④提前报废的公共基础设施。折旧方法为年限平均法或工作量法，不考虑预计净残值。折旧方法已经确定，不得变更。

【例 7-19】 2×19 年 8 月 1 日，某行政单位建造一批公路护栏，该批公路护栏完工成本为 320 000 万元，以财政拨款支付。

平行登记	财务会计		预算会计	
	借：在建工程	320 000	借：行政支出	320 000
	贷：财政拨款收入	320 000	贷：财政拨款预算收入	320 000

2×19 年 10 月 1 日完工，交付使用。

借：公共基础设施　　　　　　　　　　　　　　　　320 000
　　贷：在建工程　　　　　　　　　　　　　　　　　　320 000

文物文化资产

"文物文化资产"科目核算行政事业单位控制的文物文化资产的价值。文物文化资产是指用于展览、教育或研究等目的的历史文物、艺术品以及其他具有文化或者历史价值并作长期或者永久保存的典藏等。

文物文化资产科目的设置

行政事业单位应当设置文物文化资产登记簿和文物文化资产卡片，按文物文化资产类别等设置明细账，进行明细核算。

"文物文化资产"会计科目的设置，见表 7-27。

表 7-27　　　　　　　　"文物文化资产"会计科目编码的设置

科目代码	总分类科目（一级科目）	明细分类科目	
		二级明细科目	三级明细科目
1821	文物文化资产		

科目代码	总分类科目 (一级科目)	明细分类科目	
		二级明细科目	三级明细科目
182101	文物文化资产	中国画	
182102	文物文化资产	陶器	××银行
182103	文物文化资产	古董	××银行
182104	文物文化资产	工艺品	××银行

文物文化资产主要账务处理

文物文化资产的主要账务处理,见表7-28。

表7-28 **"文物文化资产"科目账务处理**

业务情形		财务会计	预算会计
外购的文物文化资产		借:文物文化资产(购买价款、相关税费、运输费、装卸费、保险费以及其他使文物文化资产达到可使用状态前所发生的支出) 贷:财政拨款收入/零余额账户用款额度/银行存款等	借:行政支出/事业支出等 贷:财政拨款预算收入/资金结存
接受捐赠的文物文化资产	文物文化资产验收入库	借:文物文化资产 贷:捐赠收入/财政拨款收入/零余额账户用款额度/银行存款(实际支付的相关税费、运输费等)	借:行政支出/事业支出等(实际支付的相关税费、运输费等) 贷:财政拨款预算收入/资金结存
盘点文物文化资产	盘盈时	借:文物文化资产 贷:待处理财产损溢	—
	盘亏时	借:待处理财产损溢 贷:文物文化资产	—

【例7-20】 某文化局接受公民张兰捐赠的一批明代书画,市场估价格2 980万元,相关税费132万元。税费以零余额账户用款额度账户支付。

借:文物文化资产 29 800 000

贷:捐赠收入 29 800 000

平行登记	财务会计	预算会计
	借:其他应交税费　　　1 320 000 　贷:银行存款　　　　　　1 320 000	借:事业支出 　贷:资金结存

保障性住房

《政府会计制度》中规定的"保障性住房"科目,核算单位为满足社会公共需要而控制的保障性住房的原值。此处的保障性住房,主要指地方政府住房保障主管部门持有全部或部分产权份额、纳入城镇住房保障规划和年度计划、向符合条件的保障对象提供的住房。

保障性住房科目的设置

保障性住房科目应当按照保障性住房的类别、项目等进行明细核算,见表7-29。

本科目期末借方余额,反映保障性住房的原值。

表7-29　　　　　　　　　保障性住房会计科目编码设置

科目代码	总分类科目 (一级科目)	明细分类科目	
		二级明细科目	三级明细科目
1831	保障性住房		

保障性住房主要账务处理

保障性住房主要账务处理见表7-30。

表7-30　　　　　　　　　　保障性住房主要账务处理

业务情形		财务会计	预算会计
取得时, 应当按其 成本入账	外购	借:保障性住房 　贷:财政拨款收入/零余额账户用 　　款额度/银行存款等	借:行政支出/事业支出 　贷:财政拨款预算收入/资 　　金结存等
	自行 建造	借:保障性住房 　贷:在建工程	

业务情形		财务会计	预算会计
取得时，应当按其成本入账	无偿调入	借：保障性住房 贷：零余额账户用款额度/银行存款/无偿调拨净资产	借：行政支出/事业支出 贷：财政拨款预算收入/资金结存等
后续计量	出租	借：银行存款等 贷：应缴财政款	—
	折旧	借：业务活动费用等 贷：保障性住房累计折旧	—
	出售	借：保障性住房累计折旧 资产处置费用 银行存款 贷：银行存款（支出） 应缴财政款 保障性住房	借：行政支出/事业支出 贷：资金结存等

受托代理资产

受托代理资产科目核算单位接受委托方委托管理的各项资产，包括受托指定转赠的物资、受托存储保管的物资等的成本。单位管理的罚没物资也应当通过本科目核算。单位收到的受托代理资产为现金和银行存款的，不通过本科目核算，应当通过"库存现金""银行存款"科目进行核算。

受托代理资产科目的设置

"受托代理资产"科目应当按照资产的种类和委托人进行明细核算；属于转赠资产的，还应当按照受赠人进行明细核算。本科目期末借方余额，反映单位受托代理资产中实物资产的价值。

"受托代理资产"会计科目的设置，见表7-31。

表 7-31　　　　　　　　　受托代理资产会计科目编码的设置

科目代码	总分类科目（一级科目）	明细分类科目	
		二级明细科目	三级明细科目
1891	受托代理资产		
189101	受托代理资产	受托转赠物资	
189102	受托代理资产	受托存储保管物资	
189103	受托代理资产	罚没物资	
189104	受托代理资产	其他	

受托代理资产主要账务处理

受托代理资产的主要账务处理，见表 7-32。

表 7-32　　　　　　　　　受托代理资产的主要账务处理

业务情形		财务会计	预算会计
受托转赠物资	接受委托人委托需要转赠给受赠人的物资	借:受托代理资产 　贷:受托代理负债	—
	受托协议约定由单位承担相关税费、运输费	借:其他费用等 　贷:财政拨款收入/零余额账户用款额度/银行存款等	借:其他支出等(实际支付的相关税费、运输费等) 　贷:资金结存
	将受托转赠物资交付受赠人时	借:受托代理负债 　贷:受托代理资产	—
	转赠物资的委托人取消了对捐赠物资的转赠要求，且不再收回捐赠物资的	借:受托代理负债 　贷:受托代理资产 同时， 借:库存物品/固定资产 　贷:其他收入	—

业务情形		财务会计	预算会计
受托储存管理物资	接受委托人委托储存管理的物资	借:受托代理资产 　贷:受托代理负债	—
	支付由受托单位承担的与受托储存管理的物资相关的运输费、保管费等	借:其他费用等 　贷:零余额账户用款额度/ 　　银行存款等	借:其他支出等(实际支付的运输费等) 　贷:资金结存
	根据委托人要求交付受托储存管理的物资时	借:受托代理负债 　贷:受托代理资产	—

【例7-21】 某行政单位接受受托人委托转赠的 50 台游戏机赠给养老院,这批游戏机成本为 11 250 元,运费 100 元由行政单位承担。

借:受托代理资产　　　　　　　　　　　　　　　　　　　11 250

　　贷:受托代理负债　　　　　　　　　　　　　　　　　　　11 250

支付运费时,账务处理如下:

平行登记	财务会计		预算会计	
	借:其他费用	100	借:其他支出	100
	贷:银行存款	100	贷:资金结存——货币资金	100

第 **8** 章

政府负债类科目的设置与运用

短期借款是企业向银行或其他金融机构等借入的期限在 1 年以下（含 1 年）的各种借款，通常是为了满足正常生产经营的需要。

短期借款科目的设置

"短期借款"科目应当按照贷款单位和贷款种类进行明细核算。短期借款类别主要有：经营周转借款、临时借款、结算借款、票据贴现借款、卖方信贷、预购定金借款和专项储备借款等。本科目期末贷方余额，反映事业单位尚未偿还的短期借款本金，见表 8-1。

表 8-1　　　　　　　　　　短期借款会计科目编码的设置

科目代码	总分类科目（一级科目）	明细分类科目		是否辅助核算	辅助核算项目
		二级明细科目	二级明细科目		
2001					
200101	短期借款	人民币	经营周转借款	是	贷款人
200102	短期借款	人民币	临时借款	是	贷款人
200103	短期借款	人民币	结算借款	是	贷款人
200104	短期借款	人民币	票据贴现借款	是	贷款人
200105	短期借款	人民币	卖方信贷	是	贷款人
200106	短期借款	人民币	预购定金借款	是	贷款人

科目代码	总分类科目 （一级科目）	明细分类科目		是否辅助核算	辅助核算项目
		二级明细科目	二级明细科目		
200107	短期借款	人民币	专项储备借款	是	贷款人
200108	短期借款	外币	美元	是	贷款人
200109	短期借款	外币	欧元	是	贷款人
200110	短期借款	外币	其他	是	贷款人

短期借款主要账务处理

短期借款的主要账务处理，见表 8-2。

表 8-2　　　　　　　　　　　短期借款的主要账务处理

业务情形		财务会计	预算会计
借入各种短期借款		借：银行存款 　　贷：短期借款	借：资金结存——货币资金 　　贷：债务预算收入
资产负债 表日	计算利息	借：其他费用 　　贷：应付利息	—
	支付短期借款利息	借：应付利息 　　贷：银行存款等	借：其他支出 　　贷：资金结存——货币资金
归还短期借款		借：短期借款 　　其他费用 　　应付利息 　　贷：银行存款	借：债务还本支出 　　其他支出 　　贷：资金结存——货币资金

【例 8-1】　某事业单位为满足事业业务发展的资金需要，从中国农业银行兴安路支行借入 700 000 元，借款期限为 10 个月，年利率为 8%。会计分录如下。

平行 登记	财务会计	预算会计
	借：银行存款　　　　　700 000 　　贷：短期借款——农业银行兴安路 　　支行　　　　　　700 000	借：资金结存——货币资金　700 000 　　贷：债务预算收入　　　　700 000

应交增值税

"应交增值税"科目核算单位按照税法等规定计算应缴纳的增值税。

应交增值税科目的设置

属于增值税一般纳税人的单位,本科目应设置"进项税额""待抵扣进项税额""已交税金""减免税款""销项税额""出口退税""进项税额转出""转出未交增值税""转出多交增值税""未交税金"等进行明细核算。

1. 一般纳税人

一般纳税人增值税相关会计科目设置见表8-3。

表8-3　　　　　　　一般纳税人增值税基本会计科目设置明细表

科目代码	总分类科目（一级科目）	明细分类科目	
		二级科目	三级科目
2101	应交增值税		
210101	应交增值税	应交税金	
21010101	应交增值税	应交税金	进项税额
21010102	应交增值税	应交税金	已交税金
21010103	应交增值税	应交税金	减免税款
21010104	应交增值税	应交税金	转出未交增值税
21010105	应交增值税	应交税金	销项税额抵减
21010106	应交增值税	应交税金	出口抵减内销产品应纳税额
21010107	应交增值税	应交税金	销项税额
21010108	应交增值税	应交税金	进项税额转出
21010109	应交增值税	应交税金	出口退税
21010110	应交增值税	应交税金	转出多交增值税
210102	应交增值税	预交税金	
210103	应交增值税	待抵扣进项税额	
210104	应交增值税	待认证进项税额	
210105	应交增值税	待转销项税额	
210106	应交增值税	简易计税	
210107	应交增值税	转让金融商品应交增值税	
210108	应交增值税	代扣代交增值税	
210109	应交增值税	未交税金	
210110	应交增值税	预交税金	

增值税会计核算有一个典型的特征，就是一些会计科目分专栏核算，借方专栏永远只能在借方，不放到贷方核算；贷方专栏只能在贷方，不能放到借方专栏核算。遇到退货、退回或其他情况，所购货物应冲销调账的，用红字登记。

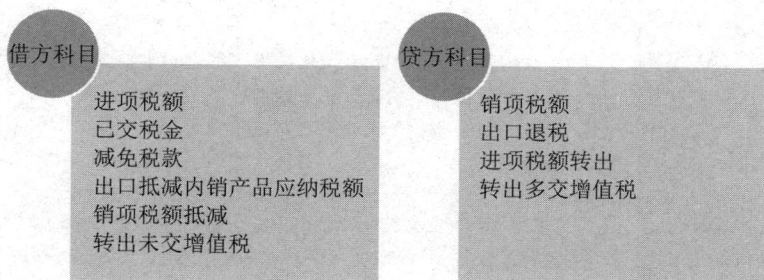

借方科目

进项税额
已交税金
减免税款
出口抵减内销产品应纳税额
销项税额抵减
转出未交增值税

贷方科目

销项税额
出口退税
进项税额转出
转出多交增值税

2. 小规模纳税人

小规模纳税人只需在"应交税费"科目下设置"应交增值税"明细科目，不需要设置上述专栏及除"转让金融商品应交增值税""代扣代交增值税"外的明细科目。

应交增值税主要账务处理

应交增值税的主要账务处理见表8-4。

表 8-4 　　　　　　　　　　　应交增值税的主要账务处理

业务情形		财务会计	预算会计
增值税一般纳税人	购入增值税应税项目	借：在途物品/库存物品等 　　应交增值税——应交税金（进项税额） 贷：银行存款（实际支付的金额）/应付票据（开出并承兑的商业汇票）/应付账款等（应付的金额）	借：事业支出/经营支出等 　贷：资金结存——货币资金
购进的增值税应税项目发生盘亏、毁损、报废、对外捐赠、无偿调出等		借：待处理财产损溢（材料的账面余额与相关增值税进项税额转出金额的合计金额） 贷：库存物品 　　应交增值税——应交税金（进项税额转出）	—

业务情形	财务会计	预算会计
销售应税产品或提供应税服务	借:银行存款/应收账款/应收票据(包含增值税的价款总额) 贷:事业收入/经营收入等(扣除增值税销项税额后的价款) 应交增值税——应交税金(销项税额)(增值税专用发票上注明的增值税金额)/应交增值税——简易计税	借:资金结存——货币资金(不含增值税价款) 贷:事业预算收入/经营预算收入等
本月缴纳增值税时	借:应交增值税——应交税金(已交税金) 贷:银行存款	借:事业支出/经营支出等 贷:资金结存——货币资金
本月实际缴纳上月未交增值税	借:应交增值税——未交税金 贷:银行存款	借:事业支出/经营支出等 贷:资金结存——货币资金
月末转出未交增值税	借:应交增值税——应交税金(转出未交增值税) 贷:应交增值税——未交税金	—
月末转出多交增值税	借:应交增值税——未交税金 贷:应交增值税——应交税金(转出多交增值税)	—
按规定抵减的增值税应纳税额	借:应交增值税——应交税金(减免税款) 贷:业务活动费用/单位管理费用等	—

(1)属于一般纳税人的事业单位应交增值税的核算,应在应缴增值税明细账中设置"进项税额""销项税额""已交税费""进项税额转出"等专栏。

销项税额的计算公式如下:

$$销项税额＝含税销售额÷(1＋增值税税率)$$

$$销项税额＝销售额×增值税税率$$

一般纳税人应交增值税账务处理实例

【例 8-2】 某事业单位发生下列业务。

①购入非自用的材料,价款 6 000 元,增值税专用发票上注明的增值税额 780 元,账务处理如下

借:库存物品(按应计采购成本的金额)   6 000

  应交增值税——应交税金(进项税额)   780

  贷:银行存款   6 780

②销售商品取得经营收入9 000元时,按实际收到的价款,账务处理如下

借:银行存款   10 170

  贷:经营收入   9 000

    应交增值税——应交税金(销项税额)   1 170

③当月,事业单位缴纳增值税时,以当月销项税额和进项税额的差额,账务处理如下

$$应纳增值税额=当期销项税额-当期进项税额$$

$$=1\ 170-780$$

$$=390(元)$$

借:应交增值税——应交税金(已交税金)   390

  贷:银行存款   390

(2)属于小规模纳税人的事业单位应缴增值税的核算

购进货物时,将支付的增值税额计入材料的采购成本;销售货物或者提供劳务时,一般情况下,只开普通发票,按不含税价格的3%计算应缴增值税。采用销售额和应纳税金合并定价的,按照"销售额=含税金额÷(1+3%)"公式还原为不含税销售额。

小规模纳税人购入货物时,无论是否取得增值税专用发票,其支付的增值税额应计入购入货物的成本,不得由进项税额抵扣。

增值税小规模纳税人账务处理,见表8-5。

表8-5   增值税小规模纳税人账务处理

业务情形		财务会计	预算会计

增值税小规模纳税人	购入非自用材料	借:在途物品/库存物品(价税合计)
		  贷:银行存款(实际支付的金额)/应付票据(开出并承兑的商业汇票)/应付账款等(应付的金额)
			借:事业支出/经营支出等(实际支付的款项)
			  贷:资金结存——货币资金

业务情形	财务会计	预算会计
销售应税产品或提供应税服务	借:银行存款/应收账款/应收票据(包含增值税的价款总额) 贷:事业收入/经营收入等(扣除增值税金额后的价款) 应交增值税	借:资金结存——货币资金(不含增值税价款) 贷:事业预算收入/经营预算收入等
缴纳增值税时	借:应交增值税 贷:银行存款	借:事业支出/经营支出等 贷:资金结存——货币资金

小规模纳税人应交增值税账务处理实例

【例8-3】 某事业单位为小规模纳税人,2×19年1月,购入一批材料,取得增值税专用发票中注明的货款为40 000元,增值税额为1 200元,款项以银行存款支付,材料已验收入库。本月销售应税产品含税价格为35 600元,已存入银行。账务处理如下。

①购进材料时

借:在途物品   41 200

    贷:银行存款   41 200

②销售产品时

不含税价格=35 600÷(1+3%)=34 563.11(元)

应缴增值税=34 563.11×3%=1 036.89(元)

借:银行存款   35 600

    贷:经营收入   34 563.11

        应交增值税   1 036.89

其他应交税费

"其他应交税费"科目核算单位按照税法等规定计算应缴纳的除增值税以外的各种税费,包括城市维护建设税、教育费附加、车船税、房产税、城镇土地使用税、企业所得税等。

单位代扣代缴的个人所得税,也通过本科目核算。

其他应交税费科目的设置

单位应缴纳的印花税不需要预提,直接通过"业务活动费用""单位管理费用"等科目核算，不在本科目核算。本科目应当按照应缴纳的税费种类进行明细核算。本科目期末借方余额，反映单位多缴纳的税费；本科目期末贷方余额，反映单位应缴未缴的税费。见表8-6。

表8-6 其他应交税费会计科目编码的设置

科目代码	总分类科目（一级科目）	明细分类科目	
		二级明细科目	三级明细科目
2102			
210201	其他应交税费	城市维护建设税	
210202	其他应交税费	教育费附加	
210203	其他应交税费	车船税	
210204	其他应交税费	房产税	
210205	其他应交税费	城镇土地使用税	
210206	其他应交税费	企业所得税	
210207	其他应交税费	个人所得税	职工姓名

其他应交税费主要账务处理

其他应交税费的主要账务处理，见表8-7。

表8-7 其他应缴税费的主要账务处理

业务情形		财务会计	预算会计
城市维护建设税、教育费附加等	发生时，按税法规定计算的应缴税费金额	借：业务活动费用/单位管理费用/经营费用等 贷：其他应交税费——应交城市维护建设税、应交教育费附加	—
	实际缴纳时	借：其他应交税费——应交城市维护建设税、应交教育费附加 贷：银行存款等	借：事业支出/经营支出等 贷：资金结存——货币资金
发生房产税、城镇土地使用税、车船税纳税等	发生时，按税法规定计算的应交税费金额	借：单位管理费用/经营费用等 贷：其他应交税费——应缴房产税、应城镇土地使用税、车船税	—

业务情形		财务会计	预算会计
发生房产税、城镇土地使用税、车船税纳税等	实际缴纳时	借：其他应交税费——应交房产税、应交城镇土地使用税、应交车船税 贷：银行存款等	借：事业支出/经营支出等 贷：资金结存——货币资金
代扣代缴个人所得税	计算应代扣代缴的个人所得税金额	借：应付职工薪酬 贷：其他应交税费——应交个人所得税	—
	实际缴纳时	借：其他应交税费——应交个人所得税 贷：银行存款等	借：行政支出/事业支出/经营支出等 贷：资金结存——货币资金
发生企业所得税纳税义务	发生时，按税法规定计算的应缴税费金额	借：所得税费用 贷：其他应交税费——单位应交所得税	—
	实际缴纳时	借：其他应交税费——应缴企业所得税 贷：银行存款等	借：非财政拨款结余分配 贷：资金结存——货币资金

【例 8-4】　某行政单位 2×19 年 1 月，出租一层办公楼取得含税租金收入 220 500 元，该行政单位出租收入符合简易计税办法，适用增值税征收税 5%，城市建筑税以及教育费附加税率分别为 7%、3%。

应交增值税＝220 500÷(1＋5%)×5%＝10 500(元)

应交城市建设维护税＝10 500×7%＝735(元)

应交教育费附加＝10 500×3%＝315(元)

(1)收取租金时：

借：银行存款　　　　　　　　　　　　　　　　　　220 500

　　贷：应缴财政款——国有资产出租收入　　　　　　　210 000

　　　　应交增值税　　　　　　　　　　　　　　　　　10 500

(2)计算应交税费时：

借：业务活动费用(735＋315)　　　　　　　　　　　1 050

　　　　　贷:其他应交税费——城市建设维护税　　　　　735
　　　　　　　　　　　——教育费附加　　　　　　　　315

应缴财政款

　　应缴财政款是指单位取得或应收的按照规定应上缴财政的款项,包括应缴国库的款项和应缴财政专户的款项,但不包括单位按照国家税法等有关规定应当缴纳的各种税费。

应缴财政款科目的设置

　　"应缴财政款"科目核算事业单位按规定应缴入财政专户的款项。本科目应当按照应缴财政专户的各款项类别进行明细核算,见表8-8。

表 8-8　　　　　　　　　　　　　应缴财政款会计科目编码的设置

科目代码	总分类科目 (一级科目)	明细分类科目		是否辅 助核算	辅助核算项目
		二级明细科目	三级明细科目		
2103					
210301	应缴财政款	代收纳入预算管理基金		是	单位名称
210302	应缴财政款	代收行政性收费收入		是	单位名称
210303	应缴财政款	罚没收入		是	单位名称
210304	应缴财政款	无主财物变价收入		是	单位名称
210305	应缴财政款	代收预算外资产		是	单位名称

应缴财政款主要账务处理

　　应缴财政款的主要账务处理,见表8-9。

表 8-9　　　　　　　　　　　　　应缴财政款的主要账务处理

业务情景	财务会计
单位取得按规定 应缴国库的款项时	借:银行存款等 　　贷:应缴财政款
上缴国库款项时	借:应缴财政款 　　贷:银行存款等

应缴财政专户款财务处理实例

【例 8-5】 2×19 年 3 月,某科研所收取委托培训费 100 000 元,全部款项已存入银行。会计分录如下。

(1)取得应缴财政专户款项时

| 借:银行存款 | 100 000 |
| 贷:应缴财政款 | 100 000 |

(2)上缴财政专户款时

| 借:应缴财政款 | 100 000 |
| 贷:银行存款 | 100 000 |

第9章
政府收入类科目设置与运用

财政拨款收入

"财政拨款收入"科目核算单位从同级政府财政部门拨入的各类事业经费。

同级政府财政部门预拨的下期预算款和没有纳入预算的暂付款项,以及采用实拨资金方式通过本单位转拨给下属单位的财政拨款,通过"其他应付款"科目核算,不通过本科目核算。

核算范围包括:

(1)政府会计主体。核算"财政拨款收入"的政府会计主体,既包括行政单位,也包括事业单位。

(2)从同级政府的财政部门取得。"同级财政部门"是指严格根据预算隶属关系从同级的财政部门中获得的,这里强调的是获取财政资金的财政部门一定是同级的财政部门。

(3)各类财政拨款。各类财政拨款是指全口径的财政拨款,包括一般公共预算财政拨款、政府性基金预算财政拨款等各类财政拨款。

(4)本期预算资金。一定是纳入本期部门预算的资金拨款。

核算口径包括:

通过"财政拨款收入"科目核算的判断标准:是否属于本单位(本部门);是否属于本期预算;是否属同级政府的财政部门拨付;是否按照经费领拨关系拨款,即通俗地说是否纳入年底财政给单位的"对账单"(对账指标)中。

财政补助收入和财政的支付方式有关系。总体上我国实行国库集中收付制度,有两种支付方式:一是财政直接支付;二是财政授权支付。对于没有实行国库集中收付制度的单位,采用传统的支付方式——财政实拨资金。

财政拨款收入科目的设置

为了反映财政拨款收入的增减变动情况,事业单位应设置"财政拨款收入"科目,核算事业单位从财政部门取得的各类财政拨款。该科目的贷方登记收到的拨款数,借方登记缴回的拨款数。平时,余额在贷方,反映财政补助收入累计数。期末,将"财政拨款收入"科目余额转入事业结转结余,结账后,"财政拨款收入"科目应无余额。财政拨款收入的科目代码为4001,见表9-1。

表 9-1 财政拨款收入会计科目编码的设置

科目代码	总分类科目 （一级科目）	明细分类科目	
		二级明细科目	三级明细科目
4001	财政拨款收入		
400101	财政拨款收入	基本支出	
40010101	财政拨款收入	基本支出	人员经费
40010102	财政拨款收入	基本支出	日常办公经费
400102	财政拨款收入		
40010201	财政拨款收入	项目支出	A项目
40010202	财政拨款收入	项目支出	B项目

财政拨款收入主要账务处理

财政拨款收入的主要账务处理,见表9-2。

表 9-2 财政拨款收入的主要账务处理

业务情形		财务会计	预算会计
收到拨款	直接支付	借:库存物品/固定资产/应付职工薪酬等 贷:财政拨款收入	借:行政支出/事业支出等 贷:财政拨款预算收入
	授权支付	借:零余额账户用款额度 贷:财政拨款收入	借:资金结存——零余额账户用款额度 贷:财政拨款预算收入

业务情形		财务会计	预算会计
年末确认拨款差额	财政直接支付预算指标数大于财政直接支付实际支付数	借：财政应返还额度——财政直接支付 　贷：财政拨款收入	借：资金结存——财政应返还额度（财政直接支付） 　贷：财政拨款预算收入
	本年度财政授权支付预算指标数大于零余额账户用款额度	借：财政应返还额度——财政授权支付 　贷：财政拨款收入	借：资金结存——财政应返还额度（财政授权支付） 　贷：财政拨款预算收入
年末结账		借：财政拨款收入 　贷：本期盈余——行政事业盈余	借：财政拨款预算收入 　贷：财政拨款结转——本年收支结转

【例 9-1】　某行政单位进行结账，财政拨款收入贷方余额为 640 000 元。

借：财务拨款收入　　　　　　　　　　　　　　640 000

　　贷：本期盈余　　　　　　　　　　　　　　　　　640 000

借：财政拨款预算收入——基本支出拨款　　　640 000

　　贷：财政拨款结转——本年收支结转　　　　　　640 000

事业收入

事业收入是指事业单位开展专业业务活动及辅助活动所取得的收入和财政专户核拨的预算外资金或经财政部门核准不上缴财政专户管理的预算外资金。不实行成本核算的事业单位，其收支以收付实现制度为基础。

事业收入科目的设置

实行成本核算的事业单位，其收支确认以权责发生制为基础。事业单位应在"事业收入"科目下按收入的来源设置明细科目。事业收入科目代码为 4101，见表 9-3。

表 9-3   事业收入会计科目编码的设置

科目代码	总分类科目 （一级科目）	明细分类科目	
		二级明细科目	三级明细科目
4101	事业收入		
410101	事业收入	科研收入	
41010101	事业收入	科研收入	项目名称
41010102	事业收入	科研收入	项目名称
410102	事业收入	技术性收入	
41010201	事业收入	技术性收入	技术转让
41010202	事业收入	技术性收入	技术咨询
41010203	事业收入	技术性收入	技术服务
41010204	事业收入	技术性收入	技术培训
41010205	事业收入	技术性收入	技术承包
41010206	事业收入	技术性收入	技术出口
41010207	事业收入	技术性收入	技术入股
41010208	事业收入	技术性收入	联营分红
410103	事业收入	中试产品收入	
41010301	事业收入	中试产品收入	项目名称
41010302	事业收入	中试产品收入	项目名称
410104	事业收入	新产品试制收入	
41010401	事业收入	新产品试制收入	项目名称
41010402	事业收入	新产品试制收入	项目名称

事业收入主要账务处理

实行预算资金结余上缴财政专户办法的单位，平时取得收入时，先全额通过"事业收入"账户反映，定期结算出应缴财政专户资金结余时，再将应上缴财政专户部分扣除，见表 9-4。

表 9-4   事业收入的账务处理

业务情形		财务会计	预算会计
采用财政专户返还方式管理	收到应上缴财政专户的款项时，按照实际收到的金额	借：银行存款/应收账款等 　贷：应缴财政款	

业务情形		财务会计	预算会计
采用财政专户返还方式管理	向财政专户上缴款项时，按照实际上缴的金额	借：应缴财政款 　贷：银行存款/应收账款等	
	收到财政专户返还时，按照实际收到的金额	借：银行存款/零余额账户用款额度 　贷：事业收入	借：资金结存——货币资金 　贷：事业预算收入
采用预收款方式	实际收到款项时按照收到的金额	借：银行存款等 　贷：预收账款 　　应交增值税	借：资金结存——货币资金 　贷：事业预算收入
年末结账	事业预算收入有专项用途时	借：事业收入 　贷：本期盈余——行政事业盈余	借：事业预算收入 　贷：非财政拨款结转——本年收支结转
	事业预算收入无专项用途时	借：事业收入 　贷：本期盈余——行政事业盈余	借：事业预算收入 　贷：其他结余

事业收入账务处理实例

【例9-2】 某学校的学杂费收入实行按收入总额50％比例上缴财政专户的管理办法。2×19年1月发生业务如下。

(1)1月1日，收到新学期学杂费收入96 000元，款项当日送存银行

借：银行存款　　　　　　　　　　　　　　　　　　　96 000
　贷：应缴财政专户款　　　　　　　　　　　　　　　　48 000
　　事业收入——杂费收入　　　　　　　　　　　　　　48 000

(2)9月10日，学校按规定将学杂费收入的50％，即共计48 000元送存财政专户

借：应缴财政专户款　　　　　　　　　　　　　　　　48 000
　贷：银行存款　　　　　　　　　　　　　　　　　　　48 000

上级补助收入

上级补助收入是指事业单位从主管部门和上级单位取得的非财政补助收入，是事业单位的上级单位、主管部门用财政补助收入之外的收入拨给所

属单位的经费,如用自身组织的收入和集中下级单位的收入拨给事业单位的资金。

上级补助收入科目的设置

上级补助收入科目属于收入类账户,贷方登记实际收到的上级补助收入数,借方登记上级补助收入的缴回数。年终,贷方余额全部转入"事业结余"账户。结转后,科目无余额。上级补助收入科目代码为4201,科目设置见表9-5。

表 9-5　　　　　　　　　上级补助收入会计科目编码设置

科目代码	总分类科目（一级科目）	明细分类科目		是否辅助核算	辅助核算类别
		二级明细科目	三级明细科目		
4201	上级补助收入				
420101	上级补助收入	××单位	××项目	是	单位或项目
420102	上级补助收入	××单位	××项目	是	单位或项目

上级补助收入主要账务处理

上级补助收入的账务处理,见表9-6。

表 9-6　　　　　　　　　　上级补助收入的账务处理

业务情形		财务会计	预算会计
日常核算	确认时按照应收金额	借:其他应收款等 　贷:上级补助收入	
	实际收到时按收到的金额	借:银行存款等 　贷:其他应收款等 或 借:银行存款等 　贷:上级补助收入	借:资金结存——货币资金 　贷:上级补助预算收入
年末结账	上级补助预算收入有专项用途时	借:上级补助收入 　贷:本期盈余——行政事业盈余	借:上级补助预算收入 　贷:非财政拨款结转——本年收支结转
	上级补助预算收入无专项用途时	借:上级补助收入 　贷:本期盈余——行政事业盈余	借:上级补助预算收入 　贷:其他资金结余

上级补助收入账务处理实例

【例9-3】 2×19年8月,某事业单位发生业务如下。

(1)8月10日,接到银行通知,收到上级单位拨来的专项补助款850 000元

借:银行存款　　　　　　　　　　　　　　　　　　　850 000

　　贷:上级补助收入　　　　　　　　　　　　　　　　　850 000

同时,借:资金结存——货币资金　　　　　　　　　　　850 000

　　　　贷:上级补助预算收入　　　　　　　　　　　　　850 000

(2)8月20日,该事业单位通过银行将上级单位多拨的补助款项60 000元缴回

借:上级补助收入　　　　　　　　　　　　　　　　　　60 000

　　贷:银行存款　　　　　　　　　　　　　　　　　　　60 000

(3)月终,该事业单位将"上级补助收入"账户贷方余额790 000元(850 000—60 000)全部转入"非财政补助结转"账户

借:上级补助收入　　　　　　　　　　　　　　　　　　790 000

　　贷:非财政补助结转　　　　　　　　　　　　　　　　790 000

附属单位上缴收入

附属单位上缴收入是指事业单位的附属独立核算单位按照有关规定上缴的收入。附属单位以协议或合同等形式,按照规定标准或比例缴纳给事业单位各项收入。附属单位归还事业单位垫付的费用,如工资、水电、房租等不通过本科目核算。

附属单位上缴收入科目的设置

附属单位上缴收入科目核算事业单位附属的独立核算单位按规定标准成比例缴纳的各项收入。附属单位上缴收入科目代码为4301。附属单位上缴收入会计科目编码设置见表9-7。

表9-7　　　　　　　　　附属单位上缴收入会计科目编码的设置

科目代码	总分类科目（一级科目）	明细分类科目		是否辅助核算	辅助核算类别
		二级明细科目	三级明细科目		
4301	附属单位上缴收入				
430101	附属单位上缴收入	××单位	××项目	是	款项

附属单位上缴收入主要账务处理

附属单位上缴收入账务处理,见表9-8。

表 9-8　　　　　　　　　　　　附属单位上缴收入账务处理

业务情形		财务会计	预算会计
日常核算	确认时按照应收金额	借:其他应收款等 　贷:附属单位上缴收入	—
	实际收到时按收到的金额	借:银行存款 　贷:其他应收款	借:资金结存——货币资金 　贷:附属单位上缴预算收入
年末结账	附属单位上缴预算收入有专项用途时	借:附属单位上缴收入 　贷:本期盈余——行政事业盈余	借:附属单位上缴预算收入 　贷:非财政拨款结转——本年收支结转
	附属单位上缴预算收入无专项用途时	借:附属单位上缴收入 　贷:本期盈余——行政事业盈余	借:附属单位上缴预算收入 　贷:其他结余

附属单位上缴收入账务处理实例

【例9-4】 2×19年1月,某事业单位收到下属乙单位按比例缴来专项款100 000元,账务处理如下。

借:银行存款　　　　　　　　　　　　　　　　　　　100 000

　　贷:附属单位上缴收入　　　　　　　　　　　　　　　100 000

同时,借:资金结存——货币资金　　　　　　　　　　　100 000

　　　　贷:附属单位上缴预算收入　　　　　　　　　　　100 000

年终结算,将"附属单位缴款"贷方余额100 000元转入"非财政补助结转"科目,账务处理如下。

借:附属单位上缴收入　　　　　　　　　　　　　　　100 000

　　贷:非财政补助结转　　　　　　　　　　　　　　　100 000

其他收入

事业单位的其他收入是指除财政补助收入、事业收入、上级补助收入、附属单位上缴收入、经营收入之外的收入,包括投资收益、利息收入、捐赠收入、固定资产出租收入以及其他一些零星收入等。

其他业务收入科目的设置

事业单位为了核算其他收入,应设置"其他收入"账户。该账户属于收入类账户,借方登记其他收入的退回及期末转入事业结余账户中的数额,贷方登记取得的其他收入数额。年终,该账户全部转入事业结余账户。结转后,该账户应无余额。其他收入科目代码为 4609,设置见表 9-9。

表 9-9　　　　　　　　　　　其他收入会计科目编码的设置

科目代码	总分类科目 (一级科目)	明细分类科目 二级明细科目	是否辅助核算	辅助核算类别
4609	其他收入			
460901	其他收入	投资收益	是	部门或项目
460902	其他收入	利息收入	是	部门或项目
460903	其他收入	捐赠收入	是	部门或项目
460904	其他收入	固定资产出租收入	是	部门或项目
460905	其他收入	其他收入	是	部门或项目

其他收入主要账务处理

其他收入账务处理,见表 9-10。

表 9-10　　　　　　　　　　　其他收入的账务处理

业务情景	财务会计	预算会计
取得收入时	借:库存现金/银行存款等 　贷:其他收入	借:资金结存——货币资金 　贷:其他预算收入
无法偿付的应付 及预收款项	借:应付账款/预收账款/其他应付 　　款/长期应付款等 　贷:其他收入	
置换换出资产 评估增值	借:库存物品等 　　固定资产累计折旧 　贷:固定资产 　　　银行存款 　　　其他收入	借:其他支出 　贷:资金结存——货币资金

业务情景	财务会计	预算会计
年终结账时	借:其他收入 　　贷:本期盈余	

其他收入账务处理实例

【例9-5】 某事业单位2×19年发生经济业务如下。

(1)收到上年度以银行存款对外投资取得的投资收益46 000元,账务处理如下

借:银行存款　　　　　　　　　　　　　　　　　　　46 000

　　贷:其他收入——投资收益　　　　　　　　　　　　　　46 000

(2)年终,将"其他收入"账户贷方余额转入"本期盈余"账户,账务处理如下

借:其他收入——投资收益　　　　　　　　　　　　　　46 000

　　贷:本期盈余　　　　　　　　　　　　　　　　　　　46 000

经营收入

事业单位取得的经营收入,应在提供劳务或发出商品时收取价款或者取得凭据时予以确认。

经营收入的应用范围

(1)产品(商品)销售收入,即单位通过销售定型、批量产品(不包括试制产品)和经销商品取得的收入。该种收入一般存在于科学研究事业单位,医院销售药品的收入应纳入事业收入中的药品收入。

(2)经营服务收入,即单位对外提供餐饮、住宿和交通运输等经营服务活动取得的收入。

(3)工程承包收入,即单位承包建筑、安装、维修等工程取得的收入。

(4)租赁收入,即单位出租、出借暂时闲置的仪器设备、房屋、场地等取得的收入。

(5)其他经营收入,即除上述收入以外的经营收入。

经营收入科目的设置

事业单位应当设置"经营收入"科目,该科目平时贷方余额反映经营收入累计数,年终结账后该科目应无余额,经营收入科目代码为4401,设置见表9-11。

科目代码	总分类科目 (一级科目)	明细分类科目	
		二级明细科目	三级明细科目
4401	经营收入		
440101	经营收入	商品销售收入	商品名称
440102	经营收入	经营服务收入	服务名称
440103	经营收入	工程承包收入	工程名称
440104	经营收入	租赁收入	设备名称
440105	经营收入	其他收入	

经营收入主要账务处理

经营收入的账务处理,见表9-12。

表 9-12　　　　　　　　　　经营收入的账务处理

业务情形		财务会计	预算会计
提供服务或发出存货,同时收讫价款或者取得索取价款的凭据时		借:应收账款、应收票据、银行存款等 　贷:经营收入 　　应交增值税——应交税金(销项税额)[增值税一般纳税人使用] 　　应交增值税[增值税小规模纳税人使用]	—
收取价款时	按照收到的金额	借:银行存款 　贷:应收账款/应收票据等	借:资金结存——货币资金 　贷:经营预算收入
年末结账		借:经营收入 　贷:本期盈余——经营盈余	借:经营预算收入 　贷:经营结余——本年经营收支结余

经营收入账务处理实例

【例9-6】 某大学科研部门生产研制一种新产品推向市场销售,单价120元,共计4 000件,总价款480 000元,款项已入账,增值税税率为13%。

(1)实现商品销售时,账务处理如下

借:银行存款　　　　　　　　　　　　　　　　　542 400
　　贷:经营收入——产品销售收入　　　　　　　　　480 000
　　　　应交增值税——应交税金(销项税额)　　　　　62 400

同时,编制预算会计分录。

借:资金结存——货币资金　　　　　　　　　　　　542 400
　　贷:经营预算收入　　　　　　　　　　　　　　　542 400

(2)假设购货单位退回不合格品20件,共计2 712元。账务处理如下

借:经营收入——产品销售收入　　　　　　　　　　2 400
　　应交增值税——应交税金(销项税额)　　　　　　　312
　　贷:银行存款　　　　　　　　　　　　　　　　　2 712

借:经营预算收入　　　　　　　　　　　　　　　　477 600
　　贷:经营结余——本年经营收支结余　　　　　　　477 600

同时,编制预算会计分录。

借:经营预算收入　　　　　　　　　　　　　　　　2 712
　　贷:资金结存——货币资金　　　　　　　　　　　2 712

(3)该科研单位年终结算,将经营收入477 600元(480 000－2 400)转入"本期盈余"科目。账务处理如下。

借:经营收入——产品销售收入　　　　　　　　　　477 600
　　贷:本期盈余　　　　　　　　　　　　　　　　　477 600

第 **10** 章

政府费用类科目设置与运用

业务活动费用

"业务活动费用"科目核算单位为实现其职能目标,依法履职或开展专业业务活动及其辅助活动中所发生的各项费用。需要注意的是,行政单位能够使用的费用类科目仅限业务活动费用、资产处置费用和其他费用。

业务活动费用科目的设置

为了满足成本核算需要,还可根据"人员费用""公用费用""固定资产折旧费""无形资产摊销费""税金及附加""计提专用基金"等成本项目设置明细科目,归集能够直接计入活动或采用一定方法计算后计入活动的费用。年终结账后,本科目应无余额。

"业务活动费用"科目的具体设置,见表 10-1。

表 10-1   **业务活动费用会计科目编码的设置**

科目代码	总分类科目 (一级科目)	明细分类科目		是否辅助核算	辅助核算类别
		二级明细科目	三级明细科目		
5001	业务活动费用				
500101	业务活动费用	人员费用			
500102	业务活动费用	公用费用		是	债权人
500103	业务活动费用	固定资产折旧费		是	债权人
500104	业务活动费用	无形资产摊销费		是	债权人
500105	业务活动费用	税金及附加		是	债权人
500106	业务活动费用	计提专用基金		是	债权人

业务活动费用主要账务处理

业务活动费用的主要账务处理，见表 10-2。

表 10-2   业务活动费用的主要账务处理

业务情形		财务会计	预算会计
支付职工薪酬	计提时，按照计算的金额	借:业务活动费用 贷:应付职工薪酬	

	实际支付给职工并代扣个人所得税时	借:应付职工薪酬
		  贷:财政拨款收入/财政应返还额度/零余额账户用款额度/银行存款/
		  其他应交税费——应缴个人所得税
			借:行政支出/事业支出
			  (按支付给个人部分)
			  贷:财政拨款预算收入/资金结存——货币资金

	实际支付税款时	借:其他应交税费——应交个人所得税
		  贷:库存现金、银行存款、零余额账户用款额度等
			借:行政支出/事业支出
			  (按实际缴纳额)
			  贷:资金结存

固定资产、无形资产计提的折旧、摊销		借:业务活动费用 贷:固定资产累计折旧/累计摊销	
领用库存物品		借:业务活动费用 贷:库存物品	
发生应负担的税金及附加时		借:业务活动费用 贷:其他应交税费	

计提专用基金		借:业务活动费用
		  贷:限定性净资产——专用基金
			借:事业支出
			  贷:资金结存

年末结账		借:本期盈余——行政事业盈余 贷:业务活动费用	

【例 10-1】 某行政单位 2×19 年 1 月计提职工工资 350 000 元，其中代扣个人所得税 13 400 元。

(1)计提工资时

借:业务活动费用   350 000

   贷:应付职工薪酬   350 000

（2）实际支付给职工并代扣个人所得税时

	财务会计	预算会计
平行登记	借：应付职工薪酬　　　　　　　350 000 　　贷：财政拨款收入　　　　　　　336 600 　　　　其他应交税费——应交个人所得税 13 400	借：行政支出　　　　　　　350 000 　　贷：财政拨款预算收入　350 000

（3）实际支付税款时

	财务会计	预算会计
平行登记	借：其他应交税费——应交个人所得税　13 400 　　贷：银行存款　　　　　　　　　　　13 400	借：行政支出　　　　　　　13 400 　　贷：资金结存——货币资金 　　　　　　　　　　　　　13 400

单位管理费用

"单位管理费用"科目核算事业单位本级行政管理部门开展管理活动发生的各项费用，以及由单位统一负担的工会经费、诉讼费、中介费等。单位统一负担的离退休人员的工资、津补贴等费用，也在本科目核算。本科目可参照《政府收支分类科目》中"支出经济分类科目"的款级科目进行明细核算。年终结账后，本科目应无余额。

单位管理费用科目的设置

"单位管理费用"科目的具体设置，见表 10-3。

表 10-3　　　　　　　　　　　单位管理费用会计科目编码的设置

科目代码	总分类科目 （一级科目）	明细分类科目		是否辅助核算	辅助核算类别
		二级明细科目	三级明细科目		
5101	单位管理费用				
510101	单位管理费用	职工薪酬			部门
510102	单位管理费用	诉讼费		是	单位
510103	单位管理费用	中介费		是	单位

科目代码	总分类科目 (一级科目)	明细分类科目		是否辅助核算	辅助核算类别
		二级明细科目	三级明细科目		
510104	单位管理费用	离退休人员的工资		是	个人
510105	单位管理费用	津补贴		是	个人
510106	单位管理费用	专项活动		是	部门
510107	单位管理费用	部门	折旧	是	部门

单位管理费用主要账务处理

【例 10-2】 2×19 年 2 月,某事业单位发生下列业务。

(1)向某办公用品服务公司预付 4 400 元购入办公用品。

平行 登记	财务会计		预算会计	
	借:预付账款	4 400	借:事业支出	4 400
	贷:银行存款	4 400	贷:资金结存——货币资金	4 400

(2)取得确认依据时。

平行 登记	财务会计		预算会计
	借:单位管理费用	4 400	——
	贷:预付账款	4 400	

经营费用

"经营费用"科目核算事业单位在专业业务活动及其辅助活动之外开展非独立核算营利性活动发生的各项费用。非独立核算经营活动是指事业单位不便或无法独立核算的、消耗物资或款项金额转小的经营活动。本科目应当按照经营活动类别、项目等进行明细核算。年终结账后,本科目应无余额。

经营费用科目的设置

"经营费用"科目的具体设置,见表 10-4。

表 10-4 应收账款会计科目编码的设置

科目代码	总分类科目（一级科目）	明细分类科目		是否辅助核算	辅助核算类别
		二级明细科目	三级明细科目		
5201	经营费用				
520101	经营费用	人员工资	个人	是	部门
520102	经营费用	税费	是	税种	部门
520103	经营费用	商品和服务费用	是		部门

经营费用主要账务处理

经营费用的主要账务处理，见表 10-5。

表 10-5 经营费用的主要账务处理

业务情形		财务会计	预算会计
支付职工薪酬	计提时，按照计算的金额	借：经营费用 贷：应付职工薪酬	—
	实际支付给职工时	借：应付职工薪酬 贷：银行存款	借：经营支出（按支付给个人部分） 贷：资金结存——货币资金
开展经营活动内部领用或出售发出的材料等	按实际成本	借：经营费用 贷：库存物品等	—
发生其他各项费用		借：经营费用 贷：银行存款/应付账款/其他应收款等	按照实际支付的金额 借：经营支出 贷：资金结存——货币资金
固定资产、无形资产计提的折旧、摊销	按照计提的折旧、摊销额	借：经营费用 贷：固定资产累计折旧/累计摊销	—
计提专用基金	按照预算会计下计算的提取金额	借：经营费用 贷：限定性净资产——专用基金	借：经营支出 贷：专用基金
年末结账		借：本期盈余——经营盈余 贷：经营费用	—

【例 10-3】 某科研单位开展经营活动内部领用材料 8 000 元。

借：经营费用   8 000

   贷：库存物品   8 000

所得税费用

"所得税费用"科目核算有企业所得税缴纳义务的事业单位计算出应缴纳的企业所得税。

所得税费用科目的设置

"所得税费用"科目年末结账后,本科目应无余额。"所得税费用"科目的具体设置,见表 10-6。

表 10-6   所得税费用会计科目编码的设置

科目代码	总分类科目(一级科目)	明细分类科目	
		二级明细科目	三级明细科目
5801	所得税费用		

所得税费用主要账务处理

所得税费用的主要账务处理,见表 10-7。

表 10-7   所得税费用的主要账务处理

业务情形		财务会计	预算会计
发生企业所得税纳税义务	按税法规定计算的其他应缴税费数额	借:所得税费用 　贷:其他应交税费——应交企业所得税	—
	实际缴纳时	借:其他应交税费——应缴企业所得税 　贷:银行存款等	借:非财政拨款结余——累计结余 贷:资金结存——货币资金
年末结账		借:本年盈余 　贷:所得税费用	—

【例 10-4】 某事业单位所属工厂 2×19 年 5 月应交所得费 8 400 元。按税法规定计算的其他应缴税费数额。

借：所得税费用　　　　　　　　　　　　　　　　　　　　　　8 400

　　贷：其他应交税费——应交企业所得税　　　　　　　　　　　　8 400

实际缴纳时：

	财务会计	预算会计
平行登记	借：其他应交税费——应交企业所得税　　　　　　　　　8 400 　　贷：银行存款　　　8 400	借：非财政拨款结余——累计结余　　　　　　　　　8 400 　　贷：资金结存——货币资金　　8 400

其他费用

"其他费用"科目核算单位发生的除业务活动费用、单位管理费用、经营费用、所得税费用、资产损失以外的各项费用，包括费用化的利息、对外捐赠费用、资产处置费用、待核销基建支出、接受捐赠（调入）非流动资产发生的税费和运输费、罚没支出、按照财政部门和主管部门的规定上缴上级单位的各类费用以及事业单位用财政拨款收入之外的收入对附属单位的补助费用等。

其他费用科目的设置

"其他费用"科目应当按照其他费用的类别等进行明细核算。年末结账后，本科目应无余额。

"其他费用"科目的具体设置，见表 10-8。

表 10-8　　　　　　　　　　　资产损失会计科目编码的设置

科目代码	总分类科目 （一级科目）	明细分类科目		是否辅助核算	辅助核算类别
		二级明细科目	三级明细科目		
5901	其他费用				
590101	其他费用	利息		是	债权人
590102	其他费用	对外捐赠费用		是	债权人

科目代码	总分类科目（一级科目）	明细分类科目		是否辅助核算	辅助核算类别
		二级明细科目	三级明细科目		
590103	其他费用	资产处置费用			
590104	其他费用	待核销基建支出			
590105	其他费用	税费和运输费			
590106	其他费用	罚没支出			
590107	其他费用	补助费用			

其他费用主要账务处理

其他费用的主要账务处理，见表 10-9。

表 10-9　　　　　　　　　其他费用的主要账务处理

业务情形	财务会计	预算会计
发生补助时	借：其他费用 　　贷：银行存款	借：其他支出 　　贷：资金结存——货币资金
年末结账	借：本期盈余——行政事业盈余 　　贷：其他费用	借：非财政拨款结转——本年收支结转（专项资金支出部分） 　　　其他结余（非专项资金支出部分） 　　贷：其他支出

【例 10-5】　某行政单位接到所属上级单位罚款通知，金额 57 000 元，即日支付。会计处理如下：

平行登记	财务会计		预算会计	
	借：其他费用	57 000	借：其他支出	57 000
	贷：银行存款	57 000	贷：资金结存——货币资金	57 000

年末结账时。

平行登记	财务会计		预算会计	
	借：本期盈余——行政事业盈余		借：非财政拨款结转——本年收支结转（专	
		57 000	项资金支出部分）	57 000
	贷：其他费用	57 000	贷：其他支出	57 000

第 11 章
政府净资产类科目设置与运用

本期盈余

本期盈余是指单位本期各项收入、费用相抵后的余额。"本期盈余"科目应当设置"行政事业盈余""经营盈余"科目进行明细核算。本科目年末如为贷方余额，反映单位当年实现的盈余；如为借方余额，反映单位当年发生的亏损。年末结账后，本科目应无余额。

本期盈余科目的设置

"本期盈余"科目的具体设置，见表 11-1。

表 11-1 本期盈余会计科目编码的设置

科目代码	总分类科目（一级科目）	明细分类科目		是否辅助核算	辅助核算类别
		二级明细科目	三级明细科目		
3301	本期盈余				
330101	本期盈余	行政事业盈余		是	部门
330102	本期盈余	经营盈余		是	部门
330102	本期盈余	事业盈余		是	部门

本期盈余主要账务处理

本期盈余的主要账务处理，见表 11-2。

表 11-2 本期盈余的主要账务处理

业务情形		财务会计
年末结账	结转收入	借:财政拨款收入 　事业收入 　上级补助收入 　附属单位上缴收入 　非同级财政拨款收入 　投资收益 　利息收入 　租金收入 　其他收入 　贷:本期盈余——行政事业盈余 借:经营收入 　贷:本期盈余——经营盈余
	结转费用	借:本期盈余——行政事业盈余 　贷:业务活动费用 　单位管理费用 　资产处置费用 　所得税费用 　其他费用 借:本期盈余——经营盈余 　贷:经营费用

【例 11-1】 某事业单位 2×19 年 1 月结账前有关会计科目的余额如下,见表 11-3。

表 11-3　　　　　　　　　　　相关会计科目余额　　　　　　　　　　单位:元

会计科目	借方金额	贷方金额
财政拨款收入	—	2 400 000
上级补助收入	—	1 500 000
事业收入	—	5 000 000
附属单位上缴收入	—	900 000
其他收入	—	2 200 000
业务活动费用	2 500 000	—
单位管理费用	1 200 000	—

会计科目	借方金额	贷方金额
经营费用	460 000	—
资产处置费用	1 100 000	—
其他费用	1 070 000	—
所得税费用	520 000	—

根据上述资料编制会计分录如下。

(1)结转有关收入

借:财政拨款收入　　　　　　　　　　　　　　　　2 400 000

　　上级补助收入　　　　　　　　　　　　　　　　1 500 000

　　事业收入　　　　　　　　　　　　　　　　　　5 000 000

　　附属单位上缴收入　　　　　　　　　　　　　　　900 000

　　其他收入　　　　　　　　　　　　　　　　　　2 200 000

　　贷:本期盈余　　　　　　　　　　　　　　　　12 000 000

(2)结转有关费用

借:本期盈余　　　　　　　　　　　　　　　　　　6 850 000

　　贷:业务活动费用　　　　　　　　　　　　　　　2 500 000

　　　单位管理费用　　　　　　　　　　　　　　　1 200 000

　　　经营费用　　　　　　　　　　　　　　　　　　460 000

　　　资产处置费用　　　　　　　　　　　　　　　1 100 000

　　　其他费用　　　　　　　　　　　　　　　　　1 070 000

　　　所得税费用　　　　　　　　　　　　　　　　　520 000

本年盈余分配

"本年盈余分配"科目核算单位本年度盈余分配的情况和结果。年末,将"本期盈余"科目余额结转入本年盈余分配,年末结账后,本科目应无余额。

本年盈余分配科目的设置

"本年盈余分配"科目的具体设置,见表11-4。

表 11-4　　　　　　　　　　本年盈余分配会计科目编码的设置

科目代码	总分类科目 (一级科目)	明细分类科目		是否辅助核算	辅助核算类别
		二级明细科目	三级明细科目		
3302	本年盈余分配				

本年盈余分配主要账务处理

本年盈余分配的主要账务处理,见表 11-5。

表 11-5　　　　　　　　　　本年盈余分配的主要账务处理

业务情形	财务会计	预算会计
年末结账,本年盈余转入盈余分配	本年盈余为贷方余额时	借:本期盈余 　　贷:本年盈余分配
	本年盈余为借方余额时	借:本年盈余分配 　　贷:本期盈余
从本年度非财政拨款结余或经营结余中提取专用基金的	借:本年盈余分配 　　贷:专用基金	借:非财政拨款结余分配 　　贷:专用结余
结转本科目余额	本年盈余分配为贷方余额时	借:本年盈余分配 　　贷:累计盈余
	本年盈余分配为借方余额时	借:累计盈余 　　贷:本年盈余分配

【例 11-2】　期末结转本年盈余分配:12 000 000－6 850 000＝5 150 000 (元)

借:本期盈余　　　　　　　　　　　　　　　　　　　　5 150 000
　　贷:本年盈余分配　　　　　　　　　　　　　　　　　　5 150 000

第 **12** 章

政府预算收入类科目设置与运用

财政拨款预算收入

"财政拨款预算收入"科目核算单位从同级政府财政部门取得的各类财政拨款。

财政拨款预算收入科目的设置

"财政拨款预算收入"科目应当设置"基本支出"和"项目支出"两个明细科目,并按照《政府收支分类科目》中"支出功能分类科目"的项级科目进行明细核算;同时,在"基本支出"明细科目下按照"人员经费"和"日常公用经费"进行明细核算,在"项目支出"明细科目下按照具体项目进行明细核算。有一般公共预算财政拨款、政府性基金预算财政拨款等两种或两种以上财政拨款的单位,还应当按照财政拨款的种类进行明细核算。具体科目设置见表 12-1。

表 12-1　　　　　　　　财政拨款预算收入会计科目编码设置

科目代码	总分类科目 （一级科目）	明细分类科目		四级明细 科目	五级明细 科目
		二级科目	三级科目		
6001	财政拨款 预算收入				
600101	财政拨款 预算收入	一般公共预算拨款	政府支出功能 分类的项级科目		

科目代码	总分类科目 （一级科目）	明细分类科目		四级明细 科目	五级明细 科目
		二级科目	三级科目		
60010101	财政拨款 预算收入	一般公共预算拨款	政府支出功能分类 的项级科目	基本支出 拨款	人员经费
60010102	财政拨款 预算收入	一般公共预算拨款	政府支出功能分类 的项级科目	基本支出 拨款	日常公用 经费
60010103	财政拨款 预算收入	一般公共预算拨款	政府支出功能分类 的项级科目	项目支出 拨款	××项目
60010104	财政拨款 预算收入	一般公共预算拨款	政府支出功能分类 的项级科目	项目支出 拨款	××项目
600102	财政拨款 预算收入	政府性基金预算拨款			
60010201	财政拨款 预算收入	政府性基金预算拨款	政府支出功能分类 的项级科目	基本支出 拨款	人员经费
60010202	财政拨款 预算收入	政府性基金预算拨款	政府支出功能分类 的项级科目	基本支出 拨款	日常公用 经费
60010203	财政拨款 预算收入	政府性基金预算拨款	政府支出功能分类 的项级科目	项目支出 拨款	××项目
60010204	财政拨款 预算收入	政府性基金预算拨款	政府支出功能分类 的项级科目	项目支出 拨款	××项目

财政拨款预算收入主要账务处理

财政拨款收入的主要账务处理，见表 12-2。

表 12-2　　　　　财政拨款收入的主要账务处理

业务情形		会计处理
财政直接 支付方式	收到的"财政直接支付入账 通知书"及相关原始凭证	借：行政支出/事业支出等 　　贷：财政拨款预算收入
	年末返还时（预算—实际）	借：财政应返还额度——财政直接支付 　　贷：财政拨款预算收入

	业务情形	会计处理
财政直接 支付方式	本年度财政直接支付的资金收回时	借:财政拨款预算收入 　　贷:行政支出/事业支出等
财政授权 支付方式下	收到的"财政授权支付额度到账通知书"	借:资金结存——零余额账户用款额度 　　贷:财政拨款预算收入
	年末,预算指标数>财政授权支付额度	借:资金结存——财政应返还额度——财政授权支付 　　贷:财政拨款预算收入
实拨资金 方式	实际收到财政拨款收入时	借:资金结存——货币资金 　　贷:财政拨款预算收入
年末	转入财政拨款结转时	借:财政拨款预算收入 　　贷:财政拨款结转

【例 12-1】　年末,某行政单位确认本年用于基本支出中日常公用经费的财政直接支付预算指标数为 990 万元,本年财政直接支付的实际支出为 880 万元;确认财政授权支付预算指标数为 54 万元,已下达单位零余额账户用款额度 52 万元。

借:资金结存——财政应返还额度——财政直接支付
　　　　　　　　　　　(9 900 000－8 800 000)110 000
　　贷:财政拨款预算收入——基本支出拨款——日常公用经费 110 000
借:资金结存——财政应返还额度——财政授权支付
　　　　　　　　　　　(540 000－520 000)20 000
　　贷:财政拨款预算收入——基本支出拨款——日常公用经费　20 000

事业预算收入

"事业预算收入"核算事业单位开展专业业务活动及其辅助活动取得的现金流入。

事业单位因开展科研及其辅助活动从非同级政府财政部门取得的经费拨款,也通过本科目核算。

事业预算收入科目的设置

事业预算收入应当按照事业预算收入类别、项目、来源、《政府收支分类科目》中"支出功能分类科目"项级科目等进行明细核算。对于因开展科研及其辅助活动从非同级政府财政部门取得的经费拨款,应当在本科目下单设"非同级财政拨款"明细科目进行明细核算;事业预算收入中如有专项资金收入,还应按照具体项目进行明细核算,具体科目设置见表12-3。

表 12-3 事业预算收入会计科目编码设置

科目代码	总分类科目 (一级科目)	二级科目	三级科目	四级科目	五级科目
6101	事业预算收入				
61010101	事业预算收入	政府支出功能 分类的项级科目	非专项收入	非同级财政拨款	××收入
60010102	事业预算收入	政府支出功能 分类的项级科目	非专项收入	其他资金收入	××收入
60010201	事业预算收入	政府支出功能 分类的项级科目	专项收入	非同级财政拨款	××项目
60010202	事业预算收入	政府支出功能 分类的项级科目	专项收入	非同级财政拨款	××项目
60010203	事业预算收入	政府支出功能 分类的项级科目	专项收入	其他货币资金	××项目
60010204	事业预算收入	政府支出功能 分类的项级科目	专项收入	其他货币资金	××项目

事业预算收入主要账务处理

事业预算收入主要账务处理,见表12-4。

表 12-4 事业预算收入账务处理

业务情形		会计处理
事业单位收到预 算收入资金时	借:资金结转——货币资金 　　贷:事业预算收入	—

业务情形		会计处理
收到从财政专户返还的收入资金时	借:资金结存——货币资金 　　贷:事业预算收入	—
年末结账时	将"事业预算收入"科目本期发生额的项目资金收入结转至非财政拨款结转	借:事业预算收入 　　贷:非财政拨款结转
	将"事业预算收入"科目本期发生额的非项目资金收入结转至其他结余	借:事业预算收入 　　贷:其他结余

【例 12-2】 北山一中收到学生缴纳的学费 550 000 元,存入学校的银行账户。不登记预算会计账户。

收到财政部门返还的学费收入(非专项)230 000 元,存入单位银行账户。

借:资金结存——货币资金　　　　　　　　　　　　　　230 000
　　贷:事业预算收入——非专项收入——学费收入　　　　230 000

上级补助预算收入

"上级补助预算收入"科目核算事业单位从主管部门和上级单位取得的非财政补助现金流入。

上级补助预算收入科目的设置

"上级补助预算收入"科目应当按照发放补助单位、补助项目、《政府收支分类科目》中"支出功能分类科目"的项级科目等进行明细核算。上级补助预算收入中如有专项资金收入,还应按照具体项目进行明细核算。具体科目设置见表 12-5。

表 12-5　　　　　　　　　　上级补助预算收入账务处理

科目代码	总分类科目 (一级科目)	二级科目	三级科目	四级科目	五级科目
6201	上级补助预算收入				

科目代码	总分类科目 （一级科目）	二级科目	三级科目	四级科目	五级科目
620101	上级补助预算收入	政府支出功能 分类的项级科目	××上级单位	非专项补助	××收入
620102	上级补助预算收入	政府支出功能 分类的项级科目	××上级单位	专项补助	××项目
620103	上级补助预算收入	政府支出功能 分类的项级科目	××上级单位	同上	同上

上级补助预算收入主要账务处理

"上级补助预算收入"科目账务处理如下。

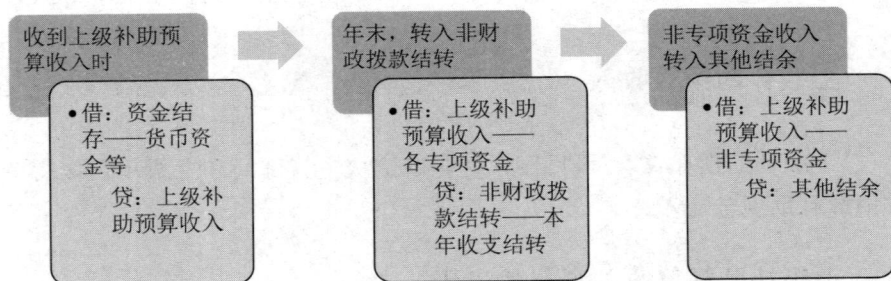

收到上级补助预算收入时
- 借：资金结存——货币资金等
  贷：上级补助预算收入

➡️ 年末，转入非财政拨款结转
- 借：上级补助预算收入——各专项资金
  贷：非财政拨款结转——本年收支结转

➡️ 非专项资金收入转入其他结余
- 借：上级补助预算收入——非专项资金
  贷：其他结余

【例 12-3】 某中学收到教育部门拨来的专项补助资金 10 000 元，用于校园活动建设。

借：资金结存——货币资金   10 000

　　贷：上级补助预算收入——专项收入   10 000

附属单位上缴预算收入

"附属单位上缴预算收入"科目核算事业单位取得附属独立核算单位根据有关规定上缴的现金流入。

附属单位上缴预算收入科目的设置

"附属单位上缴预算收入"科目应当按照附属单位、缴款项目、《政府收支分类科目》中"支出功能分类科目"的项级科目等进行明细核算。附属单位上缴预算收入中如有专项资金收入，还应按照具体项目进行明细核算。具体科目设置见表12-6。

表 12-6　　　　　　　　　　附属单位上缴预算收入会计科目编码设置

科目代码	总分类科目（一级科目）	二级科目	三级科目	四级科目	五级科目
6301	附属单位上缴预算收入				
630101	附属单位上缴预算收入	政府支出功能分类的项级科目	××附属单位	非专项补助	××收入
630102	附属单位上缴预算收入	政府支出功能分类的项级科目	××附属单位	专项补助	××项目
630103	附属单位上缴预算收入	政府支出功能分类的项级科目	××附属单位	同上	同上

附属单位上缴预算收入主要账务处理

"附属单位上缴预算收入"账务处理如下。

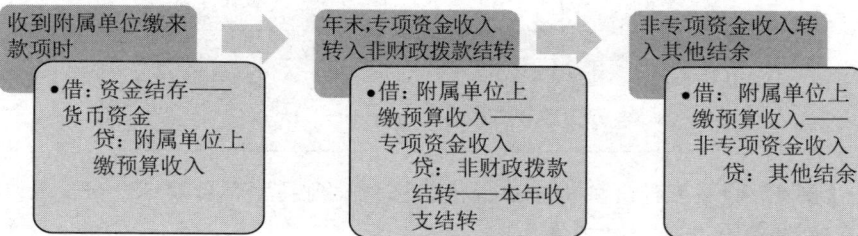

收到附属单位缴来款项时	年末，专项资金收入转入非财政拨款结转	非专项资金收入转入其他结余
• 借：资金结存——货币资金 　贷：附属单位上缴预算收入	• 借：附属单位上缴预算收入——专项资金收入 　贷：非财政拨款结转——本年收支结转	• 借：附属单位上缴预算收入——非专项资金收入 　贷：其他结余

经营预算收入

"经营预算收入"核算事业单位在专业业务活动及其辅助活动之外开展非独立核算经营活动取得的现金流入。

经营预算收入科目的设置

"经营预算收入"科目应当按照经营活动类别、项目、《政府收支分类科目》中"支出功能分类科目"的项级科目等进行明细核算。具体科目设置见表 12-7。

表 12-7 　　　　　　　　　　经营预算收入会计科目编码设置

科目代码	总分类科目 （一级科目）	二级科目	三级科目	四级科目	五级科目
6401	经营预算收入				
640101	经营预算收入	政府支出功能 分类的项级科目	××上级单位	非专项补助	××收入
640102	经营预算收入	政府支出功能 分类的项级科目	××上级单位	专项补助	××项目
640103	经营预算收入	政府支出功能 分类的项级科目	××上级单位	同上	同上

经营预算收入主要账务处理

经营预算收入账务处理如下：

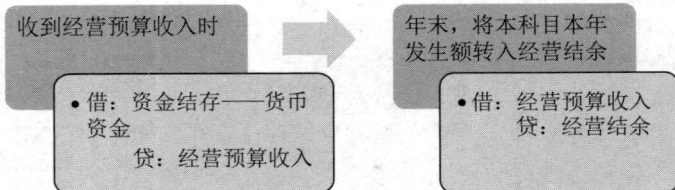

收到经营预算收入时	→	年末，将本科目本年 发生额转入经营结余
• 借：资金结存——货币 　　资金 　　贷：经营预算收入		• 借：经营预算收入 　　贷：经营结余

【例 12-4】　某科研机构非独立核算机构收到买方预付款 320 000 元。

借：资金结存——货币资金　　　　　　　　　　　　　　　　320 000

　　贷：经营预算收入——产品销售　　　　　　　　　　　　　320 000

其他预算收入

"其他预算收入"科目核算单位除财政拨款预算收入、事业预算收入、上级补助预算收入、附属单位上缴预算收入、经营预算收入、债务预算收入、非同级财政拨款预算收入、投资预算收益之外的纳入部门预算管理的现金流入，包括捐赠预算收入、利息预算收入、租金预算收入、现金盘盈收入等。

其他预算收入科目的设置

"其他预算收入"科目应当按照其他收入类别、《政府收支分类科目》中"支出功能分类科目"的项级科目等进行明细核算。其他预算收入中如有专项资金收入，还应按照具体项目进行明细核算，见表12-8。

表 12-8　　　　　　　　　　　　其他预算收入科目设置

科目代码	总分类科目（一级科目）	二级科目	三级科目	四级科目	五级科目
6609	其他预算收入				
660901	其他预算收入	政府支出功能分类的项级科目	捐赠预算收入	非专项收入	××收入
660902	其他预算收入	政府支出功能分类的项级科目	捐赠预算收入	专项收入	××项目
660903	其他预算收入	政府支出功能分类的项级科目	利息预算收入	同上	同上

单位发生的捐赠预算收入、利息预算收入、租金预算收入金额较大或业务较多的，可单独设置"6603 捐赠预算收入""6604 利息预算收入""6605 租金预算收入"等科目。

其他预算收入主要账务处理

"其他预算收入"的主要账务处理，见表12-9。

表 12-9　　　　　　　　　"其他预算收入"的主要账务处理

业务情形	会计处理
接受捐赠现金资产、收到银行存款利息、收到资产承租人支付的租金时	借：资金结存——货币资金 　　贷：其他预算收入
每日现金账款核对中如发现现金溢余	借：资金结存——货币资金 　　贷：其他预算收入

业务情形		会计处理
属于应支付给有关个人和单位的部分		借:其他预算收入 　　贷:资金结存——货币资金
收到其他预算收入时		借:资金结存——货币资金 　　贷:其他预算收入
年末结转时	专项资金收入转入非财政拨款结转	借:其他预算收入——专项资金收入 　　贷:非财政拨款结转——本年收支结转
	非专项资金收入转入其他结余	借:其他预算收入——非专项资金收入 　　贷:其他结余

【例 12-5】　某高校科研部门发生以下与其他收入相关的经济业务。

(1)接到开户银行到账通知书,本期银行存款利息 35 600 元。

借:资金结存——货币资金　　　　　　　　　　　　　　　35 600

　　贷:其他预算收入——利息收入　　　　　　　　　　　　　35 600

(2)现金盘盈 2 750 元,经核查无法查明原因,经批准作为单位其他预算收入。

借:资金结存——货币资金　　　　　　　　　　　　　　　2 750

　　贷:其他预算收入——现金盘盈　　　　　　　　　　　　　2 750

第 13 章

政府预算支出类科目设置与运用

行政支出

"行政支出"科目核算行政单位履行其职责实际发生的各项现金流出。

行政支出科目的设置

"行政支出"科目应当分别按照"财政拨款支出""非财政专项资金支出"和"其他资金支出""基本支出"和"项目支出"等进行明细核算,并按照《政府收支分类科目》中"支出功能分类科目"的项级科目进行明细核算;"基本支出"和"项目支出"明细科目下应当按照《政府收支分类科目》中"部门预算支出经济分类科目"的款级科目进行明细核算,同时在"项目支出"明细科目下按照具体项目进行明细核算。

有一般公共预算财政拨款、政府性基金预算财政拨款等两种或两种以上财政拨款的行政单位,还应当在"财政拨款支出"明细科目下按照财政拨款的种类进行明细核算。

对于预付款项,可通过在本科目下设置"待处理"明细科目进行核算,待确认具体支出项目后再转入本科目下相关明细科目。年末结账前,应将本科目"待处理"明细科目余额全部转入本科目下相关明细科目,具体科目设置见表 13-1。

表 13-1　　　　　　　　行政支出会计科目编码设置

科目代码	总分类科目（一级科目）	二级科目	三级科目	四级科目	五级科目
7101	行政支出				

科目代码	总分类科目 （一级科目）	二级科目	三级科目	四级科目	五级科目
710101	行政支出	财政拨款支出			
71010101	行政支出	财政拨款支出	一般公共预算 拨款支出	支出功能分类 项级科目	基本支出
71010102	行政支出	财政拨款支出	一般公共预算 拨款支出	支出功能分类 项级科目	项目支出
71010103	行政支出	财政拨款支出	政府性基金 预算支出	××基金拨款	支出功能分类 项级科目
71010104	行政支出	财政拨款支出	政府性基金 预算支出	××基金拨款	支出功能分类 项级科目
710102	行政支出	非财政专项 资金支出			
71010201	行政支出	非财政专项 资金支出	一般公共预算 拨款支出	支出功能分类 项级科目	项目支出
710103	行政支出	其他资金支出			
71010301	行政支出	其他资金支出	一般公共预算 拨款支出		
71010302	行政支出	其他资金支出	一般公共预算 拨款支出	支出功能分类 项级科目	基本支出
71010303	行政支出	其他资金支出	一般公共预算 拨款支出	支出功能分类 项级科目	基本支出
71010304	行政支出	其他资金支出	一般公共预算 拨款支出	支出功能分类 项级科目	项目支出

行政支出主要账务处理

"行政支出"账务处理见表13-2。

表 13-2　　　　　　　　　　　　　　"行政支出"主要账务处理

业务情形		账务处理
支付单位职工薪酬	向单位职工个人支付薪酬时	借:行政支出 　　贷:财政拨款预算收入/资金结存
	代扣社保及税金时	借:行政支出 　　贷:财政拨款预算收入/资金结存
支付外部人员劳务费	按照实际支付给外部人员个人的金额	借:行政支出 　　贷:财政拨款预算收入/资金结存
	按照规定代扣代缴个人所得税时	借:行政支出 　　贷:财政拨款预算收入/资金结存
为购买存货、固定资产、无形资产等以及在建工程支付相关款项时		借:行政支出 　　贷:财政拨款预算收入/资金结存
发生预付账款、发生其他各项支出时		借:行政支出 　　贷:财政拨款预算收入/资金结存
因购货退回等发生款项退回,或者发生差错更正的		借:财政拨款预算收入/资金结存 　　贷:行政支出
年末	财政拨款支出结转	借:财政拨款结转——本年收支结转 　　贷:本科目下各财政拨款支出
	非财政专项资金支出转入非财政拨款结转	借:非财政拨款结转——本年收支结转 　　贷:本科目下各非财政专项资金支出明细科目
	其他资金支出(非财政非专项资金支出)转入其他结余	借:其他结余 　　贷:本科目下其他资金支出明细科目

【**例 13-1**】 某市工商管理局按照基本预算购置复印机等办公设备,支付价款 8 000 元,用单位零余额账户支付。

借:行政支出——财政拨款支出——基本支出——办公设备(复印机)
　　　　　　　　　　　　　　　　　　　　　　　　　　　8 000

　　贷:资金结存——零余额账户用款额度　　　　　　　　8 000

事业支出

"事业支出"科目核算事业单位开展专业业务活动及其辅助活动实际发生的各项现金流出。

事业支出科目的设置

单位发生教育、科研、医疗、行政管理、后勤保障等活动的,可在本科目下设置相应的明细科目进行核算,或单设"7201 教育支出""7202 科研支出""7203 医疗支出""7204 行政管理支出""7205 后勤保障支出"等一级会计科目进行核算。

"事业支出"科目应当分别按照"财政拨款支出""非财政专项资金支出"和"其他资金支出","基本支出"和"项目支出"等进行明细核算,并按照《政府收支分类科目》中"支出功能分类科目"的项级科目进行明细核算;"基本支出"和"项目支出"明细科目下应当按照《政府收支分类科目》中"部门预算支出经济分类科目"的款级科目进行明细核算,同时在"项目支出"明细科目下按照具体项目进行明细核算。有一般公共预算财政拨款、政府性基金预算财政拨款等两种或两种以上财政拨款的事业单位,还应当在"财政拨款支出"明细科目下按照财政拨款的种类进行明细核算。

对于预付款项,可通过在本科目下设置"待处理"明细科目进行明细核算,待确认具体支出项目后再转入本科目下相关明细科目。年末结账前,应将本科目"待处理"明细科目余额全部转入本科目下相关明细科目。年末结转后,本科目应无余额。

具体科目设置可参考"行政支出"科目。

事业支出主要账务处理

发生事业支出时,借记"事业支出"科目,贷记"银行存款""零余额账户用款额度""财政补助收入"等科目。

会计期末,将"事业支出"科目余额转入"事业结余"科目,借记"事业结余"科目,贷记"事业支出"科目。

事业支出的账务处理,见表 13-3。

表 13-3 事业支出的账务处理

业务情景	预算会计
支付职工薪酬、存货、固定资产、无形资产等支出	借:事业支出 　　贷:财政拨款预算收入/资金结存

业务情景		预算会计
用公务卡支付商品采购费用、出差差旅费		借:事业支出 　　贷:资金结存——零余额账户用款额度
因购货退回款项或发生错误更正		借:财政拨款预算收入/资金结存 　　贷:事业支出
年末	财政拨款	借:财政拨款结转——本年收支结转 　　贷:事业支出
	非财政专项资金支出	借:非财政拨款结转——本年收支结转 　　贷:事业支出
	其他资金支出	借:其他资金结转结余 　　贷:事业支出

事业支出账务处理实例

【例 13-2】 某民政部门实行国库集中支付制度,经财政部门批准,其工资支出实行财政直接支付方式。2×19 年 6 月发生以下经济业务。

(1)以现金 250 元购买办公用品,直接交有关业务部门使用。账务处理如下

借:事业支出——基本支出——办公费　　　　　　　　　　　250

　　贷:资金结存——货币资金　　　　　　　　　　　　　　　250

(2)以银行存款支付水电费 1 600 元。账务处理如下

借:事业支出——基本支出——水电费　　　　　　　　　　1 600

　　贷:资金结存——货币资金　　　　　　　　　　　　　1 600

(3)以专项资金支付办公楼大修理费 4 500 元。账务处理如下

借:事业支出——项目支出——大修理费　　　　　　　　　4 500

　　贷:资金结存——货币资金　　　　　　　　　　　　　4 500

(4)月末,支付职工工资。应付工资合计 420 000 元,另外由本单位为职工负担的社会保险费 120 000 元。账务处理如下

借:事业支出——基本支出——工资　　　　　　　　　　420 000

　　贷:财政拨款预算收入　　　　　　　　　　　　　　420 000

(5)确认由单位负担的社会保险费时

借:事业支出——基本支出——工资福利支出　　　　　　120 000

贷：财政拨款预算收入　　　　　　　　　　　　　　　　120 000

（6）以专项资金购买一般设备一台，价款 6 500 元

借：事业支出——项目支出——基本建设支出（办公设备购置）6 500

　　贷：财政拨款预算收入　　　　　　　　　　　　　　　6 500

（7）年终，"事业支出"科目借方余额＝250＋1 600＋4 500＋420 000＋120 000＋6 500＝552 850（元）

（8）将"事业支出"科目借方余额 552 850 元全数转入"事业结余"科目。账务处理如下

借：财政拨款结转——本年收支结转　　　　　　　552 850

　　贷：事业支出　　　　　　　　　　　　　　　552 850

经营支出

经营支出是指事业单位在专业活动及其辅助活动之外开展的非独立核算经营活动发生的支出。事业单位应当严格区分经营支出和事业支出，不能将经营支出的项目列为事业支出，也不能将事业支出的项目列为经营支出。

经营支出的应用范围包括基本工资、补助工资、其他工资、职工福利费、社会保险费、公务费、业务费、设备购置费、修缮费和其他费用等。

经营支出科目的具体运用

事业单位应设置"经营支出"总账科目核算经营支出业务，经营支出科目代码为 7301，见表 13-4。

表 13-4　　　　　　　　　　经营支出会计科目编码的设置

科目代码	总分类科目（一级科目）	二级明细科目	三级明细科目	四级明细科目	五级明细科目
7301	经营支出				部门预算支出经济分类款级科目
730101	经营支出	政府支出功能分类的项级科目	××活动	××项目支出	待处理

经营支出主要账务处理

经营支出的账务处理见表 13-5。

表 13-5 经营支出的账务处理

业务情景	账务处理
事业单位发生各项经营支出时	借:经营支出 　　贷:银行存款
实行成本核算的事业单位,应将结转已销售产品或劳务成果的成本	借:经营支出 　　贷:库存物品等
期末结转时	借:其他结余 　　贷:经营支出

经营支出账务处理实例

【例 13-3】 某事业单位 2×19 年 1 月发生下列经营支出的业务。

(1)以银行存款 20 000 元支付经营人员基本工资,账务处理如下

借:经营支出——基本工资　　　　　　　　　　　　　　　20 000
　　贷:应付职工薪酬　　　　　　　　　　　　　　　　　　　20 000
借:应付职工薪酬　　　　　　　　　　　　　　　　　　　20 000
　　贷:资金结存——货币资金　　　　　　　　　　　　　　　20 000

(2)以银行存款支付职工福利费 12 000 元。账务处理如下

借:经营支出——职工福利费　　　　　　　　　　　　　　12 000
　　贷:应付职工薪酬　　　　　　　　　　　　　　　　　　　12 000
借:应付职工薪酬　　　　　　　　　　　　　　　　　　　12 000
　　贷:资金结存——货币资金　　　　　　　　　　　　　　　12 000

(3)结转销售产品成本 36 000 元。账务处理如下

借:经营支出——产品销售成本　　　　　　　　　　　　　36 000
　　贷:库存物品　　　　　　　　　　　　　　　　　　　　　36 000

(4)根据以上资料,结转本期经营支出。账务处理如下

本期经营支出＝20 000＋12 000＋36 000＝68 000(元)

借:其他结余　　　　　　　　　　　　　　　　　　　　　68 000
　　贷:经营支出　　　　　　　　　　　　　　　　　　　　　68 000

上缴上级支出是指事业单位按规定的标准或比例上缴上级单位的支出。这里需要指出的是,附属于上级单位的有经营活动的独立核算的事业单位,按规定的标准或比例上缴上级的纯收入,才纳入"上缴上级支出"的范畴。

上缴上级支出科目的设置

为了核算行收入上缴办法的单位按照规定的定额或者比例上缴上级单位的支出,企业应设置"上缴上级支出"科目,上缴上级支出科目代码为7401。具体设置见表13-6。

表 13-6　　　　　　　　　上缴上级支出会计科目编码的设置

科目代码	总分类科目 (一级科目)	二级明细科目	三级明细科目	四级明细科目
7401	上缴上级支出			
740101	上缴上级支出	政府支出功能 分类的项级科目	××上缴资金项目	部门预算支出经济 分类款级科目

上缴上级支出主要账务处理

上缴上级支出账户属于支出类账户,其借方登记上缴上级支出的增加数。年终,"上缴上级支出"账户余额转到"其他结余"账户后,该账户无余额。上缴上级支出的账务处理,见表13-7。

表 13-7　　　　　　　　　上缴上级支出的账务处理

业务情景	账务处理
按照规定的定额或者比例上缴上级单位款项时	借:上缴上级支出 　贷:资金结存——货币资金
收回时	借:资金结存——货币资金 　贷:上缴上级支出
年终结转时	借:其他结余 　贷:上缴上级支出

上缴上级支出账务处理实例

【例 13-4】 2×19 年 1 月,某税务所发生如下上缴上级支出业务。

(1)按规定的定额上缴上级单位支出 70 000 元,账务处理如下

借:上缴上级支出　　　　　　　　　　　　　　　　　　70 000

　　贷:资金结存——货币资金　　　　　　　　　　　　　　　　70 000

(2)月末,上缴上级支出账户余额 190 000 元,转入"其他结余"账户,账务处理如下

借:其他结余　　　　　　　　　　　　　　　　　　　　190 000

　　贷:上缴上级支出　　　　　　　　　　　　　　　　　　　　190 000

对附属单位补助支出

对附属单位补助支出是指单位用财政补助收入之外的收入对附属单位补助发生的支出。

附属单位在其业务活动以及完成事业计划的过程中,由于上级拨入和自身组织的款项往往不能满足其自身支出的需要,由此就要求事业单位在财政补助收入之外再补充一部分款项给附属单位。补助款是非财政补助收入,不能用财政补助收入拨付给附属单位。所以,事业单位对附属单位的补助支出,一般是事业单位从事业务活动所取得的自有资金,或附属单位的上缴收入。

对附属单位补助支出科目的设置

为了核算对附属单位的补助,事业单位应设置"对附属单位补助支出"科目。

对附属单位补助支出账户应按接受补助的附属单位设置明细账,对附属单位补助支出科目代码为 5201,见表 13-8。

表 13-8　　　　　　　　对附属单位补助支出会计科目编码的设置

科目代码	总分类科目(一级科目)	明细分类科目	
		二级明细科目	三级明细科目
7501	对附属单位补助支出		
75101	对附属单位补助支出	××单位	项目资金
75102	对附属单位补助支出	××单位	项目资金

对附属单位补助支出主要账务处理

对附属单位补助支出账户属于支出类账户,补助支出资金的本条累计数,该账户平时余额在借方,表示事业单位对其附属单位补助支出的累计数。年终结账后该账户应无余额。其账务处理见表13-9。

表13-9 对附属单位补助支出的账务处理

业务情景	账务处理
事业单位对附属单位拨付补助款时	借:对附属单位补助支出 　　贷:资金结存
在收回对附属单位补助款时	借:资金结存 　　贷:对附属单位补助支出
年终结转时	借:其他结余 　　贷:对附属单位补助支出

对附属单位补助支出账务处理实例

【例13-5】 东方大学用自有资金拨给附属甲单位一次性补助65 000元,账务处理如下。

借:对附属单位补助支出——甲单位　　　　　　　　　　　65 000
　　贷:资金结存——货币资金　　　　　　　　　　　　　　65 000

年终,东方大学将"对附属单位补助支出"科目借方余额106 000元全数转入"事业结余"科目,账务处理如下。

借:其他结余　　　　　　　　　　　　　　　　　　　　106 000
　　贷:对附属单位补助支出　　　　　　　　　　　　　　106 000

其他支出

事业单位的其他支出是指事业单位除事业支出、上缴上级支出、对附属单位补助支出、经营支出以外的各项支出,包括利息支出、捐赠支出、现金盘亏损失、资产处置损失、接受捐赠(调入)非流动资产发生的税费支出等。事业单位发生利息支出、捐赠支出等其他支出金额较大或业务较多的,可单独设置"7902 利息支出""7903 捐赠支出"等总账科目。

其他支出科目的设置

"其他支出"科目用于核算事业单位的利息支出、捐赠支出、现金盘亏损失、资产处置损失等。具体科目设置见表 13-10。

表 13-10 其他支出会计科目编码的设置

科目代码	总分类科目 (一级科目)	二级科目	三级科目	四级科目	五级科目
7901	其他支出				
790101	其他支出	利息支出			
79010101	其他支出	利息支出	财政拨款支出	一般公共预算 拨款支出	支出功能分类 项级科目
79010102	其他支出	利息支出	非财政专项 资金支出	一般公共预算 拨款支出	支出功能分类 项级科目
79010103	其他支出	利息支出	其他资金支出	一般公共 预算支出	支出功能分类 项级科目
790102	其他支出	对外捐赠 现金支出			
79010201	其他支出	对外捐赠 现金支出	非财政专项 资金支出	一般公共预算 拨款支出	支出功能分类 项级科目
79010201	其他支出	对外捐赠 现金支出	其他资金支出	一般公共预算 拨款支出	支出功能分类 项级科目
760103	其他支出	现金盘亏 损失	支出功能分类 项级科目	一般公共预算 拨款支出	基本支出

其他支出主要账务处理

"其他支出"的主要账务处理见表 13-11。

表 13-11 "其他支出"主要账务处理

业务情形		账务处理
利息支出	支付银行借款利息 时,按照实际支付金额	借:其他支出 　　贷:资金结存

业务情形		账务处理
对外捐赠现金资产	按照捐赠金额	借:其他支出 　贷:资金结存
现金盘亏损失	按照短缺的现金金额	借:其他支出 　贷:资金结存——货币资金
	属于应当由有关人员赔偿的	借:资金结存——货币资金 　贷:其他支出
发生罚没等其他支出时	按照实际支出金额	借:其他支出 　贷:资金结存
年末按照实际支出金额	本科目发生额属于财政拨款支出转入财政拨款结转	借:财政拨款结转——本年收支结转 　贷:本科目下各财政拨款支出明细科目
	本科目发生额属于非财政专项资金支出转入非财政拨款结转	借:非财政拨款结转——本年收支结转 　贷:本科目下各非财政专项资金支出明细科目
	其他资金支出(非财政非专项资金支出)转入其他结余	借:其他结余 　贷:本科目下各其他资金支出明细科目

【例13-6】 某科研部门经批准使用单位非财政拨款、非专项资金向某山区小学捐赠现金33 000元,已通过银行转账支付。

借:其他支出——捐赠支出——其他资金支出　　　　　33 000

　贷:资金结存——货币资金　　　　　　　　　　　　　　33 000

第 14 章

政府预算结转结余类科目设置
与运用

预算结转结余类科目共 5 个，本章主要介绍科目适用范围及使用。

财政拨款结转

"财政拨款结转"科目核算单位取得的同级财政拨款结转资金的调整、结转和滚存情况。

财政拨款结转科目的设置

按照《政府收支分类科目》中"支出功能分类科目"的相关科目进行明细核算。有一般公共预算财政拨款、政府性基金预算财政拨款等两种或两种以上财政拨款的，还应当在本科目下按照财政拨款的种类进行明细核算。具体科目设置，见表 14-1。

表 14-1 财政拨款结转会计科目编码的设置

科目代码	总分类科目 （一级科目）	二级科目	三级科目	四级科目	五级科目
8101	财政拨款结转				
810101	财政拨款结转	年初余额调整			
81010101	财政拨款结转	年初余额调整	支出功能分类	基本支出结转	人员经费
81010102	财政拨款结转	年初余额调整	支出功能分类	基本支出结转	日常公用经费

科目代码	总分类科目 (一级科目)	二级科目	三级科目	四级科目	五级科目
81010103	财政拨款结转	年初余额调整	支出功能分类	项目支出结转	××项目
81010104	财政拨款结转	年初余额调整	支出功能分类	项目支出结转	××项目
810102	财政拨款结转	归集调入	同上	同上	同上
810103	财政拨款结转	归集调出	同上	同上	同上
810104	财政拨款结转	归集上缴	同上	同上	同上
810105	财政拨款结转	单位内部调剂	同上	同上	同上
810106	财政拨款结转	本年收支结转	同上	同上	同上
810107	财政拨款结转	累计结转	同上	同上	同上

财政拨款结转主要账务处理

主要账务处理如下:

(1)与会计差错更正、以前年度支出收回相关的明细科目。

"年初余额调整"明细科目核算因发生会计差错更正、以前年度支出收回等原因,需要调整财政拨款结转的金额。年末结账后,本明细科目应无余额。

【例 14-1】 2×19 年 1 月,某科研所一笔 2×18 年度发生的设备维修费用 6 800 元,是因对方报价清单有误,退回到零余额账户用款额度。2019 年1 月会计处理如下:

借:资金结存——零余额账户用款额度　　　　　　　　　　　　　6 800
　　贷:财政拨款结转——年初余额调整——科研设备——基本支出——
　　　　日常办公经费　　　　　　　　　　　　　　　　　　　　6 800

年末结账时。

借:财政拨款结转——年初余额调整——科研设备——基本支出——
　　日常办公经费　　　　　　　　　　　　　　　　　　　　　　6 800
　　贷:财政拨款结转——累计结转——科研设备——基本支出——日
　　　　常办公经费　　　　　　　　　　　　　　　　　　　　　6 800

(2)与财政拨款调拨业务相关的明细科目。"归集调入""归集调出""归集上缴""单位内部调剂"账户年末结账后,无余额。

"归集调入"	"归集调出"	"归集上缴"	"单位内部调剂"
• 核算按照规定从其他单位调入财政拨款结转资金时，实际调增的额度数额或调入的资金数额	• 核算按照规定向其他单位调出财政拨款结转资金时，实际调减的额度数额或调出的资金数额	• 核算按照规定上缴财政拨款结转资金时，实际核销的额度数额或上缴的资金数额	• 核算经财政部门批准对财政拨款结余资金改变用途，调整用于本单位其他未完成项目等的调整金额

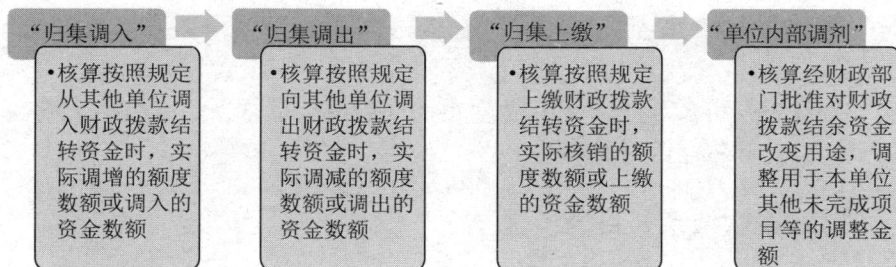

【例 14-2】 接上例，年初，财政部门拨来财政调剂资金 120 000 元，增加单位财政应返还额度，用于重点实验室及相关设施的建设。

借：资金结存——财政应返还额度　　　　　　　　　　　　120 000

　　贷：财政拨款结转——归集调入——重点实验室及相关设施——

　　项目支出结转　　　　　　　　　　　　　　　　　　　120 000

借：财政拨款结转——归集调入——重点实验室及相关设施——

项目支出结转　　　　　　　　　　　　　　　　　　　　120 000

　　贷：财政拨款结转——累计结转——重点实验室及相关设施——

　　项目支出结转　　　　　　　　　　　　　　　　　　　120 000

（3）与年末财政拨款结转业务相关的明细科目。

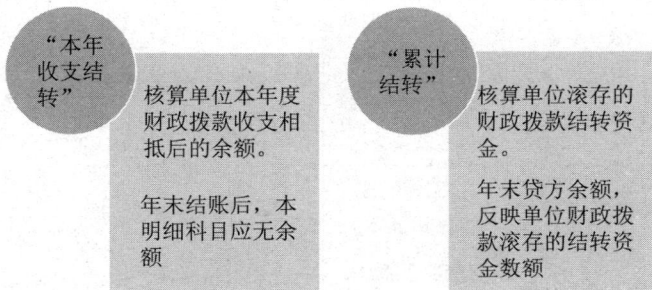

"本年收支结转"		"累计结转"	
	核算单位本年度财政拨款收支相抵后的余额。 年末结账后，本明细科目应无余额		核算单位滚存的财政拨款结转资金。 年末贷方余额，反映单位财政拨款滚存的结转资金数额

"本年收支结转"科目设置明细科目如下：

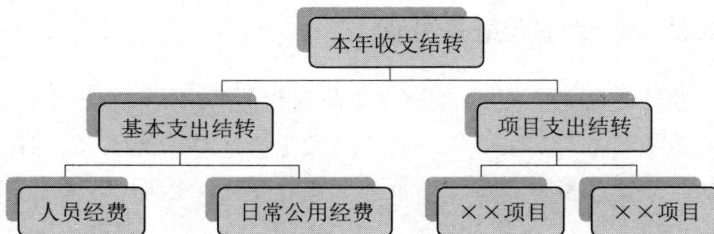

519

财政拨款结余

"财政拨款结余"科目核算单位取得的同级财政拨款项目支出结余资金的调整、结转和滚存情况。

财政拨款结余科目的设置

财政拨款结余具体科目设置,见表14-2。

表 14-2　　　　　　　　财政拨款结余会计科目编码的设置

科目代码	总账科目 (一级科目)	二级科目	三级科目	四级科目	五级科目
8102	财政拨款结余				
810201	财政拨款结余	一般公共预算 拨款结余			
81020101	财政拨款结余	一般公共预算 拨款结余	年初余额调整	支出功能分类 项级科目	××项目
81020102	财政拨款结余	一般公共预算 拨款结余	结转转入	支出功能分类 项级科目	××项目
81020103	财政拨款结余	一般公共预算 拨款结余	归集上缴	同上	××项目
81020104	财政拨款结余	一般公共预算 拨款结余	单位内部调剂	同上	××项目
81020105	财政拨款结余	一般公共预算 拨款结余	累计结余	同上	
810202	财政拨款结余	政府性基金预算 拨款结余	同上	同上	同上

财政拨款结余主要账务处理

(1)与会计差错更正、以前年度支出收回相关的明细科目。

"年初余额调整":本明细科目核算因发生会计差错更正、以前年度支出收回等原因,需要调整财政拨款结余的金额。年末结账后,本明细科目应无余额。

（2）与财政拨款结余资金调整业务相关的明细科目。

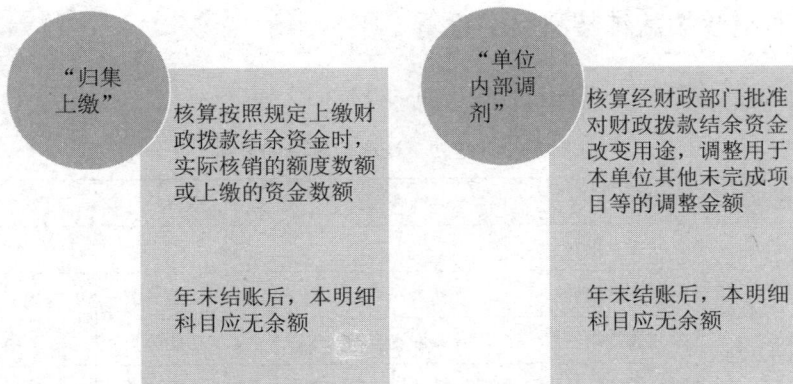

"归集上缴"　核算按照规定上缴财政拨款结余资金时，实际核销的额度数额或上缴的资金数额

年末结账后，本明细科目应无余额

"单位内部调剂"　核算经财政部门批准对财政拨款结余资金改变用途，调整用于本单位其他未完成项目等的调整金额

年末结账后，本明细科目应无余额

（3）与年末财政拨款结余业务相关的明细科目。

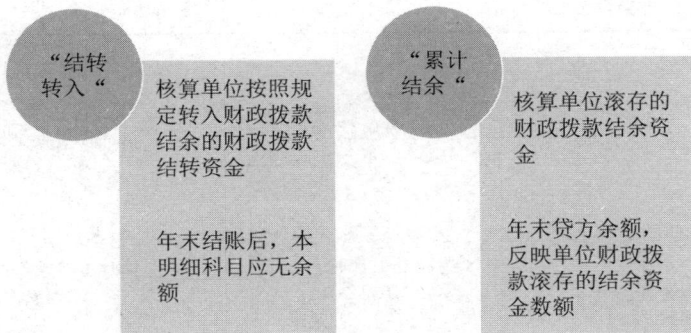

"结转转入"　核算单位按照规定转入财政拨款结余的财政拨款结转资金

年末结账后，本明细科目应无余额

"累计结余"　核算单位滚存的财政拨款结余资金

年末贷方余额，反映单位财政拨款滚存的结余资金数额

【例14-3】　2019年初,某行政单位上年结余自然科学基金专项款310 000元,经批准,将其调剂用于本年度该科研单位重点实验室项目。

借:财政拨款结余——内部调剂——重点实验室及相关设施310 000
　　贷:财政拨款结转——内部调剂——自然科学基金　　　　310 000
借:财政拨款结余——累计结余——重点实验室及相关设施310 000
　　贷:财政拨款结余——内部调剂——重点实验室及相关设施310 000

非财政拨款结转

"非财政拨款结转"科目核算单位除财政拨款收支、经营收支以外各非同级财政拨款专项资金的调整、结转和滚存情况。年末贷方余额,反映单位滚存的非同级财政拨款专项结转资金数额。

非财政拨款结转科目的设置

非财政拨款结转具体科目设置见表14-3。

表 14-3   非财政拨款结转会计科目编码的设置

科目代码	总账科目	二级科目	三级科目	四级科目
8201	非财政拨款结转			
820101	非财政拨款结转	年初余额调整	支出功能分类	××项目
820102	非财政拨款结转	缴回资金	支出功能分类	××项目
820103	非财政拨款结转	项目间接费用或管理费	支出功能分类	××项目
820104	非财政拨款结转	本年收支结转	支出功能分类	××项目
820105	非财政拨款结转	累计结转	支出功能分类	××项目

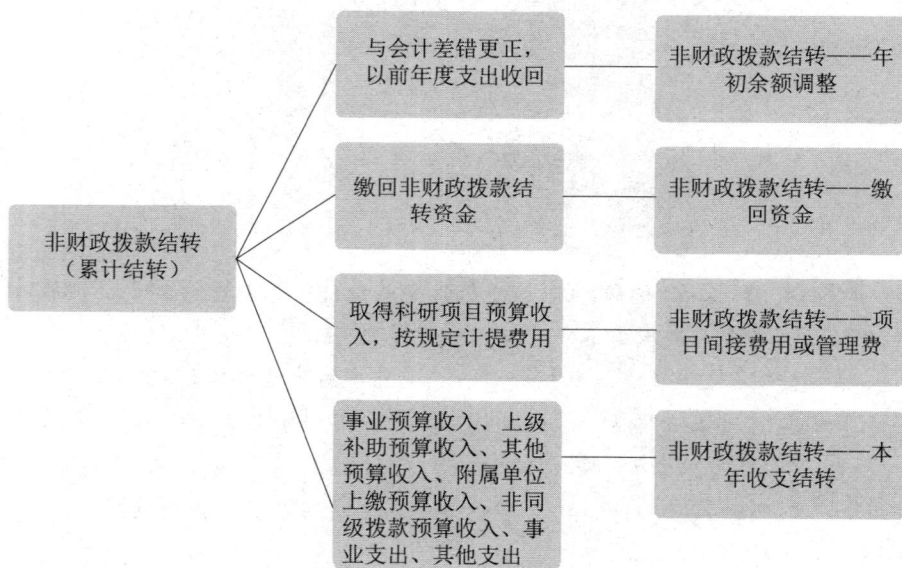

```
                           与会计差错更正，        非财政拨款结转——年
                           以前年度支出收回        初余额调整

                           缴回非财政拨款结         非财政拨款结转——缴
                           转资金                  回资金
非财政拨款结转
（累计结转）
                           取得科研项目预算收       非财政拨款结转——项
                           入，按规定计提费用        目间接费用或管理费

                           事业预算收入、上级
                           补助预算收入、其他       非财政拨款结转——本
                           预算收入、附属单位       年收支结转
                           上缴预算收入、非同
                           级拨款预算收入、事
                           业支出、其他支出
```

非财政拨款结转主要账务处理

非财政拨款结转主要账务处理见表14-4。

表 14-4　　　　　　　　　　　　　　　非财政拨款结转的主要账务处理

业务情形	账务处理
从科研项目预算收入中提取项目管理费或间接费时	借:非财政拨款结转(项目间接费用或管理费) 　　贷:非财政拨款结余——项目间接费用或管理费
因会计差错更正收到或支出非同级财政拨款货币资金,属于非财政拨款结转资金的	借:资金结存——货币资金(或贷) 　　贷:非财政拨款结转(年初余额调整)
缴回非财政拨款结转资金的	借:非财政拨款结转(缴回资金) 　　贷:资金结存——货币资金
年末,将收入中专项资金收入转入	借:事业预算收入/上级补助预算收入/附属单位上缴预算收入/非同级财政拨款预算收入/债务预算收入/其他预算收入 　　贷:非财政拨款结转(本年收支结转)
年末,将支出中非专项资金支出转入	借:非财政拨款结转——本年收支结转 　　贷:行政支出/事业支出/其他支出等
年末冲销有关明细科目余额	借:非财政拨款结转——累计结转 　　贷:非财政拨款结转——年初余额调整 　　　　　　　　　　——项目间接费用或管理费缴回资金 　　　　　　　　　　——本年收支结转
年末完成上述结转后	借:非财政拨款结余——累计结转 　　贷:非财政拨款结余——结转转入

【例 14-4】　根据表 14-5,对非财政拨款专项资金进行预算收支转账。

表 14-5　　　　　　　　　　　　　　　　　　　　　　　　　　　　　　单位:元

总账科目	二级科目	三级科目	四级科目	五级科目	借方金额	贷方金额
上级补助预算收入						948 300
	基础研究	非专项收入				154 300
	专项基础科研	专项收入				794 000
事业预算收入						1 239 000

总账科目	二级科目	三级科目	四级科目	五级科目	借方金额	贷方金额
	基础研究	非专项收入				143 000
	重点基础研究规划	项目收入	××项目			1 096 000
其他预算收入	专项基础科研	项目收入	××项目			458 000
事业支出	财政拨款支出				1 682 920	
		基础研究	基本支出		1 122 920	
				基本工资	327 000	
				五险一金	86 500	
				办公费	36 200	
				差旅费	72 300	
				水电费	10 920	
				专用设备购置费	590 000	
			项目支出		560 000	
				重点实验室及相关设施	560 000	
	非财政拨款支出				2 101 340	
		重点基础研究规划	××项目		912 340	
		专项基础科研	××项目		1 189 000	
	其他资金支出				150 000	
上缴上级支出		基础研究			138 900	
其他支出		基础研究			97 800	

（1）专项收入转账。

借：上级补助预算收入——项目收入——专项基础科研——××项目

　　　　　　　　　　　　　　　　　　　　794 000

　　事业预算收入——项目收入——重点基础研究规划——××项目

　　　　　　　　　　　　　　　　　　　　1 096 000

　　其他预算收入——项目收入——专项基础科研——××项目

　　　　　　　　　　　　　　　　　　　　458 000

　　贷：非财政拨款结转——本年收支结转——重点基础研究规划——

　　　　　　××项目　　　　　　　　　　1 096 000

　　　　　　——专项基础科研——××项目　1 252 000

（2）专项支出转账。

借：非财政拨款结转——本年收支结转——重点基础研究规划——

　　　　　　××项目　　　　　　　　　　912 340

　　　　　　——专项基础科研——××项目　1 189 000

　　贷：事业支出——非财政专项资金支出——重点基础研究规划——

　　　　　　××项目　　　　　　　　　　912 340

　　　　　　——专项基础科研——××项目　1 189 000

（3）年末，将上述业务形成的非财政拨款结转明细科目余额转入累计结转明细科目。

借：非财政拨款结转——本年收支结转——重点基础研究规划——×

　　　　　　×项目（1 096 000－912 340）　183 660

　　　　　　——专项基础科研——××项目（1 252 000－

　　　　　　1 189 000）　　　　　　　　63 000

　　贷：非财政拨款结转——累计结转——重点基础研究规划——××

　　　　　　项目　　　　　　　　　　　　183 660

　　　　　　——专项基础科研——××项目　63 000

非财政拨款结余

"非财政拨款结余"科目核算单位历年滚存的非限定用途的非同级财政拨款结余资金，主要为非财政拨款结余扣除结余分配后滚存的金额。

非财政拨款结余科目的设置

"非财政拨款结余"明细科目年末贷方余额,反映单位非同级财政拨款滚存的非专项结余资金数额。具体科目设置见表14-6。

表14-6　　　　　　　　　非财政拨款结余会计科目编码的设置

科目代码	总分类科目(一级科目)	明细分类科目	
		二级明细科目	三级明细科目
8202	非财政拨款结余		
820201	非财政拨款结余	年初调整余额	
82020201	非财政拨款结余	项目间接费用或管理费	项目间接费用
82020202	非财政拨款结余	项目间接费用或管理费	管理费
820203	非财政拨款结余	结转转入	非同级财政拨款专项剩余资金
82020401	非财政拨款结余	累计结余	非同级财政拨款
82020402	非财政拨款结余	累计结余	非专项结余资金

非财政拨款结余主要账务处理

非财政拨款结余的主要账务处理见表14-7。

表14-7　　　　　　　　　　非财政拨款结余账务处理

按照规定从科研项目预算收入中提取项目管理费或间接费时	借:非财政拨款结转——项目间接费用或管理费 贷:非财政拨款结余——项目间接费用或管理费
有企业所得税缴纳义务的事业单位实际缴纳企业所得税时	借:非财政拨款结余——累计结余 贷:资金结存——货币资金
因会计差错更正收到或支出非同级财政拨款货币资金,属于非财政拨款结余资金的	借:资金结存——货币资金 贷:非财政拨款结余——年初余额调整
年末,将留归本单位使用的非财政拨款专项(项目已完成)剩余资金转入	借:非财政拨款结转——累计结转 贷:非财政拨款结余——结转转入
年末冲销有关明细科目余额	借:非财政拨款结余——累计结余 贷:非财政拨款结余——(年初余额调整、项目间接费用或管理费、结转转入)

年末，事业单位将"非财政拨款结余分配"科目余额转入非财政拨款结余	借：非财政拨款结余（累计结余）（或贷） 　　贷：非财政拨款结余分配（或借）
年末，行政单位将"其他结余"科目余额转入非财政拨款结余	借：非财政拨款结余（累计结余）（或贷） 　　贷：其他结余（或借）

【例 14-5】　该科研单位根据表 14-5 年末收支科目发生额表，分别结转非财政非专项资金收支中的经营收支和非经营收支。

（1）结转非专项经营的预算收入

借：事业预算收入——基础研究　　　　　　　　　143 000

　　上级补助收入——基础研究　　　　　　　　　154 300

　　其他预算收入——基础研究　　　　　　　　　458 000

　　　贷：其他结余　　　　　　　　　　　　　　　　　755 300

（2）结转非专项非经营的支出

借：其他结余　　　　　　　　　　　　　　　　386 700

　　贷：事业支出——其他资金支出　　　　　　　　150 000

　　　　上缴上级支出　　　　　　　　　　　　　138 900

　　　　其他支出　　　　　　　　　　　　　　　　97 800

资金结存

"资金结存"科目核算单位纳入部门预算管理的资金的流入、流出、调整和滚存等情况，本科目年末借方余额，反映单位预算资金的累计滚存情况。

资金结存科目的设置

"资金结存"科目设置见表 14-8。

表 14-8　　　　　　　　　资金结存会计科目编码的设置

科目代码	总分类科目（一级科目）	明细分类科目	
		二级明细科目	三级明细科目
8001	资金结存		
80010101	资金结存	货币资金	库存现金

科目代码	总分类科目(一级科目)	明细分类科目	
		二级明细科目	三级明细科目
80010102	资金结存	货币资金	银行存款
80010103	资金结存	货币资金	其他货币资金
800102	资金结存	零余额账户用款额度	
80010301	资金结存	财政应返还额度	财政直接支付
80010302	资金结存	财政应返还额度	财政授权支付

资金结存主要账务处理

资金结存的主要账务处理见表14-9。

表14-9　　　　　　　资金结存的主要账务处理

一、财政授权支付方式下	
单位根据代理银行转来的财政授权支付额度到账通知书	以国库集中支付以外的其他支付方式取得预算收入时
借:资金结存——零余额账户用款额度 　贷:财政拨款预算收入	借:资金结存——货币资金 　贷:财政拨款预算收入/事业预算收入/ 　　经营预算收入
发生相关支出时,按照实际支付的金额	从零余额账户提取现金时
借:行政支出/事业支出 　贷:资金结存——零余额账户用款额度	借:资金结存——货币资金 　贷:资金结存——零余额账户用款额度 退回现金时,做相反会计分录

二、按照规定上缴财政拨款结转结余资金或注销财政拨款结转结余资金额度的			
按照实际上缴资金数额或注销的资金额度数额	按规定向原资金拨入单位缴回非财政拨款结转资金的,按照实际缴回资金数额	收到从其他单位调入的财政拨款结转资金的,按照实际调入资金数额	按照规定使用专用基金时,按照实际支付金额

借:财政拨款结转——归集上缴 财政拨款结余——归集上缴(项目支出结余) 贷:资金结存——财政应返还额度/零余额账户用款额度/货币资金	借:非财政拨款结转——缴回资金 贷:资金结存——货币资金	借:资金结存——财政应返还额度/零余额账户用款额度/货币资金 贷:财政拨款结转——归集调入	借:专用结余(从非财政拨款结余中提取的专用基金) 事业支出(从预算收入中计提的专用基金) 贷:资金结存——货币资金

三、国库集中支付以外的其他支付方式下

发生相关支出时,按照实际支付的金额	因购货退回、发生差错更正等退回国库直接支付、授权支付款项,或者收回货币资金的,属于本年度支付的	属于以前年度支付的	有企业所得税缴纳义务的事业单位缴纳所得税时,按照实际缴纳金额
借:行政支出/事业支出/经营支出 贷:资金结存——货币资金	借:财政拨款预算收入/资金结存——零余额账户用款额度、货币资金 贷:相关支出科目	借:资金结存——财政应返还额度、零余额账户用款额度、货币资金 贷:财政拨款结转/财政拨款结余/非财政拨款结转/非财政拨款结余	借:非财政拨款结余——累计结余 贷:资金结存——货币资金

三、年末会计处理

根据本年度财政直接支付预算指标数与当年财政直接支付实际支出数的差额	单位依据代理银行提供的对账单作注销额度的相关账务处理	本年度财政授权支付预算指标数大于零余额账户用款额度下达数的,根据未下达的用款额度

借：资金结存——财政应返还额度 贷：财政拨款预算收入	借：资金结存——财政应返还额度 贷：资金结存——零余额账户用款额度	借：资金结存——财政应返还额度 贷：财政拨款预算收入
四、下年初会计处理		
单位依据代理银行提供的额度恢复到账通知书作恢复额度的相关账务处理		单位收到财政部门批复的上年末未下达零余额账户用款额度的
借：资金结存——零余额账户用款额度 贷：资金结存——财政应返还额度		借：资金结存——零余额账户用款额度 贷：资金结存——财政应返还额度

【例 14-6】　某事业单位 2×19 年 10 月收到财政部门拨入的事业经费 100 000 元，已经通过银行存款账户划拨。

	财务会计		预算会计	
平行登记	借：银行存款	100 000	借：资金结存——货币资金	100 000
	贷：财政补助收入	100 000	贷：财政补助预算收入	100 000

参 考 文 献

[1] 企业会计准则编审委员会. 企业会计准则及应用指南实务详解 [M]. 北京：人民邮电出版社，2019.

[2] 财政部会计司. 企业会计准则第 14 号——收入应用指南 2018 [M]. 北京：中国财政经济出版社，2018.

[3] 张庆龙，王彦. 政府会计制度解读与操作实务指南 [M]. 北京：中国财政经济出版社，2018.

[4] 栾庆忠. 增值税纳税实务与节税技巧 [M]. 5 版. 北京：中国市场出版社，2018.

[5] 林佳良. 土地增值税清算指南 [M]. 5 版. 北京：中国市场出版社，2018.

[6] 计敏，王庆，王立新. 全行业增值税操作实务与案例分析 [M]. 北京：中国市场出版社，2018.

[7] 栾庆忠. 增值税发票税务风险解析与应对（实战案例版）[M]. 北京：中国人民大学出版社，2019.

[8] 刘霞，庞思诚. 金税三期管控下增值税会计核算及纳税风险实务 [M]. 上海：立信出版社，2018.

[9] 蔡昌. 房地产企业全程会计核算与税务处理. [M]. 4 版. 北京：中国市场出版社，2018.

[10] 李曙亮. 房地产开发企业会计与纳税实务 [M]. 2 版. 大连：大连出版社，2018.

[11] 曾勤，张程程. 会计科目设置与应用大全书 [M]. 北京：人民邮电出版社，2018.

[12] 企业会计准则应用指南（2018 年版）[M]. 中华人民共和国财政部. 北京，立信出版社，2018.

[13] 新手学会计 [M]. 邱银春. 北京：清华大学出版社，2018.

[14] 马泽方. 企业所得税实务与风险防控 [M]. 2 版. 北京：中国市场出版社，2018.

[15] 吴健. 新个人所得税实务与案例 [M]. 北京：中国市场出版社，2018.

[16] 王月明，吴健. 企业所得税优惠实务操作指南与案例解析 [M]. 北京：中国税务出版社，2018.

[17] 本书编写组. 中华人民共和国现行税收法规及优惠政策解读 [M]. 上海：立信

出版社,2018.

[18] 中国注册会计师协会. 会计 CPA [M]. 北京:中国财政经济出版社,2018.

[19] 中华人民共和国财政部. 企业会计准则(2018 版) [M] 北京:经济科学出版,2017.

[20] 国家税务总局教材编写组. 企业所得税汇算清缴实务 [M]. 北京:中国税务出版社,2016.

[21] 国家税务总局财产和行为税司. 契税、耕地占用税政策解读和征管指南 [M]. 北京:中国税务出版社,2014.

[22] 国家税务总局货物和劳务税司. 消费税业务操作手册 [M]. 北京:中国税务出版社,2014.

[23] 秦东生,于烨.优秀税务会计从入门到精通(零基础学习税务会计入门畅销书) [M]. 北京:中国华侨出版社,2015.